YOPYE 优派
职员健康
人机交互
终端控制
空间规划
原生自然
AI智能
YP-AI Smart Office系统
办公效能
大数据采集&应用
行迹分析
ABW灵动智慧办公理念

中国家具年鉴

2024

CHINA FURNITURE YEARBOOK

中国家具协会　编

中国轻工业出版社

图书在版编目（CIP）数据

2024中国家具年鉴 / 中国家具协会编. -- 北京：中国轻工业出版社，2024. 8. --ISBN 978-7-5184-5060-2

Ⅰ. F426.88-54

中国国家版本馆CIP数据核字第2024PX4666号

中国家具协会 CHINA NATIONAL FURNITURE ASSOCIATION

地址：北京市西城区车公庄大街9号院五栋大楼A栋2单元15层

Add: Floor 15, Unit 2, Building A, No.9, Chegongzhuang Avenue, Xicheng District, Beijing

电话 Tel: 010-87766739

邮箱 E-mail: huiyuan@cnfa.com.cn

官网 Official Website: https://www.cnfa.com.cn

微信订阅号

审图号：GS京（2024）1317号

责任编辑：陈　萍

文字编辑：王　宁　　责任终审：腾炎福　　设计制作：锋尚设计

策划编辑：陈　萍　王　宁　　责任校对：晋　洁　　责任监印：张京华

出版发行：中国轻工业出版社（北京鲁谷东街5号，邮编：100040）

印　　刷：天津裕同印刷有限公司

经　　销：各地新华书店

版　　次：2024年8月第1版第1次印刷

开　　本：787 × 1092　1/16　印张：21.75

字　　数：630千字

书　　号：ISBN 978-7-5184-5060-2　定价：380.00元

邮购电话：010-85119873

发行电话：010-85119832　010-85119912

网　　址：http://www.chlip.com.cn

Email：club@chlip.com.cn

240917K6X101HBW

2024
中国家具年鉴

编委会

目录 CONTENTS

1 专题报道 Special Report

2023年中国家具协会常务理事会议在清丰成功召开 2
勠力同心、勇毅前行，建设中国式现代化家具强国
——在2023年中国家具协会常务理事会议上的讲话 6
中国家具协会第七届四次理事会在贵港成功召开 11
中国家具协会第七届四次理事会工作报告 14
2023世界家具联合会年会暨世界家具产业集群大会
在东莞盛大召开 19
团结促合作，携手创未来
——在2023世界家具联合会年会暨世界家具产业
集群大会上的主旨发言 25

2 政策标准 Policy and Standards

政府发布的相关政策 30
全国家具行业标准化工作会暨全国家具标准化技术
委员会第三届五次全体委员会议成功召开 57
全国家具行业标准化工作会暨全国家具标准化技术
委员会第三届五次全体委员会议的讲话 60
2023年全国家具标准化工作概述 62
2023年批准发布的家具行业相关标准汇总 68

3 年度资讯 Annual Information

中国家具协会及家具行业2023年度纪事 72
2023年行业新闻 80
2023年家居类上市企业经营情况 91

4 数据统计 Statistics and Data

2023 年家具行业分类别出口情况 94
2023 年家具行业分类别进口情况 94
2023 年家具行业分类别效益情况 95

5 行业分析 Industrial Analysis

推动家具行业“以竹代塑” 构筑人类美丽家园 98
坚守匠心品质 打造世界品牌 100

6 地方产业 Local Industry

北京市 106
河北省 110
内蒙古自治区 116
辽宁省 118
哈尔滨市 124
上海市 128
江苏省 131
浙江省 135
安徽省 142
福建省 144
江西省 149
山东省 151
河南省 157
湖北省 160
湖南省 163
广东省 167
广州市 173
深圳市 178
重庆市 181
四川省 183

贵州省 188
陕西省 190
西安市 194
甘肃省 196

7 产业集群 Industrial Cluster

中国家具产业集群分布图 200
中国家具产业集群分布汇总表 201

传统家具产区
中国红木家具生产专业镇——广东 大涌 202
中国古典家具文化产业基地——山东 阳信 206
中国苏作红木家具名镇——江苏 海虞 209
中国仙作红木家具产业基地——福建 仙游 211
中国红木（雕刻）家具之都——浙江 东阳 214
中国京作古典家具产业基地、
中国京作古典家具发祥地——河北 涞水 218
中国广作红木特色小镇——广东 石碁 222
中国传统古典家具生产基地——广东 新会 224

木质家具产区
中国实木家具之乡——山东 宁津 227
中国欧式古典家具生产基地——浙江 玉环 229
中国板式家具产业基地——四川 崇州 233
中国中部家具产业基地——江西 南康 238

办公家具产区
中国办公家具产业基地——浙江 杭州 242
中国办公家具重镇——广东 小榄 244

商贸基地
中国家居商贸与创新之都——广东 乐从 248
中国北方家具商贸之都——河北 香河 251
中国东部家具商贸之都——江苏 蠡口 253
中国家具展览贸易之都——广东 厚街 255

出口基地
中国椅业之乡、中国竹地板之都——浙江 安吉 259
中国家具出口第一镇——广东 大岭山 263
中国出口沙发产业基地——浙江 海宁 267

新兴家具产业园区
中国东部家具产业基地——江苏 海安 269
中国长江经济带（湖北）家居产业园——湖北 监利 273
中国中部（清丰）家具产业基地——河南 清丰 275
中国（信阳）新兴家居产业基地——河南 信阳 279
中国兰考品牌家居产业基地——河南 兰考 281

综合产区
中国家具设计与制造重镇、
中国家具材料之都——广东 龙江 284
中国特色定制家具产业基地——河北 胜芳 287
中国金属家具产业基地——江西 樟树 291
中国软体家具产业基地——山东 周村 294

8 行业展会 Industrial Exhibition

2023 年国内外家具及原辅材料设备展会一览表 300
第二十八届中国国际家具展览会 305
第 51 届中国（广州）国际家具博览会 309
2023 中国·沈阳家博会春秋双展 313

9 技能竞赛 Skills Competition

全国行业职业技能竞赛——第五届全国家具职业技能
竞赛总决赛成功举办 320
第五届全国家具职业技能竞赛总决赛获奖名单 327
第五届全国家具职业技能竞赛获奖作品 329
第五届全国家具职业技能竞赛事件梳理 331
中国家具协会推荐选手参加第二届全国技能大赛 334

PART 1

专题报道
Special Report

2023年中国家具协会常务理事会议在清丰成功召开

6月15日，2023年中国家具协会常务理事会议在清丰成功召开。中国家具协会理事长徐祥楠、濮阳市副市长周锋、中国家具协会副理事长张冰冰、中国家具协会副理事长兼秘书长屠祺、清丰县委书记曹拥军、清丰县县长赵丹，以及来自全国的260余位协会副理事长、常务理事、省市协会代表出席会议。会议由屠祺主持。

中国家具协会理事长徐祥楠作“勠力同心、勇毅前行，建设中国式现代化家具强国”主旨讲话。他指出，实体经济是一国经济的立身之本，是国家强盛的重要支柱，我们要建设现代化产业体系，坚持守正创新、实业兴邦；要加快发展先进产业集群，坚持统筹兼顾、协调发展；要培养高素质行业人才，坚持科教兴国、自立自强；要推进高水平对外开放，坚持共建共享、深化合作。徐理事长号召大家勠力同心共谋发展，勇毅前行面向未来，为建设中国式现代化家具强国做出更大贡献。

中国家具协会理事长　徐祥楠

清丰县委书记曹拥军致欢迎辞。他表示，清丰区位优越、人文厚重，全县干部群众团结奋进、拼搏创新、苦干实干，先后获得30余项国家级荣誉；清丰产业鲜明、发展强劲，实现了从实木家具、智能家居、家电家纺到全屋定制的全产业链发展，下一步清丰县将全面落实“数字河南”“设计河南”和“标准河南”安排部署，大力实施“四化改造”，突出共享平台建设，推动家居产业能级大幅跃升；清丰感恩包容、和谐温馨，全友家私、红星美凯龙、居然之家、圣奥集团、崛起集团等优秀

濮阳市副市长　周锋

清丰县委书记　曹拥军

中国家具协会副理事长　张冰冰

中国家具协会副理事长兼秘书长　屠祺

企业在此落地，政府通过“开放合作共赢”理念，不断深化服务企业工作机制，共同谱写清丰家居的华美乐章。预祝中国家具协会常务理事会议取得圆满成功！

中国家具协会副理事长、敏华控股集团董事局主席黄敏利先生发起并捐赠200万元，中国家具协会设立服务行业发展基金，凝聚行业力量，筑牢服务根基，奉献产业发展，助力实现中国式现代化家具强国目标。受黄敏利先生委托，黄泽辉先生出席捐赠仪式。

中国家具协会每年组织召开副理事长会、常务理事会、理事大会，旨在为行业搭建开放多元的对话平台，为企业增进互利共赢的合作友谊。本次会议邀请五位中国家具协会副理事长，以社会责任、文化自信、缔造国牌、科技赋能、服务引领为视角，分享成功经验，畅叙发展远景。

中国家具协会副理事长、圣奥集团有限公司董事长倪良正以“履行社会责任 引领美好未来”为主题，分享了圣奥集团以自主创新为核心动力，为

中国家具协会服务行业发展基金捐赠仪式

行业和社会做出的突出贡献。圣奥集团坚持绿色低碳发展，涵盖能源、材料、产品、空间、生产全产业链，成立“院士创新研究院”促进产学研一体化，引领行业转型进程。此外，圣奥集团长期致力于公益事业和人才培育工作，积极履行企业人文责任，不忘初心，奉献社会。

中国家具协会副理事长、中国工艺美术大师、轻工大国工匠、伍氏兴隆明式家具艺术有限公司董事长兼艺术总监伍炳亮讲述了“坚定文化自信 弘扬

工匠精神”的企业故事。他深刻阐释伍氏兴隆在“做精、做特、做优”方面的发展定位和艺术实践，并结合个人丰富经历，分享了家具艺术修养的丰富内涵和培养方式。他希望家具企业坚定文化自信、弘扬工匠精神，让优秀的中华瑰宝得到传播与传承。

中国家具协会副理事长、左右家居有限公司董事长黄华坤围绕“积蓄全球活力 缔造中国品牌”的主题进行分享。他从品牌荣誉、品牌内涵、品牌历史、品牌创新、品牌战略等方面，介绍了“左右”在国际舞台上“缔造中国品牌”的卓越实践和优秀成果。今年初，经中国家具协会官方推荐，“左右”荣获2022联合国工业发展组织全球方案征集荣誉提名奖，是中国家居行业唯一获得该项国际荣誉的企业。如今，“左右”已成为幸福家居文化的代名词，引领行业的优秀品牌发展事业，将中国家居理念传播到世界各地。

中国家具协会副理事长、麒盛科技股份有限公司董事长唐国海作“科技改变生活 创新推动发展”主题演讲。他介绍了麒盛科技在科技创新方面取得的一系列成就，围绕新睡眠理念，展示了以睡眠、数据、技术、疗法、产业为要素的商业模式，提出一岛（运河院士岛）、两院（睡眠健康医学院、睡眠健康科学院）、三平台（服务平台、媒体平台、聚合平台）、四中心（数据中心、感知中心、会展中心、孵化中心）的完整产业体系，引领中国家具行业的科技睡眠事业。

中国家具协会副理事长、郑州大信家居有限公司创始人庞学元在“需求催生机遇 服务开创蓝

圣奥集团有限公司董事长　倪良正

伍氏兴隆明式家具艺术有限公司董事长　伍炳亮

左右家居有限公司董事长　黄华坤

麒盛科技股份有限公司董事长　唐国海

郑州大信家居有限公司创始人　庞学元

海”的主题演讲中，围绕定制家居发展的过去与现状，分析了定制产品的服务本质。大信以自主研发的“鸿逸”工业设计软件，直接回应消费者需要，解决定制行业的痛点问题，同时，结合旅游业态发展大规模个性化定制生态系统，在行业以及国家层面，受到广泛关注并获得多项殊荣，成为中国定制标准化的先行者。

2023年中国家具协会常务理事会议集众智、谋未来，通过行业指导和企业交流，全面梳理家具行业现代化路径，勠力同心，勇毅前行，为实现国家富强、民族振兴、人民幸福，贡献行业力量！

2023年中国家具协会常务理事会议在清丰成功召开

勠力同心、勇毅前行，建设中国式现代化家具强国

——在2023年中国家具协会常务理事会议上的讲话

中国家具协会理事长　徐祥楠

尊敬的各位副理事长、常务理事、朋友们：

大家好！

非常高兴和大家相聚在濮阳清丰，召开今年年度常务理事会议。去年我们在线上召开七届三次理事会，这次线下会议，看到大家精神饱满，我感到非常亲切和高兴。5月5日，习近平总书记主持召开二十届中央财经委员会第一次会议，提出“必须把发展经济的着力点放在实体经济上”“加快建设以实体经济为支撑的现代化产业体系”，对于我们家具行业来说是重要的利好政策。当前，行业正在持续复苏，上半年全国各地展会陆续举办，各类行业会议、商贸对接活动全面开展，感受到人气很旺，对大家树立信心非常重要。但我们仍然要看到，企业盈利压力增大，消费需求恢复缓慢，行业发展仍然面临很大的挑战。今天的会议，我希望和大家一起，探讨行业未来的发展方向，共同面对行业面临的难点痛点，找到行业未来的发展路径，为建设中国式现代化家具强国共同努力。

——我们要建设现代化产业体系，坚持守正创新、实业兴邦。

实体经济是一国经济的立身之本，是国家强盛的重要支柱。我国已连续多年位居世界第一家具生产国、出口国和消费国，全行业近十万家企业，年产值超过1.5万亿元，规模以上7200多家，年产值近8千亿元，产品种类齐全，产业链完备，创新能力不断增强。今天在座的都是行业头部企业和领军企业，是推动实体经济高质量发展的重要支撑。近几年，中国家具协会积极参与各类国家级奖项的评定认定工作，推荐重点企业参加，在很多领域取得了很多荣誉，赢得了市场的肯定。在工信部智能制造示范工厂、智能制造优秀场景名单里，大家可以看到美克、维尚、金虎等企业入选其中，南兴装备、恒林、索菲亚等企业也入选了工信部绿色制造名单，这对家具企业打造知名品牌、确立行业领先地位具有重要意义。

要实现高质量发展，必须推动家具制造向高端化、智能化和绿色化转型。左右家居、麒盛科技等优秀的企业，在产品研发设计、高端制造装备、先进材料工艺等方面一直在持续发力。希望更多的企业家发挥链主企业引领作用，在新一代信息技术、人工智能、新能源、新材料、高端装备、绿色环保等方面加强应用，推动全产业链的数据贯通、资源共享和业务协同，加快推进智能制造、科技创新和可持续发展，实现产业链供应链现代化水平的快速跃升，带动全行业共同进步。

目前，家具企业正在由生产型向生产服务型转变，产业融合成为培育建设现代化产业体系的重要途径。大信、尚品宅配与房地产、家装、建材、家电及上下游企业深度合作，就是服务大家居产业，成为促进全链生态融合发展迈向更高水平的优秀示范。传统红木领军企业伍氏兴隆、永华、三福等也在积极打造艺术馆、典藏馆等文化地标，弘扬中华传统文化，坚定走文化自信的发展之路。我们既要进一步与研发设计、信息技术、检测认证、品牌管理、金融、物流等生产性服务业深入融合，也要挖掘与健康、养老、文化、旅游、居民服务等生活性服务业的合作潜力。在适应场景经济、网红经济、共享经济等新模式、新业态方面，向服装、家电等

在电商、互联网领域发展好的行业学习，建立线上线下相互赋能、有机融合的多平台商业模式，继续提升我们的商业孵化能力。

今年以来，受收入分配分化、收入预期不稳等因素的影响，居民出现超额储蓄的情况，阻碍了消费需求的增长，总需求不足是我国当前经济运行面临的突出矛盾，恢复和扩大需求是推动经济持续回升向好的关键所在。大家要在提振消费信心、拓展新兴市场上下大力气，充分挖掘新型城镇化、乡村振兴、银发经济等带来的市场新需求。重点围绕整体家装、居家养老等领域集成式发展趋势进行标准建设，建立起支撑消费升级的新型家具标准体系，制定质量分级标准，推动企业明示质量等级、开展质量承诺。还要积极落实三品战略，开展信用等级评价、质量追溯和绿色产品认证等工作，营造诚信经营、放心消费的市场环境。

制造业投资是稳增长的重要支撑。虽然今年以来家具行业的固定资产投资逐月下降，整体投资环境比较严峻，但是各位企业家还要在政府和政策的激励引导下，有效开展合理投资，加大对厂房、设备、固定资产的投入，带动货币资金流入实体经济，以投资促进高质量产品供给，并最终带动消费的持续增长，推动供需在更高水平上实现良性循环，增强产业发展内生动力。

——我们要加快发展先进产业集群，坚持统筹兼顾、协调发展。

先进制造业集群的建设，是推动产业迈向中高端、提升产业链供应链韧性的重要抓手。我国家具产业国际竞争格局正在经历深刻变革，网络化协同创新、集群化布局已成为产业发展趋势。过去20年间，协会与全国各地政府共建命名了47个产业集群，涵盖了家具行业生产制造、展贸流通、出口基地等各个领域，集群内规模以上企业和从业人员占全行业的比重接近40%，产值占比超过一半，已经成为行业发展的重要推动力。五年前我第一次来到清丰时，这里只有83家企业，就是在近几年的时间里，县委县政府抢抓京津冀、珠三角、长三角产业转移机遇，坚持发展家居产业不动摇，现在已经拥有近300家企业，成为全国最具成长性的新兴产业集群。江西南康是中国中部家具产业基地，近年来，江西省、赣州市、南康区各级政府高度重视集群建设，副省长亲自挂帅担任全省现代家具产业链链长，在全国各地宣传南康家具集群品牌形象，成为中部地区发展成效突出的示范集群。中山大涌是2003年中国家具协会授予的第一个产业集群。为了不断适应红木产业的发展需要，正在积极推进由生产制造基地向商贸文旅小镇发展，打造以红博城为中心的红木主题商圈，帮助红木企业整合线上线下资源，开拓“线上引流+实体消费”发展新模式。

5月5日的国务院常务会议审议通过了关于加快发展先进制造业集群的意见，这是国家支持集群建设发展的重要举措。家具行业的集群建设，仍然需要坚持全国一盘棋，协会与各地政府共同做好规划，统筹协调好集群的合理布局。东部地区具有产业基础和人才资源优势，我们要继续把推动科技创新、高水平对外开放作为驱动力，率先实现高质量发展，逐渐迈向全球价值链中高端。中部地区是东引西进的接力点，具有文化优势和人口红利，要加快产业基础建设，补齐上下游产业链短板，打造区域发展的新增长极。西部地区面积广袤、资源丰富，要依托产业转移和国家政策带来的资金和技术支持，加快开拓全新市场。东北地区近几年来发展缓慢，需要进一步优化营商环境，调整产业结构，加强与其他区域的合作交流，吸引更多优质企业，带动本地产业焕发新生。协会将继续发挥桥梁纽带作用，对接工信部、发改委、商务部、市场总局等国家部委，更加紧密地联系地方政府，结合行业实际引导大家发挥比较优势，在专业化、差异化、特色化上下功夫，推动各地集群的全面协调发展。

当前，国家之间的竞争已由企业、行业、产业链之间的竞争演变为产业集群和产业生态之间的竞争，产业集聚化是制造业结构调整和转型升级的必由之路。我们很多副理事长单位、常务理事单位都是集群的创新主体，发展韧性强，创新能力十分突出，对行业的引领作用非常明显，是我们增强核心竞争力的重要力量。2017年，中国家具协会与兰考县人民政府共建品牌家居产业基地，引入了喜临门、大自然、曲美、索菲亚、皮阿诺等6家上市公司，迅速在全国形成品牌效应，为兰考打造绿色家居产业全国示范地、样板田注入了强劲动能。中山小榄是中国办公家具重镇，在行业整体运行压力增大的情况下，中泰、华盛、迪欧等几家龙头办公家具企业，摆脱了过去粗放式发展的模式，通过技术改造、营销模式创新和管理理念的升级，在行业内逆势突围，对当地税收的贡献率逐年提升，产值和利润稳步增长。目前，很多企业正在进行全国布局，我们号召大家共同参与到集群建设中来，在产能转移、基地建设时，充分考虑各产业集群的区位交通、政府支持、园区规划以及人才、金融、物流、技术、产业链等服务能力，进行重点投资布局，协会也将为大家在集群选择和入驻方面提供专业建议，让大家少走弯路，稳健发展。

在先进制造业集群的发展过程中，地方政府要发挥支持引导作用，着力搭建集群发展的生态服务体系，注重全产业链的发展规划，为入驻企业提供人力、法律、税务、金融、投资、供应链、政策支持等智慧管理平台服务。要杜绝地方保护和市场分割等突出问题，推动建设高效规范、公平竞争、充分开放的全国统一大市场，促进商品要素资源在更大范围畅通流动，建成一批高水平家具制造创新中心，形成集群孕育企业成长、企业推动集群发展的良性循环。

——我们要培养高素质行业人才，坚持科教兴国、自立自强。

教育、科技、人才是全面建设社会主义现代化国家的基础性、战略性支撑。人才总量的增长和质量的提升是我国人才生态链建设面临的重大挑战。改革开放四十多年来，中国家具行业形成了独具特色的人才培养体系。老一辈的企业家敢闯敢拼、争创一流，推动行业取得了来之不易的成绩，诞生了四海、青岛一木、凤阳、运时通等超过40年、50年、60年的知名品牌企业，涌现了伍炳亮、倪良正、陈达强、黄福华、包天伟、吴腾飞等一批中国工艺美术大师、轻工大国工匠，他们精益求精做好产品、一丝不苟追求卓越，为行业树立了爱国、敬业、诚信、友善的榜样，是行业建设发展的宝贵财富，值得我们倍加珍惜爱护。现在新一代青年企业家逐渐走上时代舞台，在行业引领上发挥关键作用，他们在高科技应用、国际化视野、管理经营理念等方面具备全新优势，为激发行业新活力提供了不竭动力。

伴随着我国进入高质量发展阶段，我们行业出现了高技能人才不够用的问题，高质量发展阶段，正是最需要高技能人才的阶段，现在我国高技能人才总量6千多万人，仅占就业人口的8%，与工业强国相比差距很大，建立以实体经济为支撑的现代化产业体系，更迫切需要大量的高技能人才，需要我们有目标地建立健全多领域、多梯队人才培育机制。今年3月，全国轻工职业教育教学指导委员会家具设计与制造专业委员会工作会议召开，团结凝聚了全国行业协会、大中专院校、制造企业和研究机构的专家代表，为健全人才培养体系搭建了有效平台。近几年，协会通过举办全国家具设计师、手工木工、木雕工职业技能竞赛，开展营销师、互联网营销师、家具设计师、室内装饰设计师、手工木工、木雕工等职业技能培训工作，为行业输送了大量实用型人才，营造了劳动宝贵、技能成才的良好氛围。

建设高水平行业人才培养体系，要在产学研教多方面共同发力，同步推进，造就一支有理想、守信念、懂技术、会创新、敢担当、讲奉献的劳动者大军。面对新一代人工智能、物联网等技术的快速发展，我们要加大国家重点实验室、工业设计中心、工程技术研究中心的培育建设力度，鼓励行业科研工作者、职业经理人、跨领域高端人才勇挑重担，增强行业对年轻人的吸引力，提升高技能人才的行业地位和社会地位，要引导、协调国内家具高等院校、职业院校、专业技校与家具企业进行校企联合，定向培养行业需要、企业急需的实用型人才。鼓励有条件的大中型企业建立企业学院，提升教学科研成果转化率，发挥企业作为吸纳就业的主体作用，帮助高校毕业生匹配高质量就业岗位，缓解结构性就业难题，实现入学即入职、毕业即就业，为建设现代化经济体系储备后续力量。

——我们要推进高水平对外开放，坚持共建共享、深化合作。

我国是世界第二大经济体，是全球最重要的经济引擎之一，只有坚持对外开放、国际合作，才能用好全球市场和资源发展自己，并推动世界共同发展进步。近年来，我们很多企业在全球化战略方面持续发力，主动融入世界、参与国际布局。敏华在波兰、立陶宛、爱沙尼亚、乌克兰、越南、墨西哥等多国建立了海外生产基地，营销网络遍布亚洲、美洲、欧洲、大洋洲等核心经济区域，产品畅销近100个国家和地区，在世界舞台中树立了中国品牌的优质形象。顾家家居在越南、马来西亚、德国、墨西哥设有制造基地，在全球拥有8000多家品牌专卖店，不断扩大在全球的品牌知名度和影响力。梦百合在美国、西班牙、泰国、塞尔维亚落地生产，以全球化的产能布局，为我们外贸企业降低国际贸易风险，做出了成功尝试。

2018年以来中美贸易摩擦不断加剧，国际市场需求明显下滑，我国外贸发展面临不少困难和挑战，国家高度重视。4月7日，李强总理主持召开国务院常务会议指出，要针对不同领域实际问题，实施好稳外贸政策组合拳，帮助企业稳订单拓市场。4月11日，国务院办公厅印发《关于推动外贸稳规模优结构的意见》，在促进拓展市场、稳定扩大进出口规模、加大财政金融支持、加快外贸创新发展、优化外贸发展环境等方面出台了支持政策，为家具出口企业带来了利好消息，近期全球各国政界商界频繁来华，世界各国对中国未来的发展前景仍然非常看好。目前，我国在深化双边、多边、区域合作，推动共建“一带一路”高质量发展等方面迈出了坚实的步伐，已经与27个国家和地区签署了20个自贸协定，占我国外贸总额的三分之一。全国设立的21个自由贸易试验区，为企业降低交易成本，拓宽海外渠道带来了发展机遇。我们要认真研究外贸政策，利用好贸易和投资自由化便利化优势，在规避贸易风险，加强品牌输出，扩大贸易规模，改善贸易结构等方面，科学合理进行全球化布局，打造世界一流企业，为我国外贸平稳发展做出积极贡献。

聚集全球优质的资本、知识、技术、管理、数据等高端要素资源，是建设世界家具强国的重要条件。今年3月，在工信部的支持和指导下，中国家具协会与东莞市人民政府合作共建“世界级家具产业集群”，推动东莞打造第一个具有全球示范意义的国际样板。一是打造世界“工业制造”之都，建设现代化工业园区，实现科创聚集、效益领先、生态平衡的制造模式，培育世界领先的现代化生产基地。二是打造世界“集群示范”之都，举办世界家具产业集群大会，邀请全球优秀家具集群代表及行业精英，凝聚智慧，助力集群发展。三是打造世界“展览贸易”之都，举办中国国际家具进口博览会，为链通全球贸易提供宝贵平台，让东莞成为中国与全球家具贸易的第一窗口。四是打造世界“智慧管理”之都，建设世界家具产业大厦，打造现代化办公空间，配备国际大型会议设施，支持国际化组织和企业在此设立全球总部基地，并吸引在华国际组织、世界各国驻华贸易投资促进机构、国外行业协会等设立分部，打造家具行业的国际中心。五是打造世界“设计创新”之都，成立国际设计创新交流中心。建立创新创意体系，加大人才和技术资本的开发力度，全面提升集群的设计创新水平，打造一批具有国际知名度的设计品牌。六是打造世界“跨境电商”之都，构建产业电商生态圈。搭建国内外知名电商平台业务渠道，建立完善的电商业务体系，形成一批具有网络影响力和电商市场占有率的头部品牌。以全球网络支持集群发展，最终实现产业规模位居世界前列、创新能力位居国际一流水平、行业影响力引领全球的新高地，为世界各国共享开放合作提供发展新机遇。

中国家具协会目前已经与全球70多个国家和地区建立合作关系，形成了全球网络，通过世界家具联合会、亚洲家具联合会、各国使领馆、专业机构、科研院所、联合国工发组织等机构，打造高水平国际对话平台。在国内，我们能够组织大家参与中国国际进口博览会、中国国际服务贸易交易会、上海中国国际家具展览会等重点品牌展会，以及宁波、深圳等跨境电商展会，引导海外仓企业与国内不同规模企业加强合作，推动家具跨境电商实现发展新突破。在海外，我们始终与米兰展、高点展、科隆展，以及亚洲各国的家具展保持合作，为我们的行业加强国际品牌输出，进入世界领先企业名录提供支撑。希望各位企业家共同参与到行业和协会的国际事务中来，强化我国参与、主导、改变国际规则的能力，形成系统有效的国际贸易风险预警、防范应对机制，增强抵御关税壁垒、地缘冲突等外部风险的能力，不断加快提升国际话语权和影响力。

各位副理事长、常务理事、朋友们！

仰望星空才能居高望远，脚踏实地才能实业兴邦。让我们勠力同心谋发展、勇毅前行向未来，为建设中国式现代化家具强国做出更大的贡献！

中国家具协会
第七届四次理事会在贵港成功召开

10月26日，中国家具协会第七届四次理事会在贵港成功召开。中国家具协会理事长徐祥楠、贵港市委书记朱会东、中国家具协会副理事长张冰冰、中国家具协会副理事长兼秘书长屠祺、贵港市市长林海波、广西工信厅家具处处长黄瑜玲、覃塘区委书记韦安宁、深州市人民政府市长冯淑云、清丰县县长赵丹、海安市人大副主任徐泷，以及来自全国各地的政府领导，中国家具协会副理事长、常务理事、理事、会员、省市协会代表、产业集群代表出席会议。会议由屠祺主持。

中国家具协会理事长徐祥楠作中国家具协会第七届四次理事会工作报告。他指出，一年来，协会在持续优化产业布局，深入实施创新驱动，搭建全领域合作平台，坚持高水平对外开放，团结行业力量五个方面积极工作，为产业进步和经济发展发挥了重要作用。未来，中国家具业要把握时代机遇，打造引领世界的民族品牌，从制造大国向制造强国转变。

中国家具协会理事长　徐祥楠

贵港市委书记　朱会东

中国家具协会副理事长兼秘书长　屠祺

贵港市市长　林海波

中国家具协会副理事长　张冰冰

贵港市委常委、秘书长　何文凭

广西壮族自治区工信厅家具处处长、一级调研员　黄瑜玲

覃塘区委书记　韦安宁

贵港市市长林海波致欢迎辞。近年来贵港市推进产业振兴，强龙头、补链条、聚集群、育品牌，精心培育木业千亿元产业集群，全力推动木材加工向高端绿色家居产业提档升级。希望通过本次会议，加强贵港与知名家具企业深化合作、共谋发展，共同谱写融合共生、全链协同、聚势增长的新篇章。

中国家具协会副理事长兼秘书长屠祺与贵港市人民政府副市长张景联就培育“中国家居板材之都·贵港”签订战略合作协议，与覃塘区人民政府副区长李祚彬就培育“中国家居板材产业基地·覃塘”签订战略合作协议。

深圳家具研究开发院院长许柏鸣作“家具行业的品牌建设与展望”主题演讲，从战略背景与历史机遇、家具品牌建设的步骤、家具品牌识别管理三个方面，讲述了品牌对于家具行业高质量和可持续发展的重要意义。许院长认为，企业需要从生产性思维转向市场思维，从产品思维过渡到品牌思维，需要将品牌建设与产品创新相结合，不断满足现代消费者日益增长的新需求，增强中国家具行业在全球的竞争力。

理事会审议并通过了《中国家具协会第七届理事会增补和调整成员议案》《中国家具协会设计工作委员会第三届组织机构》《中国家具十大品牌评价管理办法》。

为进一步提升中国家具行业国际竞争力、打造世界知名品牌、推动行业发展，中国家具协会开展“中国家具十大品牌”评价工作和家具行业企业信用等级评价工作，在会上颁发了证书，积极构建面向未来的高端产业格局。

广西高端绿色家居产销对接会正式启动。会议通过视频展示、政府推介、企业分享等内容，向与会代表展示了广西壮族自治区以及贵港市对高端绿色家居产业的高度重视和大力支持。会上举行了高端绿色家居产业落地贵港市项目签约仪式与广西高端绿色家居企业与区外企业产销订单签约仪式。

会议同期，参会代表考察覃塘区家具博览中心项目基地、闽桂木业生态产业城，并参观广西剑鑫木业集团有限公司、广西贵港智升木业有限公司、广西桂平市广合新材料科技有限公司、广西宝尔康新型材料有限公司等家居板材企业，了解当地产业发展情况。

中国家具协会第七届四次理事会深入贯彻“融合、智能、健康、绿色”的发展理念，为构建现代化家具产业体系发挥积极作用。未来，中国家具协会将继续联动多方力量，促进区域协调，推动产业进步，为把中国建设成为现代化家具强国而努力奋斗，以实干赢得未来，为中华民族伟大复兴贡献力量。

中国家居板材之都・贵港签约仪式

中国家居板材产业基地・覃塘签约仪式

深圳家具研究开发院院长　许柏鸣

参观贵港市家居板材企业

中国家具协会第七届四次理事会工作报告

中国家具协会理事长　徐祥楠

各位理事、各位代表、朋友们：

大家上午好！

在全党全国各族人民深入学习落实党的二十大精神，贯彻新发展理念、构建新发展格局、全面开启中国式现代化新征程的关键时刻，今天，我们召开“中国家具协会第七届四次理事会”，将团结凝聚行业力量，共商未来发展大计，具有重要意义。我代表中国家具协会，向出席会议的各位理事和各代表，表示热烈的欢迎！向为中国家具行业发展，做出积极贡献的各级领导、各界人士和企业家朋友们，表示衷心的感谢！

当前，我国政策效应逐步显现，高质量发展扎实推进，内生动能逐渐增强。同时，外部压力依然较大，国内需求仍显不足，经济回升向好的基础仍需巩固。在复杂多变的国内外环境下，家具行业整体运行走势比较严峻，今年1—8月，家具行业规模以上企业7296家，累计完成营业收入3950.6亿元，同比下降8.5%；累计利润总额185.4亿元，同比下降10.2%；全国家具类限额以上企业累计实现商品零售额941亿元，同比增长3.4%。需要我们把握时代、引领时代，团结一心解决各种困难问题，推动行业取得新进展、新突破。下面，我将系统梳理行业、协会和理事会2023年的基本情况和主要工作，希望与大家一道，总结经验、继往开来。

一、完善与政府会商机制，持续优化产业布局

坚强有力的政策支持，对推动产业发展具有重要作用。今年以来，党和国家高度重视实体经济的发展，并深入到家具行业。中央政治局会议、国务院常务会议等重要会议，提出加快建设以实体经济为支撑的现代化产业体系，加快发展先进制造业集群，提振家居等大宗消费，推动数字经济与先进制造业、现代服务业深度融合等任务要求，为促进家具行业持续繁荣提供了政策保障。

中国家具协会作为政府与会员企业间的桥梁纽带，积极发挥协调服务职能，一贯坚持从全国层面与各部委进行对接。今年以来，协会号召全体理事会成员，积极参与工信部专精特新“小巨人”、制造业单项冠军、国家级工业设计中心，中轻联科学技术奖、轻工百强与行业十强等国家级荣誉的申报工作，秘书处作为行业代表重点做好理事会成员的推荐和评审认定工作，可以看到天坛、全友、长江等一批企业入选工信部工业产品绿色设计示范企业名单，海太欧林、捷昌、雨生等入选工信部老年用品产品推广目录，赢得了国家的高度认可。为了激发市场活力，优化消费环境，我们做好政策的上传下达，向工信部提交了家具行业稳增长情况报告，参加“三品”全国行活动，参与国家市场监管总局调研家居建材市场工作。同时，我们关注国际经贸形势，参加国家发改委行业企业外迁、国内转移等情况的专题会议，参加商务部“中欧家具产业经贸合作情况调研”工作，为解决行业外贸问题争取政策支持发挥积极作用。在推动行业规划与建设方面，我们参与了“西藏轻工业发展规划”工作，多次向有关部委反映行业转型升级、经济运行、困难诉求等情况。年度提供超万字的行业报告和政策建议，受到了政府部门的高度关注，为行业健康发展奠定了坚实的基础。

发展先进制造业集群，是推动产业迈向中高端，提升产业链、供应链韧性和安全水平的重要抓手。2003年至今，我们与全国各地方政府共建命名了47个产业集群，培育了多个产业园区，为行业的蓬勃发展积蓄了强劲的发展动能，为会员企业在全国布局发挥了矩阵式牵引作用。今年，我们进一步加大力度开展集群调研和培育工作，深入研究各地集群的发展现状、诉求和方向，开展了厚街、龙江、大岭山、胜芳、宁津等集群调研，接待东阳、安吉、兰考、深州、覃塘等政府到访协会，就区域经济发展、集群规划建设、推动转型升级展开交流。清丰是中国中部地区的新兴产业基地，政府高度支持产业发展，正在大力建设绿色家居产业。为了支持推动清丰集群的持续进步，协会今年6月在清丰举办了常务理事会议，全国的副理事长、常务理事单位到清丰考察交流，参观清丰绿色家居博览会，为当地集群提升区域品牌影响力，打造了高品质的合作平台。为了优化区域布局，提升集群发展质量，今年我们与大涌政府共同举办了中国（中山）红木家具博览会，探索粤港澳大湾区发展机遇。7月底，在工信部和广西壮族自治区主办的2023中国产业转移发展对接活动中，我会受邀组织高端绿色家居产业专题对接，为引导产业提档升级做出了行业示范。本次理事会在贵港召开，是协会与贵港共同培育中国家居板材之都（贵港）的一项重要举措，将进一步推动促进区域经济协调发展。

二、深入实施创新驱动，建设现代化家具强国

中国家具行业经过多年的发展，拥有比较完整的产业链，国际竞争力不断增强。今年，我们许多企业在不同方面取得了突出的成绩。顾家家居、左右家私、艾力斯特等成为杭州亚运会官方供应商，以尖端科技产品，为赛事举办提供专业服务。国内首个绿色低碳家具产业“院士创新研究院”落户圣奥科技，聚焦全球家具产业的新需求、新材料、新技术、新工艺，开展创新研究，为业界提供前瞻性的发展动能。麒盛、天坛、曲美、恒林、展辰等企业入选工信部绿色制造名单，获得国家有关部门的高度认可。在大家的共同努力下，行业在社会的积极声音更加响亮，发展质量得到了进一步提高。

在优化产业结构、增强创新与可持续发展能力等方面，我们实施了多项举措，加快新型工业化进程。依托11个专业委员会，推动各领域高质量发展。着重发挥作为全国家具标准化技术委员会主任委员单位的引领作用，落实《质量强国建设纲要》，高效开展质量标准服务工作。目前，家具行业共发布国家标准99项、行业标准93项，牵头制修订国际标准8项、团体标准25项。今年，申报7项国标和12项行标，报批2项国标和6项行标，发布13项国标、8项行标和9项团标，为建设更加完善的标准化体系做出积极努力。

我们充分发挥设计对行业创新的引导作用，今年召开了设计工作委员会第三届委员大会，开展了设计新品发布活动，得到了设计师的积极响应。以设计工作委员会牵头组建评审委员会，主办了中国家具产品创新奖。今年创新奖传承“时尚引领、设计导向”的思路，呈现出优秀企业对外观、功能、材料、可持续的用心诠释，代表家具行业拥抱变化、塑造未来的先锋力量。

同时，协会召开了青年企业家、整装定制和销售商专委会年会，传统和沙发专委会主席团工作会，筹备成立跨境电商专委会和原辅材料专委会，挖掘产供销全产业链、新一代管理者的创新潜力，创造产业新机遇。

三、搭建全领域合作平台，激发产业内生动力

习近平总书记指出，“我国发展进入战略机遇和风险挑战并存、不确定难预料因素增多的时期”。中国家具协会在这一关键阶段，如何发挥资源链接优势，为提升行业发展活力提供支撑，是当前开展各项工作的重要前提。

展会一直是协会高度重视的产业合作服务平台。我们与上海博华共同主办的中国国际家具展览会已经走过30年的历程，为我们的会员企业、全体行业同仁提供了与世界交流合作的机会。今年9月的展会，来自全球143个国家和地区的16万业内

人士相聚浦东，向世界展示了中国家具业和家具人坚守的韧性、勃发的生机和创新的活力。展会吸引了2635家国内外优秀企业、六大海外展团亮相参展，海外观众人数超历史最高纪录，同比2019年增长13.2%。协会副理事长单位敏华控股在展会上获得巨大成功，拿到1500个集装箱的订单，突破历史纪录。协会在展会期间举办了全国家具行业协会会长工作会议，邀请到全国70多家协会、商会会长出席，搭建了扩大交流、增进共识、促进团结的平台，探讨了新时代协会组织建设工作，引导行业组织更好发挥引领服务作用。多场会议活动，进一步扩大了上海展服务的深度广度，促进更高效的贸易合作，推动形成国内国际双循环相互促进的新发展格局。同时，协会主办3月的广州家博会、春秋两季的沈阳家博会，浙江东阳的第三届中国红木家具展览会、2023中国红木家具文化博览会等专业展会，支持东莞、龙江、深圳、清丰、南康等特色展会的举办，推进行业加深交流，促进外贸和内销的共同发展。

为搭建人才培养平台，推进职普融通、产教融合、科教融汇，我们通过竞赛、培训、评价等多种手段，进一步提升从业人员整体素质。今年举办了第五届全国家具职业技能竞赛总决赛，充分展现了家具匠人风采和优秀传统技能，获得总决赛前3名的选手，已报请人社部授予“全国技术能手”荣誉称号，大赛已成为遴选专业人才，弘扬传统文化的重要载体。我们选拔推荐3名选手进入中国轻工业联合会代表队，参加中华人民共和国第二届职业技能大赛，获得一金两优胜的佳绩，促进崇尚技能的行业氛围日益浓厚，精益求精的工匠精神深入人心。我们完成了轻工行指委家具设计与制造专业委员会的筹建组织工作，并召开了成立会议，推动了职业院校教师队伍培养、产教融合，为促进职业教育高质量发展提供人才支撑。

四、坚持高水平对外开放，展现家具大国担当

中国作为全球最大的家具生产国、出口国和消费国，为全球200多个国家提供了品类齐全的优质产品，为世界家具业的普惠发展贡献了积极力量。今年，行业的一批重点会员企业，在推进全球化布局方面展现新作为。尚品宅配与缅甸最大的家具公司达成深度合作，携手开拓缅甸定制家居新市场。中泰家具走出国门、闪耀中东，参加中国（阿联酋）贸易博览会，向世界展示中国办公家具的风采。恒林家居继今年5月在越南开设新展厅后，新成立北美分公司，在秋季高点展开设超大规模展厅，为世界了解中国前沿品牌进行了积极探索。

协会作为中国家具行业参与国际事务的唯一代表，多年来积极发挥世界家具联合会主席单位和亚洲家具联合会会长单位的领导作用，致力于推动全球各国共享发展成果。今年，我们主持召开了世界家具联合会年会暨世界家具产业集群大会、全球家具跨境电商大会等国际会议，来自亚欧非美各大洲的国家级协会、驻华使领馆、贸促机构、产业集群等近600人参加活动，凝聚资源与共识，增进合作与发展，为全球共同繁荣提供了智慧启迪。

为了进一步提升国际资源整合能力，促进全球要素资源与中国的融合发展，今年3月，在工信部的支持和指导下，协会与东莞市人民政府合作共建“世界级家具产业集群”，推动东莞打造第一个具有全球示范意义的国际样板。该项目将建设世界“工业制造”之都、“集群示范”之都、“展览贸易”之都、“智慧管理”之都、“设计创新”之都和“跨境电商”之都，以全球网络支持集群发展，最终打造成为产业规模位居世界前列、创新能力位居国际一流水平、行业影响力引领全球的新高地，为世界各国共享开放合作提供发展新机遇。

在拓展全球多元化市场方面，我们目前已经与70多个国家和地区建立合作关系，形成了惠及世界的连接网络。今年，我们与加拿大、埃及、阿根廷等国驻华使领馆、国际机构交流对接，出席中意设计交流会，受邀参观米兰家具展，与米兰理工大学设计学院、意大利工业设计协会、米兰设计周等单位进行商务会谈，与印度贸促会签署中印产业集群合作备忘录，出席埃及苏伊士运河经济区投资论坛。通过建立多国对话机制，为会员企业拓展全球市场提供资源支撑。

五、团结凝聚行业力量，发挥带动引领作用

社会组织是国家治理体系和治理能力现代化的有机组成部分。党的二十大报告中提出了“加强新经济组织、新社会组织、新就业群体党的建设”等有关社会组织的决策部署，将社会组织的作用提到了前所未有的高度。中国家具协会始终与党中央保持高度一致，重视党建工作、坚持党建引领。今年，作为第一批开展学习贯彻习近平新时代中国特色社会主义思想主题教育单位，协会党支部组织全体党员坚持学思用贯通、知信行统一，着重在提升政治能力、思维能力、实践能力、学习能力四种能力上下功夫，始终保持统一的思想、坚定的意志、协调的行动、强大的战斗力，努力在以学铸魂、以学增智、以学正风、以学促干方面取得实实在在的成效。

同时，协会广泛团结凝聚行业同仁，在服务国家、服务行业、服务社会、服务群众过程中切实发挥作用，成为协调利益、提供服务、反映诉求、开展监督、促进和谐的重要力量。目前，协会2000多家会员，涵盖家具制造、流通、服务、上下游等各个领域。作为推动行业持续进步的核心力量，为满足全球人民美好生活做出了重要贡献。

为了全面提升服务能力和水平，协会秘书处在推动落实国家政策、分析研究行业形势和会员需求的基础上，系统有效提升全体员工的综合素质能力，注重选拔任用讲政治、重公道、业务精、作风好的优秀干部，形成一支有凝聚力和战斗力的秘书处团队，展现了想做事、能做事、做成事的行业担当。注重加强行业经济运行监测和信息统计分析工作，编辑出版《中国家具年鉴》《世界家具展望》《中国家具行业发展报告》《中国家具协会通讯》等权威书刊报告，发送给全体理事会成员，系统分析国内外发展形势，积累行业统计资料。通过协会网站、微信、近百家媒体合作平台，宣传会员企业、知名品牌、行业动态与协会工作。截至目前，协会微信公众号年度阅读量近10万人次，网站年度浏览量28万人次，为提升会员企业的业内关注度和社会影响力提供了权威平台。在全行业开展信用等级评价工作，营造诚信经营、规范发展的健康氛围。着力打造品牌协会、文化协会，为推动家具行业实现跨越式发展，健全共建共治共享的社会治理制度，提升社会治理效能发挥积极作用。

一年来成绩的取得，是全体理事会成员共同奋斗的结果，是协会秘书处精诚服务的结晶，大家迎难而上、开拓进取，为家具行业健康发展和我国经济建设发挥了重要作用。我代表中国家具协会，向大家致以崇高的敬意！

当今世界变乱交织，国际形势错综复杂，百年变局加速演进。上周刚刚闭幕的第三届“一带一路”国际合作高峰论坛，来自140多个国家、30多个国际组织的政要代表出席活动，将中国推向世界舞台的中心。中国正以崭新的大国形象屹立于世界之林，成为推动世界经济增长的重要引擎。中国家具业凭借成熟完善的供应网络，为世界各国人民创造了普惠优质的生活，我们要把握时代机遇，打造引领世界的民族品牌，为中国从制造大国向制造强国转变做出新的贡献。在接下来的理事会工作中，我们将重点开展品牌建设工作。

第一，树立中国家具行业民族品牌。

中国家具协会作为家具行业权威代表，团结了行业最核心的企业家力量，大家多年来深度参与到国家各部委政策制定工作中，也见证了行业的繁荣发展历程，我们有责任、有勇气，将最好的民族品牌呈现给世界。今年，我们开展了中国家具十大品牌评价工作，这是深入实施品牌战略的重要举措。通过完整、科学、系统的评价体系，最终评选出行业最优的十大品牌，获评企业代表了信用建设、质量追溯、可持续发展、工匠精神、历史积淀等方面的典型标杆。他们将成为行业未来重点培育、打造世界品牌的核心力量。下一步我们将以十大品牌为重点，通过协会开拓的政府、媒体、展会等渠道，合力开展宣传推广，面向消费者推荐绿色安全可追溯产品，为品牌提供行业背书，不断挖掘品牌价值，快速树立政府、社会和消费者普遍认可的家具大国民族品牌。

第二，推动建设世界一流家具品牌。

全面提升中国家具行业的国际地位，必须打造具有全球影响力的世界一流品牌。目前，我国已经

深度融入世界产业体系，下一步我们将充分发挥广泛资源优势，开展十大品牌全球化推广工作。组织企业参加联合国工发组织、世界家具联合会、亚洲家具联合会等国际组织的重点活动。通过全球媒体网络、协会平台向近70个国家和地区市场进行宣传。组织十大品牌以“中国家具”整体形象亮相米兰展、米兰设计周等国际知名展会和活动中。在美国、意大利、法国、德国、日本等国家和地区，举办全球巡展、文化艺术展等活动，讲述中国家具品牌的历史与未来，促进中国传统文化的继承与发扬。与全球各国地标性建筑、博物馆、奢侈品开展品牌跨界联名合作，与中外知名建筑师、设计师举办交流峰会，提高中国品牌在海外市场的知名度，赢得全球消费者的认可。

第三，实现引领全球发展伟大愿景。

世界品牌建设是宏伟的行业重任，我们力争在2030年前，打造一批世界一流家具品牌。未来我们将从世界趋势的跟随者变为创造者，实现设计引领、创新引领、文化引领。作为品牌强国，我们将为世界人民提供最优质的中国家具品牌，引领潮流、风靡全球，将中国文化在各国普及发展，传播国家理念、建设国家形象。我们将实现产业链、价值链、创新链的全球化布局，引领世界创新方向，让中国品质成为世界最高水平的代名词，在全球发挥更关键的核心作用。我们还将担当家具强国的国际责任，带领家具行业参与人类发展事业，在社会创新、自然保护、文化传承等方面，做出应有的贡献，让更多国家和地区共享中国的发展成果。

各位理事、各位代表、朋友们！

中国的发展离不开世界，世界的发展也离不开中国。在全面建设中国式现代化家具强国的征程上，我们将以前瞻的品牌战略，开放的国际视野，高屋建瓴、赢得未来，创造属于中国的家具时代！

2023世界家具联合会年会暨世界家具产业集群大会在东莞盛大召开

8月17日，团结促合作，携手创未来——2023世界家具联合会年会暨世界家具产业集群大会在东莞盛大召开。本次大会由中国家具协会和东莞市人民政府共同主办，厚街镇人民政府、大岭山镇人民政府承办。

中国轻工业联合会党委副书记，中华全国手工业合作总社副主任、党委副书记，世界家具联合会主席，亚洲家具联合会会长，中国家具协会理事长徐祥楠；世界家具联合会秘书长、亚洲家具联合会副会长兼秘书长、中国家具协会副理事长兼秘书长屠祺；东莞市委常委、副市长邢文聚；厚街镇党委副书记、镇长陈尚荣；大岭山镇党委副书记、镇长叶晓华；意大利对外贸易委员会北京首席代表暨中国区和蒙古国总协调官 Gianpaolo Bruno；欧洲家具工业联合会会长Edi Snaidero；荷兰贸易促进委员会深圳代表处首席代表Aniel Kerkvliet；波兰投资贸易局驻华办事处中国区首席代表Andrzej Juchniewicz；亚洲家具联合会副会长、泰国家具协会会长Jirawat Tangkijngamwong；亚洲家具联合会副会长、新加坡家具商会荣誉会长Keng Sin Sieng；世界家具联合会、亚洲家具联合会顾问Loo Kok Chye；印度贸易促进委员会主席Mohit Singla；马来西亚家具总会总会长Desmond Tan Boon Hai；韩国家具业同业公会主席Lee Sunjong；罗马尼亚特兰西瓦尼亚家具集群副主席Emeric Dionisie Zilahi；巴基斯坦家具出口商协会主席Hamayun Laiq；巴基斯坦家具制造商协会执行主席Ali Ansar Ghumman；印度尼西亚家具业和手工业协会主席Dedy Rochimat；印度尼西亚家具与工艺品行业协会主席Abdul Sobur；香港家私装饰厂商总会主席May Leung；缅甸家具工业协会主席Kyaw Kyaw Win；意大利家具及木业协会国际和组织关系Giorgio Reggiori；德州市宁津县委书记高善玉；贵港市工业和信息化局副局长黄善尧；佛山市顺德区龙江镇镇长伍成亮；赣州市南康区委常委、副区长李成胜；江苏省宿迁市泗阳县委常委、县委组织部部长、县委党校校长徐大伟；深州市人大党组副书记张占双；清丰县先进制造业开发区党工委书记师敬川；中山市小榄镇党委委员张泽武；安吉县经济和信息化局党委书记、局长傅海飞；东莞名家具俱乐部理事长、华辉家具集团董事长林炳辉；广东现代国际展览中心有限公司董事长林集永；深圳市左右家私有限公司董事长黄华坤；梦神集团董事长余霆；震旦（中国）有限公司总经理廖登熙；南兴装备股份有限公司创始人林旺南；慕思健康睡眠股份有限公司董事长王炳坤；东莞市洋臣家具有限公司董事长吴卫臣；东莞市城市之窗家具有限公司董事长王东升；国誉家具（中国）有限公司董事、总经理Kitara Kazuhiro；大健云仓科技（苏州）有限公司COO郝心言；eBay国际跨境贸易事业部销售与品类管理总经理庞涛；Wayfair大中华区商务副总经理Veronica Wang；以及各国驻华使领馆、各国投资贸易促进机构代表，世界家具联合会、亚洲家具联合会成员，中国家具产业集群政府代表，中国家具协会副理事长，各国家具及相关企业代表近600人出席会议。

徐祥楠理事长做了“团结促合作，携手创未来”的主旨讲话。他指出，当前家具行业已形成国际深度合作、地区广泛协同的产业格局，未来世界将演变为产业集群和产业生态之间的竞争，产业集聚化是制造业结构调整和转型升级的必由之路。中国家具协会在各国会员的支持下，发起中国东莞世界级家具产业集群项目，为促进跨国合作、共享产业资源搭建国际公共平台。世界家具联合会也将支持各国集群建设工作，促进发达制造与新兴制造相结合，推动全球家具行业迈入先进制造之列，让各国切实享受到全球化带来的普惠成果。

中国家具协会理事长　徐祥楠

中国家具协会副理事长兼秘书长屠祺主持年会，并在大会上作全球家具行业发展报告。她介绍了当前全球政治经济形势，并结合最新国际组织官方数据分析了其原因和影响。面对挑战，世界家具联合会将发挥平台作用，以合作解开产业难题，创造广阔发展机遇。首先，要深化国际产业交流，搭建丰富平台，引领行业发展；其次，要促进世界家具贸易，开发传统市场增长点，推动全球合作不断深化；第三，要加快各国产能融合，引导产业投资向集群板块倾斜，打造多样化的国际产业格局；最后，要以数字贸易提振家具消费，推动各国在跨境电商领域加深合作，以多维度方式给全球消费者提供更好的产品和服务。

东莞市委常委、副市长邢文聚致欢迎词，他对大会的召开表示祝贺，并介绍了东莞家具产业现状。东莞拥有“中国家具之都、中国家具展览贸易之都”——厚街镇，“中国家具出口第一镇、中国家具出口重镇”——大岭山镇两大家具产业集群，家具产业基础雄厚。共建世界级家具产业集群，将进一步提升东莞家具产业在国内外的知名度和影响力，增强东莞家具产业优势，为打造集家装、家具、家电、智慧家居系统于一体的家居产业体系提供有力支持。

中国家具协会副理事长兼秘书长　屠祺

东莞市委常委、副市长　邢文聚

东莞市工业和信息化局副局长麦耀钦作产业推介，他介绍了东莞世界级家具产业集群建设情况和投资政策优势。东莞是一座开放活力之城、国际制造名城、科技创新之城、宜业宜居之城。未来，东莞将推动现代化产业片区建设，满足不同类型企业需求，为构建国内国际双循环相互促进的新发展格局贡献东莞力量。

东莞市厚街镇党委副书记、镇长陈尚荣作产业推介。他表示，目前，厚街已拥有一批具有行业影响力的家具企业。未来，厚街将聚焦工业制造、展览贸易、设计创新、智慧管理、跨境电商、集群示范六大方面，以科技园区为载体，以展会为媒介，以设计为依托，以管理为支撑，以电商为突破，以集群为锚点，助推百亿级家具产业集群实现更大发展。

世界家具联合会、亚洲家具联合会是推动产业合作、促进产业发展的国际平台，中国家具协会作为主席单位、会长单位，致力于推动各国各区域产能合作与经验交流，促进全球家具行业提升与可持续发展。印度作为金砖国家之一，人口众多，幅员辽阔，制造业潜力巨大。会上，中国家具协会理事长徐祥楠，印度贸易促进委员会创始会长Mohit Singla签订谅解备忘录，双方将加强合作，为印度家具产业集群建设赋能。印度是新兴市场国家，拥有全球第五的家具生产力和全球第四的家具消费力。通过加强贸易对接、引入全球投资，印度正加快培育家具集群。印度贸易促进委员会创始会长Mohit Singla以“印度新兴家具集群建设”为题作主题演讲，他介绍了印度的经济发展、投资环境及家具行业现状。作为新兴市场，印度目前家用和办公家具制造仍处于个体手工模式。未来，印度将通过设立特别经济区等途径，完成产业链构建及相关附属设施配套的建设，并利用外部投资带动家具产业集群建设，提升成本竞争力和制造规模。

欧洲是工业革命先发地区，产业基础深厚，市场经济成熟，具备良好的协同创新能力和人才聚集优势。欧洲家具工业联合会会长Edi Snaidero以“世界级家具产业集群的机遇与挑战”为题作主题演讲。他表示，集群应基于所有成员的共同利益和目标进行构建，欧洲家具工业联合会致力推动由欧

东莞市工业和信息化局副局长　麦耀钦

东莞市厚街镇党委副书记、镇长　陈尚荣

中国家具协会与印度贸易促进委员会签订备忘录

印度贸易促进委员会创始会长　Mohit Singla

盟委员会支持的家具行业创新活动，全球家具行业可以在推动多边贸易、减少壁垒、探讨可持续性发展和绿色转型、鼓励设计创新、组织跨国培训等多方面展开交流合作。

韩国是亚洲家具版图中发达程度较高的一员，家具产业注重技术升级和营销创新，积累了较为先进的发展经验。韩国家具业同业公会会长Lee Sunjong以“制造创新 集群共生”为题作主题演讲。他以韩国半导体产业发展为例，强调了产业集群建设在发展地区经济和促进技术创新和知识创造方面的重要意义。他表示，未来世界家具产业集群的发展必须具备良好的合作基础，在政府间合作、联合研究、青年人才交流、在线交易平台搭建等方面加强合作。

罗马尼亚的特兰西瓦尼亚是一个历史悠久、文化灿烂、物产富饶、经济发达的地区，融合了传统家具技艺和当代家具工业。罗马尼亚特兰西瓦尼亚家具集群CMT副主席Zilahi Emeric Dionisie以“产业协同推动集群发展”为题作主题演讲。他介绍了特兰西瓦尼亚家具集群，该集群由中小企业、研究机构、大学和相关组织构成，旨在促进和支持家具行业发展，提升当地中小企业全球竞争力。他表示，全球集群应在国际市场研究、供应链规划、设计创新、搭建全球营销平台和品牌共享等方面展开合作，相互支持，共同推动世界家具产业繁荣发展。

当天下午，世界家具产业合作大会暨世界家具联合会企业家论坛、全球家具跨境电商大会成功召开。东莞市商务局四级调研员杨荣致欢迎词。

意大利对外贸易委员会北京首席代表Gianpaolo Bruno分享了意大利品牌的成功经验。他表示，意大利家具品牌的成功要素是将传统与现代技术融合，创造出高品质、耐用且美观的家具。在设计和创新方面，意大利品牌通过探索新材料和拥抱尖端

欧洲家具工业联合会会长　Edi Snaidero

韩国家具业同业公会会长　Lee Sunjong

罗马尼亚特兰西瓦尼亚家具集群CMT副主席
Zilahi Emeric Dionisie

东莞市商务局四级调研员　杨荣

技术保持领先地位，并开展环保材料的制造实践，确保了行业可持续性发展。希望企业可以从意大利家具品牌的传统中汲取灵感，秉持设计、创新、质量和可持续性的价值观，拓展交流与合作。

慕思健康睡眠股份有限公司副董事长姚吉庆以“健康睡眠，世界共享”为题作主题演讲。他表示，中国家具市场具有发展快、制造能力强、潜力大等优势。目前，市场趋势表现为消费者年轻化，需求从单一产品向套房和定制化产品转变，追求个性化、智能化、品牌化。慕思作为健康睡眠系统的开创者，将从智能数字化、品牌高端化和绿色制造三方面入手，建立世界领先的制造基地，构建有竞争力的健康睡眠生态，力争成为全球最大的智慧睡眠解决方案的提供商。

国誉家具（中国）有限公司董事、总经理Kitara Kazuhiro作“以百年历史书写国誉的‘预告’”主题演讲，详细介绍了国誉百年发展史和“激发无限创意，点亮世间个性”的经营理念。与时俱进，不断研发新产品新技术，是国誉成为一家拥有百年历史企业必不可少的因素。国誉让“不起眼的买卖”成为深入人心、传播文化的符号与标志，如今已拥有遍布全球的文具、办公家具、电商零售三大业务。

eBay国际跨境贸易事业部销售与品类管理总经理庞涛以“eBay助力家具企业拓展欧洲市场”为题作主题演讲。家居产品是目前跨境电商出口最具潜力的品类之一，受到海外尤其是欧洲买家的喜爱。eBay为家居产品跨境销售提供从物流、选品、流量到差异化销售及商业运营等多方面扶持方案，从供应链打造、产品线拓展建议到团队搭建等提供专属指导建议，帮助卖家应对产品跨境出口面临的挑战，发掘产业新商机。

大健云仓首席运营官郝心言以“供应链前置——家居外贸创新的探索与实践”为题作主题演讲。

意大利对外贸易委员会北京首席代表　Gianpaolo Bruno

慕思健康睡眠股份有限公司副董事长　姚吉庆

国誉家具（中国）有限公司董事、总经理　Kitara Kazuhiro

eBay国际跨境贸易事业部销售与品类管理总经理　庞涛

大健云仓首席运营官　郝心言

他表示，大健云仓专注于大件商品跨境贸易，通过数字化转型方式对传统外贸行业进行改造，为其提供线上或线下综合跨境交易及交付服务，并依靠国际化商业架构、自主研发的B2B交易系统及自营全球仓储物流，助力外贸企业实现供应商和零售商无缝对接和无忧交付，最大程度减少流通环节及成本，为行业提供全球视角和解决方案。

2023世界家具联合会年会暨世界家具产业集群大会是在全球产业分工与合作深度发展、世界经济复苏持续提速之际召开的一次重要会议。大会凝聚资源与共识，增进合作和发展，为世界级家具产业集群建设提供了智慧启迪。此次大会汇聚了来自全球的行业领袖和嘉宾，共同探讨产业合作、企业精神、跨境电商三大重要议题，分享各国成功经验，充分展现了世界家具联合会的团结力、凝聚力和影响力，并向世界发出团结协作、共赢发展的积极声音，助力全球家具产业行稳致远。

团结促合作，携手创未来

——在2023世界家具联合会年会暨世界家具产业集群大会上的主旨发言

中国家具协会理事长　徐祥楠

各国驻华代表、世界家具联合会委员、女士们、先生们：

大家好！

行合趋同，千里相从。世界正在全面复苏，时代变革加速演进，每个国家、每个行业，都面临着越来越复杂的国际环境。今天，我们秉承“团结促合作，携手创未来”的宗旨，从全球各地汇集在这里，共同召开“2023世界家具联合会年会暨世界家具产业集群大会”，希望凝聚力量，着眼时代发展难题，开辟未来繁荣之路，共同为促进各国人民福祉做出家具行业的宝贵贡献。

5月5日，世界卫生组织宣布：“新冠疫情不再构成国际关注的突发公共卫生事件”。人类经过三年的共同努力，终于再一次克服了历史上的重大危机。人们的工作生活恢复常态，社会发展重回正轨，全球经济逐步复苏。但是，短暂的反弹后，世界面临着长期衰退的挑战。国际货币基金组织最新预测，21世纪第三个十年，全球潜在GDP增长率比2010年以前减少近三分之一，全要素生产率、投资增长率、劳动力供给、国际贸易量呈下降趋势，各国发展动能明显不足。与此同时，全球和平稳定的发展环境遭到破坏。乌克兰危机、也门冲突等地区问题造成大量人口流离失所，保护主义严重挑战自由经济体系，气候恶化每年带来巨额生命财产损失。这些复杂问题进一步导致世界未来发展前景恶化，国际社会对和平、发展、合作、共赢的需求更加强烈。

家具行业已形成国际深度合作、地区广泛协同的产业格局，从原材料、零部件、机械设备等中间商品，到品牌、设计、电商等终端服务，都实现了全球化发展。跨地区联动的产业机制更容易受到国际宏观趋势影响，2022年，因环境负面因素较多，世界家具生产、出口、消费同比下降，分别为5420亿美元、2020亿美元和5260亿美元，降幅为0.3%～3%，预计未来两年，世界家具产能发展受限，增长率不到1%。为克服中长期的疲软态势，全球家具行业需要继续加强国际合作，深化地区协同。“人之相识，贵在相知”，通过深入产业发展难题，互学互鉴，凝聚各国成功经验和创新机遇，我们有信心开辟更广阔的增长空间，助力世界经济持续发展。

中国仍然是世界最大的家具生产国、出口国、消费国，2022年，规模以上企业数量7273家，完成营业收入7624.1亿元，全行业出口累计730.52亿美元，限额以上企业累计实现商品零售额1634.6亿元。中国正在加快建设“以国内大循环为主体、国内国际双循环相互促进”的新发展格局，不仅有效激发庞大消费市场活力，也为各国创造了宝贵机遇。中国国际家具展作为国际性家具贸易平台，为越来越多的国外企业打开中国市场提供了有效的商务渠道和发展空间。中国家具协会担任世界家具联合会主席单位、亚洲家具联合会会长单位以来，坚持开放共享、互利共赢，以充足的市场空间、完善的产业链条和坚实的制造能力，支持全球家具行业产能合作，助力各国取得更快发展。

石以砥焉，化钝为利。在困难与挑战面前，行动比黄金更加宝贵。当今行业的发展难题无法依靠一国或一地解决，只有彼此携手，才能破解前进道路上的障碍，实现共荣共生。未来，世界家具联合会将推动各国在以下几个方面加强合作。

一、团结

从黑海倡议，到也门救援，为解决最脆弱人群面对的生存困难，国际社会彼此携手，克服发展难题。全球家具行业一直以来，通过世界家具联合会的广泛平台，凝聚各界团结力量，在挑战面前，共克时艰。2020年初，全球新冠疫情暴发，我提出《全球家具行业抗击疫情倡议》，得到各国的积极响应，当部分国家出现原材料短缺、抗疫物资匮乏、产能不足的问题时，其他国家纷纷伸出援手，通过各类渠道，提供力所能及的帮助。《世界家具联合会2020展望报告》、2021年会员大会和2022年年会暨世界家具论坛等工作，每一次都得到了各国的大力支持，我们着眼于行业遇到的突出问题，分享彼此成功经验，倡导全球家具产业链加深融合，互助共生。

现在，我们来到了历史新的十字路口，行业的发展动能明显不足，急需更强有力的实际行动，注入增长活力。为此，在各国会员的支持下，我们发起中国东莞世界级家具产业集群项目，为促进跨国合作、共享产业资源搭建国际公共平台。我们将打造世界“工业制造”之都，建设现代化工业园区，实现科创聚集、效益领先、生态平衡的制造模式，培育先进的现代化生产基地。我们将打造世界“集群示范”之都，举办世界家具产业集群大会，邀请全球优秀家具集群代表及行业精英，凝聚智慧，助力发展。我们将打造世界“展览贸易”之都，举办各类国际家具展会，为链通全球贸易提供宝贵平台。我们将打造世界“智慧管理”之都，建设世界家具产业大厦，以现代化办公空间和国际大型会议设施，支持国际化组织和企业在此设立全球总部基地，并吸引世界各国贸易投资促进机构、行业协会等设立分部，形成家具行业的国际中心。我们将打造世界“设计创新”之都，成立国际设计创新交流中心，建立创新创意体系，加大人才和技术资本的开发力度，全面提升集群的设计创新水平，助力品牌提升。我们将打造世界“跨境电商”之都，构建产业电商生态圈，链接全球知名电商平台业务渠道，建立完善的电商业务体系，为家具企业开辟新的市场空间。未来，世界的竞争将由企业、行业、产业链之间的竞争演变为产业集群和产业生态之间的竞争，产业集聚化是制造业结构调整和转型升级的必由之路。我们将基于国际网络，以庞大的产业规模、完善的创新能力、开放的生态模式，推动全球家具行业迈入先进制造之列。

二、共享

20世纪50年代以来，人类社会经济发展取得了历史性成就，全球贫困人口比例从58.5%下降至9.2%，在人口快速增长的背景下，各国实现近50%的减贫成果来之不易，但是目前仍有近1亿人生活在极端贫困的状态下，而且受到系统性经济结构的影响，难以长期脱贫。为此，以联合国为代表的全球机构呼吁各界走包容性增长道路，让宝贵的发展成果为所有人共享。我们应以此为契机，挖掘发展中国家和新兴市场的产业潜力，有效解决行业发展动能不足的问题。

传统的世界家具制造体系走向成熟，新兴国家不断涌现。亚洲是全球主要的家具生产和出口地区，中国、韩国、日本、马来西亚等为国际市场提供了高品质产品和服务，而一些新兴国家则快速发展，越南发挥出口优势，建立外向型家具产业，重点满足美国市场，已成为世界第二大家具出口国，印度紧紧围绕本国市场需求，通过政策扶持、加强监管、招商引资等措施，刺激产业发展，凭借其旺盛的消费环境和充足的劳动力，成为世界第五大生产国。同时，东欧地区的波兰、北美地区的墨西哥、中东地区的土耳其则积极开拓地缘市场，通过比较生产优势，满足周边消费需求，都已成为全球越来越重要的生产国和出口国。欧盟、美国等发达地区面临着日益增长的制造成本压力，产业链已大幅外迁。这样的互补优势为我们加深全球化创造了宝贵条件。世界家具联合会作为跨地区平台，致力于推动国际产业融合，我们将支持各国集群建设工作。中国家具协会已经与印度贸易促进委员会达成战略合作，将在印度建设新兴家具产业集群，引入优质的制造技术和管理经验，带动当地提高生产水平，更好服务印度庞大的消费市场。欢迎更多国家加入进来，参与印度家具行业的相关培育工作。这些集群将极大促进发达制造与新兴制造相结合，让各国切实享受到全球化带来的普惠成果。

三、奋进

励精更始，革故鼎新。全球制造业在社会和技术的推动下，不断创新模式，提升发展质量。从各国工业战略，到欧洲循环经济计划、世界经济论坛灯塔工厂，我们看到，解决长期挑战的钥匙就在每个国家、每个行业、每个企业的手中。2022年，联合国工业发展组织全球方案征集活动，共获得45个国家和地区的452项提案，瑞典宜家投资和中国左右家私脱颖而出，荣获前30名提名奖，家具行业品牌在数字化制造与绿色化转型方面，取得创新和突破，受到国际社会广泛认可。未来，全球家具行业仍需要向着先进制造业的目标持续努力，打造更优质、更高效、更环保的新发展方式。

品质是一切制造行业长远发展的基础。家具行业大多是中小型企业，在非洲、南美、南亚等发展中地区，小微企业和家庭工坊占更大比例。这种有限的企业规模往往导致生产标准化程度低，产品质量和服务水平参差不齐，是行业走向高端制造所面临的突出问题。为此，我们将充分发挥世界家具联合会协同优势，促进标准贯通、技术联通，与各国标准化机构、认证认可部门、市场监督组织开展合作，完善家具行业的国际规范体系，让世界各地人民享受更优质的产品和服务。

数字消费方兴未艾，场景化定制、电商购物、社交营销等新零售模式，占据越来越大的市场比重。我们要充分发挥数据作为新生产要素的增值作用，打通产销链，培育服务型制造，不断提高企业产品附加值。世界家具联合会平台具有丰富的跨境电商合作机遇，可以通过数字化贸易，让优秀的发展成果为世界人民共享。中国家具协会将成立跨境电商专业委员会，欢迎各国产业伙伴加入我们的行动中，专委会将结合世界家具联合会的产业资源优势，推动跨境电商贸易向着更大规模、更高质量发展。

绿色化关乎行业的可持续发展。在各国，越来越多的企业采取原料固碳、清洁生产、旧物回收等手段，降低环境影响、提高能源和资源利用效率。中国家具协会副理事长单位敏华，自主斥资过亿元在生产基地建设太阳能光伏发电系统，年发电量高达1500万千瓦时，每年减少约12600吨二氧化碳排放量。意大利家具协会会长单位爱尔派，建设环境保护部门，积极获得各类可持续发展的国际资质，以此推动企业实践满足最先进的环保标准，成为意大利家具行业的示范标杆。我们要鼓励更多的企业改善内部治理和生产流程，为实现世界降碳目标做出家具行业的积极贡献，共同建设可持续的地球家园。

女士们、先生们！

心和意同，谋无不成。全球家具行业宏伟发展蓝图已经绘就，世界家具联合会将同各方一道，团结凝聚更多产业共识，朝着构建高质量伙伴关系的正确方向携手奋进，共同谱写繁荣发展新篇章！

PART 2

政策标准

Policy and Standards

政府发布的相关政策

《质量强国建设纲要》

发布时间：2023年2月6日
发布单位：中共中央、国务院

政策解读：

《纲要》指出，建设质量强国是推动高质量发展、促进我国经济由大向强转变的重要举措，是满足人民美好生活需要的重要途径。当今世界正经历百年未有之大变局，新一轮科技革命和产业变革深入发展，引发质量理念、机制、实践的深刻变革。面对新形势新要求，必须把推动发展的立足点转到提高质量和效益上来，培育以技术、标准、品牌、质量、服务等为核心的经济发展新优势，推动中国制造向中国创造转变、中国速度向中国质量转变、中国产品向中国品牌转变，坚定不移推进质量强国建设。

《纲要》提出的主要目标是：到2025年，质量整体水平进一步全面提高，中国品牌影响力稳步提升，人民群众质量获得感、满意度明显增强，质量推动经济社会发展的作用更加突出，质量强国建设取得阶段性成效。经济发展质量效益明显提升，产业质量竞争力持续增强，产品、工程、服务质量水平显著提升，品牌建设取得更大进展，质量基础设施更加现代高效，质量治理体系更加完善。到2035年，质量强国建设基础更加牢固，先进质量文化蔚然成风，质量和品牌综合实力达到更高水平。

《纲要》还从推动经济质量效益型发展、增强产业质量竞争力、加快产品质量提档升级、提升建设工程品质、增加优质服务供给等方面提出了要求。各地区各部门结合实际认真贯彻落实。

主要内容：

一、形势背景

质量是人类生产生活的重要保障。党的十八大以来，在以习近平同志为核心的党中央坚强领导下，我国质量事业实现跨越式发展，质量强国建设取得历史性成效。全民质量意识显著提高，质量管理和品牌发展能力明显增强，产品、工程、服务质量总体水平稳步提升，质量安全更有保障，一批重大技术装备、重大工程、重要消费品、新兴领域高技术产品的质量达到国际先进水平，商贸、旅游、金融、物流等服务质量明显改善；产业和区域质量竞争力持续提升，质量基础设施效能逐步彰显，质量对提高全要素生产率和促进经济发展的贡献更加突出，人民群众质量获得感显著增强。

当今世界正经历百年未有之大变局，新一轮科技革命和产业变革深入发展，引发质量理念、机制、实践的深刻变革。质量作为繁荣国际贸易、促进产业发展、增进民生福祉的关键要素，越来越成为经济、贸易、科技、文化等领域的焦点。当前，我国质量水平的提高仍然滞后于经济社会发展，质量发展基础还不够坚实。

面对新形势新要求，必须把推动发展的立足点转到提高质量和效益上来，培育以技术、标准、品牌、质量、服务等为核心的经济发展新优势，推动中国制造向中国创造转变、中国速度向中国质量转变、中国产品向中国品牌转变，坚定不移推进质量强国建设。

二、总体要求

（一）指导思想。以习近平新时代中国特色社会主义思想为指导，立足新发展阶段，完整、准确、全面贯彻新发展理念，构建新发展格局，统筹发展和安全，以推动高质量发展为主题，以提高供给质量为主攻方向，以改革创新为根本动力，以满足人民日益增长的美好生活需要为根本目的，深入实施质量强国战略，牢固树立质量第一意识，健全质量政策，加强全面质量管理，促进质量变革创新，着力提升产品、工程、服务质量，着力推动品牌建设，着力增强产业质量竞争力，着力提高经济发展质量效益，着力提高全民质量素养，积极对接国际先进技术、规则、标准，全方位建设质量强国，为全面建设社会主义现代化国家、实现中华民族伟大复兴的中国梦提供质量支撑。

（二）主要目标

到2025年，质量整体水平进一步全面提高，中国品牌影响力稳步提升，人民群众质量获得感、满意度明显增强，质量推动经济社会发展的作用更加突出，质量强国建设取得阶段性成效。

——经济发展质量效益明显提升。经济结构更加优化，创新能力显著提升，现代化经济体系建设取得重大进展，单位GDP资源能源消耗不断下降，经济发展新动能和质量新优势显著增强。

——产业质量竞争力持续增强。制约产业发展的质量瓶颈不断突破，产业链供应链整体现代化水平显著提高，一二三产业质量效益稳步提高，农业标准化生产普及率稳步提升，制造业质量竞争力指数达到86，服务业供给有效满足产业转型升级和居民消费升级需要，质量竞争型产业规模显著扩大，建成一批具有引领力的质量卓越产业集群。

——产品、工程、服务质量水平显著提升。质量供给和需求更加适配，农产品质量安全例行监测合格率和食品抽检合格率均达到98%以上，制造业产品质量合格率达到94%，工程质量抽查符合率不断提高，消费品质量合格率有效支撑高品质生活需要，服务质量满意度全面提升。

——品牌建设取得更大进展。品牌培育、发展、壮大的促进机制和支持制度更加健全，品牌建设水平显著提高，企业争创品牌、大众信赖品牌的社会氛围更加浓厚，品质卓越、特色鲜明的品牌领军企业持续涌现，形成一大批质量过硬、优势明显的中国品牌。

——质量基础设施更加现代高效。质量基础设施管理体制机制更加健全、布局更加合理，计量、标准、认证认可、检验检测等实现更高水平协同发展，建成若干国家级质量标准实验室，打造一批高效实用的质量基础设施集成服务基地。

——质量治理体系更加完善。质量政策法规更加健全，质量监管体系更趋完备，重大质量安全风险防控机制更加有效，质量管理水平普遍提高，质量人才队伍持续壮大，质量专业技术人员结构和数量更好适配现代质量管理需要，全民质量素养不断增强，质量发展环境更加优化。

到2035年，质量强国建设基础更加牢固，先进质量文化蔚然成风，质量和品牌综合实力达到更高水平。

三、推动经济质量效益型发展

（三）增强质量发展创新动能。建立政产学研用深度融合的质量创新体系，协同开展质量领域技术、管理、制度创新。加强质量领域基础性、原创性研究，集中实施一批产业链供应链质量攻关项目，突破一批重大标志性质量技术和装备。开展质量管理数字化赋能行动，推动质量策划、质量控制、质量保证、质量改进等全流程信息化、网络化、智能化转型。加强专利、商标、版权、地理标志、植物新品种、集成电路布图设计等知识产权保护，提升知识产权公共服务能力。建立质量专业化服务体系，协同推进技术研发、标准研制、产业应用，打通质量创新成果转化应用渠道。

（四）树立质量发展绿色导向。开展重点行业和重点产品资源效率对标提升行动，加快低碳零碳负碳关键核心技术攻关，推动高耗能行业低碳转型。全面推行绿色设计、绿色制造、绿色建造，健全统一的绿色产品标准、认证、标识体系，大力发展绿色供应链。优化资源循环利用技术标准，实现资源绿色、高效再利用。建立健全碳达峰、碳中和标准计量体系，推动建立国际互认的碳计量基标准、碳监测及效果评估机制。建立实施国土空间生态修复标准体系。建立绿色产品消费促进制度，推广绿色生活方式。

（五）强化质量发展利民惠民。开展质量惠民行动，顺应消费升级趋势，推动企业加快产品创新、服务升级、质量改进，促进定制、体验、智能、时尚等新型消费提质扩容，满足多样化、多层级消费需求。开展放心消费创建活动，推动经营者诚信自律，营造安全消费环境，加强售后服务保障。完善质量多元救济机制，鼓励企业投保产品、工程、服务质量相关保险，健全质量保证金制度，推行消费争议先行赔付，开展消费投诉信息公示，加强消费者权益保护，让人民群众买得放心、吃得安心、用得舒心。

四、增强产业质量竞争力

（六）强化产业基础质量支撑。聚焦产业基础质量短板，分行业实施产业基础质量提升工程，加强重点领域产业基础质量攻关，实现工程化突破和产业化应用。开展材料质量提升关键共性技术研发和应用验证，提高材料质量稳定性、一致性、适用性水平。改进基础零部件与元器件性能指标，提升可靠性、耐久性、先进性。推进基础制造工艺与质量管理、数字智能、网络技术深度融合，提高生产制造敏捷度和精益性。支持通用基础软件、工业软件、平台软件、应用软件工程化开发，实现工业质量分析与控制软件关键技术突破。加强技术创新、标准研制、计量测试、合格评定、知识产权、工业数据等产业技术基础能力建设，加快产业基础高级化进程。

（七）提高产业质量竞争水平。推动产业质量升级，加强产业链全面质量管理，着力提升关键环节、关键领域质量管控水平。开展对标达标提升行动，以先进标准助推传统产业提质增效和新兴产业高起点发展。加快传统制造业技术迭代和质量升级，强化战略性新兴产业技术、质量、管理协同创新，培育壮大质量竞争型产业，推动制造业高端化、智能化、绿色化发展，大力发展服务型制造。

（八）提升产业集群质量引领力。支持先导性、支柱性产业集群加强先进技术应用、质量创新、质量基础设施升级，培育形成一批技术质量优势突出、产业链融通发展的产业集群。深化产业集群质量管理机制创新，构建质量管理协同、质量资源共享、企业分工协作的质量发展良好生态。组建一批产业集群质量标准创新合作平台，加强创新技术研发，开展先进标准研制，推广卓越质量管理实践。依托国家级新区、国家高新技术产业开发区、自由贸易试验区等，打造技术、质量、管理创新策源地，培育形成具有引领力的质量卓越产业集群。

（九）打造区域质量发展新优势。加强质量政策引导，推动区域质量发展与生产力布局、区位优势、环境承载能力及社会发展需求对接融合。推动东部地区发挥质量变革创新的引领带动作用，增强质量竞争新优势，实现整体质量提升。引导中西部地区因地制宜发展特色产业，促进区域内支柱产业质量升级，培育形成质量发展比较优势。推动东北地区优化质量发展环境，加快新旧动能转换，促进产业改造升级和质量振兴。健全区域质量合作互助机制，推动区域质量协同发展。深化质量强省建设，推动质量强市、质量强业向纵深发展，打造质量强国建设标杆。

五、加快产品质量提档升级

（十）提高农产品食品药品质量安全水平。

（十一）优化消费品供给品类。实施消费品质量提升行动，加快升级消费品质量标准，提高研发设计与生产质量，推动消费品质量从生产端符合型向消费端适配型转变，促进增品种、提品质、创品牌。加快传统消费品迭代创新，推广个性化定制、柔性化生产，推动基于材料选配、工艺美学、用户体验的产品质量变革。加强产品前瞻性功能研发，扩大优质新型消费品供给，推行高端品质认证，以创新供给引领消费需求。增加老年人、儿童、残疾人等特殊群体的消费品供给，强化安全要求、功能适配、使用便利。对标国际先进标准，推进内外贸产品同线同标同质。鼓励优质消费品进口，提高出口商品品质和单位价值，实现优进优出。制定消费品质量安全监管目录，对质量问题突出、涉及人民群众身体健康和生命财产安全的重要消费品，严格质量安全监管。

（十二）推动工业品质量迈向中高端。发挥工业设计对质量提升的牵引作用，大力发展优质制造，强化研发设计、生产制造、售后服务全过程质量控制。加强应用基础研究和前沿技术研发，强化复杂系统的功能、性能及可靠性一体化设计，提升重大技术装备制造能力和质量水平。加快传统装备智能化改造，大力发展高质量通用智能装备。

六、提升建设工程品质

（十三）强化工程质量保障。

（十四）提高建筑材料质量水平。

（十五）打造中国建造升级版。

七、增加优质服务供给

（十六）提高生产服务专业化水平。发展智能化解决方案、系统性集成、流程再造等服务，提升工业设计、检验检测、知识产权、质量咨询等科技服务水平，推动产业链与创新链、价值链精准对接、深度融合。规范发展网上销售、直播电商等新业态新模式。加快发展海外仓等外贸新业态。加强重大装备、特种设备、耐用消费品的售后服务能力建设，提升安装、维修、保养质量水平。

（十七）促进生活服务品质升级。促进网络购物、移动支付等新模式规范有序发展，鼓励超市、电商平台等零售业态多元化融合发展。支持有条件的地方建设新型消费体验中心，开展多样化体验活动。加强生活服务质量监管，保障人民群众享有高品质生活。

（十八）提升公共服务质量效率。大力推动图书馆、博物馆等公共文化场馆数字化发展，加快线上线下服务融合。加强基层公共就业创业服务平台建设，强化职业技能培训、用工指导等公共就业服务。加强公共配套设施适老化、适儿化、无障碍改造。

八、增强企业质量和品牌发展能力

（十九）加快质量技术创新应用。强化企业创新主体地位，引导企业加大质量技术创新投入，推动新技术、新工艺、新材料应用，促进品种开发和品质升级。鼓励企业加强质量技术创新中心建设，推进质量设计、试验检测、可靠性工程等先进质量技术的研发应用。支持企业牵头组建质量技术创新联合体，实施重大质量改进项目，协同开展产业链供应链质量共性技术攻关。鼓励支持中小微企业实施技术改造、质量改进、品牌建设，提升中小微企业质量技术创新能力。

（二十）提升全面质量管理水平。鼓励企业制定实施以质取胜生产经营战略，创新质量管理理念、方法、工具，推动全员、全要素、全过程、全数据的新型质量管理体系应用，加快质量管理成熟度跃升。强化新一代信息技术应用和企业质量保证能力建设，构建数字化、智能化质量管控模式，实施供应商质量控制能力考核评价，推动质量形成过程的显性化、可视化。引导企业开展质量管理数字化升级、质量标杆经验交流、质量管理体系认证、质量标准制定等，加强全员质量教育培训，健全企业首席质量官制度，重视质量经理、质量工程师、质量技术能手队伍建设。

（二十一）争创国内国际知名品牌。完善品牌培育发展机制，开展中国品牌创建行动，打造中国精品和“百年老店”。鼓励企业实施质量品牌战略，建立品牌培育管理体系，深化品牌设计、市场推广、品牌维护等能力建设，提高品牌全生命周期管理运营能力。开展品牌理论、价值评价研究，完善品牌价值评价标准，推动品牌价值评价和结果应用。统筹开展中华老字号和地方老字号认定，完善老字号名录体系。支持企业加强品牌保护和维权，依法严厉打击品牌仿冒、商标侵权等违法行为，为优质品牌企业发展创造良好环境。

九、构建高水平质量基础设施

（二十二）优化质量基础设施管理。建立高效权威的国家质量基础设施管理体制，推进质量基础设施分级分类管理。深入推进标准化运行机制创新，优化政府颁布标准与市场自主制定标准二元结构，不断提升标准供给质量和效率，推动国内国际标准化协同发展。开展质量基础设施运行监测和综合评价，提高质量技术服务机构管理水平。

（二十三）加强质量基础设施能力建设。合理布局国家、区域、产业质量技术服务机构，建设系统完备、结构优化、高效实用的质量基础设施。

（二十四）提升质量基础设施服务效能。深入实施“标准化+”行动，促进全域标准化深度发展。实施质量基础设施拓展伙伴计划，构建协同服务网络，打造质量基础设施集成服务基地，为产业集群、产业链质量升级提供“一站式”服务。加强质量标准、检验检疫、认证认可等国内国际衔接，促进内外贸一体化发展。

十、推进质量治理现代化

（二十五）加强质量法治建设。健全质量法律法规，修订完善产品质量法，推动产品安全、产品责任、质量基础设施等领域法律法规建设。依法依规严厉打击制售假冒伪劣商品、侵犯知识产权、工程质量违法违规等行为，推动跨行业跨区域监管执法合作，推进行政执法与刑事司法衔接。

（二十六）健全质量政策制度。完善质量统计指标体系，开展质量统计分析。完善多元化、多层级的质量激励机制，健全国家质量奖励制度，鼓励地方按有关规定对质量管理先进、成绩显著的组织和个人实施激励。建立质量分级标准规则，实施产品和服务质量分级，引导优质优价，促进精准监管。建立健全强制性与自愿性相结合的质量披露制度，鼓励企业实施质量承诺和标准自我声明公开。健全覆盖质量、标准、品牌、专利等要素的融资增信体系，强化对质量改进、技术改造、设备更新的金融服务供给，加大对中小微企业质量创新的金融扶持力度。

（二十七）优化质量监管效能。健全以“双随机、一公开”监管和“互联网+监管”为基本手段、以重点监管为补充、以信用监管为基础的新型监管机制。对涉及人民群众身体健康和生命财产安全、公共安全、生态环境安全的产品以及重点服务领域，依法实施严格监管。完善产品质量监督抽查制度，加强工业品和消费品质量监督检查，推动实现生产流通、线上线下一体化抽查，探索建立全国联动抽查机制，对重点产品实施全国企业抽查全覆盖，强化监督抽查结果处理。加强市场秩序综合治理，营造公平竞争的市场环境，促进质量竞争、优胜劣汰。强化网络平台销售商品质量监管，健全跨地区跨行业监管协调联动机制，推进线上线下一体化监管。

（二十八）推动质量社会共治。创新质量治理模式，健全以法治为基础、政府为主导、社会各方参与的多元治理机制，强化基层治理、企业主责和行业自律。支持群团组织、一线班组开展质量改进、质量创新、劳动技能竞赛等群众性质量活动。发挥行业协会商会、学会及消费者组织等的桥梁纽带作用，开展标准制定、品牌建设、质量管理等技术服务，推进行业质量诚信自律。引导消费者树立绿色健康安全消费理念，主动参与质量促进、社会监督等活动。发挥新闻媒体宣传引导作用，传播先进质量理念和最佳实践，曝光制售假冒伪劣等违法行为。以全国“质量月”等活动为载体，深入开展全民质量行动，弘扬企业家精神和工匠精神，营造政府重视质量、企业追求质量、社会崇尚质量、人人关心质量的良好氛围。

（二十九）加强质量国际合作。深入开展双多边质量合作交流，加强与国际组织、区域组织和有关国家的质量对话与磋商，开展质量教育培训、文化交流、人才培养等合作。健全贸易质量争端预警和协调机制，积极参与技术性贸易措施相关规则和标准制定。

十一、组织保障

（三十）加强党的领导。坚持党对质量工作的全面领导，把党的领导贯彻到质量工作的各领域各方面各环节，确保党中央决策部署落到实处。

（三十一）狠抓工作落实。各级党委和政府要将质量强国建设列入重要议事日程，纳入国民经济和社会发展规划、专项规划、区域规划。各地区各有关部门要结合实际，将纲要主要任务与国民经济和社会发展规划有效衔接、同步推进，促进产业、财政、金融、科技、贸易、环境、人才等方面政策与质量政策协同，确保各项任务落地见效。

（三十二）开展督察评估。加强中央质量督察工作，形成有效的督促检查和整改落实机制。

《关于开展2023“三品”全国行活动的通知》

发布时间：2023年4月28日

发布单位：工业和信息化部办公厅、商务部办公厅

指导思想：

为全面贯彻党的二十大精神，落实中央经济工作会议关于恢复和扩大消费的决策部署，深入实施消费品“三品”行动，大力提升消费品产品和服务供给能力，夯实扩大内需战略的供给基础，增强消费对经济增长的拉动作用，推动消费品工业持续平稳增长，工业和信息化部、商务部联合组织开展2023“三品”全国行活动。

主要内容：

一、活动主题

数智赋能　品“制”增效　优质消费

二、活动时间

2023年4—10月

三、活动形式

（一）活动委托中国电子信息产业发展研究院、工业和信息化部新闻宣传中心、中国轻工业联合会、中国纺织工业联合会、中国商业联合会等单位组织实施。各地工业和信息化主管部门、商务主管部门、有关行业协会、重点企业加强配合，形成部门协同、央地联动工作合力。

（二）各地工业和信息化主管部门要制定工作方案，设立“三品”全国行分会场，立足本省域产业发展特色，组织开展大中小企业融通对接活动，通过促销专场、专业巡展等方式促进消费品企业积极对接市场需求，推动实现消费升级和大中小企业融通发展。

（三）消费品工业“三品”战略示范城市要充分发挥示范引领效应，积极举办名品秀、博览会、品牌周等活动，绘制特色产业地图，加快培育优质消费品牌。

（四）有关研究机构、行业协会通过组织专业展会展览，积极推荐优质消费品牌，电商平台和线下卖场开设名品专区，加大优质产品供给，着力打造消费名品方阵。

（五）各参与单位要注重舆论引导，运用新闻媒体、微博微信、广播电视等渠

道，加强行业交流，加大宣传力度，积极营造良好舆论环境。

四、重点任务

（一）聚焦7+10+N活动，培优育强引领消费新升级

七大主题持续拉升消费氛围。创建7个消费主题月时间轴线，月月有主题，周周有活动。十大行业领域助力消费升级。突出行业协会组织协调作用，聚焦服装、家纺、家具、家电、五金、洗涤、休闲食品、乳制品、健康养老、绿色智能消费品等行业领域。N场巡展活动引爆消费活力。依托“三品”战略示范城市，设立三品全国行分会场，推广千家优质产品，释放大众消费潜力；面向重点消费品领域，选择若干城市举办“促消费”专场巡展活动，激发社会群体消费活力；组织中国企业家对话、“三品”城市市长论坛等活动，提振市场主体信心，倡导绿色消费理念。

（二）深化产销联动，线上线下激发行业创动能

支持京东、阿里、唯品会、抖音、快手、得物等电商平台对接重点消费品生产企业，整合行业优势资源，打造永不落幕的“三品”博览会。支持物美、百安居、永辉、国美、苏宁、居然之家、红星美凯龙等零售企业线下同步开展活动，发展预售、定制等产销对接方式，实现供需适配和精准交付。支持特色产区发挥自有资源优势，构建和谐区域发展生态，打造重点消费品行业发展新势能。

（三）加强产消互动，提质扩容优化模式促发展

支持服装、家纺、家电、家具等行业深入洞察消费需求，围绕研发设计、生产控制、品牌营销等方面，以新消费联动新制造，以优质供给促进消费升级。培育壮大定制、体验、智能、时尚等新型消费，构建消费新业态、新模式、新场景和新服务。组织消费者进工厂主题活动，利用AR/VR等现代信息技术增强消费体验，引领大中小企业及消费者协同联动，实现产业链上下游一体化发展。

（四）助力乡村振兴，集聚优势开拓市场增实效

支持地方突出产业集聚优势和区域发展特色，提升区域品牌影响力和产品综合附加值。突出“三品”战略示范城市引领作用，结合定点帮扶工作，组织开展“三品”进乡村等主题活动，升级打造乡村特色产品消费节，推介特色名优消费品。深入开展“数商兴农”，鼓励行业协会、电商平台、生产企业整合行业资源，组织开展“家电下乡”“以旧换新”“汰旧换优”活动，协同推进乡村废旧用品回收与消费新品升级。

五、保障措施

（一）完善工作机制。组织建立包括有关地方、研究机构、行业协会、重点企业参加的“三品”全国行工作机制，推动部门协同和央地联动。

（二）强化政策支持。鼓励地方立足实际，制定出台体现本地区产业特色的“促消费”配套政策。指导各类平台、机构对参与活动企业给予一定资源支持，支持企业提供更多优质产品，积极开展让利促销活动。

（三）加强舆论引导。积极对接各层级新闻媒体，聚焦“三品”全国行主题活动，加大重要活动、重点企业宣传推广。组织开展系列活动专访报道，营造良好的舆论氛围和消费环境，提振消费信心和市场预期。

（四）强化安全保障。参与活动的生产企业、电商平台等要加强行业自律，积极

做出自律承诺。各地工业和信息化主管部门、相关行业协会要通过“信用中国”网站及时查核企业信用信息，引导企业合法诚信经营，切实保障消费者权益，加强活动安全管理。

（五）做好活动总结。工业和信息化部、商务部加强对各地活动指导支持，各单位在2023年11月15日前将活动总结报送工业和信息化部（消费品工业司），工业和信息化部和商务部将根据各地活动进展效果，遴选发布优质消费品推广目录，组织编制“三品”优秀场景案例白皮书。

《质量标准品牌赋值中小企业专项行动（2023—2025年）》

发布时间：2023年5月22日

发布单位：工业和信息化部、国家发展和改革委员会、教育部、人力资源和社会保障部、国家市场监督管理总局 、国家金融监督管理总局、中国证券监督管理委员会、国家知识产权局、中华全国工商业联合会

主要内容：

一、指导思想

以习近平新时代中国特色社会主义思想为指导，贯彻落实党的二十大精神，立足新发展阶段，完整、准确、全面贯彻新发展理念，以推动中小企业高质量发展为目标，通过质量提升、标准引领、品牌建设，促进上下游产业链协同、大中小企业融通发展、产学研用深度融合，持续推进中小企业发展理念、管理、产品、技术和模式创新，不断增强企业竞争力和发展力，激发涌现更多专精特新中小企业。

二、行动目标

到2025年，中小企业质量标准品牌意识显著增强，综合效能不断提高，质量标准品牌对中小企业生存发展贡献持续加大，有力推动中小企业专精特新发展。

新增贯彻实施先进质量管理体系标准的中小企业10000家以上，新增参与标准制定等标准化工作的中小企业1000家以上，新增品牌培育管理体系贯标中小企业2000家以上。培训中小企业经营管理和技术技能型人才10000人以上，新增相关领域中小企业公共服务平台1000家以上，形成中小企业质量标准品牌优秀标杆300个。

三、重点任务

（一）提升质量标准品牌意识。面向中小企业管理者开展专题培训，引导企业牢固树立“质量是企业生命”“一流企业做标准”“品牌是企业灵魂”的理念，建立清晰明确的质量标准品牌方针、使命、愿景和价值观，构建追求卓越的企业文化。开展重点标准宣贯和贯标服务，指导企业提升标准化能力。发挥“中小企业服务月”、工业和信息化技术技能人才网上学习平台作用，为中小企业提供专业培训和辅导，加强质量标准品牌专业人才队伍建设。

（二）建立先进质量管理体系。发挥质量管理体系增值效应，引导中小企业严格执行质量管理体系标准，保障体系有效运行。鼓励专精特新中小企业开展先进质量管理标准贯标达标，科学评估贯标效果，实现质量管理持续成功及财务经济效益增长。

推广质量管理能力评价标准，开展企业质量管理能力自我声明和水平评价，引导中小企业持续改进提升质量管理整体绩效。鼓励龙头企业加强与链上配套中小企业协同配合，提高产业链供应链质量管理水平。

（三）推广质量管理数字化。帮助中小企业导入质量管理数字化理念，深入开展质量管理数字化“深度行”等活动，利用沙龙论坛、线上公开课等形式宣贯《制造业质量管理数字化实施指南（试行）》。推广成熟数字化、智能化质量管控模式，为中小企业提供有针对性的质量管理数字化解决方案，组织开展典型案例遴选及经验交流活动。

（四）提高产品质量水平。加强产品全生命周期质量管理，普及精益管理、精益制造等方法工具和软件，深化工业互联网标识解析体系在质量管理中的应用，推动产品全生命周期的质量策划、质量控制、质量保证、质量改进，形成设计、制造、使用、售后闭环管理，促进产品质量水平持续提升。

（五）推动产品质量分级。支持更多中小企业参与产品质量分级，聚焦机械、电子、纺织、钢铁、建材、有色等重点行业，开展产品质量分级评价。鼓励行业协会和专业机构，指导中小企业参与产品质量分级标准制定，围绕产品性能、技术能力、用户需求等制定产品质量分级团体标准、行业标准。鼓励中小企业结合自身实际迈向中高端，推动专精特新中小企业、专精特新“小巨人”企业开展高端品质评价，增加优质产品供给。

（六）防控质量风险。引导中小企业建立质量风险意识，加快普及相关法律法规条例及其实施细则，帮助中小企业筑牢质量底线意识，依法依规生产经营。提高中小企业质量风险防范能力，指导开展质量管理风险识别与评估，降低废品率、返工返修费用，减少退货损失；指导企业利用5G、工业互联网等相关技术、模式和故障预测、健康管理等方法工具，强化设备故障预防，降低质量风险隐患。

（七）增强标准化能力。指导行业协会、专业机构等加强对中小企业的标准化培训，研究制定中小企业参与标准化工作的手册。引导中小企业建立健全标准化管理制度，加强企业标准体系建设，全面提升标准化管理能力，争创标准创新型企业。支持中小企业加强专业技术人员的引进和培养力度，着力构建高水平、专业化的企业标准化人才队伍。鼓励中小企业制定技术指标优于国家标准和行业标准的企业标准，争创企业标准“领跑者”，持续提升企业标准的创新性和先进性。

（八）支持参与标准制定。支持专精特新“小巨人”企业等发挥“独门绝技”优势，积极参与国际标准化工作，贡献基于创新技术的国际标准提案，与全球产业链上下游企业共同树立国际标准。支持专精特新中小企业参与国家标准、行业标准制定，不断提升标准的先进性和适用性。鼓励广大中小企业快速响应技术创新和市场发展需求，积极参与团体标准工作。

（九）强化标准的融通发展作用。聚焦提升产业链供应链韧性和安全水平，引导龙头企业和中小企业通过标准加强全产业链协作，鼓励中小企业加大标准化工作的投入力度，共同开展标准中的关键技术指标、通用试验方法、典型应用案例等技术验证，促进设计、制造、工艺、检测、应用等产业链上下游标准贯通，推动龙头企业和中小企业构建共同的技术标准体系、紧密的产业链协作体系、完备的供应链管理体系，促进大中小企业融通发展。

（十）持续推进贯标达标。聚焦提升中小企业管理水平，支持行业协会、标准化专业机构等开展管理类标准宣贯，引导广大中小企业全面贯彻实施质量管理体系、环境管理体系、职业健康安全管理体系、供应链安全管理体系、能源管理体系、两化融合管理体系、知识产权管理体系等先进适用标准，助力中小企业降本提质增效。聚焦提升中小企业技术水平，支持专业标准化技术委员会开展技术标准体系专题培训，引导广大中小企业通过执行先进技术标准，全面提升产品和服务的综合竞争力。

（十一）完善品牌管理。引导更多中小企业建立品牌意识，深入开展品牌培育管理体系标准推广实施，指导企业制定符合自身发展特点的品牌战略。促进中小企业有效开展品牌管理，鼓励中小企业加大品牌投入，创建自主品牌，扩展营销渠道，加强运营监测，积极参与国内外创新设计大奖，支持有条件的企业参加海外品牌展示和推广活动，全方位提升品牌价值。

（十二）强化品牌培育。鼓励专精特新中小企业优化用户体验，发展个性化定制、规模定制、中高端定制等生产方式。组织开展品牌故事交流、创新创业大赛等活动，讲好“中国制造”品牌故事，扩大企业影响力。鼓励中小企业特色产业集群打造一批特色鲜明、美誉度高的中小企业区域品牌，宣传推介区域品牌形象，加强区域品牌运用和价值评估。

（十三）推动开展质量标准品牌价值评估。引导中小企业客观认识质量标准品牌的价值，让企业在推进质量标准品牌的过程中有真实获得感。组织开展中小企业品牌发展现状监测分析，为科学评估中小企业品牌价值提供数据支撑。

（十四）加强公共服务能力建设。依托产业技术基础公共服务平台，有效加强试验检测类专业机构服务中小企业的能力水平。鼓励实验室、平台、专业机构、标准化应用验证环境向中小企业开放试验场地、仪器设备等资源。

（十五）提高公共服务水平。支持专业机构面向创新型中小企业开展标准化现场诊断、供需对接和贯标试点，提供标准化整体解决方案和国内外标准化信息服务，推动中小企业讲标准、学标准、用标准。扶持一批品牌培育和运营专业服务机构，为中小企业提供品牌创建与培育、咨询评估、品牌保护等服务。

四、保障措施

（一）加强组织领导。各地工业和信息化主管部门要注重引导行业协会、中小企业公共服务机构、高等学校、科研院所、智库等发挥桥梁纽带作用，开展质量提升、标准制定、品牌建设等研究和技术服务。强化龙头企业引领示范作用，带动上下游中小企业协同发展。

（二）强化政策支持。落实企业质量提升活动中符合条件的研发费用享受税前加计扣除政策，推动科技、市场监管、财税等方面的政策供给。

（三）加强宣传引导。组织开展质量标准品牌主题宣传和交流活动，加强中小企业质量标准品牌宣传解读工作。

（四）强化实施监管。加强对中小企业质量标准品牌发展情况的运行监测，充分利用大数据等手段进行结构化分析研判，加强专项行动实施的动态监测评估，根据运行监测和评估结果，对任务举措进行及时完善，提升实施效果。

《加强消费品标准化建设行动方案》

发布时间：2023年5月22日
发布单位：国家标准化管理委员会、工业和信息化部、商务部

政策背景：

加强消费品标准化建设是贯彻实施《国家标准化发展纲要》的重要任务，是推进全国统一大市场建设、持续扩大内需的重要举措。近年来，消费品标准和质量提升成效显著，重点领域主要消费品标准基本实现与国际接轨，在助推产业创新、满足消费升级、稳定出口贸易等方面发挥了重要作用。现阶段，消费品标准化工作面临释放消费潜力、产品升级迭代、产业转型发展、产业链现代化提升等紧迫需求。加强消费品标准化建设，势在必行。

主要内容：

一、总体要求

（一）指导思想

坚持以习近平新时代中国特色社会主义思想为指导，全面贯彻党的二十大精神，完整、准确、全面贯彻新发展理念，加快构建新发展格局，坚持以推动高质量发展为主题，以满足人民日益增长的美好生活需要为根本目的，把实施扩大内需战略同深化供给侧结构性改革有机结合起来，加强消费品标准化建设，不断健全消费品全产业链质量安全标准体系，持续推动重点领域主要消费品标准与国际接轨，以消费品标准提升促进消费提质升级。

（二）总体目标

到2025年，构建标准供给以政府与市场并重，标准化工作国内国际相互促进，标准运用覆盖生产、流通、消费全链条，衔接生产端与消费端的新型消费品标准体系，有效推动我国消费品综合竞争力提升。

——消费品质量安全标准体系更为健全。消费品强制性国家标准和推荐性国家标准进一步协调配套，安全消费、放心消费标准基础牢固。消费品标准从生产型向消费型转变，舒心消费、便利消费标准支撑有力。

——消费品标准水平进一步提升。满足新技术、新业态、新消费需要的新兴消费品标准供给更加高效，消费品行业智能转型与绿色低碳发展标准体系基本健全。建设100个以上具有影响力的国家级消费品标准化试点，在扩内需、促消费、稳出口方面发挥标准引领带动作用。

——消费品领域市场自主制定标准比重大幅提升。实施团体标准培优计划，促进团体标准规范优质发展，更好满足个性化、多样化、多层次消费需求。有序推进企业标准“领跑者”，消费品企业标准化能力持续提升。

——消费品标准与国际标准体系更加兼容。推动重点领域主要消费品质量标准与国际接轨，我国标准与国际标准关键技术指标的一致性程度保持在95%以上。加快中国标准外文版编译，推动优势技术和科技成果转化为国际标准。

二、主要任务

（一）提升消费品质量安全标准水平。

1. 夯实消费品安全强制性国家标准基础。加快推动强制性标准整合精简后续工作，出台覆盖家用电器、家具、照明电器、玩具及儿童用品、电动自行车等重点消费品领域的强制性国家标准。研究制定跨行业跨领域的消费品化学安全、机械物理安全等通用消费品安全强制性国家标准，推动配套的通用检测方法标准研制。研究制定消费品标签标识相关标准，明示产品质量安全关键信息，保障消费信息对称性。

2. 推进质量分级标准建设。在家用电器、家具、服装、箱包、鞋类产品、羽绒制品等大宗消费品领域，围绕消费者广泛关注的核心质量指标，加快制定消费品质量分级标准。鼓励企业依据质量分级标准明示质量等级、开展质量承诺，助力优标优质优价的市场竞争机制建设，营造安全放心诚信的消费环境。

3. 加强消费体验标准研制。结合消费品使用行为、使用场景和使用群体特殊性，开展消费体验标准化研究。完善重点领域主要消费品标准，在产品可靠性基础上，增加易清洗、防霉抗菌、抗老化、耐黄变、耐特定温度湿度等功能性要求，完善噪声、振动等产品服役性能要求。研制产品使用舒适性评价标准。开展重点消费品安全使用期限标准研究。

4. 持续推动我国消费品标准与国际标准接轨。定期组织我国标准与国际标准一致性程度评估，动态更新消费品国内外标准比对资源共享平台和数据库。按行业、产品逐个开展重点领域主要消费品标准与国际标准比对分析，及时转化先进适用国际标准。

（二）强化新消费标准供给。

5. 着力强化智能、跨行业跨领域组合组装产品标准制定。研究信息技术、网络安全、生物技术与传统消费品融合发展标准化需求，加快新技术新产品新业态标准研制。强化智能产品标准制定，不断拓展人工智能技术在消费品领域的应用。不断健全适老宜小用品、残疾人辅助器具标准体系，在保障特殊消费群体健康安全的基础上，提高消费体验。

6. 强化绿色低碳标准研制。持续推进统一绿色产品评价标准、认证和标识工作，加快制修订一批绿色产品评价标准。进一步健全节能、节水、排放和资源循环利用等标准，积极推进绿色产品、绿色工厂、绿色供应链标准制定，不断完善消费品绿色制造标准体系。研制轻工、纺织、电子等消费品重点行业碳排放核算、重点产品碳足迹以及碳核查等标准，完善低碳产品标准标识制度。开展消费品工业企业、园区、供应链碳排放水平评价标准研究。

7. 制定定制产品和服务标准。响应个性消费需求，围绕定制产品和服务标准化需求，着重突破规模化定制柔性加工、高端定制功能应用、现场快速检验检测等技术瓶颈，促进消费品定制产业规范有序发展。

8. 开展集成式消费品标准体系建设。围绕整体家装、居家养老等领域集成式发展趋势，积极开展“产品+产品”“产品+服务”“互联网+产品+服务”跨行业跨领域集成式标准体系建设，引导产业规范服务流程、质量评价、售后质保等质量控制关键点。

（三）健全消费品全产业链标准体系。

9. 强化创新研发、工业设计标准制定。提高自主知识产权的新技术、新工艺、新产品等创新成果标准转化力度，推动技术创新、标准研制和产业应用协调发展。

10. 加快消费品产业基础标准制定。排查我国消费品制造业“卡脖子”断点，重点制定消费品基础原材料、核心零部件、先进基础工艺标准。发挥链主企业主导力和行业协会组织作用，逐个产业逐个领域构建高水平供应链标准体系，以市场化机制实现全链条质量提升。

11. 加强产业数字化、网络化与智能化标准研制。推进互联网、大数据、人工智能、5G等信息技术与传统消费品制造业深度融合，加快基础共性、关键技术和细分行业应用智能制造、服务型制造标准研制。在家电、电子、纺织服装、家装建材等领域，构建产业数字化、网络化与智能化标准体系，研制工厂设计、工艺仿真、质量管控、仓储管理等智能工厂规范或规程标准；制定基于新一代信息技术的设备巡检、缺陷检测、供应链协同、设备远程运维等指南标准，以及大规模个性定制等新模式应用规范或指南标准，加快推进数字化助力消费品工业增品种、提品质、创品牌“三品”行动。

（四）拓展消费品服务链价值链标准。

12. 强化物流标准体系建设。

13. 完善售后服务标准体系。开展消费品安装、维修、维护（清洗）等售后服务相关标准制修订，提升重点领域产品售后服务水平，推广消费品远程在线技术支持，推进消费品售后服务标准化、专业化，助推消费品产业价值链提升。

14. 加强再生资源利用标准研制。加快制定消费品回收利用相关标准，推动再生利用产品标识标准在再生塑料、再生纺织品等领域的应用，加快构建循环经济发展标准支撑体系，加快推进废旧纺织品循环利用等标准研制。

（五）推动中国消费品标准制度型开放。

15. 加大标准助推消费品贸易便利化力度。开展共建“一带一路”国家主要消费品标准化研究。鼓励家用电器、纺织服装、照明电器、家具、鞋等行业，围绕东盟、非洲等我国对外投资相对密集国家和地区，布局建设一批境外标准化服务站，面向境外中国企业开展信息咨询、标准宣贯、质量诊断等一站式标准化集成服务。

16. 推进中国消费品标准国际化。支持我国标准化技术机构、企业等积极参与国际标准化活动，推动中国标准与国际标准体系兼容，承担国际标准组织技术机构相关工作，促进优势技术和科技成果转化为国际标准。

（六）夯实消费品标准化发展基础。

17. 着力强化消费品标准化技术力量。全面强化消费品领域国家级质量标准实验室、国家技术标准创新基地、国家标准验证点建设。

18. 促进消费品团体标准规范优质发展。鼓励各类社会团体聚焦消费品领域新技术、新产品、新业态加大团体标准研制力度，充分发挥链主企业作用，引导社会团体围绕产业链供应链安全稳定、产业专精特新发展需求制定原创性、高质量标准。

19. 发挥企业主体作用，推进企业标准水平不断提升。

20. 加强消费品标准化试点建设。以消费品产业集聚区、行业领军企业或标准化技术机构为创建主体，持续开展消费品标准化试点工作。

21. 加强国家标准样品及检测技术标准研制。

三、重点领域

（一）家用电器。

（二）消费类电子产品。

（三）家居装饰装修产品。完善家居装饰装修产品的质量安全标准体系，加快建设家具、涂料染料、卫浴陶瓷、厨卫五金、壁纸、地毯等家居装饰装修产品安全强制性标准体系，推动照明电器、卫生器具等重点产品节能、节水等标准制修订，健全配套检测方法、检测设备、检测能力。围绕大家居市场发展趋势，增加个性化定制、柔性化生产、售后安装服务等标准供给。加强废旧家具回收利用标准化研究，制定生态家具标准，支撑家具行业绿色发展。

（四）纺织服装与服饰产品。

（五）婴童用品和老年用品。

（六）化妆品和日用化学品。

（七）文教体育休闲用品。

（八）传统文化产品。

（九）食品及相关产品。

四、保障措施

（一）加强组织实施。各地方、各行业要根据本方案，结合实际，加强统筹协调，抓好贯彻落实。行业协会要充分发挥沟通政府与服务企业的桥梁纽带作用，标准化技术组织要充分发挥标准化主力军作用，加强本方案落实效果跟踪，及时反映各方对消费品标准化工作的诉求，将本方案与各行业发展政策有效衔接、同步推进，确保各项任务落到实处。

（二）加强标准宣传。加强消费品标准和质量知识宣传解读，倡导优质优价、绿色环保和适度适宜的消费理念。充分发挥标准化技术组织作用，多角度、多渠道、多形式开展标准化宣传。

（三）加强社会服务。鼓励地方结合当地产业发展特点和标准化需求，因地施策、行地结合开展消费品标准化专项服务。

《关于促进家居消费若干措施的通知》

发布时间：2023年7月12日

发布单位：商务部、国家发展改革委、工业和信息化部、民政部、财政部、人力资源社会保障部、自然资源部、住房城乡建设部、农业农村部、中国人民银行、国家市场监管总局、国家金融监管总局、中国证监会

政策背景：

家居消费涵盖家电、家具、家纺、家装等多个领域，是居民消费的重要组成部分，是人民对美好生活需要的直接体现。为贯彻落实党中央、国务院决策部署，释放家居消费潜力，巩固消费恢复发展势头，增强消费对经济发展的基础性作用，国家13部门联合发布此文。

主要内容：

一、大力提升供给质量

（一）完善绿色供应链。支持家居企业开展绿色制造，鼓励有条件的地区对绿色制造示范企业出台针对性政策措施，促进企业加大绿色家居产品研发力度。加强绿色家居产品质量和品牌建设。健全统一的绿色产品标准、认证、标识体系，拓展绿色家居产品认证范围。鼓励有条件的地区对居民购买绿色家电、绿色家具、绿色建材等绿色家居产品给予支持。支持家居卖场开展绿色商场创建，设置绿色产品销售专区。

（二）创新培育智能消费。支持企业运用物联网、云计算、人工智能等技术，加快智能家电、智能安防、智能照明、智能睡眠、智能康养、智能影音娱乐等家居产品研发。发挥消费平台大数据作用，支持企业开展家居产品反向定制、个性化设计和柔性化生产。促进智能家居设备互联互通，建立健全标准体系，推动单品智能向全屋智能发展。开展数字家庭建设试点。

（三）提高家居适老化水平。制定发布老年用品产品推广目录，加快制定家居产品适老化设计通用标准。支持企业加大适老化家电、家具、洗浴装置等家居产品研发力度。支持家居卖场、电商平台设立老年用品销售专区专柜。支持装修等领域经营主体拓展居家适老化改造业务。

二、积极创新消费场景

（四）推动业态模式创新发展。支持家居企业加快数字化、智能化转型升级和线上线下融合发展，培育一批产业链供应链高效协同的家居行业领跑企业。鼓励企业打造线上家居服务平台，促进“互联网+家装”“互联网+二手家居”、家电家具租赁等新业态新模式健康有序发展。鼓励有条件的地区有序发展二手家居流通产业。支持家居卖场加强与上下游企业合作，构建“大家居”生态体系，为消费者提供一站式、一体化、全场景家居消费解决方案。支持家居卖场、购物中心等设置智能家居体验馆、品质家居生活馆等体验式消费场景，探索家居零售与文娱休闲、创意设计等多业态融合发展。

（五）支持旧房装修。鼓励各地结合城镇老旧小区改造等工作，通过政府支持、企业促销等多种方式，支持居民开展旧房装修和局部升级改造。

（六）开展促消费活动。组织开展家居焕新活动，鼓励有条件的地区出台针对性政策措施，引导企业提高家居消费供给质量和水平，提供更多高品质、个性化、定制化家居产品，加大优惠力度，支持居民更换或新购绿色智能家居产品、开展旧房装修。支持各地和相关行业协会依托全国消费促进月、国际消费季等平台，组织开展家居消费季、家纺消费节、家装消费节等促消费活动。用好中国国际进口博览会、中国国际消费品博览会等展会平台，支持以市场化方式举办家居类专业展会，展示家居领域前沿技术和产品，扩大优质家居产品供给。

三、有效改善消费条件

（七）发展社区便民服务。推进一刻钟便民生活圈建设，支持与家居消费密切相关的洗染店、维修点、再生资源回收点等进社区。鼓励有条件的居民小区利用闲置房屋设置家电家具临时存放场所，方便居民开展装修。

（八）完善废旧物资回收网络。统筹现有资金渠道，加强对废旧物资循环利用体系建设重点项目的支持。推动在居民小区规范设置废旧家具、装修垃圾投放点，推广线上预约收运。鼓励回收企业与物业企业等单位建立长效合作机制，支持企业上门回收废旧家电、家具，为废旧物资回收车辆进小区提供便利。

（九）促进农村家居消费。持续推进县域商业体系建设，引导家居企业、电商平台等下沉农村市场，优化县域流通网络和渠道，加大适销对路家居产品供应，提升售后服务水平。鼓励有条件的地区开展家电家具家装下乡，因地制宜支持农村居民购买绿色智能家居产品、开展家庭装修。

四、着力优化消费环境

（十）规范市场秩序。依法打击家居消费领域假冒伪劣、偷工减料、价格欺诈等行为。健全家居行业信用评价体系，推广诚信经营典型案例，鼓励行业协会等探索实施家居行业“黑名单”制度，引导市场主体诚信经营。

（十一）加强政策支持。鼓励金融机构加强与家居生产企业、家居卖场、家装企业等合作，为经营商户和供应链上下游企业提供融资支持。

各地要切实加强组织领导，结合本地区实际，制定具体实施方案，细化工作举措，总结推广典型经验，强化宣传引导，充分调动居委会、社区等基层组织积极性，进一步激发各类市场主体活力，增强居民消费意愿，释放家居消费潜力。商务主管部门要加强与相关部门协调联动，推动各项政策措施尽快落地见效。

《关于促进民营经济发展壮大的意见》

发布时间：2023年7月14日

发布单位：中共中央、国务院

主要内容：

民营经济是推进中国式现代化的生力军，是高质量发展的重要基础，是推动我国全面建成社会主义现代化强国、实现第二个百年奋斗目标的重要力量。为促进民营经济发展壮大，现提出如下意见。

一、总体要求

以习近平新时代中国特色社会主义思想为指导，深入贯彻党的二十大精神，坚持稳中求进工作总基调，完整、准确、全面贯彻新发展理念，加快构建新发展格局，着力推动高质量发展，坚持社会主义市场经济改革方向，坚持“两个毫不动摇”，加快营造市场化、法治化、国际化一流营商环境，优化民营经济发展环境，依法保护民营企业产权和企业家权益，全面构建亲清政商关系，使各种所有制经济依法平等使用生产要素、公平参与市场竞争、同等受到法律保护，引导民营企业通过自身改革发展、合规经营、转型升级不断提升发展质量，促进民营经济做大做优做强，在全面建设社会主义现代化国家新征程中作出积极贡献，在中华民族伟大复兴历史进程中肩负起更大使命、承担起更重责任、发挥出更大作用。

二、持续优化民营经济发展环境

构建高水平社会主义市场经济体制，持续优化稳定公平透明可预期的发展环境，充分激发民营经济生机活力。

（一）持续破除市场准入壁垒。各地区各部门不得以备案、注册、年检、认定、认证、指定、要求设立分公司等形式设定或变相设定准入障碍。清理规范行政审批、许可、备案等政务服务事项的前置条件和审批标准，不得将政务服务事项转为中介服务事项，没有法律法规依据不得在政务服务前要求企业自行检测、检验、认证、鉴定、公证或提供证明等。稳步开展市场准入效能评估，建立市场准入壁垒投诉和处理回应机制，完善典型案例归集和通报制度。

（二）全面落实公平竞争政策制度。强化竞争政策基础地位，健全公平竞争制度框架和政策实施机制，坚持对各类所有制企业一视同仁、平等对待。强化制止滥用行政权力排除限制竞争的反垄断执法。未经公平竞争不得授予经营者特许经营权，不得限定经营、购买、使用特定经营者提供的商品和服务。定期推出市场干预行为负面清单，及时清理废除含有地方保护、市场分割、指定交易等妨碍统一市场和公平竞争的政策。优化完善产业政策实施方式，建立涉企优惠政策目录清单并及时向社会公开。

（三）完善社会信用激励约束机制。完善信用信息记录和共享体系，全面推广信用承诺制度，将承诺和履约信息纳入信用记录。发挥信用激励机制作用，提升信用良好企业获得感。完善信用约束机制，依法依规按照失信惩戒措施清单对责任主体实施惩戒。健全失信行为纠正后的信用修复机制，研究出台相关管理办法。完善政府诚信履约机制，建立健全政务失信记录和惩戒制度，将机关、事业单位的违约毁约、拖欠账款、拒不履行司法裁判等失信信息纳入全国信用信息共享平台。

（四）完善市场化重整机制。鼓励民营企业盘活存量资产回收资金。坚持精准识别、分类施策，对陷入财务困境但仍具有发展前景和挽救价值的企业，按照市场化、法治化原则，积极适用破产重整、破产和解程序。推动修订企业破产法并完善配套制度。优化个体工商户转企业相关政策，降低转换成本。

三、加大对民营经济政策支持力度

精准制定实施各类支持政策，完善政策执行方式，加强政策协调性，及时回应关切和利益诉求，切实解决实际困难。

（五）完善融资支持政策制度。健全银行、保险、担保、券商等多方共同参与的融资风险市场化分担机制。健全中小微企业和个体工商户信用评级和评价体系，加强涉企信用信息归集，推广“信易贷”等服务模式。支持符合条件的民营中小微企业在债券市场融资，鼓励符合条件的民营企业发行科技创新公司债券，推动民营企业债券融资专项支持计划扩大覆盖面、提升增信力度。支持符合条件的民营企业上市融资和再融资。

（六）完善拖欠账款常态化预防和清理机制。严格执行《保障中小企业款项支付条例》，健全防范化解拖欠中小企业账款长效机制，依法依规加大对责任人的问责处罚力度。机关、事业单位和大型企业不得以内部人员变更，履行内部付款流程，或在合同未作约定情况下以等待竣工验收批复、决算审计等为由，拒绝或延迟支付中小企业和个体工商户款项。建立拖欠账款定期披露、劝告指导、主动执法制度。强化商业汇票信息披露，完善票据市场信用约束机制。完善拖欠账款投诉处理和信用监督机制，加强对恶意拖欠账款案例的曝光。完善拖欠账款清理与审计、督查、巡视等制度的常态化对接机制。

（七）强化人才和用工需求保障。畅通人才向民营企业流动渠道，健全人事管理、档案管理、社会保障等接续的政策机制。完善民营企业职称评审办法，畅通民营企业职称评审渠道，完善以市场评价为导向的职称评审标准。搭建民营企业、个体工商户用工和劳动者求职信息对接平台。大力推进校企合作、产教融合。推进民营经济产业工人队伍建设，优化职业发展环境。加强灵活就业和新就业形态劳动者权益保障，发挥平台企业在扩大就业方面的作用。

（八）完善支持政策直达快享机制。充分发挥财政资金直达机制作用，推动涉企资金直达快享。加大涉企补贴资金公开力度，接受社会监督。针对民营中小微企业和个体工商户建立支持政策"免申即享"机制，推广告知承诺制，有关部门能够通过公共数据平台提取的材料，不再要求重复提供。

（九）强化政策沟通和预期引导。依法依规履行涉企政策调整程序，根据实际设置合理过渡期。加强直接面向民营企业和个体工商户的政策发布和解读引导。支持各级政府部门邀请优秀企业家开展咨询，在涉企政策、规划、标准的制定和评估等方面充分发挥企业家作用。

四、强化民营经济发展法治保障

健全对各类所有制经济平等保护的法治环境，为民营经济发展营造良好稳定的预期。

（十）依法保护民营企业产权和企业家权益。防止和纠正利用行政或刑事手段干预经济纠纷，以及执法司法中的地方保护主义。进一步规范涉产权强制性措施，避免超权限、超范围、超数额、超时限查封扣押冻结财产。对不宜查封扣押冻结的经营性涉案财物，在保证侦查活动正常进行的同时，可以允许有关当事人继续合理使用，并采取必要的保值保管措施，最大限度减少侦查办案对正常办公和合法生产经营的影响。完善涉企案件申诉、再审等机制，健全冤错案件有效防范和常态化纠正机制。

（十一）构建民营企业源头防范和治理腐败的体制机制。出台司法解释，依法加大对民营企业工作人员职务侵占、挪用资金、受贿等腐败行为的惩处力度。健全涉案财物追缴处置机制。深化涉案企业合规改革，推动民营企业合规守法经营。强化民营企业腐败源头治理，引导民营企业建立严格的审计监督体系和财会制度。充分发挥民营企业党组织作用，推动企业加强法治教育，营造诚信廉洁的企业文化氛围。建立多元主体参与的民营企业腐败治理机制。推动建设法治民营企业、清廉民营企业。

（十二）持续完善知识产权保护体系。加大对民营中小微企业原始创新保护力度。严格落实知识产权侵权惩罚性赔偿、行为保全等制度。建立知识产权侵权和行政非诉执行快速处理机制，健全知识产权法院跨区域管辖制度。研究完善商业改进、文化创意等创新成果的知识产权保护办法，严厉打击侵犯商业秘密、仿冒混淆等不正当竞争行为和恶意抢注商标等违法行为。加大对侵犯知识产权违法犯罪行为的刑事打击力度。完善海外知识产权纠纷应对指导机制。

（十三）完善监管执法体系。加强监管标准化规范化建设，依法公开监管标准和规则，增强监管制度和政策的稳定性、可预期性。提高监管公平性、规范性、简约性，杜绝选择性执法和让企业"自证清白"式监管。鼓励跨行政区域按规定联合发布统一监管政策法规及标准规范，开展联动执法。按照教育与处罚相结合原则，推行告知、提醒、劝导等执法方式，对初次违法且危害后果轻微并及时改正的依法不予行政处罚。

（十四）健全涉企收费长效监管机制。持续完善政府定价的涉企收费清单制度，进行常态化公示，接受企业和社会监督。畅通涉企违规收费投诉举报渠道，建立规范的问题线索部门共享和转办机制，综合采取市场监管、行业监管、信用监管等手段实施联合惩戒，公开曝光违规收费典型案例。

五、着力推动民营经济实现高质量发展

引导民营企业践行新发展理念，深刻把握存在的不足和面临的挑战，转变发展方式、调整产业结构、转换增长动力，坚守主业、做强实业，自觉走高质量发展之路。

（十五）引导完善治理结构和管理制度。支持引导民营企业完善法人治理结构、规范股东行为、强化内部监督，实现治理规范、有效制衡、合规经营，鼓励有条件的民营企业建立完善中国特色现代企业制度。依法推动实现企业法人财产与出资人个人或家族财产分离，明晰企业产权结构。研究构建风险评估体系和提示机制，对严重影响企业运营并可能引发社会稳定风险的情形提前预警。支持民营企业加强风险防范管理，引导建立覆盖企业战略、规划、投融资、市场运营等各领域的全面风险管理体系，提升质量管理意识和能力。

（十六）支持提升科技创新能力。鼓励民营企业根据国家战略需要和行业发展趋势，持续加大研发投入，开展关键核心技术攻关，按规定积极承担国家重大科技项目。培育一批关键行业民营科技领军企业、专精特新中小企业和创新能力强的中小企业特色产业集群。加大政府采购创新产品力度，发挥首台（套）保险补偿机制作用，支持民营企业创新产品迭代应用。推动不同所有制企业、大中小企业融通创新，开展共性技术联合攻关。完善高等学校、科研院所管理制度和成果转化机制，调动其支持民营中小微企业创新发展积极性，支持民营企业与科研机构合作建立技术研发中心、产业研究院、中试熟化基地、工程研究中心、制造业创新中心等创新平台。支持民营企业加强基础性前沿性研究和成果转化。

（十七）加快推动数字化转型和技术改造。鼓励民营企业开展数字化共性技术研发，参与数据中心、工业互联网等新型基础设施投资建设和应用创新。支持中小企业数字化转型，推动低成本、模块化智能制造设备和系统的推广应用。引导民营企业积极推进标准化建设，提升产品质量水平。支持民营企业加大生产工艺、设备、技术的绿色低碳改造力度，加快发展柔性制造，提升应急扩产转产能力，提升产业链韧性。

（十八）鼓励提高国际竞争力。支持民营企业立足自身实际，积极向核心零部件和高端制成品设计研发等方向延伸；加强品牌建设，提升“中国制造”美誉度。鼓励民营企业拓展海外业务，积极参与共建“一带一路”，有序参与境外项目，在走出去中遵守当地法律法规、履行社会责任。更好指导支持民营企业防范应对贸易保护主义、单边主义、“长臂管辖”等外部挑战。强化部门协同配合，针对民营经济人士海外人身和财产安全，建立防范化解风险协作机制。

（十九）支持参与国家重大战略。鼓励民营企业自主自愿通过扩大吸纳就业、完善工资分配制度等，提升员工享受企业发展成果的水平。支持民营企业到中西部和东北地区投资发展劳动密集型制造业、装备制造业和生态产业，促进革命老区、民族地区加快发展，投入边疆地区建设推进兴边富民。支持民营企业参与推进碳达峰碳中和，提供减碳技术和服务，加大可再生能源发电和储能等领域投资力度，参与碳排放权、用能权交易。支持民营企业参与乡村振兴，推动新型农业经营主体和社会化服务组织发展现代种养业，高质量发展现代农产品加工业，因地制宜发展现代农业服务业，壮大休闲农业、乡村旅游业等特色产业，积极投身“万企兴万村”行动。支持民营企业参与全面加强基础设施建设，引导民营资本参与新型城镇化、交通水利等重大工程和补短板领域建设。

（二十）依法规范和引导民营资本健康发展。健全规范和引导民营资本健康发展的法律制度，为资本设立“红绿灯”，完善资本行为制度规则，集中推出一批“绿灯”投资案例。全面提升资本治理效能，提高资本监管能力和监管体系现代化水平。引导平台经济向开放、创新、赋能方向发展，补齐发展短板弱项，支持平台企业在创造就业、拓展消费、国际竞争中大显身手，推动平台经济规范健康持续发展。鼓励民营企业集中精力做强做优主业，提升核心竞争力。

六、促进民营经济人士健康成长

全面贯彻信任、团结、服务、引导、教育的方针，用务实举措稳定人心、鼓舞人心、凝聚人心，引导民营经济人士弘扬企业家精神。

（二十一）健全民营经济人士思想政治建设机制。积极稳妥做好在民营经济代表人士先进分子中发展党员工作。深入开展理想信念教育和社会主义核心价值观教育。教育引导民营经济人士中的党员坚定理想信念，发挥先锋模范作用，坚决执行党的理论和路线方针政策。积极探索创新民营经济领域党建工作方式。

（二十二）培育和弘扬企业家精神。引导民营企业家增强爱国情怀、勇于创新、诚信守法、承担社会责任、拓展国际视野，敢闯敢干，不断激发创新活力和创造潜能。发挥优秀企业家示范带动作用，按规定加大评选表彰力度，在民营经济中大力培育企业家精神，及时总结推广富有中国特色、顺应时代潮流的企业家成长经验。

（二十三）加强民营经济代表人士队伍建设。优化民营经济代表人士队伍结构，健全选人机制，兼顾不同地区、行业和规模企业，适当向战略性新兴产业、高技术产业、先进制造业、现代服务业、现代农业等领域倾斜。规范政治安排，完善相关综合评价体系，稳妥做好推荐优秀民营经济人士作为各级人大代表候选人、政协委员人选工作，发挥工商联在民营经济人士有序政治参与中的主渠道作用。支持民营经济代表人士在国际经济活动和经济组织中发挥更大作用。

（二十四）完善民营经济人士教育培训体系。完善民营经济人士专题培训和学习研讨机制，进一步加大教育培训力度。完善民营中小微企业培训制度，构建多领域多层次、线上线下相结合的培训体系。加强对民营经济人士的梯次培养，建立健全年轻一代民营经济人士传帮带辅导制度，推动事业新老交接和有序传承。

（二十五）全面构建亲清政商关系。把构建亲清政商关系落到实处，党政干部和民营企业家要双向建立亲清统一的新型政商关系。各级领导干部要坦荡真诚同民营企业家接触交往，主动作为、靠前服务，依法依规为民营企业和民营企业家解难题、办实事，守住交往底线，防范廉政风险，做到亲而有度、清而有为。民营企业家要积极主动与各级党委和政府及部门沟通交流，讲真话、说实情、建诤言，洁身自好走正道，遵纪守法办企业，光明正大搞经营。

七、持续营造关心促进民营经济发展壮大社会氛围

引导和支持民营经济履行社会责任，展现良好形象，更好与舆论互动，营造正确认识、充分尊重、积极关心民营经济的良好社会氛围。

（二十六）引导全社会客观正确全面认识民营经济和民营经济人士。加强理论研究和宣传，坚持实事求是、客观公正，把握好正确舆论导向，引导社会正确认识民营

经济的重大贡献和重要作用，正确看待民营经济人士通过合法合规经营获得的财富。坚决抵制、及时批驳澄清质疑社会主义基本经济制度、否定和弱化民营经济的错误言论与做法，及时回应关切、打消顾虑。

（二十七）培育尊重民营经济创新创业的舆论环境。加强对优秀企业家先进事迹、加快建设世界一流企业的宣传报道，凝聚崇尚创新创业正能量，增强企业家的荣誉感和社会价值感。营造鼓励创新、宽容失败的舆论环境和时代氛围，对民营经济人士合法经营中出现的失误失败给予理解、宽容、帮助。建立部门协作机制，依法严厉打击以负面舆情为要挟进行勒索等行为，健全相关举报机制，降低企业维权成本。

（二十八）支持民营企业更好履行社会责任。教育引导民营企业自觉担负促进共同富裕的社会责任，在企业内部积极构建和谐劳动关系，推动构建全体员工利益共同体，让企业发展成果更公平惠及全体员工。鼓励引导民营经济人士做发展的实干家和新时代的奉献者，在更高层次上实现个人价值，向全社会展现遵纪守法、遵守社会公德的良好形象，做到富而有责、富而有义、富而有爱。探索建立民营企业社会责任评价体系和激励机制，引导民营企业踊跃投身光彩事业和公益慈善事业，参与应急救灾，支持国防建设。

八、加强组织实施

（二十九）坚持和加强党的领导。坚持党中央对民营经济工作的集中统一领导，把党的领导落实到工作全过程各方面。坚持正确政治方向，建立完善民营经济和民营企业发展工作机制，明确和压实部门责任，加强协同配合，强化央地联动。支持工商联围绕促进民营经济健康发展和民营经济人士健康成长更好发挥作用。

（三十）完善落实激励约束机制。强化已出台政策的督促落实，重点推动促进民营经济发展壮大、产权保护、弘扬企业家精神等政策落实落细，完善评估督导体系。建立健全民营经济投诉维权平台，完善投诉举报保密制度、处理程序和督办考核机制。

（三十一）及时做好总结评估。在与宏观政策取向一致性评估中对涉民营经济政策开展专项评估审查。完善中国营商环境评价体系，健全政策实施效果第三方评价机制。加强民营经济统计监测评估，必要时可研究编制统一规范的民营经济发展指数。不断创新和发展“晋江经验”，及时总结推广各地好经验好做法，对行之有效的经验做法以适当形式予以固化。

《轻工业稳增长工作方案（2023—2024年）》

发布时间：2023年7月19日

发布单位：工业和信息化部、国家发展改革委、商务部

政策解读：

一、重要意义

中央经济工作会议提出“稳增长是今年宏观政策的首要任务”。国务院常务会强调，“必须采取更加有力的措施，增强发展动能，优化经济结构，推动经济持续回升向好”。轻工业是传统优势产业和重要民生产业，工业增加值占全部工业的16.2%，

是工业经济稳增长的重要力量。工业和信息化部、国家发展改革委、商务部三部门联合编制了《轻工业稳增长工作方案（2023—2024年）》，推动轻工业发展实现质的有效提升和量的合理增长。

（一）有助于支撑工业经济稳定增长

当前，受外部环境复杂严峻、需求恢复承压等因素影响，轻工业增长面临一定困难。《工作方案》围绕稳增长目标，提出重点任务和工作举措，聚焦11大重点行业分类施策，开展系列标志性活动，稳住基本盘，壮大新动能，发挥重点省份带动作用，引导资源要素向轻工业发展集聚，支撑工业经济恢复增长。

（二）有助于提振扩大需求

消费需求是经济增长的第一拉动力。《工作方案》提出充分激发内需潜力、积极稳住出口优势等任务，通过大力实施“三品”战略、搭建高质量展览展示平台、联动线上线下拓展消费场景、稳定传统出口市场、积极开拓新兴市场，推动形成市场相通、产业相融、创新相促、规则相联的轻工业高质量国内国际双循环。围绕家居用品、老年用品、婴童用品、食品、预制化食品等重点领域，打造一批消费热点，拓展多元消费场景，扩大产品应用范围，推动提振消费市场。

（三）有助于推动产业高质量发展

轻工业发展已进入转型升级、提质增效的关键时期，《工作方案》统筹稳增长和高质量发展，强化质量意识，以新发展理念为指引，巩固和挖掘长期竞争优势，推动行业智能化、绿色化、融合化发展。部署推动产业生态协调发展、提升产业链现代化水平等重点任务，培育龙头企业、专精特新企业、轻工产业集群等发展主体，推动产业在国内有序转移，开展强链稳链行动、数字化赋能转型行动、绿色安全发展行动等，以质的提升引领带动量的持续增长。

二、指导思想和主要目标

《工作方案》以习近平新时代中国特色社会主义思想为指导，全面贯彻党的二十大精神，落实中央经济工作会议和党中央、国务院决策部署，坚持稳中求进工作总基调，以推动高质量发展为主题，以满足人民日益增长的美好生活需要为目的，把实施扩大内需战略同深化供给侧结构性改革有机结合，坚持问题导向、目标导向，着力稳住重点行业，发挥重点区域带动作用，着力优化供给结构，提升产业链整体效率，着力创新消费场景，提振扩大消费需求，促进轻工业平稳增长，为实现经济运行整体向好提供支撑。

《工作方案》确立了近期发展目标。2023—2024年轻工业增加值平均增速4%左右，规模以上企业营业收入规模突破25万亿元。重点行业规模稳中有升，主要产品国际市场份额保持稳定。新增长点快速发展，推广300项以上升级和创新产品，轻工百强企业竞争力进一步增强，培育升级50个规模300亿元以上轻工特色产业集群。轻工业在扩内需、促消费中的作用更加突显，高端化、数字化、绿色化发展稳步推进，“增品种、提品质、创品牌”成效扩大，产业发展质量效益不断提升。

三、工作举措

（一）着力稳住重点行业

家居用品领域，实施家居产业高质量发展行动方案，开展智能家居互联互通发展行动，强化标准引领和平台建设，促进融合发展。开展“百企千县万村美丽家居”行动，推动绿色智能家居产品进乡村。

（二）培育壮大新增长点

老年用品领域，深入实施促进老年用品产业发展的指导意见，发布老年用品产品推广目录，丰富老年用品品种。提升适老产品设计、研发、检测、认证能力。加快老年用品标准制修订。鼓励地方设立专项支持老年人家庭住宅及家具设施适老化改造。

（三）充分激发内需潜力

一是大力实施“三品”战略。组织行业和重点地区大力开展“三品”全国行系列活动，打造轻工新品、名品、精品矩阵。强化设计赋能，加速工业设计向研发、制造、销售等环节拓展。二是搭建高质量展览展示平台。三是联动线上线下拓展消费场景。大力发展智能家居体验馆、智能电器生活馆、健康照明体验中心等新零售业态，培育50家以上智能家居体验中心。

（四）积极稳住出口优势

稳定传统出口市场，积极开拓新兴市场，加强外贸公共服务。

（五）推动产业生态协调发展

强化龙头企业带动作用，培育一批专精特新企业，梯度培育轻工产业集群，支持建设一批轻工领域新型工业化示范基地，大力培育轻工领域先进制造业集群。推动产业在国内有序转移。

（六）提升产业链现代化水平

开展强链稳链行动，推动企业积极创建各级技术创新中心、工业设计中心。强化数字赋能转型，支持制鞋、家具、家用电器等行业开展个性化定制和柔性生产。推动绿色安全发展，培育一批轻工领域绿色产品、绿色工厂、绿色供应链管理企业等。指导企业落实安全生产主体责任，规范安全生产条件，提升本质安全水平。

四、保障措施

一是加强政策支持。利用现有资金渠道，支持轻工企业智能制造、绿色制造和基础领域技术突破。落实好支持中小微企业发展相关政策。发挥国家产融合作平台作用，支持轻工企业创新发展。落实好稳外贸政策措施，进一步加大出口信用保险支持力度，优化汇率避险服务。

二是加强标准引领。加快家用电器、婴童用品、学生用品、运动器材、电动自行车等重点产品强制性国家标准制修订，制定家用电器、家具、玩具、造纸、皮革、照明电器等领域质量分级标准。每年制修订轻工领域标准300项。加强标准制修订过程管理，提升标准制修订效率和质量水平。

三是加强人才支撑。支持举办行业性创新创业大赛、轻工大国工匠推荐活动。开展全国工业设计职业技能大赛、轻工业职业能力评价，举办石雕、陶瓷、鞋类设计师等职业技能竞赛。

四是加强组织实施。建立部省会商交流机制，及时协调解决发展问题，采取积极措施稳定轻工业生产效益。行业组织要积极搭建行业交流展示平台，及时研究分析国际国内形势变化对重点行业、区域企业、特别是小微企业的冲击影响，帮助企业制定应急预案，增强风险预警和处置能力。

《加快“以竹代塑”发展三年行动计划》

发布时间：2023年10月12日
发布单位：国家发展改革委、工业和信息化部、财政部、国家林草局

政策解读：

竹子作为速生、可降解的生物质材料，是塑料的重要替代品。中国政府同国际竹藤组织携手落实全球发展倡议，共同发起“以竹代塑”倡议，为减少塑料污染提供了有效解决途径。“以竹代塑”作为一个新兴产业，当前产业规模偏小、产量较低、成本较高、技术和装备相对落后。为加快“以竹代塑”发展，制定本行动计划。

一、总体要求

以习近平新时代中国特色社会主义思想为指导，全面贯彻党的二十大精神，牢固树立和践行绿水青山就是金山银山的发展理念，以构建“以竹代塑”产业体系为重点，着力抓好竹林资源培育、竹材精深加工、产品设计制造、市场应用拓展等全链条全要素协调发展，有效提升“以竹代塑”动能、产能、效能，推动“以竹代塑”高质量发展，助力减少塑料污染。

坚持市场主导，政府引导；坚持科技引领，创新发展；坚持以点带面，有序推进。到2025年，“以竹代塑”产业体系初步建立，产品质量、产品种类、产业规模、综合效益进一步提升，重点产品市场占有率显著提高。与2022年相比，“以竹代塑”主要产品综合附加值提高20%以上，竹材综合利用率提高20个百分点。

二、重点行动

聚焦当前“以竹代塑”产业规模偏小、产量较低、成本较高、技术和装备相对落后等问题，有针对性地部署了七大行动：科技创新提升；产业生态培育；产销对接促进；重点场景替代；特色地区引领；社会宣传引导；国际交流合作。通过完善法规标准认证体系，加大政策支持，发挥行业协会作用，充分保障“以竹代塑”发展。

《制造业卓越质量工程实施意见》

发布时间：2023年12月12日
发布单位：工业和信息化部、国家发展改革委、金融监管总局

政策背景：

习近平总书记高度重视质量工作，强调要大力增强质量意识，视质量为生命，以高质量为追求。《质量强国建设纲要》提出要开展先进标准研制，推广卓越质量管理实践，为制造业质量提升提供了科学指引和根本遵循。目前，我国经济已由高速增长转向高质量发展阶段，量的增长到了平台期，质的突破还处在孕育期，制造业企业质量管理能力不高，高端产品供给不足，结构性矛盾突出，制约制造业由大变强。实施制造业卓越质量工程，提升企业质量管理能力和产品质量水平，夯实“中国制造”的质量基础，是加快补齐短板弱项、培育竞争新优势的迫切要求，也是推动制造业迈向价值链中高端、加快新型工业化进程的现实需要。

重要意义：

卓越质量是指理解、满足并超越用户对质量的感知和期望而进行的持续质量改进实践，为用户提供卓越的、富有魅力的质量。当前，新一轮科技革命和产业变革深入发展，新一代信息技术加速突破，引发质量理念、机制和实践的深刻变革，赋予卓越质量更多的时代特征和内涵要求。一是质量管理体系更加全面。卓越质量要求企业对全员、全要素、全过程、全数据的质量管理和产品全生命周期质量进行系统重构，驱动质量管理范式向数字化、体系化、系统化、精益化、零缺陷转型。二是质量发展动力更加强劲。卓越质量要求提升供给对需求的适配性，促进企业对研发、制造、试验、保障等全流程实施策划、控制和改进，形成需求牵引供给、供给创造需求的更高水平动态平衡，推动企业实现持续成功。三是质量数字转型更加成熟。卓越质量引导新一代信息技术与质量管理融合应用，推动质量管理活动数字化、网络化、智能化升级，有效实现精确感知、精细管理、精益生产、精准预警、智能控制，增强产品全生命周期、全价值链、全产业链质量管理能力。四是质量绩效表现更加优异。卓越质量引导企业释放创新驱动潜能，缩短产品研制周期，降低过程质量损失，增强整体经营绩效，带动经济效益增长，实现成本最优化、效益最大化，在市场需求变化及技术迭代中始终保持竞争优势。

划分依据：

当前，制造业到了从“量的积累”转向“质的提升”的关键期，但大量企业受到传统质量观念影响，缺乏对质量价值的科学认知，不愿满足强制性标准之上的质量需求和用户期望，缺少精益求精、追求卓越的内在动力，叠加产业链供应链质量信息不透明、不对称等因素，市场主体缺乏质量判别依据，导致劣币驱逐良币等现象普遍存在，“中国制造”质量变革步履维艰，始终处在价值链中低端，与高质量发展的要求不相适应。

《实施意见》提出采用工程化思维、规范化手段，推动企业评估质量管理能力等级，充分考虑了不同行业、不同技术条件和质量基础的企业实际，依据先进质量管理体系标准，结合国内外关于质量管理的先进方法、模型和研究成果，由低到高依次划分为经验级、检验级、保证级、预防级、卓越级。有助于企业充分认识和贯彻落实制造业高质量发展的各项要求，渐进式提升质量管理水平，不断向价值链中高端迈进，有助于破除市场上的质量信息壁垒，强化信息传导，传递质量信任，推动市场从低质低价、劣币驱逐良币的逆向选择转向优质优价、优胜劣汰的正向选择，充分发挥市场机制在质量提升中的决定性作用。

实施方法：

《实施意见》提出采用策划、实施、检查、处置模式，推动制造业企业强化质量意识、建设能力、数字赋能和科学评估，不断追求卓越、实现持续成功。一是增强质量意识。引导企业按照《质量管理体系 要求》等标准，聚焦全员、全要素、全过程、全数据，强化用户需求导向，发挥最高管理者作用，推动企业全员参与，加强过程方法应用，实施持续迭代改进，深化质量循证决策，提升关系管理水平，以系统抓、抓系统为导向，增强质量管理体系有效性。二是巩固基础能力。指导企业按照木桶原理、补齐短板的思路，围绕制约质量提升的难点堵点，对照《质量管理 组织的质量 实现持续成功指南》《质量管理 实现财务和经济效益的指南》等标准，找到问题关键、分析问题核心、解决问题根源，不断增强质量绩效，以持续改进实现持续成功。三是强化数字赋能。推动企业顺应新一代信息技术发展趋势，以数字化赋能质量管理，对照《企业信息化和工业化融合度评价要求》等标准，科学评判质量管理数字化水平，精准把握未来发展的重点方向。四是评估迭代改进。遵循“企业自愿、地方推动、正向引导、分步实施”的原则，按照“贯标、培训、评估、复核”的实施路径，指导企业开展质量管理能力评价，诊断问题、识别差距、确定等级，通过以评促改、以评促管、以评促强，激发企业的内生动力。

应用价值：

对企业而言，评价结果可作为质量判别依据，用于质量诊断和改进，帮助企业更好地贯彻先进质量管理体系标准，提高质量辨别能力，加速向高质量和价值链中高端迈进。对行业而言，通过贯标评价方式，可引导企业、供应商和用户等认可“卓越质量”理念，采信分级评价结果，沿供应链传递质量要求，带动产业链上下游更多企业共同贯标，促进产业链质量水平整体提升。对政府而言，评价结果有利于切实掌握制造业质量发展情况，动态掌握制造业质量发展趋势，充分积累制造业质的有效提升重要数据，为精准施策、精准引导、精准服务提供决策参考，为政策支持、资源配置提供重要依据。

全国家具行业标准化工作会暨全国家具标准化技术委员会第三届五次全体委员会议成功召开

11月17日，由中国家具协会、全国家具标准化技术委员会主办的全国家具行业标准化工作会暨全国家具标准化技术委员会第三届五次全体委员会议在浙江安吉成功召开。中国家具协会理事长、全国家具标准化技术委员会主任委员徐祥楠，国家市场监督管理总局标准技术管理司食品消费品处处长陈恩成，湖州市安吉县副县长管永丰，中国家具协会副理事长兼秘书长屠祺，上海市质量监督检验技术研究院党委书记、全国家具标准化技术委员会副主任委员季飞，广东产品质量监督检验研究院院长、全国家具标准化技术委员会副主任委员陈锦汉，上海市市场监督管理局标准创新管理处处长李菁，浙江省市场监督管理局标准化处副处长唐建辉以及全国家具标委会全体委员、观察员，国家家具质检中心，地方家具协会等相关部门领导和负责人等180余人参加，陈锦汉主持会议。

中国家具协会理事长、全国家具标准化技术委员会主任委员徐祥楠在讲话中指出，家具行业是重要的民生产业，在满足消费需求、提升生活品质、促进国际贸易、保障居民就业、推动经济发展等方面发挥着重要作用。标准规则对促进共同繁荣具有重要作用，全国家具标准化技术委员会是引领行业发展、推动产业进步的重要力量，今年家标委开展了大量卓有成效的工作，为行业发展和技术进步提供了切实有力的保障，获得了“全国轻工行业标准化先进集体”荣誉称号。他提出标准工作要从四个方面着手：完善标准体系，激发市场主体活力；突出工作重点，引领行业高质量发展；坚持开放合作，促进国内外互联互通；提升标准质量，强化社

中国家具协会理事长、全国家具标准化技术委员会主任委员　徐祥楠

会治理效能。他号召大家齐心协力，全面深入实施标准化战略，健全高水平标准体系，以标准助推质量变革、效率变革、动力变革，不断提升标准化的经济效益、社会效益、质量效益和生态效益，为建设中国式现代化家具强国而努力奋斗。

国家市场监督管理总局标准技术管理司食品消费品处处长陈恩成在讲话中对全国家具标准化技术委员会过去一年的工作给予充分肯定，对完善标准体系建设、加强重点领域标准研制、推动国际标准化工作等方面的成果表示赞许。他阐述了当前标准化工作的新形势和新要求，并在持续优化标准体系、强化重点标准制定与实施、推动国内外标准协同发展、进一步加强技术委员会建设等方面提出建议。

湖州市安吉县副县长管永丰在致辞中表示，安吉作为全国最大的办公椅生产基地，在激烈的市场竞争和多变的消费需求下，必须依靠标准化工作推动产业优化升级。当前家具行业需要更完善的标准体系以适应市场需求。此次会议对于全国家具行业标准化工作具有重要意义，期待与会领导和专家深入研究家居产业发展趋势和技术需求，不断完善国家家具标准体系，为实现现代化和持续发展贡献更多智慧和力量。

中国家具协会副理事长兼秘书长屠祺宣读《2023年度全国家具标准化先进集体、先进个人表彰决定》。

上海市质量监督检验技术研究院党委书记、全国家具标准化技术委员会副主任委员季飞作2023年度工作报告，回顾了今年家标委在标准化管理机制、新型标准化平台建设、团体标准和企业标准服务等方面取得的成绩和存在的不足。2024年家标委将加强新标准宣贯，完善家具标准体系，推进国际标准化，着力完善标准化服务能力和实施效果，以标准化促进家具产业升级，为推动我国经济持续恢复、服务中国式现代化建设贡献力量。

会议审议了全国家具标准化技术委员会《2023年度工作报告》和《2023年度财务报告》，通报了全国家具标准化技术委员会委员、观察员的调整情况，表彰了2023年标准化先进集体和先进工作者。本次会议的成功召开，为标准化工作指明方向，将积极推动家具标准化进程，为全面推进我国家具行业高质量发展做出新的更大贡献。

国家市场监督管理总局标准技术管理司食品消费品处处长　陈恩成

湖州市安吉县副县长　管永丰

中国家具协会副理事长兼秘书长　屠祺

上海市质量监督检验技术研究院党委书记、全国家具标准化技术委员会副主任委员　季飞

上海市市场监督管理局标准创新管理处处长　李菁

浙江省市场监督管理局标准化处副处长　唐建辉

全国家具标准化技术委员会秘书长　罗菊芬

全国家具标准化技术委员会副秘书长　海凌超

全国家具行业标准化工作会暨全国家具标准化技术委员会第三届五次全体委员会议成功召开

全国家具行业标准化工作会暨全国家具标准化技术委员会第三届五次全体委员会议的讲话

中国家具协会理事长
全国家具标准化技术委员会主任　徐祥楠

家具行业是重要的民生产业，在满足消费需求、提升生活品质、促进国际贸易、保障居民就业、推动经济发展等方面发挥着重要作用。今年前三季度，家具行业规模以上企业7313家，累计营业收入4537.9亿元，同比下降7.8%；累计利润总额213.5亿元，同比下降14%；全国家具类限额以上企业累计商品零售额1080.8亿元，同比增长3.1%。行业整体运行面临不小的压力，需要我们加强行业研判，制定科学决策，推动行业持续发展。

质量强国，标准先行。习近平总书记在上个月召开的“一带一路”国际合作高峰论坛上强调，要进一步促进基础设施“硬联通”、规则标准“软联通”、各国人民“心联通”，指出了标准规则对促进共同繁荣的重要作用。家标委是引领行业发展、推动产业进步的重要力量。今年以来，联合秘书处通力合作、科学统筹、精心组织，开展了大量卓有成效的工作：21项国标、行标批准发布，12项国标、行标批准立项，9项团标发布实施，2项国际标准发布实施。截至目前，家具领域累计发布国标108项，行标93项，团标25项，国际标准10项，家具标准体系进一步完善，为行业发展和技术进步提供了切实有力的保障。同时，我们的质检机构、行业专家、骨干企业密切配合、主动作为，积极发挥示范作用：上海、浙江、北京、广东等质检院积极申报立项、牵头起草，为行业标准化工作提供有力支撑；钟文翰、汪进、孙书冬等年轻骨干勇挑重担，攻关技术难题，反复试验验证，保证了标准内容的高水平呈现；圣奥、慕思、梦神、和也等优秀企业踊跃参与标准化活动，做好标准执行与意见反馈，为标准宣贯实施做出了表率。在大家的共同努力下，家标委得到了行业的一致认可，获得了“全国轻工行业标准化先进集体”荣誉称号。我代表中国家具协会和全国家具标准化技术委员会，向辛勤付出的各位委员、观察员表示衷心的祝贺和感谢！

实体经济是一国经济的立身之本。随着制造强国、质量强国和数字中国建设进程的不断推进，以实体经济为主体的家具行业，需要开展更加完善、优质、高效、开放的标准化工作。未来，希望与大家共同努力，重点从以下四个方面做好标准工作。

一、完善标准体系，激发市场主体活力

标准是经济活动和社会发展的技术支撑。我们要认真贯彻《质量强国建设纲要》《国家标准化发展纲要》的要求，以《我国家具标准化“十四五”发展规划》为指导，提出具有前瞻性、引领性、开创性的政策建议，建立健全国际、国家、行业、地方、团体和企业标准体系，形成相互配合、相互提升的协同发展工作模式；要构建新型标准体系，在发挥政府颁布标准的基础引领作用的基础上，释放市场主体活力，实施团体标准培优计划，推进团标应用示范。健全标准创新型企业制度，培育发展一批具有创新能力的企业标准领跑者，促进有效市场与有为政府的紧密结合，形成政府引导、市场驱动、企业为主、社会参与、开放融合的标准化工作新格局。

二、突出工作重点，引领行业高质量发展

标准化工作是建设家具强国的关键抓手。我们要充分发挥标准推动科技创新的作用，在家具生产、流通、消费等关键环节，组织专家研制数字化、绿色化相关标准，推动技术成果赋能行业发展，促进产业转型升级；要发挥《质量分等分级》《产品质量追溯》等标准的市场带动作用，逐步建立诚信评价标准，以标准传导需求、引导供给，激发家具消费内需活力；要继续健全绿色标准体系，制定减碳降碳标准，加快落实近日国家发展改革委等部门印发的《加快“以竹代塑”发展三年行动计划》，鼓励安吉等地区在竹家具标准、竹材应用等方面发挥自身优势，率先在家具行业开展“以竹代塑”示范试点，打造具有国际竞争优势的世界级竹家具生产企业和竹家具产业基地，为应对全球气候变化，实现“碳达峰”“碳中和”目标，落实2030年联合国可持续发展议程贡献中国力量。

三、坚持开放合作，促进国内外互联互通

标准是国际经贸合作的通行证。中国是全球最大的家具生产国、出口国、消费国，要用好标准这一“世界通用语言”，推动国内国际两个市场资源的融通对接。我们要加快“引进来”，依托世界家具联合会、亚洲家具联合会平台，积极采用先进适用的国际标准，开展一致性比对分析、适应性验证，推进中国标准与国际标准体系兼容；我们要主动“走出去”，建立产学研联动的国际标准化工作机制，发挥第4和第7工作组的职能作用，扩大注册的国际标准专家队伍，参与国际标准的制定、推广、应用等工作，促进政策、规则、标准的互联互通；要持续加强国际标准化交流合作，深化与“一带一路”国家在标准领域的对接，加强与金砖国家、亚太经合组织等国际组织在标准化工作上的对话沟通，深化与亚太、泛美、欧洲、非洲等区域合作，推进标准信息共享与服务，发展互利共赢的标准化合作伙伴关系。

四、提升标准质量，强化社会治理效能

标准在国家基础性制度建设、推进治理体系和治理能力现代化中发挥着重要的引领作用。我们要充分调研家具行业情况，广泛征求意见，凝聚行业共识，制修订适应行业发展需求的标准，提升标准的科学性；要推动标准化数字技术变革，实现标准内容、流程、应用模式的数字化升级，加快提升标准的先进性；要发挥上海、广东及各地质检院的引领作用，开展标准化试点示范和标准实施情况统计分析，强化标准的宣贯、实施和监督，提升标准的有效性；要整合标准化工作资源，建立标准化人才体系，建设标准化服务平台，打造一支熟练掌握国际规则、精通专业技术的复合型标准化人才队伍，支撑标准化工作的持续性发展。

积力所举，无不胜也。

全面深入实施标准化战略，健全高水平标准体系，以标准助推质量变革、效率变革、动力变革，不断提升标准的经济效益、社会效益、质量效益和生态效益，是我们的重要责任和光荣使命。让我们携手并肩、齐心协力，为建设中国式现代化家具强国而努力奋斗！

2023年全国家具标准化工作概述

全国家具标准化技术委员会秘书处

2023年是全面贯彻党的二十大精神的开局之年，也是实施“十四五”规划承上启下的关键之年。全国家具标准化技术委员会（以下简称“家具标委会”）在国家标准化管理委员会（以下简称“国标委”）、中华人民共和国工业和信息化部（以下简称“工信部”）和中国轻工业联合会（以下简称“中轻联”）等国家有关行政主管部门和行业主管部门的正确领导下，在全体委员、观察员的共同努力下，深入学习贯彻习近平总书记关于质量和标准化工作的重要指示精神，积极组织开展了家具领域的各项标准化工作，按计划完成了家具标委会申报的，以及上级主管部门布置、下达的各项任务。

一、标准化工作主要成绩

（一）标准化管理机制更加规范

2023年4月，国标委提出了《关于加强全国专业标准化技术委员会工作的指导意见》，家具标委会根据《指导意见》要求，一是强化家具标委会职责。加强标准体系协同推进，根据产业发展需求，开展上下产业链标准体系衔接，指导和协助团体标准、地方标准的制修订工作；提升标准质量水平，加强标准立项预研、立项、起草、征求意见、审查、报批、复审、评价等标准全生命周期的管理，加快共性技术和关键技术的研究，缩短标准制修订周期，把好标准技术审查和过渡期的安排；强化标准的宣贯培训力度，通过小视频、一图读懂、宣传媒介、现场讲解、标准云课等多渠道传播宣传宣贯标准，对重要标准进行解读，及时开展标准复审，动态完善标准内容；加强国际标准化能力，积极开展本领域国际国内标准比对，分析国际标准适用性，跟踪国际标准发展方向，积极参与国际标准制修订工作，同步开展国家标准外文版制修订工作，加强沟通联络，开展技术交流。二是加强人员队伍建设。优化委员组成结构，畅通委员履职渠道；加强标准化人才培养，着力发现和培养一批技术精、规则通、外语好的高水平专家队伍。三是强化秘书处承担单位支撑保障。充分发挥秘书处技术实力、国际能力、行业影响力和标准化基础实力，起到行业标准化带头作用；落实必要保障，配备多名专职秘书、新增1名教授级高工作为专职秘书，提供完备的工作环境和工作经费，保证秘书处工作正常有序开展。四是规范技术委员会管理。进一步完善了委员会管理文件，规范日常运行；加强考核评估要素管理，严肃工作纪律，规范使用印章，不举办有偿展会、评比等活动等。2023年，家具标委会荣获“全国轻工行业标准化工作先进集体”称号。

（二）标准体系更加完善

2023年，家具标委会围绕强制性国家标准整合精简及其配套标准优化推进、产品质量分等分级标准化、特殊人群家具标准化、智能家具标准化和低碳、绿色标准体系建设等重点领域，积极组织家具行业申报标准计划项目，开展标准项目的起草、研讨、试验验证、审查、复审评价等工作。13项国家标准和8项行业标准分别获批准发布，4项国家标准和8项行业标准获批准立项，7项国家标准和4项行业标准进行了征求意见，10项（含结转）国家标准和7项（含结转）行业标准通过了技术审查，4项国家标准和7项行业标准完成了报批。目前，国标委共发布家具领域国家标准108项，工信部共发布家具领域行业标准93项，家具标准体系获得了较大的更新和优化完善。

2023年，针对特殊群体，发布新增了《儿童家具 质量检验及质量判定》《家具 家用童床和折叠小床 试验方法》《双层床结构安全试验方法》《婴幼儿用床边围栏》《儿童座椅 稳定性、强度和耐久性测试方法》5项儿童家具标准和《老年公寓家具通用技术要求》1项适老家具标准。《适老家具通用技术要求》国家标准也已经立项，目前正在制定过程中，《家用儿童护理台》行业标准已完成报批。

针对定制家具，从设计要求到组合组装标识—质量检验及质量评价—安装验收—挥发性有机化合物评测等质量安全的全过程控制标准体系已基本建立。今年新发布《定制家具 质量检验及质量评定》和《定制家具 安装验收规范》2项国家标准。其中，《定制家具 质量检验及质量评定》标准从定制家具外观、尺寸、材料、结构、有害物质、阻燃、表面理化、力学、定制协议等方面规定了质量安全指标要求和试验方法；《定制家具 安装验收规范》对定制家具的安装验收内容和过程提出了管理要求。

针对家具中挥发性有机化合物，今年发布新增了《家具产品中重点化学物质管控指南 第1部分：木家具》《家具产品中重点化学物质管控指南 第2部分：软体家具》和《家具中挥发性有机化合物释放量标识》等国家标准，分别对木家具和软体家具中10多项高关注度挥发性有机化合物进行了限量，规定了相应的试验方法和标识方法。这些标准的实施，将进一步提高家具产品的安全，保障消费者健康权益，充分发挥标识的所见即所得作用。

（三）新型标准体系稳步推进

1. 强制性标准精简整合初见成效

随着《深化标准化工作改革方案》和《强制性标准整合精简工作方案》的贯彻落实，家具领域的强制性国家标准体系建设基本完成。家具标委会根据国标委《关于印发强制性标准整合精简结论的通知》（国标委综合函〔2017〕4号）的要求，将家具领域的强制性国家标准整合为《家具结构安全技术规范》《家具中有害物质限量》《婴幼儿及儿童家具安全技术规范》和《家具阻燃性能安全技术规范》4项。其中《家具结构安全技术规范》《家具中有害物质限量》和《婴幼儿及儿童家具安全技术规范》3项强制性国家标准于2021年已完成报批，2022年完成工信部、国标委报批公示等相关程序，2023年，因教育部下设有关学校高床事故，家具标委会就有关指标多次与国标委、工信部、教育部、国家标准技术审评中心等单位进行了沟通协商，目前等待国标委批准发布。《家具阻燃性能安全技术规范》于今年6—8月完成征求意见，9月完成审定和TBT通报，10月完成报批。此外，为实现强制性国家标准与配套推荐性国家标准协同推进，家具标委会今年完成了《卫浴家具通用技术要求》《实验室家具通用技术条件》《玻璃家具通用技术要求》和《户外家具 桌椅类通用技术条件》等多项配套推荐性标准的起草和报批。《家具 家用童床和折叠小床 试验方法》《双层床结构安全试验方法》2项同步配套国家标准已于今年9月发布。

2. 家具质量分级标准供给持续发力

推动高质量发展是“十四五”时期经济社会发展的主题，家具产业高质量发展必须依靠高质量标准的支撑。家具标委会根据《2023年全国标准化工作要点》《2023年国家标准立项指南》和《加强消费品标准化建设行动方案》等文件的指导要求，积极开展家具产品质量分级标准化工作，加快构建家具质量分级标准体系。今年发布的《软体家具 沙发》和《软体家具 弹簧软床垫》2项行业标准，增加了相关的质量分级指标和产品等级判定方法。正在制定的《消费品质量分级导则 家具》国家标准是家具领域首项综合性、指导性的产品质量分级标准，将构建家具领域各类产品质量分级的规则，为后续家具产品的质量分级提供技术依据。正在修订的《家具 质量检验及质量评定 第1部分：木家具》和《家具 质量检验及质量评定 第2部分：金属家具》2项行业标准将通过修订对木家具和金属家具的质量提出分级指标要求，同时完善产品等级的判定方法。系统性、差异化的质量分级标准体系建设将引导家具市场良性发展，为企业生产高质量产品提供技术依据，为家具产业高质量发展注入强劲动能。

3. 适老家具标准体系建设取得新进展

随着我国老年人口持续增加，人口老龄化程度不断加深，《“十四五”推动高质量发展的国家标准体系建设规划》中将老年用品标准确定为国家标准体系建设的重点领域，明确提出研究建立老年用品标准体系，开展适老消费品标准制定。今年发布了《老年公寓家具通用技术要求》行业标准，该标准是我国家具领域首项涉及老年人家具产品和配置的行业标准，一方面填补了老年家具标准的空白，另一方面也为企业设计和生产适老家具提供了标准依据和指导，为适老家具的标准化研究打下了基础。正在制定的《适老家具　通用技术要求》国家标准按计划正常推进，该标准作为适老家具的基础通用型标准，将规范我国适老家具市场，促进技术进步、改进产品质量、提高社会经济效益、维护老年群体的健康与权益，该项标准于昨天通过了审定。

4. 智能家具标准化工作取得突破

2023年7月，《智能家具通用技术要求》国家标准在河北深州通过审定。10月，秘书处完成了该项标准的报批。2023年3月，《智能床》国家标准成功立项，《智能密集架》《智能储藏柜》《智能升降桌》《智能家具 床垫》《智能家具 座椅》等团体标准纷纷立项起草，智能家具通用基础标准和特殊产品标准化体系初步搭建，为智能家具质量提升提供了标准依据。

5. 绿色家具标准体系建设持续完善

家具标委会积极贯彻国家推进绿色发展、建设美丽中国的战略部署，根据《中国制造2025》《工业和信息化部办公厅关于开展绿色制造体系建设的通知》《国家标准化发展纲要》等文件的要求，积极推动家具行业以绿色设计、绿色产品、绿色工厂等为主体的绿色标准体系建设。《绿色产品评价　家具》和《家具绿色设计评价规范》2项国家标准于2023年得以修订，并通过了技术审查。以《家具行业绿色工厂评价导则》为基本框架，针对不同类型家具工厂而提出的《玻璃家具绿色工厂评价要求》《金属家具绿色工厂评价要求》《木家具绿色工厂评价要求》《软体家具绿色工厂评价要求》和《塑料家具绿色工厂评价要求》5项行业标准已完成报批，将为家具工厂的绿色评价提供依据，引导和规范工厂实施绿色制造，保证了家具企业绿色生产水平能够得到持续改进。为拓展全生产链条，形成立体式实施效果。

今年申报的双碳专项国家标准《碳排放核算与报告要求 第XX部分：家具生产企业》已通过专家审查，目前立项公示已经结束，等待立项文件。

6. 新型标准化平台建设取得成效

为贯彻落实《中华人民共和国标准化法》和《国家标准化发展纲要》有关要求，加快建立健全强制性标准实施情况统计分析报告制度，强化标准实施，持续提升标准水平，标委会联合秘书处上海市质检院申请“国家强制性标准实施情况统计分析点（家具）”并获批，广东质检院申请“国家强制性标准实施情况统计分析点（家居产品）”并获批，上海市质检院申请“国家标准验证点（智能家居）”并获批，上海市质检院还获批建立“上海市标准化创新中心（智能家居）”。

（四）国际标准化工作稳步推进

2023年5月，由我国主导承担修订的ISO 9098-1:2023《双层床和高床 安全要求及试验方法 第1部分：安全要求》和ISO 9098-2:2023《双层床和高床 安全要求及试验方法 第2部分：试验方法》2项国际标准顺利发布实施。该标准新增了多项由我国原创的产品结构安全要求并更新优化了配套的测试方法，为ISO家具标准发展贡献了更多的中国经验和中国智慧，是我国家具标准与ISO标准双向转化的重要组成部分，对于提高我国相关产品国际竞争力具有重要意义。

2023年5月，我国承担的ISO/TC 136/WG4、ISO/TC 136/WG7工作组参加了国际家具标准化技术委员会（ISO/TC 136）主办的线上年会，并做了工作报告，获得审议通过。2023年3月和9月，由我国承担的 ISO/TC 136/WG7床垫测试方法工作组成功召开了2次视频研讨会，来自中国、英国、美国、法国、瑞典、比利时6个国家20余位家具标准化专家参加了此次会议。会上我国专家就主导承担的两项床垫阻燃特性测试标准ISO 16502-1《家具 床垫和软垫床的可燃性评定 第1部分:点火源:阴燃香烟》和ISO 16502-2《家具 床垫和软垫床的可燃性评定 第2部分:点火源:模拟火柴火焰》草案及反馈意见进行了深入的研讨。各国专家对我国提出的修改方案均表示了认可，项目目前已顺利通过DIS阶段投票。此外，2023年度，我国专家累计参加ISO/TC 136各工作组层级的技术研讨会7场次，累计提出书面或口头意见百余条，其中大部分获得了工作组及项目团队的采纳，相关标准得到进一步优化。

2023年度，ISO/TC 136新增1名中国注册专家。同时，对原先的注册专家进行了优化调整，在国标委协助下，调减了10多位注册专家。目前，ISO/TC 136共有33名中国注册专家，实现了其9个工作组的全覆盖，其中ISO/TC 136/WG4和ISO/TC 136/WG7工作组会议召集人均为我国专家。截至2023年10月25日，本年度共收到ISO/TC 136及工作组各类文件242份，对口单位均按时将收集汇总的国内相关专家的技术意见及时反馈给了ISO/TC 136及各工作组秘书处，充分体现了我国在国际家具标准化工作上的话语权。

（五）标准宣贯与技术服务工作力度得以强化

2023年，家具标委会的标准宣传宣贯工作持续开展。通过家具标委会网站和微信群，及时公开标准制修订进展和标准发布实施信息，宣传最新的标准成果，并通过电话、邮件、函件等方式，为相关家具企业、检测机构、政府部门和消费者提供标准技术支持，取得了较好的社会反响和宣传成效。

3月，在广东佛山，上海市质检院宣贯了《卫浴家具通用技术条件》国家标准，帮助卫浴家具企业了解新标准的技术变化和重要内容。5月，广东质检院承办的儿童家具产品质量提升交流会在顺德召开，44家儿童家具生产企业和家具商场代表共计70多人参加了会议。会议解读了儿童家具产品国家标准的强制性要求，分析了抽检案例，提出了质量提升改进建议，并对2023年儿童家具的国抽要求进行了宣贯。7月，在河北深州，上海市质检院、北京市质检院和顾家家居股份有限公司宣贯了《软体家具 弹簧软床垫》《软体家具 沙发》和《软体家具 手动折叠沙发》3项家具行业标准，帮助家具企业进一步了解新标准的技术变化。

9月，以“国家质量基础促进家具产业升级”为主题的标准化活动在上海成功举办，副主任委员季飞介绍了上海市质检院在国家质量基础（NQI）项目方面的研究工作和相关8项配套国家标准的制定及发布实施情况。该项目围绕家具产品中挥发性有机化合物（VOCs）管控，研究了各类家具中VOCs综合释放机理、标准物质制备、广谱筛查和高通量同步筛查、现场快速检测、典型家具产品认证、家具中VOCs管控等技术，建立了完整的家具产品中VOCs的计量、标准、检验检测、认证认可等链条式质量基础技术，在34家代表性家具企业进行了示范推广，促进家具产品VOCs释放量降低了30%以上。

10月，在浙江义乌，家具标委会秘书处专家应邀参加了国家市场监督管理总局（以下简称市场监管总局）召开的“标准塑造美好生活”专题新闻发布会。会上，家具标委会秘书处专家对今年新发布的13项国家标准进行了解读并接受央媒采访。11月，在浙江安吉，上海市质检院、广东质检院宣贯《儿童家具 质量检验及质量判定》《定制家具 安装验收规范》《家具力学性能试验 第4部分：柜类稳定性》和《家具力学性能试验 第5部分：柜类强度和耐久性》4项家具国家标准，帮助家具企业了解儿童家具、定制家具新标准的主要内容，以及家具力学性能试验方法标准的主要技术变化。

同时，家具标委会继续为家具行业相关单位提供标准化技术服务。助力相关家具企业改进产品质量安全指标和工艺水平，对标达标。并将这些产品技术指标的验证试验方法一一落实到家具质检机构，同时促进了相关检验能力的改进和提升。

（六）团体标准与企业标准服务工作积极推进

按照国务院《深化标准化工作改革方案》要求，我国标准体系进行了整合重构，改革措施中鼓励有法人资格的团体组织开展团体标准化工作，鼓励企业标准公开声明等得以进一步落实。家具标委会引导和鼓励家具企业、检测机构、科研院所、行业协会、产业技术联盟等以市场需求为导向，产业链各方参与，共同制定技术指标高于国家标准、行业标准的团体标准，并切实推动团体标准在家具行业实施应用。2023年，中国家具协会发布了《绿色设计产品评价技术规范 木家具》等团体标准，对《全实木家具通用技术条件》和《实木家具优等品技术规范》等团体标准征求了意见，下达了《智能家具 床垫》《智能家具 座椅》等团体标准。推动家具标委会协助中国家具协会家具质量标准委员会团体标准相关工作。

此外，家具标委会委员单位积极响应国家号召，参与到企业标准领跑者项目评估中，通过高水平标准引领，增加中高端家具产品和服务有效供给，支撑高质量发展的鼓励性政策，对深化标准化工作改革、推动经济新旧动能转换、供给侧结构性改革和培育一批具有创新能力的家具排头兵企业具有重要作用。

（七）与相关行业的合作交流进一步提高

今年，家具标委会与全国碳排放管理标准化技术委员会（TC548）共同申报了1项双碳国家标准《碳排放核算与报告要求 第XX部分：家具生产企业》，与全国轻工机械标准化技术委员会（TC101）共同申报了1项行业标准《电动升降桌》，家具标委会与TC548和TC101分别共同归口这两项标准。

二、改进方向

2023年，家具标委会相关工作稳步推进，在强制性国家标准精简整合、智能家具、适老家具、质量分级、新型标准化平台建设等方面取得了进展，但也有一些工作有待改进。主要表现在以下几个方面。

（一）3项家具强制性国家标准进展缓慢

至今，《婴幼儿及儿童家具安全技术规范》《家具中有害物质限量》《家具结构安全技术规范》3项家具强制性国家标准仍未发布。原因如下：

2023年初，江苏省市场监督管理局、教育部因职校学生使用双层床事故，就标准事宜到国标委协调。2023年2月28日，国家市场监管总局标准技术管理司组织教育部、工信部、家具标委会等机构代表召开了双层床有关强制性指标交流会，家具标委会根据会议决议及产品安全底线要求，修改了《婴幼儿及儿童家具安全技术规范》和《家具结构安全技术规范》中双层床安全栏板的高度和进出上层床安全栏板缺口的宽度等指标的规定，并对相应配套的推荐性标准文本进行了修改，以保持标准间的协调统一。2023年5月9日，教育部发展规划司对双层床的离地高度和上层床标识等问题提出了修改意见与建议，经过多轮讨论与协商，教育部还没有回复意见。此3项强制性国家标准是精简整合后的强制性标准，与之配套的多项推荐性国家标准受其影响，也进行了多次协调修改，尚未发布。

（二）标准体系协同推进有待加强

近年来，在消费升级和技术进步推动下，家具产业发展呈现智能化、适老化、绿色低碳化的势头，市场上“大家居”的概念逐渐受到追捧。相较于“大家居”概念的快速迭代发展，家具行业与家电、照明、建材等行业在标准化领域的融合程度略显不足。为此，应积极与相关行业合作，加快构建与家具标准体系相关的大家居标准体系，如开展“大家居”场景下从单品智能到设备互联再到场景互通的基础标准研究和标准应用示范，促进相关产业间互信、互联、互通发展。

（三）标准编写质量有待提高，标准制修订计划进度管理有待加强

2023年，家具标委会加强标准编写水平和制修订进度管理，按照上级规定，组织完成相关标准

的制修订，按时完成相关标准的报批工作。同时，国家标准制定周期被缩短至18个月以内，国家标准修订周期被缩短至16个月以内。因此，在今后的工作中，应持续加强标准编写的宣贯培训，提高起草小组标准编写质量，同时更加严格地落实标准计划项目的进度管理，按时高质量完成标准的制修订工作。

（四）“委员课堂”工作的开展有待进一步落实

2023年4月，国家标准化管理委员会《关于加强全国专业标准化技术委员会工作的指导意见》中指出：要运用“委员课堂”平台开展标准化政策法规、基本原理、工作流程等基本能力培训，提升技术委员会委员和专家标准化工作能力。鼓励技术委员会积极参与高校标准化课程体系建设、技术委员会实训基地建设，加强标准化理论教育和实践活动，做好高水平标准化人才的培养和储备。2024年，家具标委会将开设“委员课堂”平台，加强标准化人才培养力度。

（五）标准外文版的译制有待进一步推广

标准外文版是贯彻落实我国《深化标准化工作改革方案》措施之一，促进我国标准走出去，服务“一带一路”倡议。国标委要求，原则上国家标准立项的同时，其外文版一起立项。目前，家具领域外文版标准立项不多，标准申报单位基本没有提交外文版。2024年，家具标委会将加强家具外文版的立项、审查管理，培育和招募外文能力强的专家参加家具领域外文版标准的译制、审查工作，提高我国家具领域外文版标准的供给量。

2023年批准发布的家具行业相关标准汇总

国家标准

序号	标准编号	标准名称	发布日期	实施日期
1	GB/T 10357.4—2023	家具力学性能试验 第4部分：柜类稳定性	2023-09-07	2024-04-01
2	GB/T 10357.5—2023	家具力学性能试验 第5部分：柜类强度和耐久性	2023-09-07	2024-04-01
3	GB/T 24430—2023	双层床结构安全试验方法	2023-09-07	2024-04-01
4	GB/T 39390—2023	定制家具 质量检验及质量评定	2023-09-07	2024-04-01
5	GB/T 42996.1—2023	家具产品中重点化学物质管控指南 第1部分：木家具	2023-09-07	2024-04-01
6	GB/T 42996.2—2023	家具产品中重点化学物质管控指南 第2部分：软体家具	2023-09-07	2024-04-01
7	GB/T 42997—2023	家具中挥发性有机化合物释放量标识	2023-09-07	2024-04-01
8	GB/T 42998—2023	家具产品及其材料中禁限用物质测定方法 醛酮类化合物	2023-09-07	2024-04-01
9	GB/T 43000—2023	家具 家用童床和折叠小床 试验方法	2023-09-07	2024-04-01
10	GB/T 43002—2023	儿童家具 质量检验及质量判定	2023-09-07	2024-04-01
11	GB/T 43003—2023	定制家具 安装验收规范	2023-09-07	2024-04-01
12	GB/T 43007—2023	床垫硬度等级分布测试与评价方法	2023-09-07	2024-04-01
13	GB/T 4893.8—2023	家具表面理化性能试验 第8部分：耐磨性测定法	2023-09-07	2024-04-01
14	GB/T 4893.4—2023	家具表面漆膜理化性能试验 第4部分：附着力交叉切割测定法	2023-11-27	2024-06-01

行业标准

序号	标准编号	标准名称	发布日期	实施日期
1	QB/T 1952.2—2023	软体家具 弹簧软床垫	2023-04-21	2023-11-01
2	QB/T 4462—2023	软体家具 手动折叠沙发	2023-04-21	2023-11-01
3	QB/T 5864—2023	吊篮椅	2023-04-21	2023-11-01
4	QB/T 5865—2023	充气沙发	2023-04-21	2023-11-01
5	QB/T 5866—2023	婴幼儿用床边围栏	2023-04-21	2023-11-01
6	QB/T 5867—2023	老年公寓家具通用技术要求	2023-04-21	2023-11-01
7	QB/T 5868—2023	儿童座椅 稳定性、强度和耐久性测试方法	2023-04-21	2023-11-01
8	QB/T 1952.1—2023	软体家具 沙发	2023-07-28	2024-02-01
9	QB/T 2530—2023	木制柜	2023-12-20	2024-07-01
10	QB/T 4461—2023	木家具表面涂装技术要求	2023-12-20	2024-07-01
11	QB/T 4839—2023	软体家具 发泡型床垫	2023-12-20	2024-07-01

中国家具协会团体标准

序号	标准编号	标准名称	发布日期	实施日期
1	T/CNFA 017—2023	绿色设计产品评价技术规范 木家具	2023-04-01	2023-05-01
2	T/CNFA 018—2023	绿色设计产品评价技术规范 软体家具	2023-04-01	2023-05-01
3	T/CNFA 019—2023	绿色设计产品评价技术规范 金属家具	2023-04-01	2023-05-01
4	T/CNFA 020—2023	绿色设计产品评价技术规范 塑料家具	2023-04-01	2023-05-01
5	T/CNFA 021—2023	绿色设计产品评价技术规范 竹藤家具	2023-04-01	2023-05-01
6	T/CNFA 022—2023	绿色设计产品评价技术规范 玻璃家具	2023-04-01	2023-05-01
7	T/CNFA 023—2023	绿色设计产品评价技术规范 室内用石材家具	2023-04-01	2023-05-01
8	T/CNFA 024—2023	家具用小径木材集成复合技术要求	2023-04-01	2023-05-01
9	T/CNFA 025—2023	家具配电单元安装要求	2023-04-01	2023-05-01

PART 3

年度资讯
Annual Information

中国家具协会及家具行业2023年度纪事

01 2023中国家具协会传统家具专业委员会主席团工作会议顺利召开

3月13日，2023中国家具协会传统家具专业委员会主席团工作会议在中山市大涌镇顺利召开。本次会议明确了传统家具专业委员会2023年工作目标，增进了行业发展信心。未来，专委会将以“行业依托、企业满意”的工作要求，凝心聚力、务实进取，为推动中国传统家具行业的繁荣兴盛做出更大的贡献。

02 2023中国家具协会销售商专业委员会年会成功召开

3月14日，2023中国家具协会销售商专业委员会年会在东莞成功召开。本次会议增进了中国家具协会与各地销售商之间的相互了解，加深了彼此友谊，探讨了专委会未来工作和发展方向。中国家具协会将继续团结更广大的销售商队伍，不断扩大销售商专委会的影响力，提升销售商群体的凝聚力，共同发挥促进行业健康持续发展的重要作用。

03 中国家具协会与东莞市人民政府合作共建“世界级家具产业集群”

3月15日，中国家具协会与东莞市人民政府合作共建“世界级家具产业集群”启动仪式盛大举办。

“世界级家具产业集群”将进一步提升东莞家具产业在国内外的知名度和影响力，并利用建设世界级家具产业集群的契机，进一步延伸东莞市家居产业链，打造家装、家具、家电、智慧家居系统等一体的家居产业体系。

04 变化中的世界——2023全球家具行业趋势发布会在广州成功召开

3月18日，由中国家具协会主办、中国对外贸易广州展览有限公司承办的“变化中的世界——2023全球家具行业趋势发布会”在广州成功召开。中国家具协会副理事长兼秘书长屠祺以“变化中的世界——2023世界家具展望”为题，从全球的政治经济环境出发，结合国际组织官方数据和行业最新情况，提出全球家具行业将在政治和经济层面，分别面临后地缘化时代和消费衰退的主要挑战。

“2023全球家具行业趋势发布会”旨在为推动家具行业高质量发展做出积极贡献。期待着全球家具行业携手应对全球形势的深刻变革，建设互利共赢的合作机制，开创更加美好的未来。

05 2023中国家具协会青年企业家专业委员会年会成功召开

3月19日，2023中国家具协会青年企业家专业委员会年会在广州成功召开。本次会议调整了青年企业家专业委员会组织架构，明确了年度重点工作，探讨了新时代青年企业家的责任担当。中国家具协会将持续团结青年力量，搭建更广阔的合作平台，组织开展公益项目、世界名校游学、民族品牌全球巡展、青年企业家进校园等活动，传播中国家具文化，传递青年企业家精神，为社会和国家贡献有意义有价值的青春力量。

06 全国轻工、食品产业职业教育教学指导委员会（2021—2025）成立大会顺利召开

3月23日，全国轻工、食品产业职业教育教学指导委员会（2021—2025）成立大会在成都顺利召开。中国轻工业联合会党委副书记、教育工作分会主任、轻工行指委主任、中国家具协会理事长徐祥楠作工作报告。中国家具协会副理事长兼秘书长、轻工行指委委员、家具设计与制造专委会主任委员屠祺参加会议并领取主任委员证书。

07 家具设计与制造专业委员会工作会议在成都顺利召开

3月24日，全国轻工职业教育教学指导委员会家具设计与制造专业委员会工作会议顺利召开。本次会议组建了新一届家具设计与制造专委会人员队伍，探讨了未来发展方向，明确了年度重点工作，将进一步健全政府统筹、行业指导、企业参与的职业教育办学机制，为全面建设社会主义现代化国家贡献力量。

08 中国家具协会前往意大利米兰考察欧洲家具产业

4月18—21日，世界家具联合会秘书长、亚洲家具联合会副会长兼秘书长、中国家具协会副理事长兼秘书长屠祺，前往意大利米兰参观第61届米兰国际家具展，考察欧洲家具产业。本届米兰国际家具展包括国际家具展、国际家具配件展、国际办公家具展、S.Project、欧洲灯光国际照明展和卫星展，汇集1962家参展商，举办多场文化类活动，致力于给观众带来独特的展会体验。展会创办60多年来，为推动意大利设计和品牌与全球对话做出了重要贡献。

09 中国家具协会党支部召开学习贯彻习近平新时代中国特色社会主义思想主题教育动员部署会

4月24日，中国家具协会党支部书记徐祥楠主持召开学习贯彻习近平新时代中国特色社会主义思想主题教育动员部署会，深入学习贯彻习近平总书记在中央主题教育工作会议上的重要讲话精神，按照国资委党委要求和中国轻工业联合会党委统一安排，对党支部主题教育进行动员部署。

10 中国家具协会与马来西亚家具总会举行会晤

5月5日，受世界家具联合会理事单位、亚洲家具联合会会员单位马来西亚家具总会邀请，中国家具协会与马来西亚国际出口家具展进行了线上会晤。在中马全面战略伙伴关系的引领下，家具行业为推动两国深化经济交往做出了重要贡献。2024年，中马两国将迎来建交50周年，站在新的历史起点，家具产业必将发挥更大作用，创造更大价值，为两国乃至亚太地区繁荣发展注入强大动力。

11 中国家具协会受邀出席埃及苏伊士运河经济区投资论坛

5月22日，应埃及驻华大使阿西姆·哈奈菲和埃及苏伊士运河经济区总局主席瓦利德·贾马勒丁邀请，中国家具协会理事长徐祥楠委托副理事长兼秘书长屠祺前往埃及驻华大使馆出席埃及苏伊士运河经济区投资论坛。双方围绕产业对接、集群培育、展会贸易、上下游延链等方面进行了探讨，认为中埃两国家具产业合作领域十分广泛，涵盖品牌设计、经营管理、五金配件、家具板材等各环节。埃方表示愿积极引入中国优秀企业，通过投资、转让或贸易等方式，带动埃及国内产业转型升级。

12 2023年中国家具协会常务理事会议在清丰成功召开

6月15日，勠力同心、勇毅前行——2023年中国家具协会常务理事会议在清丰成功召开。本届会议集众智、谋未来，通过行业指导和企业交流，全面梳理家具行业现代化路径，勠力同心、勇毅前行，为实现国家富强、民族振兴、人民幸福，贡献行业力量。

13 全国行业职业技能竞赛——第五届全国家具职业技能竞赛总决赛盛大开幕

6月28日，全国行业职业技能竞赛——第五届全国家具职业技能竞赛总决赛在浙江东阳盛大开幕。本届竞赛由中国轻工业联合会、中国家具协会、中国就业培训技术指导中心、中国财贸轻纺烟草工会全国委员会共同主办，东阳市人民政府承办。技能竞赛充分展现了家具匠人风采和优秀传统技能，已成为遴选专业人才，弘扬传统文化的重要载体。中国家具协会将以技能大赛为平台，继续做好人才培养工作，向世界展示中国技能，为提升家具大国文化自信，实现家具强国目标贡献积极力量。

14 商务部欧洲司王劲松巡视员一行到访中国家具协会

7月11日，商务部欧洲司王劲松巡视员一行到访中国家具协会，就中欧家具产业经贸合作情况开展调研，中国家具协会副理事长兼秘书长屠祺参加调研。商务部欧洲司高度重视中欧经贸发展，将积极推动中欧家具产业开展更多商贸对接，为双方增进相互了解，提升贸易便利性提供支持。家具行业为促进中欧贸易发展发挥了积极作用，商务部欧洲司将加强与中国家具协会的沟通交流，共同为提升中欧经贸水平发挥更大作用。

15 2023中国家具协会整装和定制专业委员会年会成功召开

7月30日，由中国家具协会和贵港市人民政府共同举办的高端绿色家居产业专题对接活动暨2023中国家具协会整装和定制专业委员会年会成功举办。会上，中国家具协会理事长徐祥楠向尚品宅配、索菲亚、大信、天坛、美克家居、仁豪家居、亚振家居等首批入选示范名单的企业颁发了荣誉证书。

16 2023世界家具联合会年会暨世界家具产业集群大会在东莞盛大召开

8月17日，团结促合作，携手创未来——2023世界家具联合会年会暨世界家具产业集群大会在东莞盛大召开。本次大会由中国家具协会和东莞市人民政府共同主办，凝聚资源与共识，增进合作和发展，为世界级家具产业集群建设提供了智慧启迪。

17 世界家具产业合作大会、世界家具联合会企业家论坛、全球家具跨境电商大会在东莞成功举办

8月17日，世界家具产业合作大会、世界家具联合会企业家论坛、全球家具跨境电商大会在东莞成功举办。大会由中国家具协会和东莞市人民政府共同主办，厚街镇人民政府、大岭山镇人民政府承办，世界家具联合会、亚洲家具联合会、各国驻华使领馆、各国投资贸易促进机构特别支持。大会汇聚了来自全球的行业领袖和嘉宾，共同探讨产业合作、企业精神、跨境电商三大重要议题，分享各国

成功经验，充分展现了世界家具联合会的团结力、凝聚力和影响力。

18 世界家具联合会工作会议成功召开

8月18日，世界家具联合会工作会议在东莞成功召开。此次会议扩大了全球家具产业共识，为各国开展务实合作和商贸对接提供了宝贵的交流机会。未来，世界家具联合会将进一步团结各国行业同仁，以世界级家具产业集群建设项目为契机，为实现产业融合与可持续发展，构建全球家具行业命运共同体贡献积极力量。

19 中国家具协会副理事长兼秘书长屠祺应邀拜访阿根廷驻华大使馆

8月24日，中国家具协会副理事长兼秘书长屠祺应邀拜访阿根廷驻华大使馆。作为拉美地区综合实力较强的国家，阿根廷2022年对外贸易总额达1669.95亿美元，进出口增长率分别为29.1%和13.5%，深度融入全球贸易体系。中国家具协会将持续开拓南美庞大市场，为各国开展家具行业合作开辟有效渠道，助力区域经济发展，建设互利共赢的全球产业格局。

20 2023全国家具行业协会会长工作会议成功召开

9月11日，2023全国家具行业协会会长工作会议在第二十八届中国国际家具展览会期间成功举办。本次会议的召开，为各省市家具协会搭建了扩大交流、增进共识、促进团结的平台，探讨了新时代协会自身建设工作，必将引导广大家具行业组织更好发挥引领作用，推动行业高质量发展，为建设中国式现代化家具强国，实现人民对美好生活的向往贡献积极力量。

21 中国家具协会设计工作委员会第三届委员大会成功召开

9月12日，中国家具协会设计工作委员会第三届委员大会在第二十八届中国国际家具展览会期间召开。本次大会审议通过了设计工作委员会工作规则和组织机构，明确了第三届设计工作委员会的工作方向和发展目标，标志着设计工作委员会的全新起航。

22 2023中国家具协会质量标准专业委员会年会在上海召开

9月12日，2023中国家具协会质量标准专业委员会年会在第二十八届中国国际家具展览会期间成功召开。同期，以“国家质量基础促进家具产业升级”为主题的全国家具标准化讲座圆满举办。本次会议是对质量标准专业委员会工作的全面梳理，部署了下一步的工作方向和目标。未来，委员会将继续发扬“团结、奋斗、求实、创新”的精神，努力推动我国家具标准化事业的发展，为建设中国式现代化家具强国做出更大的贡献。

23 中国家具协会第七届四次理事会在贵港成功召开

10月26日，中国家具协会第七届四次理事会在贵港成功召开。理事会审议并通过了《中国家具协会第七届理事会增补和调整成员议案》《中国家具协会设计工作委员会第三届组织机构》《中国家具十大品牌评价管理办法》。本次理事会深入贯彻“融合、智能、健康、绿色”的发展理念，为构建现代化家具产业体系发挥积极作用。

24 全国家具行业标准化工作会暨全国家具标准化技术委员会第三届五次全体委员会议成功召开

11月17日，由中国家具协会、全国家具标准化技术委员会主办的全国家具行业标准化工作会暨全国家具标准化技术委员会第三届五次全体委员会议在浙江安吉成功召开。会议审议了全国家具标准化技术委员会《2023年度工作报告》和《2023年度财务报告》，通报了全国家具标准化技术委员会委员、观察员的调整情况，表彰了2023年标准化先进集体和先进工作者。本次会议的成功召开，为标准化工作指明方向，将积极推动家具标准化进程，为全面推进我国家具行业高质量发展做出新的更大贡献。

2023年行业新闻

● 建发股份62.86亿元入主红星美凯龙

1月30日，红星美凯龙发布公告称，在建发股份购股、阿里换股完成后，公司实控人将变更为厦门市国资委，控股股东将变更为建发股份。6月25日，建发股份公告称，美凯龙29.95%股份的交易单价最终确定为4.82元/股，对应交易价款62.86亿元。8月15日，红星美凯龙发布公告，建发股份董事长郑永达获任红星美凯龙董事会主席，创始人车建新转任总经理。

● 恒林家居成立北美分公司

2月，办公椅制造巨头恒林家居宣布成立北美分公司，该分公司将负责美国和加拿大市场的座椅系列的营销和分销。恒林家居公司董事长兼总裁王江林认为，这是恒林抢占北美市场的大好机会。他说："我们相信这是一个正确的时间和正确的决策。我们知道，凭借我们的设计和制造实力，我们的产品销售将在北美取得成功。"

● 皇朝家居与信科集团达成战略合作

2月10日，皇朝家居与信科集团达成战略合作，双方将在智能家居、智慧基地、智慧园区、家装工装、渠道和资源等方面进行合作。

● 大岭山家具产业高质量发展品牌盛典活动顺利举办

3月10日，2023大岭山家具产业高质量发展品牌盛典在东莞市大岭山镇顺利举办。参会嘉宾共同见证2023大岭山品牌盛典活动开幕暨大岭山镇家具产业集群核心区建设全面开启。面向"十四五"，大岭山家具产业在粤港澳大湾区等重大战略部署深入推进下，必将迎来新一轮的发展机遇，再次焕发生机。

● 2023中国（中山）红木家具博览会盛大开幕

3月14日，由中国家具协会、中山市人民政府主办的2023中国（中山）红木家具博览会暨大涌红木家具春季订货会在中山市大涌镇盛大开幕。本届博览会采用"线上+线下"方式，通过论坛、品牌推介、主播探店、表演、促销等活动，营造大型红木盛会氛围，搭建传统文化交流平台，全力打响"买精品红木 到中山大涌"品牌效应。

● 第43届国际龙家具展览会、第33届亚洲国际家具材料博览会盛大开幕

3月16日，第43届国际龙家具展览会、第33届亚洲国际家具材料博览会在顺德龙江盛大开幕。本届展会以"全球家具 顺德时代"为主题，鼓励原创设计，建立新媒体矩阵，展出材料

新品，推出“D BEST”计划，进一步提升“顺德家具 龙江智造”的品牌影响力，引领龙江家具现代化、智能化发展，向价值链高端跃进。

● 第51届中国家博会（广州）盛大开幕

3月18日，第51届中国家博会（广州）盛大开幕。本届家博会以“共筑美好家，服务新格局”为主题，展览规模达70万平方米，参展品牌约4000家，从扩内需、畅产业、强外贸和促创新四个方面，积极推动行业高质量发展，着力促进

国内国际双循环，更好服务人民对“品质家居、美好生活”的需要。

● 21家家居企业入选工信部2022年度绿色制造名单

3月23日，工业和信息化部公布2022年度绿色制造名单，曲美、天坛、恒林、麒盛、晚安等21家家居企业入选，为引领行业绿色高质量发展转型，树立了示范典型。

● 工信部、商务部发布《关于开展2023“三品”全国行活动的通知》

4月，工信部、商务部发布《关于开展2023“三品”全国行活动的通知》，支持服装、家纺、家电、家具等行业深入洞察消费需求，围绕研发设计、生产控制及品牌营销等方面，以新消费联动新制造，以优质供给促进消费升级。

● 第27届中国·胜芳特色定制家具国际博览会盛大开幕

4月8日，第27届中国·胜芳特色定制家具国际博览会暨第14届胜芳国际家具原辅材料展盛大开幕。本届展会以“专注服务、链接价值”为主题，积极搭建家具产业全球化贸易平台，展区面积达63万平方米，通过构建势能、加速、创新、市场、服务五大超级引擎，全方位展现新时代霸州胜芳家具转型升级的发展硕果，打造家具展会的新样板。

● 第17届中国沈阳家博会盛大开幕

4月13日，第17届中国沈阳家博会在沈阳国际展览中心盛大开幕。本届展会顺应新形势，开启线上线下同步展览的新模式，为与会者增添选择采购合作空间，对上下游企业对接合作，推动行业全面振兴发展起到重要作用。

● 舒福德智能床全国首店开业

4月19日，“冬奥黑科技 点亮北京智能睡眠”舒福德智能

床全国首店开业仪式在北京居然之家国际馆盛大启幕。作为舒福德智能床全国首店，北京居然之家店的开业具有重要意义。这是舒福德智能床继去年在北京冬奥会爆红后对北京市场的再次布局，也是舒福德智能床在全国零售市场打响的第一枪。舒福德智能床北京店的开业，将为消费者打造线上线下融合、全链路服务等多端多场景一站式睡眠体验，全面满足消费者对线下体验与服务场景升级的需求。

● 玛格家居智能制造基地落户三水大塘

4月20日，广东玛格家居有限公司成功摘牌位于佛山市三水区大塘镇永平村委会的永平圩“双柱氹”（土名）产业项目用地，项目总投资超20亿元，其中固定资产投资额8.28亿元，主要建设定制衣柜、橱柜、内门、护墙、配套宅品智能家居等七大产品系统的研发生产基地。项目建成后预计年产值20亿元，年税收1.05亿元。

● 捷昌遮阳驱动在IWCE 2023获最佳产品演示奖

国际窗帘博览会（IWCE）于2023年4月21日在北卡罗来纳州的夏洛特会议中心完美闭幕，捷昌遮阳驱动最新开发的matter产品荣获最佳产品演示奖。

● 宁波市家居产业协会第七次会员代表大会成功召开

4月27日，宁波市家居产业协会第七次会员代表大会在宁波成功召开。梦神集团董事长余霆当选宁波市家居产业协会第七届理事会会长。会议期间，宁波市家居产业协会学习贯彻习近平新时代中国特色社会主义思想主题教育动员活动正式启动，动员全体家居人以奋斗之姿，担起使命责任，展现担当作为，高质量谱写发展新篇章。

● 第九届香河家居采购节盛大开幕

4月28日，第九届香河家居采购节盛大开幕。本届香河家居采购节为期5天，32座家具卖场，超5000家优质家居品牌参与，涵盖实木、软体、办公等多种家具品类。同期，还将人文与家居结合，举办以“会生活·好有趣”为主题的美好生活市集等活动，多元业态展示香河文旅生活。

● 家具行业首个院士创新研究院落户圣奥科技

5月13日，国内首个绿色低碳家具产业“院士创新研究院”在杭州揭幕。绿色低碳家具产业院士创新研究院，由圣奥科技拟出资5000万元启动资金，由中国工程院院士李坚、中国工程院院士吴义强两位院士领衔，汇集全球行业优秀的专家学者、科研人员，聚焦全球家具产业的新需求，开展创新研究，为业界提供

前瞻性的发展动能，共同推动家具行业绿色低碳及可持续发展。主要工作方向及研究领域包括：家具新材料、新技术、新设备、新工艺、新产品，并应用到行业的发展；连接上下游产业链资源，倡导绿色低碳，推动行业发展。

● 第20届青岛国际家具展盛大开幕

5月18日，第20届青岛国际家具展暨全屋整装定制展、国际木工机械及原辅材料展盛大开幕。本届展会面积16万平方米，涵盖实木、软体、定制、实木半成品、木工机械、原辅材料等传统优势题材，联动上下游资源，链接国内大市场，以行业高度责任感铸造高品质贸易平台，全力带动行业复苏与消费提振。

● 龙凤床垫获评上海老字号

5月30日，由上海市商务委员会指导，上海中华老字号主

办的“上海老字号嘉年华活动启动仪式暨上海老字号授牌仪式”隆重举行。上海龙凤床垫有限公司经权威认证，荣获上海老字号认定。

● 第六届中国·清丰绿色家居博览会开幕

6月15日，第六届中国·清丰绿色家居博览会在清丰县会展中心开幕。本届展会延续升级“好家居，清丰造；买家居，到清丰”主题，秉承产业链发展优势，再造中国实木家居典范，不断构建北方家居行业交流合作新高地。

● A家家居南康基地奠基

6月25日，A家家居南康高端家具生产制造项目奠基仪式举行。该项目总投资达30亿元，首期投资超过16亿元，占地面积380亩，项目投产后，预计年产30万套家具，年产值20亿元。

● 清远志邦家居智能制造项目投产

6月28日，清远志邦家居智能制造项目投产，该项目主要开展智能家居橱柜、衣柜（包含工程及外贸）产品的研发、生产，占地面积约180亩，建筑面积约26.45万平方米，计划总投资12亿元。

● 意大利橱柜巨头威乃达中国工厂投产

6月28日，位于江苏省溧阳市经开区的意大利威乃达中国新工厂举行投产仪式，项目总投资10亿元，达产后预计年销售可达20亿元，新增就业岗位400余个。

● 国务院常务会议审议通过《关于促进家居消费的若干措施》

6月29日，国务院常务会议审议通过《关于促进家居消费的若干措施》，强调对老房改造、适老装修的支持，对废旧物资回收等业务的鼓励，以及对定制家居、定制生活空间的趋势引导。

● 工信部等3部门发布《轻工业稳增长工作方案（2023—2024年）》

7月，工信部等3部门发布《轻工业稳增长工作方案（2023—2024年）》，打造一批消费热点，

拓展多元消费场景，推动提振消费市场。在家居用品领域，开展智能家居互联互通发展行动，强化标准引领和平台建设，促进融合发展。

● 国家发展改革委发布《关于促进电子产品消费的若干措施》

7月，国家发展改革委发布《关于促进电子产品消费的若干措施》，打造电子产品消费新场景。鼓励企业创新家电使用场景，打造一站式、体验式、定制化的家庭场景解决方案，推广家庭安防、智慧厨房、智能睡眠等应用场景。

● 国家发展改革委发布《关于恢复和扩大消费的措施》

7月，国家发展改革委发布《关于恢复和扩大消费的措施》，拓展新型消费，加快传统消费数字化转型，推动新一代信息技术与更多消费领域融合应用，推广智能家电、集成家电等产品，提升家居智能化绿色化水平。

● 圣奥集团董事长倪良正荣获浙江省慈善荣誉勋章

7月12日，浙江省慈善联合总会在杭州召开第二次会员代表大会暨二届一次理事会，会上圣奥集团董事长倪良正荣获慈善荣誉勋章。圣奥慈善基金会成立后，相继在浙大、浙工大等多所院校设立了圣奥助学金；捐赠百万助学金帮助寒门学子完成学业；在全省范围内修建老年活动中心，建立圣奥老年之家，目前已有48家投入使用；捐赠1亿元支持西湖大学的建设；2020年疫情暴发后，倪良正迅速决定捐赠1000万元助力抗疫，并号召员工从全球采购紧缺抗疫物资，支援抗疫一线……基金会成立12年来，在助学、敬老、扶贫、济困、抗疫等方面累计捐赠逾1.85亿元，实施322个慈善项目，受益人群超过23万人次。

● 商务部等13部门关于促进家居消费若干措施的通知

7月18日，《商务部等13部门关于促进家居消费若干措施的通知》对外公布。围绕家电、家具、家纺、家装等多个领域，针对性出台了多项具体措施，包括大力提升供给质量，完善绿色供应链，创新培育智能消费，提高家居适老化水平等。

● 永华艺术馆顺利通过国家AAA级旅游景区质量等级复核

7月19日，广州市文化广电旅游局发布《关于公布2023年度3A级旅游景区质量等级复核结果的公告》，其中，广州市家具行业协会荣誉会长单位广州市番禺永华家具有限公司旗下的永华艺术馆顺利通过国家AAA级旅游景区质量等级复核。广州市番禺永华家具有限公司于2011年动工筹建永华艺术馆，2016年该艺术馆正式开放运营，2018年获评为“国家AAA级旅游景区”。总建筑面积达15000平方米，是目前珠三角规模最大的集收藏研究、陈列展示于一体的红木艺术馆之一，全年面向市民免费开放。

● 2022年度中国轻工业百强企业、家具行业十强企业名单发布

7月20日，2023年中国轻工业百强企业高峰论坛在京举行，论坛发布了2022年度中国轻工业二百强企业、中国轻工业科技百强企业及轻工装备制造五十强企业等评价结果。16家中国家具协会会员企业入选中国轻工业二百强，6家企业入选中国轻工业科技百强，1家企业入选轻工装备制造五十强，13家企业入选中国家具行业十强，12家企业入选中国办公家具行业十强，10家企业入选中国软体家具行业十强。

● 第15届苏州家具展览会盛大开幕

7月28日，第15届苏州家具展览会盛大开幕。本届苏州家具展览会规模10万平方米，参展商600余家，全面展示了精品套房、原辅材料、软体两厅等全家具产业链的创新产品和技术，突显了华东家具市场的强大活力，充分发挥出对源头渠道的整合引领作用。

● 2023中国产业转移发展对接活动（广西）在南宁举行

7月30日，以“共享沿边临港新优势 共建产业合作新高地”为主题的2023中国产业转移发展对接活动（广西）开幕式在南宁举行。中国家具协会与广西工信厅、贵港工信局等政府部门深化服务与合作，积极组织企业参与对接活动和实地考察，为2023

中国产业转移发展对接活动（广西）成功举办发挥了积极作用。

● 商务部等9部门印发《县域商业三年行动计划（2023—2025年）》

8月，商务部等9部门印发《县域商业三年行动计划（2023—2025年）》。继续支持绿色智能家电、绿色建材和家具家装等下乡，完善售后回收服务网络，促进农村大宗商品消费更新换代升级。

● 芝华仕携手华为达成全屋智能深度合作

8月4日，芝华仕与华为全屋智能战略合作签约仪式在东莞松山湖举办，芝华仕产品将接入华为全屋智能系统，同时将携手线下华为全屋智能门店，带来全屋互联、智慧客厅、智慧卧室、智慧康养等业务，双方共同打造智慧生态家居。

● 第50届国际名家具（东莞）展览会盛大开幕

8月18日，第50届国际名家具（东莞）展览会暨2023东莞国际设计周在广东现代国际展览中心盛大开幕。展览会以“家具潮、东莞造”为主题，设立七大展馆，1000多家品牌参展，涵盖成品家居、全屋定制、软装配饰、户外露营、艺术潮玩等跨界品牌，同期举办2023中国（广东）国际家具机械及材料展。

● 第44届国际龙家具展览会盛大开幕

8月19日，第44届国际龙家具展览会、第34届亚洲国际家具材料博览会在顺德龙江盛大开幕。本届展会以“全球家具、顺德时代”为主题，延续五馆联展特色，联合数千家家具制造企业、十家家具材料专业市场、数百万平方米的家居展示空间和十多万家具匠人，展示了顺德家具高质量发展的崭新面貌。

● 尚品宅配与缅甸最大家具公司Sweety Home签约

8月，尚品宅配集团海外部

与缅甸最大的家具公司Sweety Home成功签约，携手开创缅甸定制家具市场。本次合作，Sweety Home在缅甸最大城市仰光新建一座12层购物中心，并将其中一层规划为与尚品集团合作的定制家具项目展厅。现该展厅已进入设计规划阶段，预计在9月开业。

● 商务部办公厅发布关于组织开展“家居焕新消费季”活动的通知

8月31日，商务部办公厅发布关于组织开展“家居焕新消费季”活动的通知，突出“大家居”和场景创新、聚焦绿色智能、适老等领域，发挥家居特色产地优势、强化展会引领带动作用。

● 第二十八届中国国际家具展览会盛大开幕

9月11日，由中国家具协会和上海博华国际展览有限公司共同主办的第二十八届中国国际家具展览会和2023摩登上海时尚家居展在上海浦东新国际博览中心和世博展览馆盛大开幕。本届展会启用“In Now正当时”的全新主题亮相，彰显态度、精神和力量。浦东家具家居双展是2635家中国和世界家居品牌期待已久的惊艳亮相，在共计32万平方米的展览中向世界递交中国家居行业的3年成绩单。

● 圣奥办公雄衡产业园（一期）投产

10月10日，圣奥办公雄衡产业园（一期）投产仪式在河北省深州市绿色智能家居产业园

举行，该项目总投资61亿元，占地面积1300亩，是河北省重点项目，为圣奥集团投资建设的“依托雄安、布局北方”的战略性项目，围绕“一体化办公生态、一体化展销产、一体化智能制造”规划建设。项目建成投产达效后，年产家具约70万套（件），年产值约15亿元，提供就业岗位2000个。

● 国家博物馆举办“澄古匠心——伍炳亮家具艺术研讨会”

10月10日，“澄古匠心——伍炳亮家具艺术研讨会”在中国国家博物馆学术报告厅举办，是对中国工艺美术大师伍炳亮深耕传统家具领域四十余载学术成果的全面回顾与梳理，更是对传统家具古典美学在新时代语境下的再发掘、再梳理、再出发。伍炳亮现场将筹备十余年出版的《海南黄花梨之美——伍炳亮作品撷珍》捐赠给国家图书馆永久收藏。

● 贝壳拟15.5亿元收购爱空间

10月11日，贝壳与爱空间签订股权收购协议，收购完成后爱空间将成为其全资附属公司，交易对价约15.5亿元。视交割条件的完成情况，该交易预期于2024年上半年完成。公告称，爱空间是行业内一站式整装服务领军企业，收购将进一步丰富贝壳家装业务的产品组合，为消费者提供更多元化的优质供给。贝壳表示，通过旗下被窝整装、圣都整装的充分实践，贝壳在家装领域的方法论得到了验证，让此次收购更具长远的战略确定性。

● 南康家居小镇入选国家工业旅游示范基地

10月12日，文化和旅游部公布2023年国家工业旅游示范基地名单，其中南康家居小镇入选。南康家居小镇是全国首个家具产业小镇，属于家具工业文化观光体验型项目，是国家AAAA级旅游景区。景区位于江西省赣州市南康区镜坝镇，小镇规划用地5平方公里，核心区域2平方公里，内部围绕300多亩的景观湖进行布局。小镇以家具、家居工业文化为核心，构建了有浓厚工业气息与家具文化特色的旅游业态产品库。

● 工信部“2023年度智能制造示范工厂、年度智能制造优秀场景”家居企业名单发布

10月23日，工业和信息化部发布2023年度智能制造示范工厂揭榜单位和优秀场景公示名单，南京埃斯顿工业机器人智能制造示范工厂、志邦家居智能制造示范工厂；掌上明珠家居“产线柔性配置”和“大规模个性化定制”两个优秀场景；中源家居股份有限公司智能仓储、慕思健康睡眠股份有限公司的“智能仓储”；志光家具（象州）有限公司“智能在线检测”和“在线运行监测”经市、省、国家三级评选，成为国家认可的典型示范。

● 相城区现代家居产业发展大会成功举办

11月4日，2023相城区现代家居产业发展大会在苏州举办。会上，相城区发布了《关于推动相城区家居产业数字化转型、集群式发展的行动方案》《相城区蠡口家具文化艺术街区规划》《北桥街道现代家具智造区规划》。

● 罗永浩在南康直播卖家具热销近千万元

11月7日，2000万粉丝抖音主播罗永浩“交个朋友直播间”团队来到南康盈海家博城开展直播，为南康家具代言，为企业和商家带货，直播间单场累计观看人数超过85万，达成交易7200笔，直播成交额近千万元。

●《2023中国女性健康睡眠白皮书》发布

11月9日，由运时通控股集团携Restonic美国蕾丝床垫联合腾讯家居·贝壳·优居视界共同发布《2023中国女性健康睡眠白皮书》暨“致爱女主季Ⅳ”启动会。在当前“睡眠痛点”之下，女性群体更应该得到关注与偏爱，本次重磅发布的《2023中国女性健康睡眠白皮书》正面直击女性睡眠诉求，实力入局“睡眠她经济”，在赢得千万受众青睐的同时，更进一步开启当代女性健康睡眠的进阶之路。

● 美的拟控股顾家家居

11月9日，顾家家居发布公告称，其控股股东与宁波盈峰睿和投资管理有限公司达成

股份转让协议，协议总价款为103亿元。转让完成后，盈峰睿和投资以持股29.42%成为第一大股东。交易完成后，顾家家居控股股东将由顾家集团变更为盈峰睿和投资，实际控制人也将由顾江生、顾玉华、王火仙变更为何剑锋。何剑锋更广为人知的身份是家电巨头美的集团创始人何享健独子。12月25日，双方签署补充协议，转让价格调整为36.7187元/股，转让总价款调整为88.8亿元，降幅为13%。

● 2023年中国海安家具产源地采购节暨中国家具经销商发展峰会盛大开幕

11月11日，2023年中国海安家具产源地采购节暨中国家具经销商发展峰会盛大开幕。采购节暨发展峰会的成功举办，激发了海安现代家具全产业链发展活力，为海安打造华东地区家具批发集散地注入澎湃动能，为企业搭建了优势互补、协同创新的合作共赢平台。

● 东部家具行业商（协）会第二次会员大会成功举办

11月11日，东部家具行业商（协）会第二次会员大会、海安市现代家具产业集群高质量发展推进大会顺利召开。中国东部家具产业基地董事长王传威当选为第二届理事会会长。中国家具协会与海安市政府联合共建的中国东部家具产业基地已发展成为拥有品牌企业560多家、周边配套企业千余家、从业人员超5万人、年产量超1000万件的新兴家具产业园区。

● 金隅天坛“天境家居美学馆”11月11日开业

11月11日，金隅天坛整装杭州旗舰店“天境家居美学馆”开业。作为金隅天坛整装布局杭州的第一家智能家装馆，天境家居美学馆总建筑面积超过2万平方米，整个旗舰店上下共分为5层，是目前杭州北部区域新天地商圈最具规模的家装体验馆之一。

● 志邦家居获批工信部“国家级工业设计中心”

12月，志邦家居获批工信部“国家级工业设计中心”，志邦家居将持续聚焦家居产业“智能化、数字化、绿色化”三大方向，以自主创新为驱动，加大工业设计新技术与行业前沿科技的深度融合，加速引领工业设计美学、原型创新、产品设计策略的变革，为人们更美好的生活添砖加瓦。

● 重庆启动智能家居产业发展行动计划

12月2日，重庆市经信委印发《重庆市智能家居产业高质量发展行动计划（2023—2027年）》，计划到2027年形成“1+1+N”现代智能家居产业体系，建设智能工厂、数字化车间等不低于20个，培育世界知名品牌不低于1个，形成“拳头产品”不少于20个，智能家居产业集群产值规模突破800亿元。

● 第三届全国工业设计职业技能决赛开幕

12月3日，由人力资源和社会保障部、中华全国总工会、中国轻工业联合会共同主办，中国轻工业联合会轻工业职业能力评价中心、宜宾市人民政府共同承办的第三届全国工业设计职业技能大赛决赛在四川省宜宾市开幕。来自全国27个代表队近600名选手会师决赛，同台竞技、一决高下。亚振推选了产品设计师秦春亚、木工技师徐李财参加该赛事，他们通过层层选拔进入决赛，获得家具设计师职工组二等奖。

● 华盛家具集团获得“2023年度广东省知识产权示范企业”殊荣

12月5日，广东知识产权保护协会公布了“2023年度广东省知识产权示范企业”认定结果。华盛家具集团凭借其出色的知识产权战略实施和创新成果，作为中山唯一的办公家具企业荣登榜单，为中山办公家具行业再添殊荣。

● 宜家京津顾客配送中心启用

12月5日，宜家中国宣布京津顾客配送中心正式启用。作为英格卡集团在中国市场面积最大的全品类顾客配送中心，京津顾客配送中心总投资金额达到4.92亿元，占地面积46240平方米，可配送产品超过9500种，实现全品类配送。宜家产品投入运营后将助力宜家以更完善的物流配送网络服务北方地区消费者。

● iRest艾力斯特成为2023汇丰世界羽联世界巡回赛总决赛官方供应商

12月13—17日，2023汇丰世界羽联世界巡回赛总决赛于杭州奥体中心体育馆正式开赛，iRest艾力斯特正式成为2023汇丰世界羽联世界巡回赛总决赛官方供应商，为来自世界各地运动员和工作人员提供更智能、更卓越的按摩体验，助力比赛圆满举办。

● 曲美家居项目入选工信部“2023年新一代信息技术与制造业融合发展示范名单”

12月14日，工信部公示了2023年新一代信息技术与制造业融合发展示范名单，曲美家居集团股份有限公司“基于用户直连制造的数字化设计与服务能力”项目上榜。据了解，2023年新一代信息技术与制造业融合发展示范围绕深化新一代信息技术与制造业融合发展，聚焦“数字领航”企业、两化融合管理体系贯标、特色专业型工业互联网平台等方向，遴选一批标杆示范项目，探索形成可复制、可推广的新业态和新模式，为推进新型工业化发展明确路径和方向。

● 成都八益家具集团举行纪念伟大领袖毛泽东主席诞辰130周年活动

12月26日，成都八益家具股份有限公司组织所属市场经营管理部、生产经营部和各子公司，会同四川省红色文化收藏协会、四川省家具行业商会和四川省毛泽东诗词研究会、四川省原创音乐家协会等相关共建联谊单位近500人，在邛崃羊安八益光辉锦绣园和海天永信酒店，举行纪念中国共产党、中国人民解放军、中华人民共和国的主要缔造者，伟大领袖毛泽东主席诞辰130周年活动。

2023年家居类上市企业经营情况

行业类别	品牌简称	营收（亿元）	同比增长（%）	净利润（亿元）	同比增长（%）
定制家居	欧派家居	227.82	1.35	30.36	12.92
	索菲亚	116.66	3.95	12.61	18.51
	志邦家居	61.16	13.50	5.95	10.76
	尚品宅配	49.00	-7.80	0.65	40.06
	金牌厨柜	36.45	2.59	2.92	5.40
	好莱客	22.65	-19.78	2.17	-49.60
	我乐家居	17.11	2.70	1.57	12.50
	皮阿诺	13.16	-9.35	0.86	-44.03
	顶固集创	12.84	19.65	0.20	-19.51
成品家具	恒林股份	81.95	25.78	2.63	-26.60
	致欧科技	60.74	11.34	4.13	65.08
	浙江永强	48.37	-41.15	0.51	-76.48
	美克家居	41.82	-6.98	-4.63	-60.13
	曲美家居	40.28	-17.00	-3.04	-923.06
	乐歌股份	39.02	21.61	6.34	189.72
	永艺股份	35.38	-12.75	2.98	-11.14
	浙江正特	10.91	-21.06	1.70	-71.44
	亚振家居	1.98	-16.30	-0.89	-1.29
	慕容家居	1.87	42.39	-2.60	87.14
软体家居	顾家家居	192.12	6.67	20.06	10.70
	喜临门	86.78	10.71	4.29	80.54
	梦百合	79.76	-0.52	1.07	157.74
	慕思股份	55.79	-4.03	8.02	13.25
	麒盛科技	31.03	16.50	2.06	625.17
	匠心家居	19.21	31.37	4.07	21.76
	中源家居	11.01	52.52	0.21	151.00
	自然科技	4.66	1.15	0.25	9.20
	趣睡科技	3.05	-5.53	0.24	-35.32
家居卖场	居然之家	135.12	4.08	13.00	-21.10
	红星美凯龙	115.15	-18.55	-22.16	-496.78
	富森美	15.24	2.79	8.06	2.97
材料装备	三棵树	124.75	10.03	1.74	-47.33
	兔宝宝	90.63	1.63	6.89	54.66
	大亚圣象	65.32	-11.29	3.33	-20.84
	南兴股份	36.29	22.58	1.73	-40.73
	捷昌驱动	30.34	0.91	2.06	-37.16
	弘亚数控	26.83	26.09	5.90	29.75

PART 4

数据统计
Statistics and Data

2023年家具行业分类别出口情况

商品名称	累计出口量（万件）	累计出口额（万美元）	累计出口量增长（%）	累计出口额增长（%）
家具	—	6763716.00	—	-4.71
1. 木家具	27892.42	1355099.00	9.07	0.06
2. 金属家具	40198.74	1138071.40	5.72	-7.24
3. 塑料家具	10393.55	177999.10	29.19	10.69
4. 竹、藤、柳条及类似材料制家具	1238.07	16931.50	6.95	-3.98
5. 其他材料制家具及家具零件	—	821571.40	—	-9.28
6. 坐具及其零件	—	3028521.40	—	-6.07
7. 牙科、理发椅及其零件	—	32759.10	—	4.08
8. 医用家具	3361.06	92712.10	-16.09	1.54
9. 弹簧床垫	1290.32	100051.00	5.99	16.68

2023年家具行业分类别进口情况

商品名称	累计进口量（万件）	累计进口额（万美元）	累计进口量增长（%）	累计进口额增长（%）
家具	—	184904.10	—	-13.66
1. 木家具	237.00	46716.50	-23.75	-10.87
2. 金属家具	41.25	10182.30	-29.21	-15.76
3. 塑料家具	24.07	1457.90	-14.28	7.71
4. 竹、藤、柳条及类似材料制家具	1.43	49.90	-63.89	-54.22
5. 其他材料制家具及家具零件	—	23513.90	—	-16.59
6. 坐具及其零件	—	89434.10	—	-15.48
7. 牙科、理发椅及其零件	—	483.40	—	22.35
8. 医用家具	508.04	9140.70	150.01	-7.49
9. 弹簧床垫	9.89	3925.40	1.23	0.34

2023年家具行业分类别效益情况

家具行业	规模以上企业数量（个）	累计营业收入（万元）	累计营业收入增长（%）	累计利润总额（万元）	累计利润总额增长（%）
家具制造业	7344	65556740.80	-4.39	3645999.10	-6.59
木质家具制造	4435	35791798.70	-3.41	1776641.50	-4.77
竹、藤家具制造	129	898939.90	-11.74	44221.30	17.18
金属家具制造	1405	14877670.80	-7.88	852425.60	-18.73
塑料家具制造	149	1217448.40	-4.90	72564.70	-3.54
其他家具制造	1226	12770883.00	-2.26	900146.00	2.76

PART 5

行业分析

Industrial Analysis

推动家具行业“以竹代塑”构筑人类美丽家园

中国家具协会理事长　徐祥楠

家具行业是民生产业、常青产业，为服务国家经济发展、满足人民美好生活做出了积极贡献。中国是全球第一大家具生产、出口和消费国，家具产业正着力实现绿色化、低碳化，以大国担当为全球可持续发展贡献行业积极力量。近日，国家发展改革委等部门印发了《加快“以竹代塑”发展三年行动计划》（发改环资〔2023〕1375号，以下简称《行动计划》），为各行业提供了“以竹代塑”发展的路径方向、具体措施和支持政策，是实现行业绿色可持续发展的行动指引。塑料家具作为细分种类，在家具行业中占有一定比例，家具“以竹代塑”，有着广阔的发展空间和现实的应用基础。同时，《行动计划》提出要充分发挥行业协会等社团组织作用，开展各类活动，引导“以竹代塑”企业用好国家政策措施，推动全产业链协同发展。家具行业和各地家具协会要充分重视和落实《行动计划》要求，并结合自身特点和企业需要，开展替代研究和应用推广工作。

一、创新引领，激发“以竹代塑”内生动能

创新是人类社会发展的重要引擎，坚持创新引领，将有效提升家具企业发展内在动力，推动家具行业“以竹代塑”向高水平迈进。《行动计划》提出，组织“以竹代塑”相关科研攻关，突破一批关键共性技术及重大装备，支持企业在核心技术攻关、科技成果转化等方面加大投入力度，丰富“以竹代塑”新技术、新产品。家具行业要加大“以竹代塑”领域的科研投入力度，推动材料、工艺、设备等方面的升级改造，为替代工作提供基础保障；要坚持设计创新，有效提升竹制家具设计能力和竹材应用范围，进一步减少家具产品中塑料的使用，降低替换成本，提升替换效率；要坚持发展模式创新，综合考虑环境、社会、治理等因素，通过“以竹代塑”为行业减碳和可持续发展贡献力量。行业协会要加强对企业科技创新工作的支持，在申报推优、评审评价等方面提供支持和背书，积极营造良好的“以竹代塑”发展氛围。

二、协同发展，构建“以竹代塑”生态体系

未来，世界的竞争将由企业、行业、产业链之间的竞争演变为产业生态之间的竞争。加快大家居、全产业链协同发展，把握“以竹代塑”契机，有助于企业布局未来生态体系，在新赛道实现新超越。《行动计划》提出，鼓励主要竹产区因地制宜拓展“原料—加工—产品—营销”上中下游产业链，引导商贸流通企业与竹制品企业产销协同、供需对接。家具行业要加快制定和完善竹制家具相关标准，同时打通行业边界，与家电、建材、装饰装修等行业协同合作，构建竹产品生态标准体系；要加强生产与消费的双向培育，鼓励企业开发竹课桌椅、竹鞋架、竹灯具等更多实用、环保的家具产品，引导消费者更多选择优质低碳的竹家具和家居用品；要与国家和地方相关部门，探索构建家具“以旧换新”和回收利用体系，降低家具产品更新成本，提升竹制家具产品占比。行业协会要发挥平台作用，协调相关领域的行业组织，开展产业合

作、供需对接等活动，从产品维度和产业维度，助力行业构建完整的竹家具生态体系。

三、示范带动，培育“以竹代塑”特色集群

龙头企业是推动“以竹代塑”发展的核心力量，产业集群是未来国际竞争的关键要素。发挥好头部企业和产业集群的示范带动作用，打造面向未来低碳发展模式，将有效提升家具行业“以竹代塑”发展效能。《行动计划》提出，在全国选择竹资源丰富、竹产业基础较好的地区，建设5～10个“以竹代塑”应用推广基地，夯实当地“以竹代塑”发展基础。家具行业要以龙头企业和竹类资源丰富的地区为重点，打造具有国际竞争优势的世界级竹家具生产企业和竹家具产业基地；要通过中国国际家具展览会、中国（广州）国际家具博览会、沈阳家博会等重点展会平台，开展“以竹代塑”相关学术研讨、产品发布、会议论坛等活动，提升竹制家具产品关注度和认可度。行业协会要充分利用现有和新兴产业集群，开展技能竞赛、信用评价、绿色认证、品牌推荐等项目，宣传优秀产品和企业，打造竹制产品良好形象和多层次定位。

四、国际合作，推动“以竹代塑”全球实践

当前，塑料污染已成为全球性环境问题，开发安全、环保、可再生的塑料替代产品势在必行。推动“以竹代塑”全球实践，是履行家具大国责任、落实全球发展倡议的重要举措。《行动计划》提出，以共建“一带一路”为引领，鼓励支持中国企业走出去，促进国际产能合作，组织开展国际人才培养交流，加强相关标准和认证体系宣传贯彻，促进国际贸易顺畅便捷。家具行业要通过世界家具联合会、亚洲家具联合会等国际组织，加强与各国在“以竹代塑”领域的标准制定、研修培训、产业对接等方面的合作；要积极参与世界级家具产业集群建设工作，通过“以竹代塑”行动，共创绿色清洁的世界“工业制造”集群；要通过各类国际展会和会议，为企业提供竹制家具产能合作、展贸对接、宣传推广的良好平台，向全球展示中国竹家具、竹文化，助力文化自信、打造品牌强国。行业协会要充分利用国际、国内资源，加强与各国政府、行业组织、企业的沟通交流，传播“以竹代塑”理念和经验，引导更多国家和企业参与，为完善全球环境治理贡献中国智慧。

推动家具行业“以竹代塑”，将为减少塑料污染，实现碳达峰碳中和目标发挥积极作用，为发展方式绿色转型提供强大动力。中国家具协会将在“以竹代塑”倡议指引下，与全球家具产业携手合作、共同发展，加快落实联合国2030可持续发展议程，为推动建设清洁美丽世界贡献更大力量！

坚守匠心品质 打造世界品牌

中国家具协会理事长 徐祥楠

我国有着悠久深厚的传统家具文化和执着专注、精益求精、一丝不苟、追求卓越的工匠精神，是世界第一大家具生产国、出口国、消费国，家具产品在全球市场占据主要地位。当前，我国正在从中国制造向中国创造进阶，家具行业正由经营产品向建设品牌转变。品牌是企业全方位价值的体现，也是国家软实力的象征。中国家具协会高度重视行业品牌建设工作，践行国家战略政策、统筹国际国内资源、树立大国品牌形象，努力为提升行业品牌全球影响力和话语权做出积极贡献。

一、中国家具品牌建设的经验做法和工作成效

近年来，国家高度重视品牌建设工作。2016年，国务院办公厅印发《关于开展消费品工业“三品”专项行动营造良好市场环境的若干意见》，鼓励和支持品牌建设，为企业发展指明了方向。2022年，国家发展改革委联合多部门印发《关于新时代推进品牌建设的指导意见》，旨在高质量推进品牌建设工作，全面提升我国品牌发展总体水平。在国家的战略引领下，家具企业品牌意识显著增强，品牌内涵不断丰富，品牌建设取得新成绩。

（一）开展品牌评价工作，打造世界一流品牌

中国家具协会坚持发挥引领作用，2023年开展“中国家具十大品牌”评价工作，从企业效益、品牌建设、质量管理、科技创新四个方面综合考量，遴选行业优质品牌。经专家评判和层层筛选，芝华仕头等舱、顾家家居、喜临门、左右沙发、圣奥科技、天坛家具、美克美家、曲美家居、伍氏兴隆、蓝鸟入选中国家具行业十大品牌名单，代表着行业在企业责任、商业创新、绿色健康、民族传承、设计美学等方面的最高水平。品牌评价工作是协会助力企业品牌建设的重要举措，中国家具协会将持续利用自身平台和资源优势，加快培育最具代表性的世界一流民族品牌，展示中国家具的品牌力量。

（二）积极参与评审评定，有效提升品牌价值

为进一步提升企业品牌含金量，中国家具协会积极组织企业参与国家级、行业级评审评定。2023年，16家家具企业入围中国轻工业百强企业名单，4家企业产品入选《2023年老年用品产品推广目录》，11家企业荣获中国家具行业企业信用等级最高等级3A评价，5家企业的6款产品入围第二届全国轻工适老创新产品及智能健康解决方案大赛获奖名单，一批龙头企业入选工业和信息化部等国家部委发布的绿色工厂、智能制造示范工厂、国家级工业设计中心、服务型制造示范企业等名单。企业通过参与各类官方评审评定，不仅促进了自身硬指标的提升，也使得包括设计、服务等在内的软实力得到加强，从而有效带动了品牌价值的提升。

（三）持续创新商业模式，品牌建设与时俱进

随着我国改革开放和制造业现代化进程不断加快，中国家具品牌拥抱新理念、新趋势，敢于革新创造，保持与时俱进，意大利、法国、西班牙等领先设计资源融入中国家具品牌国际化体系，在战略制定、市场营销、产品开发等方面助力品牌升级，不断提升中国家具品牌在国际市场的地位。直播电商成为品牌扩大知名度和影响力的有效手段，芝华仕、顾家家居、喜临门在2023年“双十一”表现亮眼，持续扩大线上市场。智能制造推动品牌数字化升级，尚品宅配、美克美家、恒林、永艺等头部品牌积极尝试定制生产和无人工厂，显著提高品牌服务能力。改革创新的时代精神已成为中国家具行业推动品牌发展的活水源泉，开辟了中国特色的行业品牌建设之路。

（四）助力国际体育赛事，塑造独特品牌形象

参与重要国际级体育赛事，是众多品牌展示形象、提升关注度和影响力、实现全球化发展的重要途径之一。天坛家具成为北京2022年冬奥会和冬残奥会官方生活家具供应商；麒盛科技以创新产品助力北京冬奥会；顾家家居全面开启亚运深睡保障计划，以深睡科技全方位护航亚运；左右家居秉承“以工匠精神缔造绿色优品”的信念，助力绿色亚运；艾力斯特入驻亚运会主媒体中心，为媒体工作者提供沉浸式按摩休息空间；梦百合连续多年冠名世界围棋公开赛。体育无国界的独特优势，有效弥补了家具低关注度的行业属性，提升了家具品牌和企业的辨识度和知名度，让品牌形象深入人心。

（五）不断拓宽海外布局，提升自主品牌地位

随着我国家具企业不断做大做强，开拓国际市场已成为企业的重点发展方向。近年来，一些企业加快走出去发展步伐。曲美家居累计出资超40亿元完成对挪威高端家居品牌Ekonres的收购，通过此种方式渗入海外市场；中泰家具走出国门闪耀中东；恒林家居开设美国展厅；梦百合美国进驻美国家具零售商MOR，新增33个床垫展厅；捷昌驱动马来西亚工厂二期投产，并投建欧洲物流及生产基地项目，完善全球化产能布局；顾家家居、敏华控股、喜临门、匠心家居、麒盛科技、永艺股份、恒林股份、乐歌股份等纷纷在海外投资建厂；圣奥科技在德国科隆家具展就自身产品设计被抄袭成功维权。中国家具企业正从代工生产向品牌输出跃升，不断提高自主品牌的国际地位和话语权。

二、中国家具品牌建设面临的形势和问题

改革开放40多年来，我国家具产业发展取得了长足的进步，规模不断扩大，影响力显著提升，品牌建设的产业基础不断巩固。当前，家具行业规模以上企业7200余家，年产值近8000亿元，限额以上家具类商品零售额超1600亿元。中国为世界200多个国家和地区提供家具产品，出口超700亿美元，全球家具市场20%左右的需求（不包括中国）是由中国家具产品所满足的。2014年至今，中国主导制定修订了10项家具国际标准，行业国际话语权不断提升。同时也要看到，我国家具行业仍然存在产业集中度低、国际知名品牌少、品牌发展水平与行业国际地位存在较大差距等现实问题。从家具产品大国向品牌强国迈进的过程中，还需要行业、企业付出更大努力。

（一）产业集中度较低

根据行业规模和企业营收数据测算，2022年我国家具行业CR3（行业前三名企业市场份额之和）仅为6.8%左右，行业集中度较低，仍以中小企业为主，普遍缺乏资金、人才等资源支持，品牌建设投入力度明显不足。设计方面，产品同质化程度较高，辨识度较差，不易形成品牌认知；质量方面，中小企业产品质量差异化较大，难以提升品

牌价值；服务方面，企业提供完善无忧的售前、售中、售后服务的能力较为欠缺，影响了品牌认可度的提升。

（二）行业关注度不高

虽然家具是民生产业，但同时也是低关注度行业，消费者只有在需要的时候才会关注家具产品和品牌。这就需要企业具备较强实力，投入更多人力、物力、财力，并同时与更多高关注度行业合作，才能有效增加品牌在日常生活中的曝光度。目前，大部分家具企业还处于品牌建设初级阶段，提升行业关注度的能力仍然较弱。

（三）国际影响力较弱

我国虽然是家具出口大国，却缺乏国际知名的家具品牌，自主品牌在全球的影响力仍然有限。虽然一些大型出口型家具企业的规模实力已经较大，但仍以贴牌生产为主，自有品牌在世界范围内的知名度和认可度较低，品牌引领力不足。同时，与国际知名品牌相比，我国家具产品在设计理念、质量标准、工艺创新等方面，仍存在一定差距。

三、中国家具品牌建设的工作思路和方向展望

习近平总书记指出："推动中国制造向中国创造转变、中国速度向中国质量转变、中国产品向中国品牌转变。"中国家具协会将以习近平总书记关于品牌建设的重要指示精神为指引，把握行业发展趋势，充分发挥协会平台作用和资源优势，引导行业企业加大品牌建设力度，提升品牌内在价值，积极培育世界一流品牌。

（一）优化品牌成长环境

良好的品牌成长环境是品牌发展壮大的重要保障。要提升品牌意识，引导企业深刻认识品牌建设的重要性；要通过建立信用体系、开展质量评价、建设质量平台等方式，营造积极向上的品牌发展氛围；要加强知识产权保护，维护品牌合法权益；要加强宣传引导，加大优质品牌的推广力度。中国家具协会将充分发挥政府服务职能，为行业企业争取利好政策，促进品牌成长环境持续优化，并利用信用评价、绿色认证、品牌评价、信息宣传等工作，建立并维护积极向上的品牌成长环境。

（二）提升品牌附加价值

品牌附加值是品牌的无形价值，也是品牌提升的关键所在。要努力提升企业设计创新能力，培养设计人才，创新设计理念，提升设计附加值；要不断提高产品质量标准，实现标准引领、质量引领，增加品质附加值；要深挖文化元素，倡导工匠精神，提升产品和品牌的人文属性，增加文化附加值；要更新企业发展理念，倡导环境、社会和公司治理（ESG）建设，为节能降碳贡献力量，增加绿色附加值；要做好产品全生命周期服务，为消费者提供各类免费或增值服务，增加服务附加值。中国家具协会将利用人才培训、质量标准等工作，结合各类产业资源，赋能企业各项品牌附加值的提升。

（三）助力品牌全球竞争

打造世界一流品牌，是中国家具企业的更高追求。要坚持国际化发展理念，探索国际化运营，为企业品牌国际化传播打下基础；要借助共建"一带一路"倡议带来的机遇，拓展新兴市场，提升新兴市场认可度和知名度；要加强国际产业合作，扩大与知名设计师、机构等的合作；要通过参与国际家具展会，展示企业形象和优质产品。中国家具协会将利用作为世界家具联合会主席单位、亚洲家具联合会会长单位的优势，以中国国际家具展览会等为抓手，向世界推荐中国家具品牌，助力品牌参与全球竞争。未来，高端化、智能化、绿色化将成为家具产业重要的发展方向，全行业将进一步从生产型制造向服务型制造转变，从规模成本优势向品牌品质优势升级，不断实现高质量发展。品牌建设是高质量发展的内在要求，做好家具行业品牌建设工作，要以国家战略政策为指导，有效利

用各地各级家具协会的桥梁平台作用，充分发挥企业的经营主体作用。中国家具协会将持续开展引领工作，助力行业打造一批价值领先、贡献突出、影响全球的民族品牌，为建设世界一流家具品牌、实现中国产品向中国品牌的跃升贡献更大力量。

PART 6

地方产业

Local Industry

北京市

一、行业概况

2023年，北京家具行业发展呈向好态势。一方面，行业提质增效，扩容升级，以数字化助力消费品工业深入实施“三品”战略，品种引领力、品质竞争力和品牌影响力不断提升；另一方面，行业绿色发展、智造创新方面取得新成就，积极迈向生态优先、绿色低碳的高质量发展道路。同时，随着京津冀协同发展战略不断深化，河北深州、汉沽、芦台等重点家具产业园产业协同发展进入新的阶段。

2019—2023年北京市家具行业发展情况汇总表

主要指标	2023 年	2022 年	2021 年	2020 年	2019 年
企业数量（个）	292	294	299	324	450
工业总产值（亿元）	266	238	295	223	300
规模以上企业数量（个）	32	33	35	35	50
规模以上企业工业总产值（亿元）	152.0	136.0	168.0	117.5	163.7
出口值（万美元）	15940.3	15767.7	15771.4	21509.5	19170.7
内销额（亿元）	256.0	228.0	276.0	260.4	280.0
家具产量（万件）	2167.7	1970.6	1988.8	1750.5	1948.3

数据来源：北京海关、北京家具行业协会。

二、行业纪事

1. 家具展会，聚焦北京品牌成长

2023年，协会组织企业参与了第51届中国家博会（广州）、深圳国际家具展、第52届中国家博会（上海）等大型展会，其中，多家北京品牌集聚中国家居原创设计新高地——设计馆，锐驰家具打造别具一格的“中转花园”展陈空间，探索未来展陈新可能；HC28|都汇里带来ROOT洞天、FILM方片系列新品，以更大胆的实践，试探市场尺度；挪亚家NORYA持续以简约的设计与高品质的用材，为生活提供高级舒适的休闲放松体验；RED&Y在600平方米的展位中，打造出一座圆形家居艺术馆，突破、重生，给现场观众带来独一无二的视觉感官新体验，助力品牌成长开拓内销外贸市场。

2. 京粤互访，聚焦区域平台搭建

广州家博会期间，北京家协走进广州市家具行业协会，在行业复苏中，双方就各自企业参展情况作为切入点，深入探讨了两地行业发展、协会内部建设、日常活动开展、党建工作、会员企业成长、产业园发展等多方面情况；5月，中山市家具商会考察团一行走进北京家协展开互访交流活动，走进北京头部品牌金隅天坛家具、曲美家居集团进行参观考察。近年来，京粤两地家具协会多次走访交流互通有无，搭建了友好交流桥梁，为企业拓展大湾区市场提供了机会，持续引领行业有序健康发展，以期形成多方共赢的良好局面。

走访广州市家具行业协会

3. 制定标准，聚焦家具生命周期

协会依托大量的实地调研及数据分析，携手中环联合认证中心推出《生态产品认证技术规范》，包含木家具、软体家具、金属家具三大品类九大单元产品种类，聚焦家具产品生命周期，明确了金银铜三种指标要求，推进家具行业统一生态产品标准、认证和标识工作。并转化为《生态产品认证技术规范 家具》系列团体标准，引导企业迈上绿色低碳循环发展新模式。

4. 生态活动，聚焦生态文明建设

为积极推动生态文明建设，推进家具产业的绿色低碳发展，北京家协举办了“共为”家具行业生态产品发布会，旨在“共建生态家居 共促绿色消费 共享美好生活”。会上，邀请京津冀、长三角、粤港澳三大核心区域的家具协会代表联合发布《共建生态家居战略倡议书》、生态产品系列标准，同时为首批通过生态产品认证的11家企业颁发证书，认真践行绿水青山就是金山银山理念，揭开高质量发展背景下行业积极探索绿色低碳发展模式与思路的新篇章。

5. 植树造林，聚焦环保公益事业

五四青年节，2023北京家具行业协会青年委员会创享会暨公益造林活动，邀请老、青年企业家进行公益植树造林活动，并立下“植此青春 树梦未来”石刻，践行公益精神，维护生态文明。随后围绕当下行业趋势与发展痛点，面对面畅聊当代年轻人的消费变革以及企业的发展未来，以“青蓝接力”为家居新时代的发展提供了鲜活注脚。

“共为”家具行业生态产品发布会

2023北京家具行业协会青年委员会创享会暨公益造林活动

6. 赈灾义卖，聚焦受灾地区重建

7月底至8月初，受台风“杜苏芮”影响，北京市房山、门头沟等区遭遇洪涝地质灾害。在北京市经信局及房山区相关单位的指导下，组织金隅天坛、曲美、黎明文仪、强力、意风、飞美、五木、大为等本市重点家具企业深入房山区周口店镇，开展赈灾义卖活动，帮助灾区群众建设更加安全、美好、宜居的家园。

7. 设计创新，聚焦产品核心价值

越来越多的品牌注重产品创新及独特性，展现前瞻性的设计思维。预见sitstar旗下三款产品凭借独具特色的外观与创新性的产品设计，斩获2023年意大利A’Design设计大奖两项银奖与一项铜奖。京泰家具“马墩”系列凭借其独特的设计理念和出色的产品品质，获得2023年度红棉奖·产品设计至尊奖和产品设计奖两项殊荣。

三、家具流通卖场发展情况

行业持续贯彻落实工信部等多部门印发的《数字化助力消费品工业“三品”行动方案（2022—2025年）》，以数字化助力消费品工业深入实施“三品”战略，使得工业消费品领域品种引领力、品质竞争力和品牌影响力不断提升。

居然之家持续加大数字化研发投入，打造数字化产业服务平台，“洞窝”成功链接“物流交付平台”和“到家服务平台”，并先后与华为、金隅集团开启战略合作，实现“天网”与“地网”合一的家居零售新模式，荣登“2023北京民营企业百强榜单”。

红星美凯龙入京21载，在聚焦立体大家居生态的基础上，尝试时尚餐饮、新能源车、生活家电及3C、办公家具、户外家具、家居家饰等十大方向，拓展了品类、升级了业态。

集美集团40周年，积极响应“双碳”政策，紧跟绿色家居消费趋势，进行人居健康管理的探索，为消费者在睡眠、空气等相关家居产品源头进行品质把控，荣登“2023北京民营企业文化产业百强榜单”。

蓝景丽家25周年，从商场到综合体，再到如今的将智能家电、智能家居、智能生活多场景集于一体，涵盖产品展示、智能体验、科技互动等多元化服务的家居生活Mall，实现了品牌升级。

城外诚宠物用品超级Mall正式开业，在原有以家具、建材、家饰、酒店用品、五金交电为主的基础上，不断拓展市场版图，拓宽业务渠道形成新的业绩增长点。

家和家美不断深耕新零售，不断为入驻厂商拓宽渠道、提供更优质服务，提升了消费者的购物体验。

四、重点企业情况

1. 天坛家具

金隅天坛家具旗下大家居实木生活馆——天坛美家M+在城外诚盛大开馆，为顾客提供一站式全屋家居软装定制服务，打造专属私家生活场景；金隅天坛整装品牌成立两年期间，完成了北京东、西、南、北四个区域的全方位布局，并将全国首家外埠旗舰店天境家居美学馆落户杭州，正式开启全国战略。

近年来，金隅天坛家具全面助力首都“四个中心”建设，深度参与二十大服务保障、北京冬奥会和冬残奥会家具保障、中国共产党历史展览馆建设等国家重点项目以及北京城市副中心建设，并于2023年再度荣获“全国五一劳动奖状”。同时，金隅天坛木业荣获国家级“绿色工厂”称号，金隅天坛家具荣登“中国轻工业家具行业十强企业”榜单。

2. 曲美家居

2023年，曲美家居应势而为，将品牌年轻化作为新的顶层战略，并在第25届中国建博会（广州）上带来了焕新升级的整家全案品牌曲美B8，以自由变换空间的整家新体验，帮助消费者探索生活的更多可能。目前，曲美家居公益助学已进行到十一季，十多年来曲美家居援建学校、提供教育物资，用实际行动践行公益精神，实现企业社会价值。

曲美一直以来把“提质增效、节能降耗、转型升级”作为中长期战略发展目标之一。2023年初，曲美家居凭借自身的可持续发展理念及在供应链等方面的节能环保投入，入选国家级“绿色供应链管理企业”名单。年末，工信部公示了2023年新一代信息技术与制造业融合发展示范名单，曲美家居集团股份有限公司“基于用户直连制造的数字化设计与服务能力”项目上榜。在“2023北京民营企业百强榜单”中曲美家居位列第88位，同时荣登“2022年度中国轻工业百强企业综合榜单”。

五、京津冀产业协同

1. 织网工程

为了贯彻落实京津冀协同发展重大战略，北京市经济和信息化局组织公开征集合作单位，共同构建京津冀产业协同“织网人”体系。协会积极响应政策号召，申请并正式加入京津冀产业协同“织网工程”第一批合作单位。未来将围绕健全项目全流程跟踪服务机制、搭建重点产业强链补链合作平台、助力打造一批区域特色产业集群、持续优化京津冀一体化营商环境四方面做好工作，助力京津冀产业协同发展走深走实。

2. 产业推介

协会参与组织雄安·衡水协作区深州·绿色智能家居产业园推介说明会，来自当地政府领导、协会代表以及来自全国各地的企业经销商代表、媒体代表等近千人出席了本次活动。组织会员企业参观黎明国际深州产业园、圣奥北方总部在建项目、博洛尼产业园、深州两馆一院博物馆等，希望以此次推介会为契机，吸引优质家居企业和上下游配套企业入驻，构建供需平衡的合力模式，建立起完整而高效的供应链体系。

3. 深州产业园

协会协助深州经济开发区立足自身区位优势和家具产业基础，在承接京津家具制造产业转移，推进延链补链强链，发挥雄衡协作区作用等方面做了大量的工作。以深州绿色智能家居产业园为例，该产业园陆续引进了北京、浙江以及广东等地企业，聚集了黎明文仪、博洛尼、圣奥科技、顾家家居等头部企业，产业链不断升级完善，形成了绿色智能家居产业集聚发展的特色。

（北京家具行业协会）

河北省

一、行业概况

2019—2023年河北省家具行业发展情况汇总表

主要指标	2023 年	2022 年	2021 年	2020 年	2019 年
企业数量（个）	5600	5300	5300	5300	5400
工业总产值（万元）	8978450	8872000	9250000	8361900	8150000
规模以上企业数量（个）	222	201	169	162	155
规模以上企业主营业务收入（万元）	1839512	1817700	1938000	1510000	1390000
出口值（亿元）	105.19	87.60	90.46	84.41	71.20
内销额（万元）	7552560	7463000	7817600	7068400	6889300
家具产量（万件）	1496.00	1478.35	1546.22	1398.89	1363.37

数据来源：石家庄海关。

二、行业纪事

1. 重视行业发展，分别召开专题会议

2023年8月，河北省工业和信息化厅组织召开了全省推进家居产业高质量发展工作会议，这是省工信厅首次召开家居产业发展工作会议。会议指出，随着消费升级以及人们需求的多元化，家居行业逐步发展成为潜力巨大、带动力强、促进经济高质量发展的产业。会议还明确了推动数字化转型、构建高质量供给体系、狠抓项目建设等促进家居产业发展的具体途径和重点工作。

8月4日，河北省商务厅组织召开提振家居消费企业代表座谈会。省家具协会组织多家企业参加了座谈会，省商务厅6个处室的负责人参加了会议。围绕“如何提振家居消费”主题，参会代表就如何发挥好政府、协会、企业的协同作用，有效促进家居家电消费各抒己见、建言献策，省商务厅各处室领导表示将认真研究相关支持措施，促进绿色消费，激发家居市场活力。

2. 北方整装定制及门业博览会影响力稳步提高

2月底和8月下旬，第七届、第八届北方整装定制及门业博览会先后在石家庄国际会展中心举办并取得圆满成功。博览会由河北省家具协会主办，北方各地行业人士纷至沓来，观展人数超过8万，参展企业收获多多，展会影响力站上了新的台阶。秋季第八届展会，吸引了大批木工机械品牌参加，新技术、新工艺得到充分展现，展会以丰富的展品、前沿的材料、先进的技术备受行业瞩目。省工信厅等多个政府部门的领导到两届展会现场参观指导，对展会发挥的强大平台作用表示高度赞许。展会为河北省家具产业增品种、提品质、创品牌、拓展市场发挥重要作用，在北方地区乃至全国声誉日隆。

北方整装定制及门业博览会

3. 产业聚集区、重要商贸区、重点工业园区奋力开辟新局面

正定县大力发展板材家具产业，通过数字赋能、品牌提升、建设共享平台等推进“正定家具”向高端化、品牌化发展，加快板材家具产业转型升级。三才正定家具市场全年举办了4届家具灯饰博览会，每届展出面积达30万平方米、展位超2000个，近千家厂商参展，展会为正定及周边家具产业树立品牌、扩大销路发挥了积极作用。

4月底至5月初，香河家具城举办第九届香河家居采购节，当地32座家具卖场联动、5000家门店联合促销、5万余款家具新品集体亮相，吸引了来自全国26个省市1万余名经销商以及13万余名消费者参加本次采购节。本届采购节进一步弘扬了香河家具文化，擦亮了香河县“中国北方家具商贸之都”的金字招牌。香河家具城还组织了与江西南康的产贸对接会，签署了战略合作意向书，达成了在香河打造南康家具特色馆的合作意向；与中国家居商贸与创新之都——乐从建立了相互沟通合作的机制；深入调研并与深圳方面合作，组织起草了香河家具产业发展规划和落地行动计划。

4月、9月，胜芳国际家具博览会暨胜芳国际家具原辅材料展两次举办，展会助力霸州打造家具行业全产业链生态矩阵发展模式，推进胜芳家具产业链完整化、数字化、智能化发展。展会涵盖八大品类8万余种样式家具单品，以及五金配件、皮革、布艺、机械、家具半成品等。

为推动涞水县古典家具产业高质量发展，11月14日，当地首个家具行业团体标准《涞水京作古典家具》通过专家审定并发布实施，这对提升涞水京作古典家具品质、扩大知名度和影响力将产生极大的推动力。为发扬红木家具传统制作工艺、培养更多优秀工匠人才，6月，涞水优秀选手参加第五届全国家具职业技能竞赛总决赛；10月12日，组织举办了2023年保定市职工职业技能大赛暨涞水县第七届“工匠杯”家具雕刻技能竞赛。

正定智能家居产业园是正定县正在大力发展的新型产业园区，在省工信厅召开的全省推进家居高质量发展工作会议期间，省家具协会专门邀请工信系统参会人员到该产业园参观考察，扩大其知名度和影响力。

4. 开展“家居换新消费季”活动，促进家居消费

在国家着力促进家居消费的大背景下，8月，河北省家具协会向省商务厅提出开展“2023河北家居换新消费季”活动相关计划，得到了省商务厅的高度认可和大力支持。活动以“行业引导，市场主导，政府支持”为方针，参与活动的家居商场通过发放消费券、购物补贴等让利广大消费者，并在质量、服务等方面作出承诺。

8月9日，消费季全省启动仪式在石家庄东明家居隆重举行，继而在正定、秦皇岛、邢台等多地展开，家具生产企业如蓝鸟、喜德来、欧派、索菲亚、顾家家居、芝华仕、喜临门，家电品牌如海尔、美的，卫浴品牌九牧、恒洁等纷纷参与其中。

“2023河北家居换新消费季”启动仪式

5. 推动产业设计水平提升，河北省家具协会成立设计专业委员会

设计的重要性在行业中日益突出，为搭建有效的交流平台，河北省家具协会于8月成立了设计专业委员会，设计机构、装饰公司的50余名设计师参加了成立大会。平台搭建后，家具制造企业与专业设计机构、人员的交流和协作将更为密切，相互取经、相互促进、相互借力、相互成就的机会更多，产业发展将得到有效的输血和滋养。

6. 皮革、家具产业对接，加强产业合作

为加强家具产业与上游皮革产业的相互了解与合作，5月，河北省家具协会、河北省皮革协会、无极县政府共同组织了“河北省皮革—家具（沙发）企业对接会”。无极县皮革加工产业历史悠久，近年来更是实现了跨越性发展，现在年产值约280亿元，产品出口到意大利等国家并供应国内一些头部家具企业。

7. 履行社会责任，支援涿州灾区

8月，涿州等地发生严重水灾，部分群众生活受到很大影响，河北省家具协会紧急组织企业捐款捐物，并及时将米、面、油、纯净水等爱心物资送到了涿州市刁窝镇东冯村的受灾群众手中。此次活动，蓝鸟、东明、宏通、柏思诺、红星美凯龙石家庄和平商场、怀特家居城、森宝、巴迈隆、润京木门、金盾木门、乐品百慕、斯威奇五金、爱达木业、星榜、龙源、博西尼等企业纷纷献出了爱心。

三、重点企业

1. 河北蓝鸟家具股份有限公司

2023年，恪守良心品质，承载了四代人的信赖与褒奖，赢得了三代经销商的执着与推崇的蓝鸟家具迎来了建厂70年。

2023年，蓝鸟与上海月星家居集团强强联手，打造了一个面积5万平方米的邢台月星家居商

河北省家具协会组织企业支援涿州灾区

场，将携手千家品牌和万家商户，给邢台这座城市汇聚全产业资源，开启家居行业崭新的发展业态。

2023年，参照国际智能工厂标准、工业互联网融合发展建设，一期投资2亿元，全新引进智能化工装设备，采用新技术、新工艺、新材料，实现智能生产的绿色智能工厂建成运营。

2023年，以蓝鸟70年家具制造历史，启动4A级蓝鸟家具工业旅游区建设，景区规划建有家具生产观览区、家具文化展馆、游客体验区等景观景点，建成后将与沟头泉、百泉、七里河景观区融为一体，形成一河两泉之畔展现工业文化的明珠，让蓝鸟更绿色、品牌更亲民，传播好中国家具制造文化。

2. 河北东明国际家具博览有限公司

东明公司创建于1988年，发展至今已30余年，省内拥有6家连锁卖场，是河北省目前最具规模的集家具连锁流通、家具制造、家具研究院、综合物流、地产项目于一体的集团化公司。2023年东明家具公司销售同比2022年稳步增长，销售额达到12100万元。

（1）抓服务、重质量。成立产品中心与质检部，双重监督保障消费者的权益，定期组织入住品牌质量检测，严格执行一品一店、货名一致规定，所售商品透明化，每月组织置家顾问专项培训，用卖场里的实际案例做素材，让卖方换位思考，为提供优质服务打好基础。

（2）引品牌、促活力。2023年制定品牌调整方案，陆续更迭部分入驻品牌，全年共计引进60个家具品牌，极大地提升了入驻品牌的整体质量、丰富了消费者的消费选择。

（3）拓思路、广发展。在整体战略规划上，筹建东明胜捷物流园，项目位于308国道与青银高速交会处，占地面积1280亩，总投资28亿元，目前一期快运分拨板块5万平方米已投入使用，引进百世快递、普洛斯物流等十余家品牌，二期18万平方米工程有序进行中。在建的东明·中地国际广场项目，位于邢台市东牛角，总占地面积166亩，总投资24亿元，集高端住宅、商业配套、休闲娱乐于一体，以超级体量打造邢台首个一站式家居Mall。

（4）重责任、赢口碑。公司在社会公益、扶危济困、抗疫救灾等方面始终走在前列，被授予“新时代最美逆行者”称号；在诚信经营方面，获得“诚信创新品牌消费者信赖满意单位”“河北省电子商务示范企业”“消费者权益保护示范单位”；在促进就业方面，公司积极吸纳下岗职工，缓解社会就业压力，对维护社会稳定尽到责任。

3. 三才正定家具市场

三才正定家具市场经历了2023年市场的起伏与挑战，实现了显著的销售增长，年度总销售额达到了30亿元，相比2022年增长了20%。这一成绩的背后，是以客户需求为导向，不断优化产品和服务，提高市场竞争力。

（1）加强宣传。2023年增加了地铁、车体广播，扩增了与外省电视台合作，增加了抖音等新媒体的宣传渠道，广告投入由每年的500万元增加至800万元。每年2届经销商展销会增加到每年3届，首次推出优质优价博览会，为各地厂商提供了更多的购销交流机会；零售促销活动增加到每月都举行，极大激发了购买潜力。每年的活动总投入由200万元增加至500万元。

（2）“文经合唱”成为新亮点。三才正定家具市场成立20多年，2023年探索出一项全新的独有的发展模式——“文经合唱”，这是一次重大创新举措，让顾客在购买到心仪的高品质家具之外，不光能抽大奖，还能有机会获得高雅的艺术珍品，来提升家庭文化氛围。市场环境还进行全面改造升级，将打造成独具特色的红色党建标杆市场、传统文化典范市场，借助三才的红色党建优势及品牌的影响力，使之成为三才的红色文化软实力、硬实力，也是三才的核心竞争力之一。

4. 唐山市宝珠家具有限公司

2023年，宝珠家具加大科技投入，全年研发经费总额达到731.6万元，取得发明专利1项，实用新型专利3项；注重人才的引进与培养使用，引进研发设计、加工制造、现场管理、售后服务等专业人才26人。

加大环保绿色产品的比重，着眼家具市场细分领域优质市场、不断拓宽以电商平台为依托的销售渠道，跨境电商出口交易额已经恢复到疫前水平，成为公司产品销售的主渠道；加大产品研发和生产加工的数字化投资，2023年投资500万元，新建一条集设计、开发、制造于一体的年产值5000万元的实木生产线，10月已建成投产；实木、板式、木门、涂装4条加工生产线，均实现了柔性数字化，加工生产装备数字化率达到75%。宝珠家具完成了由生产型企业向服务生产型企业转型，2023年，完成营业收入10200万元，高端智能、环保绿色、全屋定制成为公司2024年产品的主流。

5. 唐山市汇丰实业集团有限公司

唐山市汇丰实业集团有限公司创建于1986年10月，占地面积100余亩，是一家以生产、销售中高档实木家具和建筑用实木门为主的大型私营企业。旗下拥有“汇丰家具”和“首席工坊”两个品牌。

2023年，汇丰集团先后投入了500多万元对现有的中央除尘系统，VOCs治理设施（催化燃烧）及在线监测系统、采暖锅炉进行升级改造，保障了各项指标达标排放。同年，“车间及配套设施改建”项目正式启动，建筑面积22000平方米，投资1.2亿元，共分3期建设完成。截至2023年底，已初步完成一期“产品研发展示中心”的基础建设，该中心建筑面积约为8000平方米，内含工业4.0数据中心、材料检验中心、工艺实验室、产品研发中心、培训中心、多媒体直播中心。

2023年，旗下高端定制品牌“首席工坊”旗舰店开业并举办新品发布会。店面占地面积500多平方米，推出意式轻奢——尚影系列、现代极简——时现系列、简约美式——亦卡系列、中式轻奢——荟寓东方系列、现代中式——问界系列五大风格系列产品。

2023年，公司申请实用新型专利5项，发明专利1项。汇丰家具在全国二三级市场为主的城市建有30多家加盟店，2023年产值逾2亿元。

6. 河北力军力家具制造有限公司

河北力军力家具制造有限公司坐落于沧州市孟

村回族自治县希望新区，是一家集软体大家居产品研发、制造、销售、服务一条龙的现代化家居制造公司。公司自1989年成立以来，始终坚持以质量为企业立命之本，以创新为企业发展之源。获得中华全国总工会授予的全国模范职工之家、工人先锋号，家居行业最具影响力品牌、中国驰名商标等荣誉。

（1）致力于家具行业人才发现和培养。校企双向奔赴，10月19日，与黑龙江林业职业技术学院签约，让教育赋能产业。多次举办设计师培训会，培养了一批会设计、懂产品、知营销的全能型人才，壮大了销售型设计师团队，并且为终端门店输送了人才，注入了新的活力。2023年，公司成为新一届“中国家具行业职业技能培训基地”。

（2）生产技术升级，产品完美迭代。2023年，力军力第7代模块化制造技术的新产品隆重面世，并逐步迈入智能模块制造的新阶段。公司始终重视知识产权保护，8月24日，沧州市“加强知识产权保护，促进企业创新发展巡回宣讲培训会”在力军力公司召开，沧州市市场监督管理局（知识产权局）全体干部以及区域内近百家企业的负责人参加了本次培训会。

（3）2023年，省市领导多次到公司视察参观，对公司产品质量、设计水平、环保理念给予了高度评价，对公司现阶段的成绩表示高度认可，并对以后发展提出重要建议。

（河北省家具协会）

内蒙古自治区

一、行业概况

2023年是内蒙古自治区发展史上具有里程碑意义的一年。国务院出台了《关于推动内蒙古高质量发展奋力书写中国式现代化新篇章的意见》，对整个内蒙古自治区的各项发展是一个非常有力的推动。

2023年，内蒙古自治区家具出口量累计大幅增长，家具制造行业复工复产有序推进，前期积压的海外订单陆续发货，满洲里海关主动对接辖区内家具生产及出口企业，提供便利条件。随着蒙古国经济发展和居民生活水平的提高，对家具的需求量不断增加，中国生产的家具质量可靠、价格低廉，颇受蒙古国市场的欢迎。近年来，经二连浩特口岸出口到蒙古国的家具数量持续增长，在蒙古国赢得了很高的市场占有率，包括木制家具、钢制家具、办公家具、灯具等。俄罗斯是全球家具市场的一个消费大户，中国的家具以其质优价廉的特点，在俄罗斯中低档家具市场中占有一定的份额。

二、家具市场的变化

内蒙古自治区传统家居经营模式已经有大转变。大家居、全屋定制、整装、智能家居、互联网新零售异常火热，行业发展迅速，经营者的思维方式也逐步有了新的转变。年轻人家具消费呈现多元化趋势，最引人注意的是为节约房屋空间而衍生出的折叠、智能等家具新功能。简单生活、住进自然、隐形秩序感等家具风格深受年轻消费群体欢迎，与去年相比，消费需求平稳。但是家装市场竞争愈演愈烈，地产、电商向家装不断渗透，“跨界经营”为企业提供了更多的可能。一些家具企业转变思路，经营方面增加了百货行业、餐饮行业、超市购物、易货行业、养老产业、体育培训等，让整个家居圈更具活力。不同领域的企业通过跨界合作，强强联合形成“战队”，让行业更加品牌化和规范化。另外家装迭代升级、定制向整装发力，不仅装修公司朝整装转型，定制企业也发力整装。家具行业从半包、套餐、全包、整装，不断迭代升级，向省心、高效、便捷上靠拢，而成品家具全面向定制转型也是行业趋势。随着5G技术的普及，智能家居必然成为家居行业新的竞争热点。随着文旅产业的发展，一些民俗家具在内蒙古自治区家具市场的销售悄然回升。

三、应对措施

针对内蒙古家具行业市场情况，内蒙古家具行业协会调研各盟市家具生产和营销情况。根据企业不同情况，有针对性地对重点家具企业进行了帮助，积极通过相关政府部门的渠道宣传企业信息。

引导家具企业线上和线下并行，利用快手、抖音等网络平台进行直销，许多家居卖场进行了重新装修，对布局结构进行了调整，对硬件设施予以升级，使卖场环境更舒适、更具亲和力。加强产品结构转换升级，降低成本，多方面寻找家具营销渠道。还有一些卖场与房地产公司合作，设立智能家具区域，以提前适应家具市场的变化。

组织家具企业管理人员进行培训，组织卖场采取“以名牌带品牌”的营销策略。加强活动促销的力度，加强卖场以服务消费者为核心，对服务和管理进行了改善，使卖场经营更规范，更好地保障了消费者的权益。

四、重点家具企业

1. 内蒙古金锐家具汇展有限公司

内蒙古金锐家具汇展有限公司成立于1997年，是一家专业化、规模化、品牌化的家具大型营销企业。公司在呼和浩特市、包头市下设多家大型家具名品商场，经营各式家具、地毯、窗帘布艺等十几大类400多个品种，汇集了众多的国内外知名品牌。“金锐”品牌是“内蒙古著名商标”“呼和浩特知名商标”，金锐家具公司曾多次被各级党委、政府评为“优秀民营企业”“消费者信得过单位”“百城万店无假货示范店”等。

2023年，公司重点加强所有人员服务意识的学习，加强了卫生防护意识、服务意识和法律意识以及消防安全的培训，探索了线上线下营销、全屋定制个性化的家具设计营销，快手、抖音直播等营销，再加上强大的测量、送货安装及售后服务团队，能充分满足加盟商、经销商以及终端客户的需求。

2. 内蒙古美林实业集团

内蒙古美林实业集团注册于2012年，总资产近5亿元，现有员工390余人，是目前内蒙古自治区东部最大的集装饰、家具设计、生产、销售、物流配送于一体的大型综合性集团化企业。企业自主品牌“红猴”已被认定为“内蒙古著名商标”“内蒙古名牌产品”，并且正在申报“中国驰名商标”；企业连续获得“自治区林业产业化优秀单位”“国家首批林业重点龙头企业”等多项荣誉称号。

3. 赤峰白领家私有限责任公司

赤峰白领家私有限责任公司成立于2001年，白领丽家家居商场2004年底建成，是内蒙古自治区的知名品牌。卖场总营业面积3万多平方米，员工200多人，是内蒙古自治区东部规模较大的家具商场，营销软体家具、板式及实木套房、整体厨房、办公家具、窗帘及家居饰品等众多种类产品。白领丽家以品牌经营为核心，以“一站式”购物为特色，以中高档家具为主力卖点，以环保、绿色家具为依托，以“先行赔付”为准入前提，以优良的售前、售中、售后服务为保障，以宽敞、明亮、舒适的购物环境为亮点，真诚为广大顾客服务。

（内蒙古家具行业协会　秦超）

辽宁省

一、行业概况

2023年是全面贯彻落实党的二十大精神的开局之年，是"十四五"规划承上启下的关键之年。面对复杂严峻的经济形势，辽宁家居行业同心协力，拼搏进取，多措并举激发家居消费活力，坚持自律规范市场；产学研结合创新发展，深研政策找准企业发展方向。全产业恢复向好，发展质量稳步提高。

二、行业纪事

1. 加强服务，引领行业高质量发展

积极落实新时代全面振兴战略和省市政府相关政策实施，以服务为准绳，不断引领推进行业高质量发展。

一是举办专题论坛推动家具产业振兴。举办各类论坛7次，其中包括"产业振兴 续写辉煌——2023中国（北方）定制家居与产业链生态发展论坛"，各省市地方协会，全国门窗、定制家居、上下游产业链100余位代表出席该会议，对辽宁家具产业振兴及变革，进行深入探讨，有力推动门墙柜一体化步伐。

二是推进"辽宁优品"认证，打造辽宁家居品牌。与辽宁省标准化研究院召开"辽宁优品"木门认证座谈会，从木门品类入手，全力打造家居产业"辽宁优品"，以推动全省家居行业高质量发展。

三是大力支持服务企业发展建设。协会针对企业建设需求，通过企业宣传、品牌培育、交流合作等服务助力行业企业发展。新品推广方面，如悍高2023全国新品巡回发布会、辽宁兔宝宝健康环保板材新品发布、尼尔科达集团"2023年三防橡芯板推广大会"，积极宣传新品、品牌和企业。

四是加快产业集群优化和建设步伐。重点发挥产业聚集效应，引链补链，加快省家具产业升级。2023年，加快铁岭家居产业园项目建设，进行沈阳于洪区家居园提质升级。

全省家具行业重点企业座谈会在沈阳召开

2. 多措并举，提振市场消费信心

受经济增长放缓、就业压力增加等多重因素影响，地区消费复苏缓慢，家具消费有待提振。

围绕地区经济复苏，把引导行业发展、提振消费信心作为工作重点。协会与沈阳市市场监督管理局、沈阳市消费者协会以“提振消费信心，促进经济发展”为主题举办商业企业、服务企业工作座谈会，积极为消费提振和经济复苏建言献策。支持参与左右沙发沈阳红星、居然之家幸福大使杨澜女士见面会等大型品牌宣传活动。

以沈阳家博会秋展上辽宁省“我爱我家，为爱筑家”百日促销活动启动为契机，拉开全省家居行业促销活动大幕，在全行业掀起促销活动热潮。这期间，协会支持参与红星美凯龙沈阳同城“当燃不让”家居焕新消费季暨十一大促、2023沈阳慕思之夜917居然之家音乐节、沈阳香江家居25周年庆典等活动近百场，取得良好效果。

协会通过百城千店万商走访活动，加强各省市家居行业交流合作；通过美驻沈农业处、日本同行业协会等，加快恢复、开展国际同行业合作贸易。收到良好效果。

3. 开展行业自律，规范市场经营行为

协会严抓行业自律不松懈，把舵行业健康发展。一是举行2023辽宁省家居业“提振消费信心，促进经济发展”纪念“3·15”行业自律市场规范活动启动仪式。线上线下2000余人参会，在行业收获良好反响。二是开展专项自律检查工作。到中国家具城、东北陶瓷城、红星美凯龙、居然之家、大连华南大世界、古诺奇家居、大连金凌床具有限公司等34家商场、企业，就行业自律、规范经营、诚信建设等，查摆问题，实施整改，营造安全放心的消费环境。三是积极支持参与市场规范活动，认真落实。如辽宁省市场监督管理局召开行业协会座谈会暨质量服务沙龙，辽宁省消费者协会召开行业协会消费维权工作座谈会，有力指导行业自律稳步发展。

2023辽宁省家居业“提振消费信心，促进经济发展”动员大会

4. 提质升级沈阳家博会，搭建高效合作平台

一是春秋双展再创佳绩。双展总规模达到25万平方米、参展企业1500多家、成交额达38亿元、参会业界人士达30万之多，10多场各类活动更是精彩纷呈。

二是收获社会各界瞩目和好评。辽宁省副省长靳国卫、省商务厅厅长潘爽、沈阳市副市长段继阳和中国家具协会理事长徐祥楠等省市政府、国家协会领导到会视察指导，给予高度评价，2023年沈阳家博会春秋展双双获得“辽宁省金质品牌展会”荣誉。

三是网上家博会建设迈上新台阶。双展期间，汇聚万款优品家居好物，与线下互动，落地探厂、探店、直播等活动精彩纷呈，总计线上观展达22.44万人次。

第18届中国·沈阳家博会盛大开幕

5. 校企合作，推进产学研融合

协会以创新为驱动，积极促进与设计师、专业院校、企业等的交流融合，打造行业设计创新策源地，推动行业变革，促进设计成果落地转化。以“设计·优物”为主题的DOD原创设计展、“艺术生成——又见·数字艺术新锐联展”等全面展现2023年鲁美、沈大等师生最新原创设计作品和校企联手开发的新产品；汇聚万种板材、布艺材料颜色，赋能行业设计创新的“花期”展，让业界领会到“选板材，挑花色，到沈阳家博会”的真谛。

6. 推进政策落地，为企业分忧解难

一是利用协会官方网站、微信公众平台、《辽宁家居》等信息平台宣贯政策，指导和帮助会员知悉、吃透、用好政策，引导行业凝聚共识。

二是当好政府参谋助手。结合辽宁省家居行业实际，用两个月时间调研，形成《关于促进辽宁省家具消费全面发展的报告》，及时向政府建言建策。同时，积极协助省工信厅组织召开全省家具重点企业座谈会，研判行业运行形势和发展措施，助力行业发展。

辽宁省家具协会五届五次理事扩大会议

三、特色产业

1. 大连庄河“中国实木家具产业基地”

中国实木家具产业基地是十大国家进口木材资源储备加工交易基地之一，是全国八大木材检疫熏蒸区之一。产业基础雄厚，拥有以大连万鹏家具、大连华丰家具、大连科勉木业为龙头的近千家家具、木制品生产企业。以成熟的实木家具为主，结合原木板材及定制家居、地板、木制品、高密度板材、高强复合板材，形成一套完整的加工体系。产品遍布全国各地，远销到日本、美国、东南亚、欧洲等国家和地区。

2. 大连金普木业产业园

大连金普木业产业园是“中国橱柜名城”，坐落在大连普兰店区太平街道，是以橱柜制造为特色的木制品出口加工基地。尤其是实木橱柜不仅在国内业界领先，更在国际市场享有盛名。汇聚以美森木业、东宜木业、舒迈克地板、美莱诺家具等集设计、制造、定制于一体的全品类木材制造企业70余家，年产值超20亿元，合作伙伴包括宜家、沃尔玛、麦德龙等世界500强企业，产品远销欧美、东南亚等10多个国家和地区。

3. 铁岭县家居产业园

铁岭县家居产业园作为辽宁家居业“十四五”规划中的重要基地建设项目，地处沈阳半小时经济圈之内，具有区位、交通、物流、用工、地价、龙头企业聚集等叠拼加持的独特优势。近年来，铁岭市委市政府、县委县政府密集采取一系列重要举措，出台一系列重大政策，不断优化营商环境，持续激发市场活力。以尼尔科达、三峰木业、郁林木业、展鸿图机械、森柏木业、誉森木业、慕派门窗、北方康顿、易美门窗等企业为代表，打造集生产、研发、销售于一体的现代化大型家居产业集聚区，构建家居材料、配套生产、产品展销完整产业链条，采用以“市场为驱动，供应链为依托”的新型经营模式，以电商模式打破传统消费边界，形成辽宁家居业振兴发展的新高地，为行业发展注入了新的活力动力。

4. 抚顺救兵木业集散区

救兵是辽宁省首批特色小镇——地板小镇，素有“中国地板第一乡”的美誉。一直坚持“创新、协调、绿色、开放、共享”的发展理念，因地制宜，突出特色，立足地板产业发展。现有企业179

家，年生产成品地板、刨光板、锯切表板能力达1000万平方米以上。刨光板产量占国内市场份额的35%，柞木刨光板产量世界第一。产品销往国内20多个省市，远销欧美、东南亚等10多个国家和地区，生产经营实现了规模化、集团化目标。

5. 沈阳市于洪区家居产业园

于洪区家居产业园中以舒丽雅、梦宝、格瑞特、宏发为代表的沈阳家具品牌，始终致力于打造以木制家具和软体家具为主，集研发设计、产品制造、市场开发、创新服务于一体的经济模式，实施品牌发展战略，实现了产品经营的网络化、专业化和规模化，在国内、国际具有很强的市场竞争实力。

四、重点企业

1. 大连金凌床具有限公司

大连金凌床具有限公司始建于1985年，是生产床垫、沙发的专业公司，重点出口创汇企业。公司占地面积8万平方米，建筑面积5万平方米，拥有400多名员工，以及180多台美国、日本、意大利引进的和国产的先进设备，使用立式床垫和卧式沙发生产流水线，年生产能力达到50万张，85%以上产品销往日本、美国、澳大利亚、法国、英国等34个国家和地区，是中国家具协会副理事长单位、辽宁省家具协会副会长单位。

金凌床具在美、日、韩三国注册了“金凌”商标，通过UL认证，是首个制定出《防火床垫管理细则》的家具企业。多年来，金凌床具获得国家、省、市质检部门评定的国家“A”级产品、辽宁家具行业20强企业、中国十省市环保知名品牌、辽宁省及大连市著名商标等多项荣誉称号。

2. 沈阳市舒丽雅家居制造有限公司

沈阳市舒丽雅家居制造有限公司始建于1984年，拥有实木家具、沙发家具、软体床垫三大生产基地，引进多条先进的德国、意大利专业自动生产线，是集研发、设计、生产、销售和服务于一体的现代化大型家具企业。舒丽雅品牌先后荣获中国驰名商标、全国用户满意产品。

公司一直秉承“用户满意、质量卓越、服务优质、争创品牌、树立形象”的经营理念，提出了“精雕细刻、精工细做、精益求精、精品风格”的质量方针，聘请了意大利著名设计师为顾问，组建专业设计团队，时刻掌控国际流行趋势，逐步形成独具魅力的舒丽雅风格。公司拥有20多个直销商场和百余家代理商，产品畅销国内外市场。

3. 三帝家居有限公司

三帝（3D）家居集团成立于1994年，是国内首家从事“无漆木门”“无漆全屋定制”的设计、研发、生产销售与服务一体化大型企业。3D为“Dragon、Design、Door”三个英文单词的首字母缩写，寓意“为中国人设计的门”；2016年，品牌战略升级，3D有了更新、更高层次的含义，演变为“Dragon、Design、Dream”三个英文单词的首字母缩写，寓意更高层次的品牌梦想——“由一扇门开启中国人所有居家梦想”。

3D家居引进全德系设备群标准化管理体系，全流程智能化生产，南北超45万平方米生产基地，年产木门300万扇以上。从德国到中国始终以“敬畏生命、尊重健康”为品牌初心，以“德系无漆”为技术核心，从“木门”到“全屋定制”，独创多项获国家专利的环保技术，以科技无限接近零甲醛，产品出口欧美等60多个国家和地区，至今已成为全球450万+家庭的健康选择。

4. 沈阳新松机器人自动化股份有限公司

沈阳新松机器人自动化股份有限公司成立于2000年，隶属中国科学院，是一家以机器人技术为核心的高科技上市公司。在沈阳、上海、杭州等七地建有产业园区，在济南设有山东新松工业软件研究院股份有限公司，在韩国、新加坡、泰国、德国等地设立多家控股子公司及海外区域中心。现拥有4000余人的研发创新团队，出口40多个国家和地区，形成集自主核心技术、核心零部件、核心产品及行业系统解决方案于一体的全产业价值链。产品主要应用于家庭与医院、养老院、社区等机构，拥有语音识别、视觉识别、云平台、大数据处理、远程监护等核心技术，涵盖健康云平台、行走辅助机器人、床椅机器人、多功能护理床、物流配送机器人、商用机器人、清洁机器人等多系列。该公司是工业和信息化部、民政部和国家卫生健康委员会认定的智慧健康养老应用试点示范企业。

5. 大连光明日发集团有限公司

大连光明日发集团有限公司拥有资产27300万元，员工人数800余人，实现年产值21000万元。由集团公司投资并进行管理的企业共占地14万平方米，厂房12万平方米，引进德国、意大利多条现代化生产线，拥有各种先进机械设备千余台（套）。引进日本家具及家居产品环境检验设备，组建检测实验室一处，填补东北地区此项技术空白。“日发光明”家具已经有6个智能家具产品获得国家专利，“音乐画框”“智能咖啡桌”等已经推向市场并获得良好的销售业绩。目前，光明日发集团主要的出口市场是日本、英国、澳大利亚等国家和地区。内销方面主要的战略合作伙伴包括光明家具和曲美家具等家具上市企业。

6. 辽宁格瑞特家私制造有限公司

辽宁格瑞特家私制造有限公司位于沈阳市和平区，总投资1亿元，厂房及办公面积40000平方米，多功能展厅3000平方米，职工近300人，是一家致力于优质家具开发、设计、生产、销售和工程实施的专业化大型家具制造企业。主要产品包括板式、屏风隔断、油漆实木、沙发转椅、金属家具、全屋定制六大系列上百个品种。具有为国内外大中型企业、政府机关、写字楼、宾馆、学校、医院、房地产开发商等单位配套高品质家具的丰富经验和综合实力。

7. 辽宁尼尔科达环保材料有限公司

辽宁尼尔科达环保材料有限公司，总投资3.7亿元，占地面积234亩，总建筑面积13万平方米，精选东北优质原生木材加工生产高端板材，致力于满足消费者健康环保的需求，可实现日产高品质刨花板1000立方米。

公司全套引进世界最先进的人造板生产设备——德国迪芬巴赫集团（Dieffenbacher）连续平压生产线、意大利意马帕尔公司（IMAL PAL）前后端配套设备、德国格雷康公司（GreCon）火花探测熄灭装置、意大利格鲁巴斯公司（GLOBUS）环式刨片机等先进的人造板生产设备，产品工艺技术与德国活氏（Würtz）科技公司战略合作，成功搭建了一套世界领先的全自动化刨花板生产线，具有生产连续化、产品质量优、板材厚度精确、板材规格多、生产效率高五大优势。

（辽宁省家具协会）

哈尔滨市

一、行业纪事

2023年，哈尔滨市家具行业协会在中国家具协会和哈尔滨市委市政府的领导下，经过广大会员的共同努力，在困境中求生存，在逆境中谋发展，努力克服在工作中遇到的困难，真抓实干，勇于创新，各项工作取得良好成效。

1. 推进家居产业园项目建设

哈尔滨家居产业园经过一年多的精心准备，现已开工建设。目前占地面积近4万平方米，钢结构的标准化厂房基本建成，预计年底将竣工投产，项目建成后，将促进省市家居行业的发展，成为拉动地方经济发展的新引擎。

2. 举办时尚家居创意设计展

在深圳国际家纺布艺暨家居装饰展览会和哈尔滨市委宣传部等有关单位和部门的大力支持指导下，2023年4月举办了哈尔滨时尚家居创意设计展，全国10多家设计协会领导和省内知名专家、学者，以及600多名设计师参加展会，深圳国际家纺布艺暨家居装饰展览会的20余家企业集中展示了软装、新材料布艺等500多种产品。在展会期间还举办了“更新现在·设计未来”和南北设计师对话会，开创了创意设计展的先河。

“更新现在·设计未来”哈尔滨时尚家居创意设计周

3. 搭建家居设计创新平台

设计和创新一直是家具行业的短板，为加速提升家居产品质量和设计水平，一方面协会完善家具产业与设计院、大专院校的合作，推动家具产品研发步伐，加速家居设计类院校学科成果转化，实现市场化运作。通过召开座谈会、研讨会，先后有恒友家具、新明家具、一鸣特、爱家至宝、中哈定制等品牌与东北林业大学家居与艺术设计学院、黑龙江建筑职业技术学院建立了长期的家具研发、成果转化和创新、设计人才输入的战略合作，为家具行业实现快速发展奠定了坚实基础。另一方面，协会与各类设计机构、设计院、设计工作室、设计师开展一系列交流与互动，共同组织参观深圳软装设计周，举行设计产业与家具行业交流沙龙，努力构建好家具与设计产业的上下游关系，以便更好地拓宽销售渠道。

第八届中国林业学术大会·家具与集成家居分会

4. 促进行业全面发展

2023年11月28日，以“设计驱动·数字赋能”为主题的哈尔滨市家具行业协会六届五次会员大会隆重召开。市政府有关部门领导以及各界来宾、会员单位260余人参加了本次大会。

协会的7个专业委员会也分别召开了会议，并在相关会议期间举办与设计师和房地产对接沙龙及座谈会。在举办软体专业委员会中，举办了与家装设计师对接沙龙，为高质量家具品牌与装饰公司、职业设计师搭建交流合作平台，让家具与装饰产业携手并进、合作共赢，从而达到优质资源效益最大化。在举办定制和原辅材料专业委员会期间邀请了哈尔滨市房地产职业经理人协会和哈尔滨市房地产行业的知名人士举办对接交流会，为家具行业与房地产行业创建新的合作模式实现产业融合，为后地产时代家具行业提供更多的发展机会。通过专业委员会会议的召开，打通了企业与设计师、房地产行业沟通的渠道，有效地发挥了各专业委员会的作用。

5. 增强协会服务功能

协会始终把促进行业发展作为第一要务，千方百计帮助企业解决实际问题。一是发挥桥梁纽带作用。对家具行业面临困难和问题，多次向有关部门汇报，争取理解与支持。二是积极帮助企业协调入统问题。协会派专人到商务局、统计局进行沟通协调，为企业服务的意识得到了企业的好评。三是将家具行业首次纳入哈尔滨市“老字号”评选范围。经过哈尔滨市家具行业协会与市商务部门多次沟通协调，在评选哈尔滨老字号工作中，首次将家具行业纳入评选范围，经过企业申报、区县商务部门和协会推荐，市商务局组织专家评审、认定黑龙江省松杉木业有限公司（恒友家具）、哈尔滨市卧

哈尔滨市家具行业协会六届五次会员大会

虎家具有限公司、哈尔滨宏益实业集团股份有限公司、哈尔滨柏朗实业发展有限公司为哈尔滨“老字号”，这些企业享受了哈尔滨奖励老字号企业10万元的优惠政策。四是建立劳动人事政策咨询通道。市劳动争议仲裁院专门为家具行业召开劳动人事咨询座谈会，对家具行业举办技能大赛、职称评定、劳动争议调解、享受社会保障政策等方面进行了解答，为下一步协会在劳动人事方面为企业服务搭建了平台。五是成立家具产品质量检验中心。由哈尔滨市家具行业协会与黑龙江省家具产品质量检验中心共同成立联合办公室，标志着协会又增加了一项为行业、为企业服务的项目，将满足会员企业在自主创新、产品品质提升和破解技术壁垒等方面的需求，通过建立产品质量检验、认证、培训、咨询四方面的技术服务平台，为会员企业提供贯穿于产品研发、采购、生产、市场准入全过程的产品质量服务。

6. 持续开展诚信体系建设

诚信体系建设工作始终是协会的重点工作。按照市文明办的统一安排部署，在全行业开展了诚信示范项目创建工作。一是召开协商会执行会长、秘书长会议，传达市文明办、信用办的有关文件和会议精神，安排部署全行业的诚信示范项目创建工作。二是下发文件，制定家具行业十佳诚信企业评选标准，规定诚信企业必须做到重视诚信建设，模范遵守国家法律法规，重合同守信用，遵守《中华人民共和国劳动合同法》，在金融部门有良好的信贷记录和较高的信用等级，积极承担社会责任等八个方面的标准。三是签订诚信承诺书，协商会还分别与会员单位签订了诚信承诺书。

二、重点企业

1. 黑龙江海洋尚品家具制造有限公司

黑龙江海洋尚品家具制造有限公司位于黑龙江省哈尔滨市，占地面积3.5万平方米，是一家集专业设计、开发、生产、销售于一体的综合性办公家具企业，长期坚持质量第一、客户至上、诚信优质、科学管理、开拓创新的经营理念，打造出了自己的品牌产品。公司不断引进优质材料，改进工艺流程，加强质量监控，推陈出新。以市场和顾客的需求为宗旨，以产品质量和确保承诺为己任。海洋尚品秉承“创一流产品、一流信誉、一流服务”的企业精神，逐渐形成了“款式时尚、色彩清丽、做工精细、价格适中”的独特风格，产品深受广大客户的喜爱和信赖。

2. 哈尔滨阁韵窗业有限公司

哈尔滨阁韵窗业有限公司创立于2014年，生产基地位于哈尔滨市南岗区前兴隆工业园区，是一家定位于高端私属订制的铝包木窗研发、生产企业。旗下建筑外窗、阳光房、幕墙系列获得发明专利近百项。

阁韵窗业自创立以来，践行推广绿色科技门窗，在行业内率先提出和落实“服务”理念；阁韵品牌创立至今，匠心打造每一扇好窗，在行业内树立了良好的品牌声誉和服务口碑。目前，公司在全国各大中城市拥有服务商100余家，终端用户突破10000家，分布在全国各地。为方便客户选择和购买，2020年阁韵天猫旗舰店正式上线，同时阁韵木窗首创的客户订单可查询系统也一并上线。

（哈尔滨市家具行业协会　刘腾楠）

上海市

一、行业概况

2023年是疫后经济复苏的第一年，也是行业期盼值最高的一年，但由于房产疲软、出口受阻、消费降级等因素，上海家具产业整体呈下滑趋势。虽然，市场竞争依旧、行业焦虑犹存，可在交流中明显感到：上海家具企业的姿态是昂扬的、企业家的心境是明亮的。

2019—2023年上海市家具行业发展情况汇总表

主要指标	2023 年	2022 年	2021 年	2020 年	2019 年
规模以上企业数量（个）	157	160	154	158	148
规模以上企业工业总产值（万元）	2806081.0	2834378.8	3109699.7	2769218.0	3029342.8
规模以上企业主营业务收入（万元）	3456606.0	3357732.8	3507072.2	2995012.2	3202425.4
销售总额（万元）	2838153.5	2857957.7	3097315.7	2799267.4	3045960.4
出口值（万美元）	37728.76	48711.20	53391.25	50112.47	71950.91

数据来源：上海市统计局。

二、行业纪事

1. 红色之旅

6月12日，党支部携青联会到常熟沙家浜开展“重温革命岁月——沙家浜红色之旅”；10月17日，党支部携青联会到上海四行仓库“缅怀历史，致敬先烈”。每年上海家协党支部与青联会共同举办红色之旅的特色案例以题为“党支部是企业二代成长的灯塔”被上级党委收录于2023党建工作案例集中。

2. 品牌之旅

组织5家企业共10人于11月20—25日到泰国开展品牌之旅，拜访了泰国白玉兰橱柜，走访了4家泰国家具企业，探访了泰国家具协会、泰国家具市场；“3·15”以“提振家居消费信心”为主题的品牌活动，特邀美稷等5家企业负责人做客搜狐直播间，流量达10万+；历时7个月完成的“家居这么多，上海家协和您说”20集短视频，由上海家协视频号发布并不断被转发，最高播放量超过9千次。

3. 创新论坛

与浙江、江苏家具制造企业于4月27日在上海文信联合举办“长三角家具产业数字化人才培养路径”研讨会，20多家企业参加，针对数字化时代背景下，企业如何增强适应性与人才需求的解决方案展开热烈研讨；7月5日，举办“设计师品牌与家居新零售”沙龙，40多人参加，针对在不确定时代里，如何以开放心态和多元合作迎接未来的一切展开探讨；9月21日，举办“强品提质，共赴山海——2023上海家居产业高质量发展论坛”，40多家企业参加，针对品牌建设、技术创新、高质量发展进行探索；联合上海智库于12月12日举办“智能家居·智慧办公——家居数字化高峰论坛”，80多人参加，共同探讨数字化对家居产业的影响及家居数字化的新技术、新趋势。

“缅怀历史，致敬先烈”红色教育

“家居这么多，上海家协和您说”短视频

智能家居·智慧办公——家居数字化高峰论坛

4. 特色服务

历时18个月的《集团采购家具供应商实施指南》团标圆满完成，于5月30日召开媒体发布及宣贯会，领导、专家、媒体、企业60多人参加，共同见证团标作为推动家具企业（供应商）高质量发展的重要价值以及助力需求方（采购商）择优录用的重要参考；9月27日，组织7家企业到中南林进行校招和启动产学研项目，100多名应届生来到了招聘现场，让双方有更多选择，并在学院研究生新生会上，启动了由上海家协牵线、三家企业参与的产学研合作项目，院校领导为企业颁发“协同育人联合培养基地”，为校企联动开辟了新路径。

三、重点企业

1. 上海亚振家具有限公司

2023年6月9日，亚振荣登上海2022“时尚100+”榜单。如何打造让消费者喜欢的时尚家居消费品，是亚振一直努力的方向。科技赋能非遗，传承与创新中打造时尚新品，亚振家居与清华大学世博战略研究中心、南京林业大学、深圳家具研发院等高校和知名机构共同致力于居住科学的创新钻研，以人为中心，深入了解当代消费者的人居需求，在“设计”“收纳”“科技”“材质”等方面进行系统化钻研，以此积累丰硕的数字化数据素材资料库，为亚振家居产品潮流表达提供源源不断的研发动力，创造出无数个百看不厌的时尚经典家居作品。

2. 上海文信家具（集团）有限公司

2023年，上海文信家具（集团）有限公司积极面对经济下行压力，坚持“创新驱动、设计引领”，更加全面推动数字化转型，打造智能智造文信模式，在推动高质量发展战略上再次取得了新的成绩，整体营业额稳步上升达到8.3亿元。2023年，文信集团完成了全国六大生产基地的全方位布局，重庆江津工厂投产和2400平方米的旗舰展示厅投入使用、安徽怀宁二期工厂投产、武汉工厂扩建完成。至此，文信集团在全国形成了六大生产基地、9个工厂的规模，总生产面积达到16万平方米，实现了“六年六厂”的产业布局壮举。2023年，文信获得“上海市服务型制造示范企业”“上海轻工知名品牌”“上海品牌100+”“上海市制造品牌”等荣誉。

文信坚持打造高端智能、环保健康的家具产品，以实现家具行业智能制造标杆企业为目标，为消费者提供舒适、理想的生活环境。

3. 上海美稷家具科技有限公司

上海美稷家具科技有限公司是一家总部位于上海的家具设计、制造和销售企业。2023年，企业实现业绩翻番的好成绩，荣获“上海市品牌示范企业”称号，并围绕“社交、互动、融合”主题继续深度开展办公哲学研究，在行业内首创“智能绿色办公产品空间一体化协同技术”应用，结合数据化集成管理，在产品研发及企业个性化空间调研与实施策略方面重点推进，2023年共研发新产品27类，新申请专利23项，同时，美稷投资1000多万元，优化和提升智能制造设备和数字化设计，以提高生产效率和产品质量，也让美稷成为更多世界500强企业及国内头部企业的框架合作伙伴。

（上海市家具行业协会）

江苏省

一、行业概况

2023年春季以来，全省家居行业消费需求稳步复苏，全省规模以上家具企业工业产值基本完成指标。许多企业采取研发新品种、提升品牌效应、互惠互利等办法，让产值得到提升。受各类展会陆续举办、年中促销、行业进入传统旺季、消费者存量产品更新需求释放、外需有所提振等因素影响，行业呈现逐月回暖趋势。据省工信厅提供数据显示，全省规模以上智能家居企业1099家，基本覆盖上游零部件和硬件制造、中游各类家居产品及智能家居系统设计制造、下游家装零售和线上销售等产业链各环节。省部分智能家具企业，如海太欧林的智能升降桌和智能会议桌、匠心独具的智能电动沙发和智能电动床，瞄准国际高端水平进行开拓，延伸产业链，提升附加值，加大科技领域创新，在产业链的中高端取得提升和突破。

二、行业纪事

1. 抓好政治引领，做好服务工作

2023年，协会落实中央和省委的决策部署，组织开展了“职工发展通道”情况调研，及时反映企业诉求，党建工作在行业工作中的政治引领作用得到了较好发挥，较好地促进和保障了会员企业的高质量发展。协会撰写的《党建赋能行业高质量发展》获得省社会组织优秀案例，11月被评为“先进基层党组织”。

2. 掌握行业发展动态，搭建政企沟通的“桥梁”

2023年，省工信厅将智能家居产业链作为重点培育产业链之一，省家具协会发布江苏省智能家具产业调研，并推荐了智能家居产业链专家和专业攻关方向。在省商务厅召开的落实商务部等13部门关于促进家居消费要求推进会上提出建议，有力促进省内家居消费市场持续恢复。

3. 协办家具展会，促进企业国内外交流合作

积极宣传推广国内外有影响力的家具展览会，及时将相关的家具展讯通报给会员单位，鼓励和组织家具企业参观、参展，扩大营销渠道。与省商务厅联系，为企业申请出国参展补助经费，拓展国内外营销渠道。

4. 开展职业技能竞赛，提升技能人才水平

努力把技能培训和技能竞赛作为推动技能人才队伍建设的一项重要措施抓好抓实。为选拔行业优秀人才，6月，组织4名选手参加全国家具雕刻职业技能竞赛并获得优异成绩。11月，省家具协会与省总工会共同举办省级一类赛，经过层层选拔和激烈的角逐，共6名选手获“江苏省五一创新能手”称号。选拔出的优秀选手参加全国赛，分获职工组和学生组一等奖。

5. 选树家具工匠，推荐“省五一劳动奖”

为营造尊重劳动、尊重人才的社会风尚，调动广大职工的劳动积极性和创造性，选树了10名企业家和专业技能人才为第三届江苏省“家具行业工匠”。积极推荐“省五一劳动奖”，江苏斯可馨家具股份有限公司组装车间被省总工会表彰为“省工人先锋号”，海太欧林集团股份有限公司被授予“省五一劳动奖状”。通过工匠和五一劳动奖的推荐和选树，提振了行业士气，浓厚了学技术、学技能、比学赶超氛围，促进了企业生产和创新发展。

江苏省家具行业职业技能竞赛

第三届江苏省“家具行业工匠”颁奖仪式

6. 编制团体标准，推进行业标准化工作

3—5月，协会积极配合省教育厅做好《学生宿舍用床安全栏板改造技术规范》编制工作，对江苏省大中小学现有学生宿舍用床的安全栏板改造，以及新的学生宿舍用床的采购配置、学生宿舍用床的使用与管理并有效指导企业生产等，都起到规范、指导和促进作用。随后，组织起草并发布实施了《学生宿舍用床》团体标准，不断强化省家具企业执行标准的意识，进一步提高学生宿舍用床产品在市场中的竞争力。

7. 搭建沟通平台，增进企业间联系

为支持家具企业线上线下融合发展，2月，协会组织20家有意向拓展线上销售渠道的家具企业与京东家具直营部现场交流，帮助企业了解京东家具开店模式，针对不同类型家具企业诉求进行线上渠道发展规划。

多次召开全省各市、各地区家具协（商）会会长、秘书长及部分企业家联席会议，听取全省各地家具行业组织和会员企业的建议和要求，同品类企业互相交流技术改革升级、学习先进制造和管理经验。

8. 加强行业知识产权保护工作

为进一步提高省“正版正货”示范项目实施水平，协会秘书处参加了省知识产权局举办的省“正版正货”示范项目现场会，学习示范项目优秀案例和举措。持续维护家具行业知识产权信息管理平台信息，组织知识产权保护培训，发布国内、省内关于知识产权保护的相关资讯，在“4·26”世界知识产权日、“5·10”中国品牌日等时机，开展知识产权保护专项宣传，推荐11家会员单位成为2023年度江苏省“正版正货”承诺企业，引导企业遵守和履行“四不”承诺，营造更加良好的知识产权法治环境。

知识产权保护专项宣传活动

9. 做好家具产业特色区域和特色产品的培育

积极配合地方政府搞好家具工业园区的建设和招商引资工作，充分利用产业集群优势和特色产品优势，打造区域整体品牌，有计划地支持特色家具产品基地和家具产业集群基地的建设。

截至2023年，中国东部家具产业基地已建成三大生产基地，1078家家具制造企业在海安及周边集聚，产业链员工近6万人。在商贸市场方面，总面积近100万平方米的六大市场主体齐头并进，5月赛林格家居批发广场开业，升级版产源地批发市场的辐射效应正在逐步显现。此外，华东最大的家具原辅材料市场进一步完善了产业链配套功能，超200条全国物流专线为家具流通环节再添助力。11月，2023年中国海安家具产源地采购节暨中国家具经销商发展峰会隆重开幕，进一步放大海安的区位、交通、产业、平台等优势。年底，国家级海

安家具知识产权快速维权中心获批，进一步助推海安家具产业高质量发展。基地还成功入选江苏现代服务业高质量发展集聚示范区，获得长三角现代服务业突出贡献奖等荣誉，海安家具产业总体发展形势稳中向好，产业基础日渐雄厚，全产业链发展取得了突出成绩。

三、重点企业

1. 海太欧林集团股份有限公司

海太欧林集团主要从事智能办公和智慧医疗、教学科研、酒店公寓家具的研发、制造，并为客户提供商用空间整体解决方案。在2023年全国“质量月”活动及系列评选中，获评“全国质量诚信标杆企业”，集团还荣获2023年度“全国家具标准化先进集体”称号，被南京市委市政府授予“南京市先进集体”。

集团坚持创新驱动、绿色发展战略，通过持续进行自主研发与技术成果转化，被评为国家级工业设计中心、江苏省企业技术中心、江苏省工程技术研究中心，并被认定为江苏省专精特新“小巨人”企业、江苏省智能家居领域重点企业，获得“绿色领跑企业”称号。2023年，国内办公家具行业首条机器人智能集成控制全自动柔性生产线在集团华中基地启用，加强信息化、大数据、物联网和人工智能等新技术在生产制造中的应用。

2. 常州匠心独具智能家居股份有限公司

常州匠心独具智能家居股份有限公司主要从事智能电动沙发、智能电动床及其核心配件的研发、设计、生产和销售，是高新技术企业。先后被认定为常州市专精特新企业、江苏省专精特新企业、江苏省服务贸易重点企业。经过多年的发展，已形成了中国、越南、美国、新加坡多地集研发、生产、销售、售后于一体的国际化布局，是全球智能电动沙发、智能电动床行业重要的供应商。组建了国际化运营管理团队，建立了科学有效、运行良好的研发体系。大力开展自主品牌业务，其中MotoMotion 品牌被评定为“2023—2025 年度江苏省重点培育和发展的国际知名品牌”。

3. 江苏斯可馨家具股份有限公司

斯可馨品牌诞生于1999年，2007年江苏斯可馨家具股份有限公司正式创立。斯可馨专注布艺沙发研发与创新，致力于打造时尚、健康的人居环境和产品服务，立志成为一家有品质、有品位、有品格的家具企业，全球优质布艺沙发提供商，家居互联网运营与云数据技术践行者。斯可馨是江苏出入境检验“一类企业”、江苏省认定工业设计中心、江苏省工业互联网发展五星级上云企业、江苏省级国际知名品牌。2023年，斯可馨启动苏州总部智能制造升级改扩建项目，并被评为“省级企业技术中心”。

（江苏省家具行业协会）

浙江省

2023年，国际形势错综复杂，疫后经济复苏整体呈现“波浪式发展，曲折式前进”的态势，家具行业受房地产市场影响内卷加剧。省家具企业始终贯彻党的先进思想，积极响应协会倡导的“两条腿走路，内外销并举”经营战略，用好政策空间、找准发力方向，积极夯实浙江家具行业稳定发展的基本面。

一、行业概况

据浙江省经信厅和省统计局统计，2023年全省规模以上家具企业1161家；规模以上企业工业总产值1058.30亿元，同比下降2.6%；实现出口交货值446.07亿元人民币，折合62.00亿美元，同比下降14.1%；实现主营业务收入1119.67亿元，下降5.2%；实现利税96.04亿元，下降6.6%；利润总额64.49亿元，下降6.9%；新产品产值514.36亿元，同比增长10.7%；产销率为97.17%，同比下降1.7%；完成家具产量2.52亿件，累计下降4.0%。

据浙江省家具行业协会测算，2023年全省家具行业工业总产值约为2351亿元，家具出口约为142亿美元。

2019—2023年浙江省家具行业发展情况汇总表

主要指标	2023年	2022年	2021年	2020年	2019年
企业数量（个）	4000	4000	4000	4000	4000
工业总产值（亿元）	2351	2475	2750	2502	2535
主营业务收入（亿元）	2479	2690	2659	2261	2291
规模以上企业数量（个）	1161	1213	1070	1012	963
规模以上企业工业总产值（亿元）	1058.30	1082.46	1209.12	992.41	973.56
规模以上企业主营业务收入（亿元）	1119.67	1176.49	1299.93	1011.89	969.07
出口值（亿美元）	142	150	165	132	135
内销额（亿元）	1326	1442	1614	1395	1633
家具产量（亿件）	2.52	2.49	2.94	2.55	2.40

二、行业纪事

1. 坚持设计创新，推动高质量发展

优秀的家具产品承载了使用者的情绪，承载着欢乐的重量，是与世界发生连接的良好媒介。圣奥科技有限公司产品“昂蒂那（Altaes）”荣获CMF设计奖、2022年度“浙江制造精品”、德国设计奖GDA、红棉奖·产品设计至尊奖和当代好设计奖等；乐歌“V6智能健身办公椅”在“2022美国IDA国际设计大奖”的全球数万件设计作品中脱颖而出，荣获IDA“户外与健身设备类目”金奖、IDA“办公设备类目”银奖；“Flexispot Q8智能升降桌”获得“家具类目”荣誉奖、“室内家具产品类目”荣誉奖；iRest艾力斯特“V8复芯号”斩获A’Design Awards（2022—2023）银奖。

圣奥科技有限公司产品“昂蒂那（Altaes）”

2. 洞见发展趋势，打造核心竞争力

面对新旧动能的转换、交替，浙江家具企业能够主动作为，自我提升。浙江家具企业积极落实《“十四五”工业绿色发展规划》，全面推行绿色制造，助力工业领域实现碳达峰、碳中和目标。护童人体工学、麒盛科技荣登“2022年度绿色制造名单”；千年舟、永艺股份、升华云峰、麒盛科技、江山欧派五家企业成为浙江第一批绿色认证“领跑者”；乐歌获评“2022年国家级绿色供应链管理企业”。

中国轻工业百强企业高峰论坛上发布2022年度中国轻工业百强企业名单，其中圣奥、顾家家居、喜临门、恒林家居、永艺家具、麒盛科技荣获“中国轻工业二百强企业”称号；顾家家居、恒林家居、永艺家具、麒盛科技荣获“中国轻工业科技百强企业”称号；大丰实业荣获“轻工装备制造五十强企业”；圣奥科技、恒林家居、永艺家具占据“中国办公家具行业十强企业”之三大席位；顾家家居、喜临门、麒盛科技占据“中国软体家具行业十强企业”三席。

2023年，浙江省政府印发《关于表彰第一届浙江省知识产权奖获奖者的决定》，其中家具企业获得“商标奖”荣誉：一等奖——喜临门；二等奖——德华兔宝宝、顾家家居、火星人厨具、千年舟；三等奖——艾力斯特、升华云峰、梦天家居。此外，千年舟、乐歌人体工学荣登第二十四届中国专利优秀奖项目名单；乐歌人体工学、恒林家居、顾家家居、永艺家具荣获第二十四届中国外观设计优秀奖；金鹭集团旗下两家子公司凭借领先的创新能力和专利管理实力，分别斩获“杭州市专利试点企业”“杭州市专利示范企业”荣誉称号。浙江家具企业始终坚持创新驱动的发展理念，为我省家具行业的高质量发展提供了有力支撑。

3. 传播渠道多元化，加强企业影响力

借力亚运之东风，浙江家具企业探寻各种方式参与其中。千年舟官宣“一张好板迎亚运，装配未来健康家”，成为杭州亚运会官方板材供应商；恒丰家具为杭州奥体中心体育馆、游泳馆和综合训练馆项目提供家具支持；豪中豪以科技赋能行业发展，成为杭州亚运会官方指定的按摩器材；中信红木凭借强大品牌影响力成为杭州亚运会金华亚运分村独家供应商。

浙江家具企业正在从过去的单一硬广告，转向结合新媒体和新技术进行立体化传播。2022—2023年浙江卫视跨年晚会中，顾家家居作为晚会独家冠名商，把多款产品搬到了晚会现场，通过担任节目助演、提供休息解压间、送上幸运礼物等多种形式，用“新年新愿焕新家，全屋配齐在顾家”的声音，向大众传达了帮助国人落地对美好生活向往的品牌理念。兔宝宝携手中央电视台和湖南、江苏、东方三大卫视，共创中秋之夜，通过中秋晚会充分彰显中国传统文化。结合运动主题，兔宝宝推出全新IP形象，强势登陆杭州东站、地铁线车厢、各大公交站台等多处广告位，并在小红书、微博推出了“兔宝宝为健康助力，给健儿喝彩”线上互动活动，和Keep App联合发起的“Keep健康·兔宝宝运动能量挑战赛”等形式多样的线上线下互动，积极号召大家参与运动，进一步向社会传递兔宝宝始终坚持的“让家更好”的信念与决心。

4. 细流汇江海，爱心聚希望

用心发展企业，以爱回馈社会。圣奥集团连续12年在浙江工业大学经济学院、管理学院设立圣奥奖学金。7月，浙江省慈善联合总会表彰授予浙江省家具行业协会理事长、圣奥集团董事长倪良正

圣奥集团连续12年设立颁发浙江工业大学圣奥奖学金

慈善荣誉勋章。恒林家居向孝丰镇“恒林教育基金”捐赠600万元，用于支持孝丰镇教育事业发展，设立奖学金、奖教金、助学金等。杭州恒丰家具有限公司向贵州省剑河县城关第二小学捐赠400套爱心课桌椅。乐歌股份为浙江大学玉泉校区图书馆捐赠32套智能升降桌，这也是乐歌发起的“站起来，悦读——让智能升降桌进高校”首个落地的公益捐赠项目。为了让更多留守在老家的子女有机会与父母相聚，圣奥集团连续10年为员工子女开办“小候鸟”暑期班；乐歌股份有限公司连续9年举办“小候鸟”夏令营活动，让“小候鸟们”能够在父母身边度过一个欢乐的暑假。

喜临门通过越城区慈善总会向绍兴市消防救援支队等重点消防部门和困难群众捐赠价值56万元的爱心物资，改善奋战在一线的消防救援人员和困难群众的睡眠环境。千年舟集团在董事长陆铜华的倡议下紧急筹集河北灾区急需的抗洪物资驰援灾区，助力受灾群众脱离困境。有温度的浙江家具企业家们用爱心行动传递着温暖，不断回馈社会。

5. 持续推进标准化工作，筑牢浙江家具高质量发展的基础

为推动家具行业规范有序发展，满足市场和行业发展需要，以团体标准助推行业高质量发展，浙江省家具行业协会立足高质量发展的实际需求，不断促进家具领域团体标准化的发展，充分发挥市场主体参与团体标准制定的作用。2023年，协会先后发布《智能床具》（T/ZFA 5—2023）、《床垫分类技术要求 第1部分：年龄》（T/ZFA 6—2023）等17项团体标准，完成《质量分级及“领跑者”评价要求 木家具》《质量分级及“领跑者”评价要求 金属家具》2项团体标准的立项启动工作，为家具行业高质量发展注入强劲动能。此外，浙江省家具行业协会通过官网、微信公众号、小程序、会刊等媒介对现行家具行业的国家标准、行业标准进行解读，其中包括《木家具通用技术条件GB/T 3324—2017标准解读》《金属家具通用技术条件GB/T 3325—2017 标准解读》《定制家具系列国家标准解读——〈定制家具 通用设计规范〉（GB/T 39016—2020）》等共25篇文章。

三、本省特色产业发展情况

截至2023年底，浙江省拥有5块家具产业集群“金字招牌”。各地区发展情况如下。

1. 杭州市——中国办公家具产业基地

2023年，杭州市规模以上家具企业110家，实现工业总产值130.49亿元，同比下降5.6%；实现工业销售产值129.00亿元，同比下降4.5%；实现出口交货值52.44亿元，同比下降14.9%；完成新产品产值51.31亿元，同比下降1.0%。

2. 安吉县——中国椅业之乡

2023年，安吉共有259家规模以上椅业企业，占全县规模以上企业数量的42.9%；工业总产值269.7亿元，占全县规模以上企业总产值的26.6%，同比增长11%；利税25.9亿元，占全县规模以上企业利税的27.2%，同比增长9%。2023年，全县出口家具类企业715家，占全县出口企业数量的54.7%；全县家具企业累计出口204亿元，占全县出口总额的54.5%，同比增长5.7%。

3. 海宁市——中国出口沙发产业基地

2023年，海宁市规模以上企业37家，累计实现工业增加值7.75亿元，同比下降17.8%；利税1.59亿元，同比下降9.8%；利润0.83亿元，同比增长27.8%。根据海关统计数据显示，2023年全市沙发出口企业累计出口42.79亿元，同比下降12.1%。

4. 玉环市——中国欧式古典家具生产基地

玉环家具经过30多年的发展，已形成品种繁多、配套齐全、产业链完整的产业集群发展模式，欧式家具和新开发的轻奢、现代美式、现代极简产品质量和工艺水平处于全国领先地位。产品结构从单一的民用家具向定制家具、酒店家具、办公家具延伸，2023年规模以上企业总产值6.79亿元，同比下降35.12%，其中内销5.57亿元，同比下降33.34%；出口额1.22亿元，同比下降18.97%。

5. 东阳市——中国红木（雕刻）家具之都

东阳现有木雕红木家具企业1300多家，其中规模以上企业51家，龙头骨干企业9家，木材交易市场4个，大型家具交易市场4个，全产业链总产值700多亿元，从业人员10多万人，已经形成了集木材交易、产品设计、加工制作和市场销售于一体的完整产业链。东阳现有亚太手工艺大师3人，中国工艺美术大师7人，浙江省大师59人，金华市大师156人，各类木雕、家具制作专业人才3000多人。

四、家具流通卖场发展情况

1. 第六空间

第六空间创立于2003年，历经20多年执着前行，目前已在全国30个城市开设40余家高端家居建材商场，服务遍及全球百余个国家与地区的优质品牌。第六空间链接了数以千计的全球顶级家居知名设计师，累计为5000+国内外家居品牌提供了千亿级的市场机会。

2. 锦绣国际家居

锦绣国际家居位居浙江金华，市场创建于1995年，由金华美联商业运营管理有限公司投资管理。创办20余年来，锦绣国际家居专注市场运营，精耕细作，目前旗下拥有回溪街江北店、婺州街江南店1号馆、江南店2号馆三大连锁市场，营业面积16万平方米，从业人员1000余人。

五、重点企业情况

1. 圣奥集团有限公司

圣奥集团有限公司以办公家具为主营业务，同时经营置业、投资等，是中国家具协会副理事长单位、浙江省家具行业协会理事长单位。通过30多年的高质量发展，已形成了两大总部、六大制造基地的布局，包括杭州萧山基地、杭州萧山圣奥科创园、杭州钱塘基地、浙江海宁基地、河北雄衡协作区基地、墨西哥基地。公司投入巨资成立圣奥研究院，致力于产品研发，拥有CNAS认证的实验室、国家级工业设计中心，先后在德国柏林、美国洛杉矶设立研发中心，并联合中国工程院院士建立绿色低碳家具产业院士创新研究院，携手浙江大学成立智能家具研究中心，积极引进、培养国际设计人才。目前，公司累计获得专利1610项，并荣获“国家级工业设计中心”“省级企业技术中心”“省级工程技术研究中心”等称号。公司办公家具国内营销网点达190个，覆盖全国28个省（自治区、直辖市）。公司产品远销世界128个国家和地区，服务了182家世界500强企业、309家中国500强企业，包括中石油、华为、中央电视台、中国工商银行、法拉利等。

2. 顾家家居股份有限公司

顾家家居自1982年创立以来，忠于初心，专于匠心，以“家”为原点，致力于客厅、餐厅、卧室、整家定制等全场景家居产品的研究、设计、开发、生产、销售与服务。公司业务覆盖全球120余个国家和地区，运营6000多家品牌专卖店，旗下拥有主品牌“顾家家居”、轻时尚子品牌“天禧派”、高端子品牌“居礼”、德国高端品牌“ROLF BENZ”，并与美国高端功能沙发品牌“LAZBOY”、意大利高端家居品牌“NATUZZI”战略合作，帮助超千万家庭实现美好生活。公司坚持以用户为中心，创立家居服务IP“顾家关爱”，为用户提供全生命周期的优质服务。公司希望通过不断努力，为全球用户创造幸福依靠，成就美好生活。

3. 喜临门家具股份有限公司

喜临门家具股份有限公司创始于1984年，是国内床垫行业第一家上市企业。公司历经40年发展，在国内外已拥有超5000家门店，全球员工超9000人，产品销往超50个国家和地区，九大生产基地包括绍兴总部基地、绍兴出口制造基地、绍兴酒店基地、河北香河北方基地、四川成都西部基地、广东佛山华南基地、河南兰考华中基地、江西萍乡基地等，并在泰国、越南等建立了海外制造基地，加速布局全球。喜临门专注研发创新，目前企业已获得“国家高新技术企业”“国家示范院士工作站”“国家知识产权优势企业”“浙江省重点企业研究院”“浙江省三名企业”“浙江省企业技术标准创新基地”等荣誉，各种专利已获得1000余项。

4. 浙江大丰实业股份有限公司

浙江大丰实业股份有限公司起源于1991年，是文化、体育、旅游产业的核心科技、内容与服务提供商，为客户提供舞台机械、灯光、音视频、电气智能、座椅看台、声学修饰等的文体场馆设施整体集成解决方案，连续20多年为中央电视台春晚提供智能舞台系统，为G20峰会、金砖峰会、上合峰会、“一带一路”、互联网大会、奥运会、世界杯、亚运会、全运会、F1、NBA等重大活动和赛事，提供核心产品与服务，是国家制造业单项冠军示范企业、国家文化和科技融合示范基地、国家文化产业示范基地、国家体育产业示范单位、国家文化出口重点企业、国家高新技术企业及国家知识产权示范企业。

5. 乐歌人体工学科技股份有限公司

乐歌人体工学科技股份有限公司成立于2002年，总部位于浙江宁波。公司深耕人体工学大健康领域，围绕智能升降核心技术，为全球用户提供更加健康、舒适、安全、高效的整体智能解决方案。公司主营产品包括智能升降桌、智能电动床、智能学习桌、智能升降台、健身运动椅等，在宁波、广西、越南共布局4个制造基地，在中国、美国、德国、英国、日本、越南、菲律宾等地拥有3000余名员工。公司高度重视研发与创新，现有研发人员700余人，多项技术打破海外技术垄断，为关键技术国产化起到示范作用。先后被评为国家级企业技术中心、国家级博士后科研工作站、国家工业设计中心、中国轻工业工程技术研究中心、国家级CNAS实验室、省级重点企业研究院、省级高新技术企业研究开发中心。

6. 浙江图森定制家居股份有限公司

浙江图森定制家居股份有限公司成立于2008年，是一家专注于高品质、个性化家装木作定制和家居空间打造的高新技术企业。累计获得专利326项，其中发明专利10项、实用新型专利80项、外观设计专利236项。以“成就人们对美好居家生活的向往”为使命，立志打造国际知名、国内领先的高定家居品牌。目前，公司已推出了图森·C经典系列、图森·NC东方美学系列、Panarea轻奢系列、CG Nighttime、Puccini现代系列和Puccini Young现代年轻六大系列产品，覆盖美式、法式、现代、中式、新中式等多种流行风格。图森的产品体系涵盖较广，能满足当下用户95%以上的风格需求，实现丰富的家居空间打造。

六、行业重大活动

1. 发布并实施相关合同示范文本

针对近年来个性化定制家具产品逐步普及的特点，在浙江省市场监督管理局的领导下，浙江省家具行业协会于2023年1月9日发布2023版《浙江省家具买卖合同（示范文本）》（HT33／SF24 1—2023）和《浙江省家具定制合同（示范文本）》（HT33／SF24　2—2023），并于2023年3月15日起正式实施，2011年旧版同时废止。3月9日，在浙江省市场监督管理局的指导下，协会召开以“诚信经营 共创和谐”为主题的《浙江省家具买卖（定制）合同》示范文本宣贯会，帮助经营者、家居卖场等相关方精准理解和使用本合同示范文本，为建立公平公正的市场秩序以及营造良好消费环境添砖加瓦。全省各家居卖场、家具生产企业、经销商等共同响应倡议，增强诚信经营意识，积极打造“好家具·浙江造”的良好形象，为浙江省家具行业高质量发展激发新活力。

《浙江省家具买卖（定制）合同》示范文本宣贯会

2. 浙江省家具行业协会七届二次会员代表大会暨七届二次理事会在杭州召开

12月3日，浙江省家具行业协会七届二次会员代表大会暨七届二次理事会在杭州召开。大会以“强信心·开新局”为主题，总结浙江省家具行业2023年发展情况，展望行业未来发展。本次大会线上线下同步召开，各会员企业代表参加本次会议。

（浙江省家具行业协会）

浙江省家具行业协会七届二次会员代表大会暨七届二次理事会召开

安徽省

一、行业概况

安徽省家具制造厂家有近4000家，随着一系列扩大内需政策的宣贯、提振信心的稳增长政策举措落地生效，家具消费潜力将持续释放，内生增长动力将持续增强。

安徽省家具行业自2023年8月起，各项工业生产数值已呈全面增长趋势，展现了家具企业“用好政策空间、找准发力方向”的明显成效，为实现新一年的目标打下了坚实基础。2023年，安徽省家具上市公司整体表现良好，展现出底盘稳健、韧性强劲的特质。

二、产业集群结构升级，协同共进步

安徽是全国领先的家具产销地之一，拥有叶集、枞阳等产业集群的“金字招牌”。在今年外部风险挑战大、内部困难多的情形下，两大家具产业集群在变革中谋求新发展，建立协同创新、共赢合作的关系，深入挖掘地方产业特色及优势，地区之间形成互动互补关系，充分利用产业集聚的优势，转变增长方式，调整产品结构，推动产业集群的健康发展。志邦、金宝马、徽派、客来福、奥菲、蓝天、皖宝、双文、中皖泰森、月娇、龙之杰、博雅、国木、万航、博奥、瑶海、星火、雷奥、叶梨、汉邦、诗帝诺、万博等企业以全方位、多层次、高水平的服务和热情，展现家具行业的非凡品牌优势。涌现了以埃夫特、美诺宝、阿克苏、建之桥（兔宝宝）、乐卡智能五金、迪卡奥通融环保为代表的软件管理、机器人、智能五金灯光、绿色涂料、板材等复合型的行业上下游供应链。

三、行业纪事

2023年7月16日，安徽省家具协会第四届会员代表大会成功召开。大会选举安徽金宝马家具集团有限公司董事长张乃建为安徽省家具协会第四届理事长，合肥蓝天家具制造有限公司董事长姚吉林为监事长，李平同志连任协会秘书长。

8月，协会召集近20家企业负责人就行业招投标工作上遇到的相关投诉事宜，经协会律师整理后再次召开行业投标活动建议会。

安徽省家具协会第四届会员代表大会

11月1日，开通微信“每日关注”栏目，对会员企业进行广泛宣传。目前已投放通稿10余篇，同时协会网站对会员单位的消息及时进行更新报道。

走访黄山、安庆、阜阳、六安、芜湖、合肥地区的会员单位，交流协会工作，了解企业党建，对协会工作的建议及经营实情，就如何优化营商环境开展调研。出席首届叶集定制家居暨供应链产业博览会、六安市叶集区发展说明会等。

12月，与腾辉运营管理公司签订咨询服务协议，并制定华东家具城项目推进计划时间表，以便共同执行。

为了更好地服务会员企业，协会积极组织会员企业参与行业交流，促使协会平台继续扩大，转型升级；搭建安徽家具行业信息化建设工程，协会通过安徽省家具协会官网、微信公众号、今日头条、抖音、订阅号、小程序等信息矩阵搭建家具行业信息化建设工程，发布最新的行业统计信息。协会根据收集、整理的信息，整合分析，撰写行业报告，以此对未来的发展进行预判。

四、2024年规划

降本增效是企业发展永恒的主题。在当前的形势下，协会希望每一位企业家苦练内功，保证现金流稳定，用好手上的每一分钱。行业降本的几点建议：一是加强研发创新，要注重产品设计和技术创新，不断推出具有竞争力的新产品；二是提高售后服务水平，增强客户满意度和忠诚度；三是建立完善的企业信息化管理系统，实现生产、采购、销售等各个环节的数据共享和协同，提高内部沟通效率和决策效率。

在新的一年里，积极参与家具展会，促进企业效益最大化；分专业组织企业考察调研，强化全省各类家具整体形象，组织企业分别参观考察安徽省软体、红木、实木、板式、钢木家具等制造和原辅材料生产的优秀企业及流通企业；帮助企业针对自身的特点，瞄准质量和效益，转型升级，统筹施策。

安徽省家具产业经济运行正处于恢复发展和转型升级的关键期，发展环境的复杂性和不确定性依然较大。但中国经济历来都是在披荆斩棘中一路前行、在战胜困难挑战中不断发展壮大的，安徽家具企业将坚定发展信心，增强行业自信，激发行业内生动力，务实推进安徽家具行业高质量发展。

（安徽省家具协会）

福建省

一、行业概况

2023年，全球经济发展整体呈现曲折式前进的态势。国际形势错综复杂，贸易摩擦、地缘因素、汇率波动、家具消费信心消沉等因素叠加影响，导致经济增长放缓、需求疲软；国内市场有效需求不足，地产整体下滑，企业经营成本上升，社会预期偏弱，挑战重重。面对内忧外患，福建省家具产业受到一定程度影响，市场竞争激烈，订单减少，增长放缓。严峻的市场环境，也加速了福建省家具产业格局的变化：一些新品类实现增长，如智能家居、绿色家居、整装定制等；传统家具品类则出现下滑，市场呈现更复杂的分层分化。实力派企业仍旧表现出稳中求进的态势，打造新模式、新渠道、新产品，寻求新的增长路径；竞争优势不足、抗风险能力弱的小微企业则被整合淘汰。

福建省家具行业虽面临众多挑战，但依然有强大的内驱动力，推动产业向前迈进。2023年作为消费提振年，国家和福建省陆续出台一系列政策促进和引导消费，如福建省出台了《福建省促进家居消费工作实施方案》《福建省加快推动竹产业高质量发展行动方案（2023—2025）》等政策，家具产业迎来重磅利好，促进家具企业的发展与消费信心的增强，对行业复苏起到正向作用。

二、行业纪事

1. 家居工艺产业

2023年6月，福建省安溪县组织行业相关部门、部分藤铁家居工艺龙头企业和工艺美术大师共同参加在香港举办的“郑和下西洋世界海丝文化嘉年华之安溪非遗文化香港精品展”和在澳门举办的2023“濠江之春——安溪藤铁工艺展”。安溪县有140多件藤铁艺术精品参展，风格独树一帜，为现场的海内外观众带来“世界藤铁工艺之都”——安溪县独具魅力的藤铁艺术盛宴，也开启了安溪与港澳地区文化艺术交流合作的崭新华章。

2023年6月，全球首个AI设计藤铁工艺产品发布会在安溪举行，以安溪藤铁家居产品为载体，《铁的生命之旅》系列主题作品展惊艳亮相。这是设计大师基于人工智能技术设计的主题，也是藤铁产品首次借助AI技术设计并推向市场。借助工业设计和数字化这对“金翅膀”，今后，安溪将更深入探索AI技术在“三铁”产业（铁观音、藤铁、冶铁）中的应用，并加强与更多国际大师的常态化联名合作，全面升级产业赋能、加强人才引育、促进产品创新。

2023年7月，“溪有好物”安溪工艺臻品展、文创与安溪藤铁工艺产业融合发展VIP沙龙在安溪藤铁工艺创新发展研究院举办，共同探索安溪藤铁产业发展之路，引领藤铁产业实现从“工艺”到“创意”的能级提升。此次活动，不仅展示了经典藤铁作品的独特魅力，还呈现了创新的设计和技艺，激发人们对藤铁工艺的兴趣和认知。

2023年8月，安溪法院与尚卿乡党委、政府共同揭牌成立“安溪县人民法院藤铁电商法官工作室”。工作室成立后，县法院将通过定期选派法官入驻工作室，开展“线上指导+线下巡回”、普法宣传等，引导藤铁工艺企业注重产品创新和知识产权保护，强化藤铁电商合规经营意识。

2023年10月，安溪县委副书记叶睿葆带队，组织78家藤铁工艺企业参观第134届广交会。为助力安溪县藤铁家居工艺企业拓市场、抢订单，县有关部门以更实举措、更好服务积极组织企业参展，帮助企业多渠道争取展位。

2023年10月，闽侯县在荆溪镇举行闽侯工艺品城市展厅开馆仪式，同时为闽侯工艺品同业工会、闽侯电商协会、闽侯跨境电商产业园揭牌，打造家门口的“广交会”，吸引国内外客商云集闽侯。闽侯县工艺品城市展厅主要以企业展示为主，设有金融服务县域工艺品产业展厅、闽侯工艺品标准展厅以及23个企业特装展区，配套有产品发布区、会议室、洽谈室和接待区域，充分保障企业产品发布、行业交流和业务洽谈的需求。

2023年12月，安溪藤铁工艺创新发展研究院受邀参加“一带一路，你我同行”——安溪铁观音、藤铁工艺品中东推介商务走访活动，交流考察走访土耳其、迪拜、沙特阿拉伯等地方商会、企业机构，互动交流、优品展示，共同为安溪“双铁”产业的国际推广添彩添力。

“一带一路，你我同行”——安徽铁观音、藤铁工艺品中东推介活动

为进一步促进工艺品产业转型升级，闽侯县利用“互联网+”新思维，打造中国（闽侯）工艺品创新创意平台，设有买设计、云展中心、版权中心、行业服务等功能模块。目前，平台已注册产品资源达16万件，其中原创作品1.6万件，实现版权交易作品4000多件，参观者可以随时随地进入线上展馆观展、洽谈、购买等。

2. 竹家居产业

2023年5月，以“小竹子 大产业——以竹代塑‘竹’生活更美好”为主题的首届武夷竹产业高质量发展峰会在福建省南平市建瓯市开幕。本次峰会期间还将举办中国竹业机械高质量创新发展研讨会、双碳背景下竹炭产业创新发展论坛、“中国竹子之乡”联席会、乡村振兴背景下笋竹产业融合发展论坛、竹产业成果对接会暨笋食品交易会等多场活动。

2023年5月，首届武夷竹产业高质量发展峰会在中国笋竹之都——福建省南平市建瓯市开幕。会上，建瓯被中国竹产业协会授予“中国笋竹之都”称号，意味着建瓯再添国字号新“名片”。

2023年8月，南平市人民政府印发《南平市竹产业千亿行动方案》。围绕做好竹产业、竹科技、竹工艺、竹文化文章，举全市之力做大做优做强竹产业，助力乡村振兴，切实将南平市竹资源优势转化为经济优势、产业优势，着力打造竹产业千亿产业集群。

2023年9月，中国竹产业协会发布了“2023年度中国竹产业品牌十强企业榜单”，旨在进一步树立行业标杆，引导竹产业绿色高质量发展。南平3家竹企上榜，南平市竹产业专班相关负责人表示，此次上榜的南平竹企，常年在各自产品细分领域中深耕，成为竹产业的“排头兵”“领头雁”。

2023年11月，以“以竹代塑 绿见未来”为主题的南平市“以竹代塑”示范城市建设启动暨建阳区竹产业省级工业设计研究院授牌仪式举办。专家、学者、企业家齐聚潭城，共同探讨推广竹产品在绿色、低碳领域的应用，共促绿色可持续发展，以实际行动响应“以竹代塑”倡议。

2023年11月，第四届长三角国际文化产业博览会、第十八届海峡两岸（三明）林业博览会——2023国际（永安）竹博会在国家会展中心（上海）隆重举办。本届竹博会由永安市政府牵头，大力支持并组织30余家竹企业首次走出永安，与长三角国际文化产业博览会联动举办，以“小竹子大产业，沪明情向未来”为主题，以沪永合作为契机，借助上海迈向全球文化创意产业中心的优势，通过一系列竹产业展销、赛事、交流、推介活动，充分展示永安推动科技兴竹、数字赋能、绿色发展的丰硕成果，促进沪永两地的资源互补、产业互融、市场互通，进一步增强永安市竹产业核心竞争力。

第四届长三角国际文化产业博览会、第十八届海峡两岸（三明）林业博览会——2023国际（永安）竹博会在沪举办

3. 红木产业

2023年1月，以线上线下融合方式举办的第四届中国城市信用建设高峰论坛举行。仙游县政府在线上参与信用监管与“互联网+监管”融合创新主题论坛，以仙作为例，就如何提升政府监管效能展开探讨。仙作是仙游县特色优势的富民产业、支柱产业和文化创意产业。该县探索信用监管与“互联网+监管”融合创新实践，形成“三三”仙作信用监管创新经验，为推动仙作产业高质量发展注入信用力量。

为深入弘扬劳模精神、劳动精神、工匠精神，提升工艺美术产业从业者业务技能，2023年3月，由仙游县总工会主办、县工艺美术中心承办的“三福杯”工艺品雕刻工职业技能竞赛，在三福工艺园雕刻车间内举行。全县30名木雕工艺师报名参赛，同场竞技。竞赛设一等奖1个、二等奖2个、三等奖3个。

2023年12月，第十一届中国（仙游）红木家具精品博览会暨国际家具品牌中心成立大会在福建仙游县开幕。业界人士、专家、学者、经销商、供应商代表等约500人前来参展参会。本届红博会以“跨界联盟 融合发展”为主题，通过仙作与陶瓷、白茶、香、油画等产业之间的跨界、跨区域联合办展，拓展多元渠道，促进异业联盟，推动实现“仙作产业+”融合发展，打造奠定“好红木 在仙游”的产业品牌IP。

三、重点企业

1. 永庆竹木业开发有限责任公司

永庆竹木业开发有限责任公司（永庆竹业集团）成立于2007年，位于福建省永安市小陶镇长坂工业开发区，是国家林业产业化重点龙头企业、中国“以竹代塑、以竹代木”新型环保材料的领军企业。永庆公司主要从事集装箱地板、竹家具、装饰板、户外地板的研发、生产、销售，共有32条生产线，综合产能40万立方米，年产值可达20亿元。公司总部位于福建省永安市，现下辖干箱集装箱底板工厂5家，分别位于永安市、三明市、龙岩市、韶关市、临沂市；防腐木集装箱底板工厂2家，分别位于青岛市、太仓市；无限竹集装箱底板工厂2家，分别位于永安市、永州市。2023年，永庆公司逆流而上，产值10亿多元。

近年来，一直保持与中国林科院、南京林业大学、福建农林大学、国际竹藤中心、中南林业科技大学的产学研合作，承担了2023年福建省科技创新平台建设项目“轻质竹基复合集装箱底板制造关键技术开发与应用”。企业共取得23项专利，其中发明专利5项、实用新型专利18项。

2. 味家竹科技集团

味家竹科技集团始于1998年，是一家以研发设计为驱动，专注于竹产品、竹家居的智能制造服务商。集团下辖7家子公司，在福建邵武、江西资溪开办有3家绿色工厂，在杭州设有产品、品牌、电商三大运营中心，拥有430余项自主知识产权，经销商体系覆盖全国1000余城，远销海外100多个国家。

集团以“双碳”工作为引领，积极践行中国与国际竹藤组织共同发起的“以竹代塑”倡议及全球行动计划（2023—2030），大力推广竹文化，打造味家餐厨、未家家居、简作竹茶空间、VEELOK欧美家具四大核心品牌。目前，集团已与小米有品一条、网易严选等电商平台达成战略合作，并长期为林氏木业、顾家家居、康巴赫及海外知名电商品牌HOMCOM、OUTSUNNY、COSTWAY等提供产品研发、原创设计、打样、生产、仓储、一件代发等ODM/OEM小家具一站式解决方案。

近年来，味家不仅依托于闽北丰富的竹资源，同时还在“环武夷山国家公园保护发展带”的江西资溪新建设约100亩智造基地作为生产补充。2023年，味家共生产家用竹筷2.8亿双、家用竹砧板3700万块、竹小家具110万件、竹茶空间家居13000套。这些竹产品销往全国各地，出口美国、英国、俄罗斯等国家，主要竹产品产值达4.6亿元，实现营收增长19%。

3. 福建省祥福工艺有限公司

福建省祥福工艺有限公司成立于1999年，总部位于福建省政和县，是一家全竹生活家居定制品牌，集竹空间、竹家具、竹茶具的研发、生产、销售于一体，为客户提供系统化空间解决方案。工厂建筑面积4万平方米，员工达400余人，其中研发设计团队26人，技师、品控30余人，拥有157项专利，已成功落地竹空间项目500多个，年产各类竹家具、竹茶具250万套。公司业务范围覆盖全国，营销中心设于鹭岛厦门，并在北京、济南、成都、广州等城市设有十大办事处八大销售中心。

公司每件竹制品皆采用3～5年成年武夷楠竹，高科技碳化处理，稳定耐用，不易变形。2023年，祥福集团引入先进的5G技术和智能化生产线，实现生产过程的数字化、网络化和智能化；

通过优化线上电商平台、提升线下用户体验等方式，提升品牌影响，扩大市场份额；在产品研发上积极与石大宇、高扬等众多顶级竹产品设计大师进行交流合作，在为广大消费者带来“好品质、好设计、好价格”三好产品的同时也向着“构筑全竹美好生活”的目标更进一步。

4. 舒榻（厦门）智能科技有限公司

舒榻（厦门）智能科技有限公司成立于2015年，总部位于福建厦门，是专注于智能床的设计、研发、制造和销售的高科技企业。公司一直致力于高端智能睡眠领域，通过AI人工智能技术赋能传统寝具，向用户提供睡前助眠、睡中智能监测、智能唤醒等一系列覆盖全睡眠周期的解决方案。公司注重研发，拥有数十人研发团队，从“睡眠环境与人体体征等数据，打造个性化睡眠模型”的理念出发，打造软硬件一体的解决方案。公司拥有150多项专利，独立自主研发整套控制系统，累计在欧美地区销售超过200万张智能床。

舒榻是国家级高新技术企业、福建省科技小巨人领军企业、厦门市专精特新企业。2023年，舒榻在技术领域又进一步突破，不仅开发出智能升降模块，在AI自适应调节及检测领域也实现精准数据化，数据准确率高达99%以上，同时在陪护机器人方面也得到重大突破，2023年获得多项发明专利。

（福建省家具协会）

江西省

一、行业概况

近年来，江西深入实施工业强省战略，大力推进“2+6+N”产业高质量跨越式发展行动，全省工业经济保持平稳增长。但产业发展还存在链条不完善、龙头企业不强、价值链不够高等问题，江西省委省政府在认真调研基础上提出，集中力量培育壮大一批优势特色产业链，加快推进江西产业迈向中高端，促进全省工业经济高质量跨越式发展。

二、行业纪事

1. 稳定重点基地建设，着力培育新型基地

坚持服务南康实木家具产业、樟树金属家具产业、南城校具产业三大重点基地，同时培育新型产业基地；针对瑞昌板材加工产业、黎川办公家具产业和资溪竹木加工产业，2023年6月，省家具协会与瑞昌市、黎川县、资溪县人民政府签约共建“产业发展基地”协议，在产业规划、专家引入、共享设计、人才培养、展会展销、培育龙头、交易市场、营销宣传、品牌建设、数字化建设10个方面为产业基地提供全方位的指导和服务。

2. 强化品牌势能，营销赋能产业加速发展

与江西省品牌建设促进会签约，用品牌理念引导产业集群注重品牌建设和市场拓展，提升“江西家具”品牌影响力，利用展会进行全方位宣传。10年间，中国中部（赣州）国际家具展，一步步发展至立足江西、联通全国的行业规模性展会，溢出效应持续放大。一大批南康本土强势品牌，在展会的辐射影响下，进一步实现市场扩张之路，由此壮大南康实木家居产业集群，成为带动中国家居制造业高质量发展的中坚力量。

同时，省家具协会引导组织江西家具企业抱团参加北上广深等全国知名展会，打响“江西家具”在全国和全球的知名度。

3. 聚力“全面品质升级”，重塑产业发展逻辑

尽管我国已成为世界性生产大国、贸易大国、消费大国，但仍存在行业质量水平参差不齐、科技投入和创新能力不足、产业链和供应链水平仍需提升等诸多问题。纵观未来家居消费市场，“品质消费”无疑已成为促进消费增长的重要动能之一。省家具协会积极引导省内三大重点产业基地，引导重点企业，以美克数创（赣州）家居智造有限公司为示范，美克美家国际品牌家具为质量标杆，在选材、研发、设计、工艺、客户服务等方面，全面提升家具品质，推行精益制造，驱动品质升级，将产品与材料品质提升到国际先进水平，始终坚持为终端用户提供优质产品，重塑产业发展逻辑。

4. 科技赋能，打造高质量产业体系

为了解决产业链上、中、下游“卡脖子”问题，江西省家具协会加强与高校、研究院所合作，助力家具产业开启全产业链模式，推动企业健全生产管理体系、优化生产设备工艺、打造专业人才团队，推动高质量产业链体系建设。为实现高质量供应链体系建设，省家具协会聚焦信息化系统，协助完善南康家具“一网五中心”，为企业提供便利快捷的全方位服务，并取得了显著成果。

同时，加强与江西省现代家具产业链科技创新联合体的交流合作，以牵头企业美克家居智能制造项目为示范，以江西省现代家具产业链科创体为科技创新的支点，结合南康区家具产业优势和配套政策，构建集研发设计、生产制造、经营管理、销售

服务于一体的全产业流程化高效柔性智造网络，在赣州打造现代家居品牌经济、体验经济、质量经济的高质量发展样板，助推赣州实现“1+5+N”产业发展战略和打造“具有全球影响力的家居制造之都”。

5．融合互联网技术，助力家具企业市场拓展

积极推进南康实木家具产业基地，通过产业智联网打通新经济新业态，打通酷家乐、三维家和躺平等家装设计平台，开启设计师带单、设计产品众筹预售、在线全屋定制新销售模式；打通阿里、抖音、京东、快手和微视等直播平台，开启网红直播带货和新销售模式等；利用阿里、京东等平台的资源优势，推动销售门店线上线下深度融合，开启线下体验线上消费新销售模式。引导家具企业充分利用亚马逊、易贝等跨境电商平台，发挥赣州国际陆港港口区位优势，深度融入粤港澳大湾区建设，带动南康家具“买全球卖全球”。

三、重点企业发展情况

1．江西世纪星校具实业有限公司

江西世纪星校具实业有限公司创始于2000年，地处全国校具之乡株良镇的江西省抚州市南城县校具产业园，注册商标“盱江”。公司占地面积约3万平方米，现有职员187人，公司以独特的营销机制、完整的管理制度及良好的售后服务、先进的工艺技术，赢得了国内市场的充分信赖和认可。企业以不懈的完美和创新精神，紧密配合用户单位建设的需求，不断开发出适销对路的产品。

公司在校具行业深耕20余载，拥有丰富的校用家具生产交付经验，现拥有全国同行业领先的生产工艺设备，开发出各种款式的产品，可满足各大院校的不同需求。现拥有教育、公寓、餐厅、会议室、图书馆、报告厅、体育馆（场）等十多个系列几十个品种的教学用具及配套设施制作生产线。

2．江西暖洋洋床具有限公司

江西暖洋洋床具有限公司创建于2001年，坐落在九江沙城工业园（省级民营科技园）。公司总资产6000万元，是一家集研发、制造、销售于一体的床垫专业生产企业。目前，公司已拥有中国先进的智能自动化床垫生产流水线，床垫研发、试验设备齐全，年产能达10万张床垫。

长期以来，公司一方面致力于加大绿色环保内辅材料的研制与运用，坚决抵制甲醛，争做“零甲醛、抗螨虫”床垫的引领者；另一方面从床垫使用的耐久性、安全性、舒适性、美观性、护脊性、智能性出发，采用暖洋洋健康睡眠系统六大技术进行科学创新。目前，产品达七大系列68个品种，其中专利及特色产品26个品种，远销全国各地，深受广大消费者的青睐。

3．江西金橡木业有限公司

江西金橡木业有限公司创建于2012年，坐落于江西省樟树市药都科技产业园望津路18号，是一家集办公系统家具设计、研发、生产、销售于一体的高新技术企业。公司产品主要用于机关、企事业单位、院校、图书馆、博物馆以及私人高端定制。自成立以来，迅速发展成为国内知名的办公家具供应商、民用家具规模化定制供应商、国内众多省市办公家具定点采购供应商，是国内办公家具行业知名企业。

公司目前拥有3万余平方米的现代化标准自建厂房，拥有国内领先水平的智能设备及生产流水线；公司“名世名匠”牌八仙桌（阅览桌）获得首届江西林业产业博览会金奖，公司也先后获得“江西省科技型中小企业”“江西省专精特新中小企业”“江西省省级绿色工厂”“江西省两化融合管理体系试点企业”“江西省守合同重信用企业”“江西名牌”等多项荣誉称号。

（江西省家具协会）

山东省

2023年总体来看，国内经济处于疫后恢复期，经济增长相对乏力，市场消费低迷，受房地产成交萎缩的影响，下游家居建材及家装市场恢复仍尚待时日。2023年，山东家具行业总体发展平稳，举办了多场地方性家博会、采购节活动，提振消费复苏，助力行业发展。另外，从建发集团收购红星美凯龙、美的集团收购顾家家居等上市公司进行重组可以看出，大家居时代产业融合在加快，行业变革在加速。

一、行业现状

1. 行业总体发展平稳，细分领域喜忧参半

山东家具行业发展总体趋于平稳，细分领域方面：定制家具增速最快，软体家具有一定增长，实木家具降幅最大，行业因产能过剩、流通市场面积过剩形成价格战竞争，内卷严重。

2. 房地产整体低迷，导致市场总体需求呈下降趋势

近两年随着房地产市场的萎缩低迷，影响到下游的家装、家居、建材等相关产业，新增住房成交量明显减少，房地产刚需市场出现明显需求不足，改善型住房、老旧小区改造或将成为未来消费新增长点。

3. 继续推进“1+N”家具产业链工作，稳步实现强链延链补链工程

2023年，政府大力推动传统产业“数字化转型”工作，山东家具行业也积极推动企业的数字化工作。为应对家居建材实体店面客流量逐年减少的困局，生产企业、流通商城及商户利用短视频与电商直播销售家具产品，营销渠道继续呈现多元化趋势，家具行业处在机遇与挑战并存的时代。

二、行业大事记

山东家具行业评选2023十大新闻：提振消费信心——山东省家具行业3·15消费维权主题活动举办；直播学堂进集群——新媒体营销赋能山东家具产业集群培训先后在淄博周村、青岛胶州举办；“以城相见 共话发展 山东家具品牌全国行”——山西站、河南站系列活动举行；第20届青岛国际家具展暨全屋整装定制展、国际木工机械及原辅材料展举办；多家家居企业荣膺2023年度省级专精特新中小企业；数智融合 绿色发展丨第八届家居产业供给侧创新与发展峰会成功举办；2023惠享山东消费年·山东家具消费节系列活动举办；中品智能机械有限公司PT5高速钻切中心被认定为2023年山东省首台（套）技术装备及关键核心部件生产企业及产品；山东省家具协会七届五次理事扩大会议暨“应对新变局 融智创未来”行业创新发展论坛举办，同期成立山东省家具协会设计专委会；青岛市木工机械协会六届一次会员大会暨“同心聚力 焕新出发”20周年庆典举办，并通过了“中国木工机械名城”复审。

1. 开展品牌推荐活动

今年“3·15”国际消费者权益日主题为“提振消费信心”，这不仅对全面促进消费、着力扩大内需具有重要的现实意义；也旨在统筹凝聚各方力量共识，推动消费者权益保护协同共治，打造更加安全放心消费环境，助力高质量发展。山东省家具协会继续开展“环保家具知名品牌”“诚信企业”推荐活动，今年山东家具行业共有24家企业荣获“环保”家具知名品牌，8家企业荣膺行业“诚信”企业。

山东省家具协会七届五次理事扩大会议

山东省家具行业3·15消费维权主题活动

2. 成功举办第20届青岛国际家具展

5月18—21日，第20届青岛国际家具展暨全屋整装定制展、国际木工机械及原辅材料展在青岛世界博览城国际展览中心成功举办。作为大家居全产业链高度集成型展会，本届青岛国际家具展全面呈现了潮流实木、时尚软体、整装定制及配套、办公家具、木工机械、原辅材料、白茬半成品等上下游全产业链内容，并全新推出了全案高定、北欧生活、国风美学、创意设计等新的展示内容。根据展会登记和入场系统数据显示，本届展会4天展期，参观总人数超过15万，全面恢复并超过了疫情前水平，较2019年增长11.58%，创历史新高。

第20届青岛国际家具展暨全屋整装定制展、国际木工机械及原辅材料展

3. 举办第八届家居产业供给侧创新与发展峰会

8月18日，由山东省家具协会、郯城县政府主办，万华禾香北方产业园管理有限公司承办，临沂市木业协会、临沂兰华国际品牌家具博览中心协办的第八届家居产业供给侧创新与发展峰会在临沂郯城举办。本届峰会以“数智融合，绿色发展”为主题，会议邀请万华生态集团总裁于文杰作了“绿色工业化定制未来的发展趋势”主题分享；中品智能机械有限公司销售经理徐晓辉就“智能自动化助力家具企业降本增效”演讲；山东新港企业集团有限公司副总裁姜婷婷围绕“以产品拉动产业成链的新范式”作专题报告；广州市永特耐木胶贸易有限公司产品技术中心总经理程汉文就“PUR热熔胶在家具的应用及发展方向”作专题报告；北京大成律师事务所高级贸易法律顾问诸葛辰辉作了“国际贸易救济趋势和企业利益的维护”报告；山东达源装饰材料有限公司总经理曹晏铭作了“色彩与时尚，用纸诠释美”专题报告。本届峰会展现了行业新材料、新技术、新工艺、新装备及新模式的发展方向，技术演讲与产品展示相结合，进一步助推山东家具行业提质增效，实现产业高质量发展。

4. 主办家居采购节助力消费升级

2023年作为商务部、山东省委省政府确定的“提振消费年”，家居产业关乎群众对居家生活更高品质的需求，家居消费成为推动居民消费增长和经济恢复的重要一环，协会围绕“2023惠享山东消费年”，开展多项促消费活动。

3月22—26日，2023惠享山东消费年“新轻纺 享生活”·“创领家居消费新时尚”第19届中国（临沂）全国家具采购节在临沂举办；3月25—30日，“森堡杯”中国周村第八届家居采购节暨原辅材料展、首届“山东手造·周村好品”文化节在淄博周村举办。

7月28日，2023惠享山东消费年暨环球家居家博会正式启幕，家博会为期3天，展示面积约70万平方米，是集家装、建材、家具、卫浴、陶瓷、木门、定制、地板、橱柜、电器、家纺、灯具、设计等于一体的综合性大家居家博会，参展厂家近千家，汇聚了一二线家居大牌参展。

9月22日，2023山东家居消费节——第九届齐鲁红木文化节在济南富雅红木楼举行，文化节以“中式融合·无界传承”为主题，激活文化的“价值基因”，展现文化的“生活场景”，满足人民群众对文化理念的需求。

10月1日，2023惠享山东消费年——中国·阳信水落坡第十一届古典家具博览会暨2023山东手造·民俗典藏艺术文化节在水落坡镇鲁北民俗文化产业园开幕。3—5日，2023鲁中（新泰）首届家居汽车生活消费节暨“秋季黄河大集”在新泰银座家居商城举行。

首届县域消费促进发展论坛

5. 多家企业荣膺2023年度省级专精特新中小企业

2023年度省级专精特新企业和通过复核的省级专精特新中小企业公示：尚品本色智能家居有限公司、山东福王家具有限公司、中品智能机械有限公司、山东水波尔家居有限公司、山东东宇鸿翔装饰材料有限公司、山东晟昌新材料有限公司、山东宏大博刻智能装备有限公司、山东新天地木业有限公司、山东恒嘉居品制造有限公司、阳信欧亚木器有限公司、巨野福宝马利莱家具有限公司、东明县青发木业有限公司、山东众诚联创环保科技开发有限公司、山东益利油漆有限公司等入围本年度省级专精特新中小企业名单。

6. 国际贸易摩擦预警工作站组织专题培训

协会积极开展国际贸易摩擦预警工作站相关工作，设立贸易摩擦预警专栏，每月收集整理国际贸易摩擦相关信息。为帮助家具企业更好地应对国际贸易摩擦工作，切实维护家具外贸企业权益，努力营造公平贸易环境，山东省家具协会国际贸易摩擦工作站组织多场次贸易摩擦应对专题培训班。

三、产业集群

2008年，青岛被中国林业机械协会授予“中国木工机械名城”荣誉称号，木工机械产业作为传统产业，青岛木工机械产业一直紧跟国家发展战略，坚持走精细化、差异化、品牌化、数字化的发展之路。

目前，青岛市木工机械产业集群从事木工机械产品生产、营销、科研等单位约470家，从业人员2万余人，2023年实现总产值约51亿元，出口总额1.5亿美元。近年来，在行业变革、激烈竞争的背景下，青岛木工机械产业集群中，主导产品如砂光机、刨切机等在国内细分市场中占据较高份额。青岛木工机械制造企业正积极探索满足用户更多个性化需求的定制产品，构建行业产品的差异化特色。据不完全统计，截至目前已申请各项专利554项，其中发明专利69项、实用新型专利419项、外观设计专利66项。

作为国内乃至全球知名的木工后工段专业机械制造基地，一直以来，青岛木工机械立足自身技术优势，结合市场变化特点和客户需要，不断创新。伴随数字化、网络化和智能化创新发展带来的活力，木工机械的品种不断增加，应用范围不断扩展，技术水平不断提高。青岛木工机械企业已完成了产品功能相对单一向多功能、系列化、精细化、定制化的转变，不仅可以用于加工板材、家居木制品，还可处理PVC、铝合金、不锈钢、木塑等各种异型材，广泛应用于家具、门窗、家电、汽车、建材等行业，不断向家居木制品加工整线及全链条产业设备创新完善。

四、重点企业

1. 青岛一木集团有限公司

青岛一木集团有限公司创立于1953年，已走过71年历程。公司始终坚守“缔造温馨居家环境，引领绿色时尚生活”使命。家具不仅是物质，更是家的灵魂和情感的载体。因此，在产品的设计与生产环节，公司始终秉持环保理念，精选绿色材料，严苛把控品质，确保每一件作品都符合健康环保的标准。

2016年，青岛一木在行业中率先引进水性漆自动生产线，丰富了公司的产品线，使生产环节更环保健康。2022年，公司与互联网公司紧密合作，共同打造了家具行业共享备料系统平台。该平台旨在从供应链赋能、共享制造和局部数字化改造三方面入手，助力山东家具产业集群实现数字化转型，推动整个行业迈向新的高峰。

当前，公司在自动化机械设备方面的投入累计已超过500万元，数字化投入也达到了200余万元。这些投入大幅提升了生产效率，并使营业收入实现了16%的增长。产品创新是企业的生命，为应对多变的市场环境和不断变化的新消费群体，2023年，公司与高等院校合作，汇聚了一批经验丰富专家组，组建了设计团队，在产品风格、工艺结构、材料选择等方面，不断推陈出新、升级迭代。

2. 山东鲁丽家居有限公司

2023年，鲁丽家居公司实现销售收入1.22亿元，毛利润2211.25万元。家居车间全年累计完成产量83.49万平方米，较去年同期增长163.64%；工程类订单完成12.94万平方米，较去年同期降低8.23%。

公司开发OSB吸塑工艺，由原来密度板基材升级为OSB基材，实现技术领先与突破。2023年，鲁丽家居公司入选山东省专精特新企业、科技型中小企业，获批山东省中小企业创新研发中心，与内蒙古农业大学签订产学研合作协议。

当前，公司需要引进更多高素质、高技能的人才来推动公司的发展，鼓励金融机构加强与家居生产企业合作，为供应链上下游企业提供融资支持，支持家居企业开展绿色制造，对家居企业选用的绿色板材、绿色建材予以政策支持，引导消费者进行绿色化采购，支持企业加入政府采购平台，充分释放家居消费潜力。

3. 山东安信木业有限公司

山东安信木业有限公司成立于2003年，是一家绿色智能家居制造企业，主要从事木制品研发生产、定制整装、贸易配送、安装服务等相关业务；

产品有橱柜、衣柜、浴室柜等家居柜类产品及家具配件，销往美国、加拿大等国家及部分国内市场；是临沂首家实现产品生产自动化、智能化、信息化的家居制造企业。2023年，公司实现销售收入5.8亿元，同比增长31.8%；年产值6.22亿元，同比增长27.4%；利税1.37亿元，同比增长37.2%；出口额2600万美元，同比增长9.6%。

公司创新研发的高定智能家居产品，应用全球优采供应链体系、尖端制造工艺、自动化智能化设备来保障高端品质，构筑高定品牌核心竞争力，打造高端家居定制产品，在定制市场上，不断扩大高定市场份额。获评国家林业重点龙头企业、国家高新技术企业、山东省专精特新企业、2023年中国好家居优秀企业等荣誉称号。

4. 山东水波尔家居有限公司

山东水波尔家居有限公司成立于1999年，目前公司年生产床垫10万件，具有完善的物流配送系统，经销商遍及山东、安徽、江苏、河南等区域。水波尔用品质铸就品牌，通过累计20余万用户睡眠数据的研究，建立了完善的科学睡眠技术系统，荣获国家专利20多项，现已成为深受消费者喜爱的创新型床垫品牌。公司创造性地将睡眠科学与睡眠美学进行完美结合，创立水波尔“科学8G”床垫设计标准及“超感健护”睡眠系统，开创了科学睡眠新标准。

2023年，水波尔公司科学睡眠革新的悬浮床垫通过改变传统床垫的核心结构，将传统的面式接触改为波浪式接触，最大限度地减轻传统床垫对人体组织、血管经络等形成的持续挤压，使血液循环通畅，同时还能满足睡眠舒适愉悦的感觉。

公司坚持引进技术同自主创新相结合，将传统的生产流水线与智能消毒灭菌系统结合，打造了国内首条智能消毒灭菌生产线，所有床垫产品全部通过高温、蓝光、臭氧三重消毒，再进入自动翻转检验台。生产线与自检翻转检验台结合，作为进入包装前的最后一道检验保障，可以保证进入包装环节的产品无外观损伤问题。

5. 中品智能机械有限公司

中品智能机械有限公司成立于2019年，占地面积6万余平方米，是一家集智能化数控装备研发、生产、销售于一体的企业。产品涵盖工业4.0、智能家具数控生产线、五轴加工中心、激光切割机等生产线及单机设备。公司拥有行业领先的生产规模与技术创新优势，引进了MES、PLM、CRM等数字化管理系统，并借鉴世界先进汽车生产流水线的设计理念，自主设计了国内首条木工机械总装生产流水线，成为国内数控设备制造行业的标杆型企业。目前，公司拥有20项国家专利，另有软件著作权5项，是国内极少数拥有定制家具柔性生产线连线技术、可为专业家具制造商提供智能工厂整体解决方案的企业之一。公司获得了国家高新技术企业、省专精特新中小企业、山东省智能工厂等荣誉称号。

公司拥有全屋定制家具生产线技术解决方案，产品出口至俄罗斯、土耳其、越南、马来西亚等60多个国家和地区，广泛应用于欧派、索菲亚、盼盼木门、全友家居、大唐宅配等国内知名家具企业。2023年，公司封边机技术提升取得突破，通过5cm视觉抓取控制技术、全自动封边辅助机器人，可实现5cm板材的自动切割、自动封边，数智化装备及生产线的研发和集成。新产品PT5高速钻切加工中心及高速钻切多机连线上市。产品集板式家具生产贴标、开料、钻孔于一体，省掉了传统的钻孔环节。经省级专家鉴定，该产品整体技术处于同类产品国内领先水平。2023年，公司实现销售额近3亿元。

（山东省家具协会　韩庆生）

河南省

一、行业概况

河南作为中国重要的家具生产基地之一，近年来得到了快速发展。随着消费者对家居生活品质要求的提高，河南家具行业也在不断进行技术创新和产品升级，以满足市场需求。

2023年，家居行业整体情况不太乐观，河南家具产值有所提升，但竞争加剧，企业销售压力较大，不同品类的生产销售情况差异较大。

据相关部门数据统计，2023年河南省家具制造业的规模以上企业数量为448个，产量为14058998件，同比增长30.8%，营业收入150.8亿元。木材加工和木、竹、藤、棕、草制品业方面，规模以上企业907家，营业收入为297.88亿元，利润总额16.35亿元。

（一）行业规模

在省原有的家具发展基础上，部分县域抓住定位调整机遇，把承接北京、天津、河北家居产业转移，作为加快县域经济发展、破解发展难题的重要手段，采取多项措施招商引资，以“诚”赢得客商。持续深化驻地招商、专业招商、以商招商的基础上使河南家具行业的规模不断扩大。随着消费者对家居生活品质要求的提高，家具市场需求不断增长，推动了河南家具行业的快速发展。

（二）市场结构

河南家具行业市场结构呈现出多元化、专业化的特点。大型家具企业占据了市场的主导地位，同时也有众多中小型家具企业活跃在市场上。这些企业通过不断创新和提升产品质量，逐渐在市场上树立了自己的品牌形象。此外，河南家具行业还涌现出了一批具有地方特色的品牌和企业，他们深耕地方市场，提升产品工艺和设计风格，赢得了消费者的青睐。

1. 实木家具

河南实木家具主要集中在清丰、尉氏等地，品牌知名度相对较高，销售范围基本覆盖整个北方地区。清丰实木家具展是全国做得最好的单品类家具展会，从而带动了实木品牌整体发展。河南实木生产企业整体大而强，虽然没有培养出最顶尖的实木品牌，但河南已基本成为全国最重要的实木生产基地，且市场对河南实木品牌的认可度较高，经过政府与协会六年间的培育，清丰家具展会也是实木家具界的风向标之一。

2. 定制家具

作为家具行业的新兴子行业，定制家具因具有可满足消费者的个性化需求、空间利用率高、服务周全等优势，吸引了越来越多的消费群体，定制家具行业呈现出快速发展的趋势，这将使定制家具行业内定制衣柜、定制橱柜等单品类定制家具企业向全屋家具定制拓展产品；同时，定制家具的快速发展也吸引了部分传统成品家具厂商向定制家具领域转型；此外，家装、地板等其他家居行业也因看好定制家具市场，纷纷涉足定制家具行业。

3. 软体家具

河南软体家具企业多数集中在郑州周边，生产规模并不是太大，但数量众多。随着国民经济的持续稳定增长，居民可支配收入不断提高，人们对生活品质要求越来越高，软体家具因其设计舒适、款式多样、色彩丰富而越来越受到国内消费者的青睐。随着市场的回暖，软体消费增速较快，但因越来越多的企业开始布局软体生产，竞争愈发激烈，企业利润并没有随着销量的增大而同步增长。

4. 钢制家具

庞村镇钢制家具产业从一把榔头、一张铁皮、一个手工作坊起家，仅仅30多年的发展，销售份额在全国市场名列前茅，成为国务院等中央国家机关的重点采购对象，并出口欧美及亚非拉地区的50多个国家，成为全国最大的钢制家具产销基地。纵观庞村钢制家具产业发展轨迹，观念的更新是支撑企业做强、产业做大的关键所在。

5. 户外家具

同样是承接产业转移，平舆县集聚了以泰普森、永强、华东等为引领的80多家户外休闲产业上下游相关企业落户，大部分是做出口业务，产品乘专列，销往欧美国家，在国内流通比较少。现已成为国家外贸转型升级基地、中部地区最大的户外休闲用品产业基地。短短的几年间，平舆实现了户外休闲产业“从无到有、从小到大、从大到强”的全链条集群式发展。目前也面临着要转型的情况，逐步开拓国内市场。

二、行业纪事

1. 举办展会

5月，在兰考县品牌家居产业园举办首届中国·兰考定制暨软体家居博览会，主题为“兰考家居 定制幸福”，进一步宣传城市形象，促进家居产业发展，打造有情感、有温度的城市，彰显魅力兰考形象。

6月，第六届清丰绿色家居博览会在河南清丰会展中心隆重举行，此次展会以智能制造为升级目标，以“数字化、智能化、绿色化、健康化”为发展方向，助力产业智能升级。

2. 加强企业间沟通交流

组织优秀家具企业前往兰考考察一河两岸商业项目，讨论项目发展和企业自身需求。组织河南家具企业召开座谈会，探讨当前市场情况、分析市场未来预期，相互沟通，学习优秀企业发展经验；举办“探索定制家居道路 开拓绿色智能生态”高峰论坛，共同分享行业动态、创新思路和未来预期，为企业赋能。

3. 爱心募捐活动

2023年4月13日，一家企业失火造成较大经济损失，协会组织企业开展爱心募捐活动，助力失火企业早日恢复生产。

4. 互协发展

2023年11月，河南家协与山东省家具协会联动，开展“以城相见 共话发展”的活动。山东优秀的家居品牌厂商负责人与河南地市优秀的卖场洽谈交流，积极寻找合作契机。

三、重点企业

1. 河南省雅宝家俱有限公司

2023年产值7.68亿元，研发新品“珀那国际”功能沙发高端全屋定制；采用德国逸马封边机和赛福莱喷漆设备。2023年10月，在郑州企联举办的总结表彰大会上荣获年度“优秀企业”称号；在河南省绿色制造体系建设的评审中，雅宝木业荣获2023年省级“绿色工厂”称号，并荣获郑州市首批“工业设计中心”。

2. 郑州大信家居有限公司

大信家居抛开国外相关软件，另起炉灶，原创了“鸿逸”工业设计软件，解决了设计渲染软件和CAD工业制程软件之间无法融通转换的世界难题，进而又发明了“易简”家居大规模个性化模块化智能制造模式，破解了家具定制过程中的难题。2023年，企业原创设计产品获纽约设计奖金奖。

大信投资建成了“中华色彩”“中国厨房”等6家专业博物馆组成的博物馆群。馆藏的一万余件（套）珍贵文物深度向科学家和艺术家开放，是该博物馆群的一大特色，每年有超过100所大学到此研究、交流。该博物馆群成为享誉国内外的创新高地，它也作为大信国家级工业设计中心的组成部分，被评为“中国工业设计十佳园区”和国家AAA级旅游景区，并常年免费对公众开放，年接待游客30万人次。

3. 河南中博家具中心

河南中博家具中心建于1992年，是中部地区起步早、规模大、货品全的一站式家居营销、展示与配送基地。现已成为占地面积300亩、营业面积20多万平方米、经营商家1200多户的大型家具商业中心，可满足不同消费群体的需求，为中原人民提供高端品牌、经济实惠的家居产品。随着市场转型与消费理念变化，河南中博家具中心主动适应市场形势，积极推出工厂店直营、线下体验店、全屋定制等新型经营模式，推动产业融合发展，给传统家居卖场注入了新的生机和活力。买家具，到中博，已经成为越来越多人的时尚选择。

4. 福蒙特家居中心

福蒙特家居中心地处中原最大家居商圈核心区域，经营面积近30万平方米，1000+家具厂商齐头并进，凭借巨大辐射能力，采用工厂直销的模式，直接服务中部六省亿万消费群体，是中部家居品牌进军全国乃至全球市场的重要窗口和门户。经过12年的市场培育，它吸纳实力更加雄厚的家具企业，以“抱团出击、终端制胜”为全新方针，强强联合，实现家具采购“大牌家具工厂价”的消费需求，为中部家具行业的繁荣发展贡献极大力量。

（河南省家具协会）

湖北省

一、行业概况

2019—2023年湖北省家具行业发展情况汇总表

主要指标	2023年	2022年	2021年	2020年	2019年
营业收入（亿元）	360	380	420	420	450
规模以上企业数量（个）	150	156	180	180	200
规模以上企业工业总产值（亿元）	139	140	200	210	260

二、行业纪事

1. 湖北消费券

1—2月，十堰主城区发放两轮消费券；3月，分3批投放“惠购湖北消费券”，消费券可在家居卖场使用。消费券共分两类，分别为家用电器消费券（含电子消费券）、家具消费券。其中，家具消费券包括客厅家具、卧室家具、书房家具、儿童家具、厨卫家具（设备）和定制家具等品类。

2. 创新消费贷

4月1日—12月30日，创新消费信贷支持省内居民购置家具线下信贷消费，单笔消费贷达1万元，省级财政按年化利率1.5%期限2年最高3000元的贴息，以激发消费需求。湖北聚焦家电、家具、家纺、家装四大领域，投放500亿元个人消费贷。同时，全省各大家居卖场和大型家具建材实体企业开展系列家居促销活动。

荆楚购·金秋享悦品质季暨2023湖北家居焕新消费季启动仪式

3. 企业荣誉

2023年，湖北宝誉家具制造股份有限公司、伊之恋（湖北）家居用品有限公司，列入湖北省第五批专精特新中小企业公示名单；亚丹生态家居（荆门）有限公司从事秸秆制板的生产销售、家具研发、制作及销售，荣获湖北省智能制造试点示范企业；9月，居然之家新零售集团股份有限公司入选2023武汉100强企业；12月，2023湖北民营百强企业评选中，居然之家新零售集团股份有限公司排第33位。

4. 金马凯旋家居第17届家博会

7月22日，金马凯旋家居第17届家博会在武汉金马凯旋家居CBD成功开幕，展会联动70+物流线路，精准邀约中部五省超10000名优秀家具经销商前来采购交易，涵盖沙发、小件、床具、床垫、套房、实木家具、定制家居、办公家具、酒店家具等多个品类，面积超7万平方米，品牌超1000家，综合展区面积超30万平方米，展期4天。

5. 内外学结合，探讨学习经验

组织30余家企业及经销商赴赣州南康考察学习“市场化、国际化、品牌化、数字化”的办展思路，尤其是东西结合的美学设计、全新的视觉体验、智能制造、共享备料中心等。同行请进工厂分享乔木森家具、海太欧林家具经验，相互了解，优势互补。

6. 走访调研，聚焦发展

下半年重点走访超凡家具、红福堂家具、金马凯旋家居CBD、宁丰集团、索菲亚、思索·未来装公司等42家企业，同仁座谈交流，了解复工后的运营状况。与湖北生态职业技术学院、武汉城市理工学校合作探讨产教融合，为行业输入高技能人才，推动全省家具业发展。

7. 活动盛典，产销复苏

3月，欧亚达集团开展首届泛家具行业联盟公益植树活动，倡导环保、健康生活方式。4月，首届中部（武汉）软体家居展在武汉金马凯旋家居CBD盛大开幕，是继金马凯旋家博会延展出的又一全新IP。通过整合平台供应链资源，形成产业集群优势，立足长江新区，依托金马凯旋家居CBD产业规模化、集群化优势，打通产业链、创新链、供应链、贸易流通等链条环节，实现优势整合。6月，“星耀18载 扬帆再起航”荆门星球建材家居博览中心重装开业。9月，和平大世界29周年庆暨颁奖盛典在和平大舞台杨园国际会议中心举行。

8. 成立产教融合分会

11月，湖北省家协产教融合分会成立大会在荆门市东宝区召开，40余家省内家具企业加入分会。杨旭担任分会会长。分会的成立，实现省家具行业与高校深度融合，搭建家具行业产教融合新平台；充分发挥高校优势，开放资源，培养高素质、创新型家具产业人才，促家具行业改革创新。

三、重点企业

湖北保丽家具有限公司是一家全案家居服务商，生产制造基地340亩，员工近千人，出口创汇近亿元，是集室内设计、制造、软装设计和完善配套施工于一体的专业全案定制机构。公司打造出“希斯罗”“FFF”“慕郎克”“海派东方”“静素”5个品牌。保丽家具走向转型，向着集群化、绿色化、品牌化、数字化、智能化的方向发展壮大，月产值已经突破了300万美元，比2021年增长15%。

联乐集团创始于1985年，先后获得“中国名牌”“中国驰名商标”等殊荣。企业拥有超30万平方米的家具研发、制造、物流基地，主要产品床垫、软床、沙发、实木家具等系列畅销国内并远销海外多个国家和地区。运用新材料、新工艺、新技术，研制开发了新型人体工学床垫、护脊理疗保健床垫、智能温控床垫、竹碳保健床垫、柏香保健床垫等数十种健康睡眠新产品，并获得多项国家专利。2023年，荣获中国轻工业家具行业（软体家具）十强企业、国家标准化良好行为企业。

海太欧林家具集团湖北公司在湖北荆门的一期

工厂两个大车间年初全面投产，办公家具复苏前景逐步向好。作为办公家具会长单位，3月，办公家具分会在海太欧林举办交流座谈会，学习海太欧林家具资本、设备、智能化生产的工艺流程，广交朋友，合作共赢成为大家交流的重点。

宜昌博大科技有限公司生产的办公家具在当地政府和事业单位采购中一直处于领先地位，满足宜昌本地整体市场的需求。企业善于沟通，广开市场门路，创造企业自身的价值。2022年，博大经济效益增长了60%。企业发挥自己的强项，做强做专，在激烈的市场竞争中处于前茅。

天门乔木森家具有限公司民用家具、办公家具、公寓家具产品丰富，独特的企业文化、产品质量过硬、服务细致专业，能充分满足企事业单位的招投标和市场需求。

（湖北省家具协会）

湖南省

一、行业概况

2023年，湖南家具行业“疫后复苏”，企业数量及产值总体呈下降态势，仅部分头部企业逆势上扬。另外，随着定制行业逐渐占据市场份额，成品家具工厂转战定制赛道，定制消费悄然兴起，传统家具市场受到“新消费模式”冲击明显。

2019—2023年湖南省家具行业发展情况汇总表

主要指标	2023年	2022年	2021年	2020年	2019年
企业数量（个）	4680	4800	5000	6000	3640
工业总产值（亿元）	340	336	356	385	400
主营业务收入（亿元）	330	350	380	400	420
规模以上企业数量（个）	221	230	218	204	188
规模以上企业工业总产值（亿元）	277	290	280	265	272
规模以上企业主营业务收入（亿元）	262	272	266	256	261

二、行业纪事

1. 制定家具地方标准

2023年2月14日，湖南省市场监督管理局发布了《关于下达2023年度第1批地方标准制修订项目计划的通知》（湘市监标函〔2023〕25号），协会申报的《木质定制家具通用质量管理规范》获批立项，于12月底完成评审。

《木质定制家具通用质量管理规范》地方标准技术审查会

2. 成功举办建材及特色家具展会

2023年3月5—7日，2023届2023中部（长沙）建材新产品招商暨全屋定制博览会/2023中部（长沙）家具家纺博览会在长沙国际会展中心盛大举办。本届汇集了来自全国建材、家具行业2000多家企业的3000多个品牌，展览面积达10万平方米。据不完全统计，建材家具博览会3天时间的观展人数达21.3万，覆盖影响全国10多个省份，现场达成意向成交额220亿元，以会展助推招商、旅游、交流、合作的“一展多元”消费新格局加速形成。

3. 爱心公益

2023年，本着“量力而行、尽力而为”的原则，按照“小切口、大作为”的思路，积极响应省民政厅“四小建设促振兴”专项行动，并动员会员共同参与。长沙柏沙木业有限公司、长沙悦品居家具生活有限公司、强力家具集团有限公司湖南分公司等企业积极帮助“宝贝小屋”项目的受助对象，在邵阳县黄荆乡中心完全小学建设“阅读小屋”。

4. 职业技能培训基地获批

2023年10月19日，湖南省家具行业协会获中国家具协会职业技能培训中心认可，获批“中国家具行业职业技能培训基地”。

“整装出发　共生共赢”创新模式活动

三、重点企业

1. 湖南省晚安家居实业有限公司

2023年2月，晚安家居集团荣获工信部“2022年度国家绿色工厂”。晚安家居始终坚持绿色制造的可持续发展原则，在绿色理念上不断创新，从绿色供应链、绿色设计、绿色生产、绿色销售全过程发力，持续践行清洁生产，引领行业绿色发展，被纳入“湖南省绿色设计产品”，被评为“长沙市工业产品绿色设计示范”。

2023年9月，晚安集团筹集了床垫500张、6D硅胶枕1500个、被子300余床等共计价值100多万元的过冬物资发往涿州，助力河北地区灾后重建工程。晚安家居集团联合岳麓区团委连续七年开展“希望工程·圆梦行动”暨“晚安学子”助学活动，累计捐赠资金95.5万元，资助学子288人次；同时，晚安家居集团联合长沙市青少年基金会助力“希望小屋”爱心工程，累计捐赠价值将近200万元的家具产品。晚安家居凭借强大的品牌实力、过硬的产品质量，荣登“2022年中国轻工业软体家具行业十强企业”榜单。

晚安家居集团筹集过冬物资支援涿州人民

2. 湖南梦洁新材料科技有限公司

梦洁集团创始于1956年，旗下拥有梦洁、寐MINE、梦洁宝贝、梦洁家居等多个品牌。近年来，梦洁实施“高端床上用品”战略，在研发、产品、渠道、服务等方面不断升级，获得广大消费群体喜爱。2023年5月，梦洁“登峰”羽绒被作为湖南省登山队指定御寒装备，行业首次登顶世界最高峰；梦洁登峰大事件获《人民日报》报道，单品全年销售突破亿元大关。对消费市场变化，梦洁集团坚持高端品牌战略，严格落实降本增效，2023年实现逆势增长、扭亏为盈。据2023年度业绩预告，归属于上市公司股东净利润预计盈利1500万～2200万元。

梦洁家居是梦洁集团旗下以睡眠文化为内核、以床垫产品为核心载体、以定制服务为引擎拉手的高端家居品牌。公司致力于多项睡眠系统技术研发，坚持高品相、高品质、高品位，品类涉及床垫、软体家居、实木套房等，提供不断优化的个人和家庭睡眠问题解决方案，满足不同睡眠习惯人群的产品需求。2023年，荣获“中国消费品市场高质量发展优选品牌”“年度中国好家居”称号。梦洁家居立足湖南、放眼全国，经过20多年的发展，在全国建立500多个零售终端。

3. 湖南星港家居发展有限公司

星港家居创立于1985年，主营床垫、软床、实木、沙发等产品，是集研发、制造、销售于一体的中型企业。公司总部立足湖南，辐射江西、湖北、河南市场，经过39年的不断锤炼洗礼，至今已是国内实力雄厚的家居集团。

星港拥有床垫和海绵两大标准化生产基地，超2.5万平方米的现代化生产基地，有力保障产品供货和终端运营。在原材料的选取上，星港家居严格控制产品材料源头，拒绝甲醛、滑石粉、荧光漂白剂等化学用品，所有产品经瑞士SGS最严检测，经中国环境标志产品认证。在产品生产制造上，星港家居是湖南省定点床垫质量检测单位，拥有专业床垫类实验室——湖南星港家居检测中心。星港床垫均采用70#碳素钢或72B#碳素钢，其硬度强、稳定性佳，每批弹簧钢丝都要经过缠绕试验、扭转试验、超过80000次高速动压实验、超过24小时静压实验，确保弹簧耐久抗压。每款床垫都经过10000次床侧按压实验、1400牛的滚轴在床垫上进行30000次反复碾压实验、30000次面料耐磨测试，有效保证供货质量。

4. 湖南欢颜新材料科技有限公司

湖南欢颜新材料科技有限公司，国家高新技术企业，山棕行业的领军品牌，是一家集研发、设计、生产、全球销售服务于一体的大家居企业，拥有360亩现代化工业园、全球最先进棕垫生产线。经过30多年发展，形成了以湖南欢颜工业园、上海欢颜、长沙欢颜、佛山欢颜为中心的四大基地。

欢颜以品质铸就品牌，逐渐形成以“新颜”“享”“尚”“恩”“培”“喜”“国粹”为主的七大系列山棕床垫及实木床具，开发领域涉及家用、医用、酒店等多个行业，先后获得了数十项国内外荣誉奖章和多个国家发明专利、实用新型专利等。目前，经欢颜授权的品牌专卖店已达400多家，分布在全国200多个城市和地区，产品远销美国等国家和欧洲、大洋洲及亚洲其他地区。截至2023年，欢颜家居年产值突破2亿元，同比增加30%，带动就业岗位500余个，面对未来的发展机遇与挑战，欢颜将不懈追求，执着奋进，致力于把健康睡眠一生的家居理念传递给每一位消费者。

5. 邵阳市舒康美家具有限公司

邵阳市舒康美家具有限公司创立于1988年，是一家集家具研发、制造、销售于一体的高新技术产业化企业、专精特新中小企业、邵阳市林业产业龙头企业，拥有广东省佛山市、湖南省邵阳市和郴州市三大生产基地，工厂总占地面积200多亩，总部设在广东省佛山市顺德区龙江镇。公司在产品研发方面具有雄厚实力，与中南林业科技大学建立产学研合作，邵阳工厂主力开发静音实木床、静音床垫、智能家具系列产品，佛山工厂主力开发静音软床、品质沙发等产品，郴州工厂主力开发美标全屋智能家具产品。2022年，携手中国航天打造航天版床垫。

2023年销售额近3亿元，年产值2.3亿元，旗下自主品牌“舒康美”“美标”获得马德里商标，现拥有发明专利、实用新型专利、外观设计专利等40多项。

6. 金港亿家居集团有限公司

金港亿家居集团有限公司（简称金港亿集团）建于1989年，下辖广东金港亿投资控股有限公司、湖南桂阳港艺家具制造厂、鲁班木作技艺研习所、佛山鲁班制床销售有限公司四家公司，集团总部设在国家级园区“湖南（广东）家居智造园”。

金港亿家居专业生产实木床、床垫、梳妆台等卧室家具，并承接各种大中型家具配套工程，是实木床领域的标杆品牌。工厂面积达15万平方米，年产能可达100万件，拥有国际顶尖的全自动生产设备，全国品牌专卖店超过4000家；稳步推进新媒体多渠道发展，为终端门店赋能；以用户体验为锚，多措并举强化，持续丰富各类人群的真实生活场域；通过增加场景引入与真实互动体验不断增加客流量，以市场细分化、运营多元化、产品实用化来创造品牌价值，产品畅销欧美、东南亚等地区的多个国家，为全球数百万家庭提供高品质产品和服务。凭借开拓创新、精益求精的精神，30多年来获得了62项外观设计专利，获得了“湖南省著名商标”“湖南省著名品牌”等多项荣誉。

（湖南省家具行业协会）

广东省

2023年，广东省家具行业在积极面对复杂多变的国际经济环境，以及房地产市场调整带来的下行压力，坚持“创新驱动、设计引领、优质优价、绿色发展”指导思想，在推动高质量发展、数字化转型、绿色低碳、设计创新、会展经济、世界产业群、标准化组织、产教融合、网上洽谈会、工匠精神、品牌建设等方面取得新进展和新成效。

一、行业概况

据统计部门统计，2023年全省家具规模以上工业企业（简称：规模企业）约1956家，占全国7344家的26.6%；全年平均用工29.27万人，下降7.5%；平均全员劳动生产率70.85万元/人，同比69.95万元/人增长1.3%。

2023年，全省家具规模企业营业收入2073.9亿元，约占全国6555.7亿元的31.6%，同比2213.3亿元下降6.3%。

2023年，全省家具规模企业总产量18550万件，同比20407万件下降9.1%。总产量下降幅度比营业收入大了2.8个百分点。

2023年，全省家具规模企业利润总额113.8亿元，约占全国365亿元的31.2%，同比下降15.0%。平均利润率5.5%，同比下降0.5%。在营业收入下降6.3%情况下，利润没有大幅度下跌，体现良好效益发展趋势。

2023年，全省家具规模企业平均单价1118元/件，同比1084元/件高了3.1%；约比全国平均单价高三成左右，实现在全国同业中的优质优价。

2023年广东省家具行业规模以上工业企业主要经济指标一览表

主要指标	2023 年	2022 年	同比增减（%）	占全国（%）
营业收入（亿元）	2073.9	2213.3	-6.3	31.6
总产量（万件）	18550	20407	-9.1	—
利润总额（亿元）	113.8	133.9	-15.0	31.2

数据来源：广东省家具协会。

据海关统计，2023年全省家具出口1243亿元，同比减少6.4%，约占全国4761亿元的26.1%。

全省家具出口前十位国家和地区占六成。2023年，广东省向美国、日本、澳大利亚、英国、新加坡、马来西亚、加拿大、韩国、中国香港、德国出口家具757亿元，占全省家具出口61%，比上年815亿元下降7.1%。其中，美国居首位345亿元，占27.8%，同比下降4.1%；英国、马来西亚增长15.8%、1.8%；新加坡、中国香港、韩国、加拿大分别下降27.9%、15.8%、15.1%、14.7%；日本、澳大利亚、德国分别下降7.3%、7.0%、6.2%。

2023年，广东省向日本、澳大利亚、马来西亚、新加坡、韩国、泰国、菲律宾、印度尼西亚、越南、新西兰、柬埔寨、缅甸、文莱、老挝14个RCEP成员国出口家具327.7亿元，比上年369.7亿元下降11.4%，占全省家具出口的26.4%。前五位的日本、澳大利亚、马来西亚、新加坡、韩国249.1亿元，占76.0%。

二、行业纪事

高质量发展。第十九届全省家具行业经济工作会议贯彻全省高质量发展大会精神，以“制造业当家，凝心聚力推动广东省家具行业高质量发展新的跨越”为主题，提出6项新任务：创新驱动，促进数字赋能和产业重塑；设计引领，促进供给创新和结构改善；优质优价，促进质量提升和品牌建设；绿色发展，促进产业协同与合作水平；展贸联动，开拓国内国际两个大市场；产业集群，发挥产业链供应链集聚效应。

数字化转型。省工信厅印发《关于印发纺织服装和家具行业数字化转型指引的通知》，明确到2025年，全省家具行业两化融合水平达到50%，规模以上企业达到85%，培育一批5G全连接工厂、智能制造示范工厂和优秀应用场景，数字化转型和应用水平迈上新台阶，实现广大中小企业质量变革、效率变革、动力变革。

广东省家具行业数字化转型工作启动

全省家具行业数字化转型启动大会。省家具协会成立领导小组，组织多场数字化转型交流会，强调坚持实体经济为本、制造业当家，提出迎接数字经济时代，推动新型工业化发展，共建广东省泛家居产业数字化生态圈的新理念，掀起行业数字化转型浪潮，团结带领家具企业走集约型、数字型、生态型、效益型的健康发展之路。

绿色低碳。2023年，百利集团2.8兆伏分布式光伏发电站项目并网运营，省家具行业产业结构、能源结构进入绿色低碳转型阶段。截至2023年底，长江、联邦、郦江、冠美、鑫诺、迪欧、百利、红古轩、城市之窗等光伏电站先后建成，总装机容量超过50兆伏，年发电量约5000万度，年均实现CO_2减排约8.5万吨、SO_2减排约2600吨、氮氧化物减排约1300吨。同时，企业拥有100%绿电碳排放指标。

设计创新。第十三届广州家居设计展以“中华寻”为主题，坚持“简约、低碳、交流、探索、包容”的原则；1500多平方米的展览面积分为院校联展区、华笔奖获奖作品展区、论坛区三个板块，搭建“产、学、研、用”相结合的互动平台，实现设计交易、潮流发布、展赛互动三大功能；举行华笔奖系列杯赛颁奖、家居设计服务产业发展、新中式家具可持续发展等交流活动，搭建中国高校设计联展服务平台，不断寻找家具设计的新理念、新动向、新趋势，持续打造最具影响力的“中国高校设计联展”，促进我国家具设计创新健康发展。

第十三届广州家居设计展启动

第十一届广东设计周以“设计赋能，智造湾区”为主题，展现广东工业设计的创新能力与支撑引领作用。第十一届“省长杯”工业设计大赛泛家居专项赛作品展、颁奖和《作品集》首发式成功举办。省委常委、副省长王曦对省家具协会推动行业设计创新取得的成绩表示肯定。他指出，通过工业设计赋能健康养老产业发展，让好设计、好产品走进千家万户，贴近老百姓生活。

第十一届“省长杯”工业设计大赛泛家居专项赛颁奖典礼

东莞职业技术学院教师陈惠华入选2023光华龙腾奖·中国设计业十大杰出青年。

第三届全国工业设计职业技能大赛家具设计师赛项总决赛中，广东选手夺得6个奖项。职工组：广州轻工技院刘谢永、广东轻工职院曹庆喆二等奖，中山职院王骁三等奖；学生组：广州轻工技院欧祖安、广东轻工职院文家豪二等奖，广州轻工技院张文辉三等奖。

百利康泰医疗公司展厅落成，占地面积3000平方米，对标国际三甲医院全科室布局，以客户真实需求为出发点，用百利活态空间理念服务医疗养老机构，推动医养企业和机构的智慧化转型升级。

会展经济。中国广州家博会、东莞名家具展、深圳国际家具设计展、中国上海家博会被省商务厅列入2023年“粤贸全国”活动目录。

第51届中国家博会（广州）由省家具协会等主办，以“共筑美好家、服务新格局”为主题，八天两期展会齐聚民用家具、饰品家纺、户外家居、办公环境及商用空间、设备配料五大题材，国内外品牌约4000家，展览面积70万平方米，166个国家和地区38万名专业观众到会，较2019年增长28%，呈现品牌集中度高、行业参与度高、趋势敏锐度高等特点，有力地促进国内国际双循环。

第49届国际名家具（东莞）展览会。以“追光”为主题，全球1200多家品牌参展，近19万海内外专业观众，70万平方米展览面积，涵盖成品家具、高端定制、整装全案、软体两厅、健康睡眠、儿童家具、软装配饰、潮玩艺术、机械材料等品类，展示新业态和新活力。

第43届国际龙家具展览会、第33届亚洲国际家具材料博览会。以“全球家具 顺德时代”为主题，推出“D BEST”计划，数千家品牌展商在展会上携新品、臻品亮相，呈现一场规模盛大、品类齐全、潮流新品荟萃的家具盛会。

第38届深圳国际家具展。以“时尚家居 深圳引领”为主题，16馆、32万平方米、9大品类展，吸引全球400多家展商、20多万专业买家。SMART智家展，呈现一场围绕“美好人居”的未来式智慧生活科技大秀。

顺联国潮文化月。以“传承国潮之美”为主题，汇聚岭南特色文创商品与本地网红轻餐品牌，来自佛山本土扎作艺人精心打造的醒狮国风、玉兔抱月中秋艺术陈列，带领顾客穿越时空，感受传统文化魅力，呈现一场国潮文化与人居生活体验融合盛宴。

中国（中山）红木家具博览会暨大涌红木家具春季订货会。以“引领中式时尚 赋能美好生活”为主题，重点打造红木家具馆、中式家居文化馆、中式生活体验馆，突显大涌红木源产地优势。

世界级集群。东莞市政府与中国家具协会共建“世界级家具产业集群”。旨在工信部指导下，打造具有全球示范作用的工业制造、集群示范、展览贸易、智慧管理、设计创新、跨境电商之都，营造开放包容、合作共赢的平台。

世界家具产业合作大会、世界家具联合会企业家论坛、全球家具跨境电商大会。探讨产业合作、企业精神、跨境电商三大议题，分享各国成功经验，向世界发出团结协作、共赢发展的积极声音，助力全球家具产业行稳致远。

标准化组织。第三届省家具制造标准化技术委员会成立。省家具协会会长王克连任主任委员，广东质检院海凌超任副主任委员，王红强任委员兼秘书长。

产教融合。全国智能家居行业产教融合共同体，由顺德职业技术学院、杭州群核信息技术有限公司、中南林业科技大学牵头成立。华南（顺德）智慧家居产教融合发展联盟，由顺德区教育局主办，龙江职业技术学校牵头成立。搭建信息交流平台、推进资源共建共享、建立人员互派机制、打造家居专业特色、构建产学研合作机制、提升社会服务能力，推动产教融合进一步发展。

网上洽谈会。广东家具专业馆在第十四届泛珠三角区域合作网上洽谈会上线。搭建广东家具品牌在线展销、在线交流、在线对接的合作平台，开展项目对接和信息交流，推进泛珠区域广货网上展览、展销，提升“中国家具看广东”的品牌影响力。

工匠精神。第五届全国家具职业技能竞赛。华博居的吴庆经获金奖，宏兴红木的黄宗炉、明雅轩的周承武、中南木雕的刘事金和郑金星4人获铜奖。南海成为获奖最多的代表队。

第二届全国技能大赛。广州市轻工技师学院关高文获木工金奖，黄波林获精细木工银奖，李港龙获木工铜奖。

省文化和旅游厅2022年省级非物质文化遗产代表性传承评估。红古轩的李仲良获家具制作技艺（大涌红木家具传统雕刻技艺）优秀奖。

品牌建设。国家知识产权局确定维尚公司、耀东华集团为“2023年国家知识产权优势企业”。

中国轻工业联合会再次授予大岭山镇“中国家具出口重镇”称号。中泰家具集团“家具水性漆涂装生产线技术升级项目”获得2022年度中国轻工业联合会科学技术进步奖二等奖。

尚品宅配股份公司董事长李连柱当选第十四届全国政协委员。

省工业和信息化厅认定2022年专精特新中小企业。百利文仪、长江（河源）、新达高梵、优派、至盛冠美、源田、迪信、运时通、思进、新红阳、宜奥、悍高等43家入围。

省工业和信息化厅认定联邦、好莱客2家企业为第五批省级工业设计中心，认定华盛、维尚、联邦、新达高梵、健威、欧派、索菲亚、源田、威法、皮阿诺、虹桥、现代筑美、诚业13家企业为省级企业技术中心。

省商务厅委托开展粤贸全国“粤靓100”品牌企业榜单。尚品宅配、百利文仪、长江、联邦、华盛、中泰、健威、欧亚、至盛冠美、迪欧、海太欧林、开林、华颂文创、远超、国景、兆生、虹桥、林氏、爱米高、新红阳、迪信、高尔顿22家企业上榜。

省五一劳动奖章。欧派集团设计师朱玉梅、好莱客家居工会主席章勇、华洲木业总工程师林卫东获奖。

省林业局首届广东林业博览会。深圳长江公司、中山华盛公司、五华东成公司获参展“金奖”。

省制造业协会等单位发布《2023年广东制造业500强企业研究报告》。皮阿诺、迪欧、精一、中泰、华盛、国景、优派、新会二轻、美时9家企业名列242～458名，突显家具行业在我省制造业的一席之地。

广东商标协会重点商标保护委员会认定高价值商标。尚品宅配、索菲亚、慕思、林氏、维意、百利文仪、联邦、长江、华盛、中泰、健威等50家企业评估商标总价值689亿元，企业平均13.7亿元。

省知识产权协会发布2023年省知识产权示范企业名单，华盛集团、健威家具、新红阳上榜。

三、协会纪事

党建工作。省家具协会党支部被省社会组织党委授予“第一批全省社会组织党建工作示范点”；王克书记连任第三届省社会组织党委委员。

等级评估。南海区家具行业协会被评为南海区“5A级社会组织”，乐从家具协会被评为顺德区“5A级社会组织”。

换届就职。卓越公司李剑文连任中山市家具商会第九届会长，志豪公司左建华连任顺德家具协会第九届会长，中南木雕梁沛根连任南海区红木行业协会第二届会长，罗浮宫集团杨剑鸿当选乐从家具城商会第四届会长，福临门公司梁晓东当选大岭山家具协会第四届会长。

周年庆典。广州市家具行业协会30周年，中山市办公家具协会15周年。

四、企业纪事

广东中泰龙集团40周年。以“四十年情 百年路”为主题的广东中泰龙集团40周年庆典活动，在新落成的中泰龙威利智慧家居科技产业园举行。

40年来，在联合创始人的艰苦创业，尤其是近15年来在陈秋桂董事长领导下，励精图治、坚守主业，从一个传统办公家具企业，发展到时尚办公家具、商用家具、民用家具，形成家具品类齐全、产品定位清晰、品牌优势互补、齐头并进之势，成为我国办公家具名副其实的龙头企业。中泰龙集团的40年，书写了一部气势磅礴的创业史、一部顽强拼搏的奋斗史、一部和谐进步的发展史，是我国家具行业民营企业的成功典范！

伍炳亮家具艺术展在中国国家博物馆举办。秉持“澄古去芜以存菁，匠心推陈以出新”的理念，展览分为“精专致广”“循制承道”“观器见微”“明古烁今”四个单元。既有国宝级海南黄花梨家具珍品，亦有文人书房系列、传统风格的中堂系列、卧房系列、宫廷家具场景系列等经典空间陈设，更有难得一见的黄花梨微缩家具与伍先生家具设计手稿亮相，“型、艺、材、韵”俱全，展现出高超的创作水平和审美水准，为振兴中国传统文化留下浓墨重彩的一笔。富有灵魂和生命力的作品，让红木家具爱好者和游客近距离欣赏领略中国传统家具的美，得到了社会各界广泛关注和一致好评。

赓续文脉，继古开今。伍大师表示，在中华民族传统家具优秀文化与艺术之间，不断发现美、创造美、传承美、拥有美、分享美，如今确定自己能做到这些，便真的不枉此生。

（广东省家具协会　王克）

广东中泰龙集团四十周年庆典

澄古匠心——伍炳亮家具艺术展开幕

广州市

一、行业概况

2023年全年，广州市新增登记注册家具制造企业301家，注册资本1000万元以上企业16家，现有登记注册的在业存续家具制造企业3290家，同比减少20.16%，高新技术企业58家，27家企业被认定为各级专精特新企业，纳税信用A级622家。

以上数据反映了2023年广州市家具行业正在经历一轮新的调整。随着一些缺乏抗风险能力的家具制造企业逐步退出市场，行业面临着重新洗牌的局面。然而，尽管面临挑战，行业仍然保持着发展的信心，一些行业品牌企业取得了良好的业绩。

二、行业纪事

1. 第51届中国家博会（广州）

2023年3月31日，第51届中国家博会（广州）圆满落下帷幕。本届家博会围绕“设计引领、内外循环、全链协同”的展会定位，以“共筑美好家、服务新格局”为主题，分两期举办，展览面积70万平方米，呈现品牌集中度高、行业参与度高、趋势敏锐度高的“三高”特点。展会8天盛况如潮，到会观众创历史新高。作为商务部消费促进月的重点活动之一，本届家博会充分发挥展会平台功能，积极推动行业高质量发展，着力促进国内国际双循环，更好服务人民对“品质家居、美好生活”的需要。

2. 2023中国建博会（广州）

7月8—11日，第25届中国建博会（广州）以及首届广州卫博会成功举办。

本届展会以“建装理想家，服务新格局”为主题，形成“定制、系统、智能、设计、材艺”五大主题展区及一个卫浴博览会的全新布局，助力大家居建装行业实现高质量发展。展览面积40万平方米，吸引了超过2000家企业参展，4天展期里，来自全国32个省（自治区、直辖市）及海外90个国家和地区的255078名具有商业价值的专业观众，共同见证了大家居建装行业的年度盛会。

为服务于设计驱动产业转型升级的行业需求，中国建博会（广州）一直有目标有重点地打造行业“设计生态圈”，力图形成行业前端设计概念展示、中端设计作品商业转化和应用、后端设计作品展示及设计思想交流的行业设计生态闭环。2023年，中国建博会（广州）以高定整装题材和艺术涂料题材为核心，积极营造设计与产业融合的氛围，重点打造5个设计特展及31场设计会议论坛。

3. 2023广州设计周

2023年12月8—11日，为期4天的2023广州设计周以“当代人居生活美学策源地”为名，以“惊喜AMAZE”为主题，凝聚中国设计产业的力量，以18个展馆、40+超级策展、150+同期活动等形式，为设计从业者及爱好者们带来了一场沉浸式的设计盛宴，观展人次409760人。

2022年，广州设计周首次提出“人居生活美学策源地”的概念，2023广州设计周指向“高质量发展”，从展区布局和策展内容等方面进行了全面优化升级，在便捷展商与观众之间高效匹配和营商互动的同时，也带给观众更舒适的观展体验。

4. 第12届中国广州定制家居展

2023年3月27—30日，第12届中国广州定制家居展在广州保利世贸展览馆圆满举办，本届展会规模达10万平方米，参展品牌712家，论坛活动32场，参观人次312384人，新品发布12308+款，

在2023年广州定制展上，观众对全屋定制关注度稳居第一，高达77.47%。作为近三年的新兴热潮，整家定制受到市场的持续关注，本届观众对整家定制的关注度达69.55%，展品延伸软装、家具、电器、灯饰等整家生态链，多个定制大牌发力整家定制，以整家发掘第二增长点。此次广州定制展有52.97%的观众特地前来参展，寻找加盟品牌；其次，有45.11%的观众以寻找供应商为主要目的，家居行业加盟势头不减。

5. 非遗主题展览赋能传统家具行业高质量发展

由广州市工商业联合会（总商会）和广州市海珠区委统战部主办，广州市家具行业协会等承办的“守艺·非遗之美——中国非遗技艺美学展”于4月26日至5月7日在广州海珠区华新中心举行，展期为12天，展出近70件优秀代表作品，共吸引来自各地的非遗文化爱好者、收藏家等近1500名。在展期中精心组织了开幕式、大师访谈，并举办了以“云锦与东方美学”为主题的分享会，还迎接了港澳台同胞参观团。不仅为观众提供了精彩的非遗体验，也生动展示了中华优秀传统文化在当代的呈现和互动方式。非遗主题展览正成为推动传统家具行业高质量发展的重要方式。

守艺·非遗之美——中国非遗技艺美学展开幕式

9月15日，由广州市文化馆（广州市非物质文化遗产保护中心）主办、广东省工艺美术研究所承办的“南木生花——广式家具艺术与生活展”在广州市文化馆隆重开幕。展览分为“广府美学”“匠心传承”“当代生活”三个板块，共展示了百余件（套）精美展品，用艺术化方式呈现广式生活之美。开幕现场首度发布了“广式家具课题”三年研究成果、“广式家具数据库”以及“广作新生”非遗专业志愿服务队2023年度服务项目。当天下午开展的“广州传统工艺振兴——广式硬木家具制作技艺学术研讨会”，亦为广作的保护与发展提供了科学、有力的理论支持。本次展览不仅展出传统的静态作品、动画、VR和互动游戏等科技手段，现场还有榫卯构造互动、家具装配体验等。同时，还举办多场广式家具系列研学体验，让观众身临其境感受广式家具魅力。

6. 大湾区五大行业协会齐发力，助力提振家居消费

2023年是消费提振年，在“金九银十”传统消费旺季来临之际，广州市家具行业协会、佛山市家具行业协会、惠州市家具行业协会、乐从家具协会、石碁古典红木家具行业协会五大行业协会共同发起举办“家聚湾区”——2023湾区家居消费节，通过“政府支持、行业协会牵头、商家让利、民众参与”的形式，联动大湾区九大城市的数千个家具品牌，涵盖现代家具、全屋定制家具、古典红木、办公及户外家具等诸多品类，把现在主流的六大消费场景纳入其中：工厂展厅、商贸批发市场、专业家居卖场、旅游景区、博物馆、非遗大师工作室。在9月28日举行的启动仪式上，主办方还进行了护航家居消费节联合倡议，提出四点主张：维护消费者合法权益；尊重知识产权；保证产品质量，加大智能、绿色、环保产品研发供应；持续优化消费环境，努力提高服务水平。本次消费节还在线上线下投入海量的媒体资源，共同营造节日氛围。

“家聚湾区”——2023湾区家居消费节启动仪式

7. 广州市家具行业协会举办成立30周年庆典活动

2023年12月23日，广州市家具行业协会成功举办了主题为“咏·芳华”的庆祝协会成立30周年的活动。来自中国轻工业联合会、中国家具协会、中国对外贸易中心、广州市相关政府部门、广州各区工商联领导，协会副会长、理事、监事会、会员企业代表、家具行业的精英们共计750余人齐聚一堂，共同庆祝这个行业的重要里程碑。

活动现场发布的广州市家具行业协会成立30周年品牌形象片《追光者》和工作总结视频，展示了协会的发展历程和取得的成就。这不仅是对协会工作的总结和回顾，更是向外界展示了广州市家具行业协会在推动行业发展、促进品牌建设方面的重要作用。同时，通过致谢仪式，协会向合作伙伴表示感谢，进一步加强了与合作伙伴的合作关系。

广州市家具行业协会30周年庆典活动现场

8. 从化智能家居产业集群日趋成熟

广州市从化区智能家居、绿色建材、家具制造等相关产业基础深厚，截至2023年12月，登记注册的各类家具制造企业近230多家，分布在辖区内各产业园区，其中具有代表性的定制家居企业有星河湾（煜丰实业）、好莱客、百利文仪、百得胜、德维尔、冶致、鼎好、壹家壹品、韩居丽格等行业头部品牌，初步形成较为成熟的产业集群，据估算，全产业链年产值接近百亿元。

9. 十家家具家居企业上榜“广州时尚产业主力阵容”

2023年12月，中国（广州）国际时尚产业大会的开幕式顺利举行。在大会上，发布了2023《中国时尚都市指数报告》。十大时尚都市排名依次为：上海、广州、深圳、北京、杭州、成都、重庆、长沙、武汉、厦门。

作为首个被观察的城市对象，广州的时尚产业包括鞋业箱包、珠宝饰品、美妆日化、家具家居、纺织服装、灯光音响、时尚商圈、时尚平台和产业集群九大板块，在报告中得到了深入的研究，并首次分行业发布了“广州时尚产业主力阵容”。

经过组委会的研究评选，欧派家居集团股份有限公司、索菲亚家居股份有限公司、广州好莱客创意家居股份有限公司、广州尚品宅配家居股份有限公司、广州市欧亚床垫家具有限公司、优派控股集团有限公司、广州市百利文仪实业有限公司、广州市至盛冠美家具有限公司、广州黛柏睿家具制造有限公司、广州市番禺思联现代画饰有限公司10家企业凭借其在时尚领域的领先品牌实力和产品设计研发能力成功入选“广州时尚产业主力阵容”榜单。

三、重点企业情况

1. 百利集团布局医疗养老行业

中国十大办公家具品牌百利集团在2023年正

式官宣布局医疗养老行业。7月8日，百利集团旗下的百利康泰医疗展厅在从化区百利集团活态空间体验馆隆重开业，并举行了新品发布会。百利康泰医疗科技有限公司在百利集团活态空间体验馆布局了总面积3000平方米的展厅。展厅以国际化前瞻视野，参考国家三甲医院的全科室布局，运用百利活态空间理念为医疗养老机构提供服务。展厅以客户真实需求为出发点，全面致力于推动医养企业和机构的智慧化转型升级，展现了医疗家具的综合实力和核心竞争力。

2. 冠美家具成立30年，硕果累累

创立于1993年的广州市至盛冠美家具有限公司在2023年迎来了成立30周年。30年来，冠美与时代共进步，与行业同成长，特别是近年来，抢抓机遇推动企业高质量发展，获得了国家省市各项荣誉，成为中国十大办公家具品牌之一。凭借雄厚的品牌实力和产品品质优势，冠美在激烈的市场竞争中脱颖而出，在成立30年间已服务包括世界500强在内的众多行业龙头企业，并获得客户的一致认可和高度信任。近年来，冠美已成功布局办公、酒店、医疗养老等行业细分领域，推动企业多元化发展。

3. 五十二载穗宝床垫再攀发展高峰

具有52年创业历史的中国知名床垫品牌穗宝床垫在2023年交出了一份亮眼成绩单。在品牌推广方面，由世界品牌实验室权威发布，穗宝集团连续19年上榜，荣获2023中国最具价值品牌500强，品牌价值达272.15亿元，全年荣获各类重要奖项38个；在企业经营方面，全国净增门店36家，单店平均面积增长26.7%。2023年，全域店铺直播种草成交同比增长40%、成交金额同比增长79%，618住宅家具天猫内容种草成交榜TOP1，商用领域业绩同比增长20%，携手东呈集团年度增长43.5%，携手泰康集团成功拓展康养渠道。全年发运产品57.4万件（套），同比增加14%。

（广州市家具行业协会　杨家辉）

深圳市

一、行业概况

深圳作为中国高端家具的代表地，素有“中国家具看广东、广东家具看深圳”的美誉。在区域布局上，深圳家具产业呈现以业务板块为导向，形成“总部工厂—品牌营销—展厅”的部分切割，在龙岗、宝安、福田形成产业集聚区。

在供应链发展方面，深圳家具行业充分发挥区位优势，将供应链管理环节作为重点布局环节，并逐步向高附加值方向的环节攀升；在制造链发展方面，深圳市家具行业以设计、销售、展销为导向，深圳家具展、深圳市家具行业协会在全国家具行业均居于领先地位；在消费链发展方面，深圳市自主品牌品类聚焦，以“极致单品”模式走入千家万户，引入品牌有一定门槛，并符合本地客群消费水平与喜好。

2019—2023年深圳市家具行业发展情况汇总表

主要指标	2023 年	2022 年	2021 年	2020 年	2019 年
企业数量（个）	1237	1518	1823	2351	2506
工业总产值（亿元）	3011	2827	2960	3095	3512
规模以上企业数量（个）	408	409	408	407	410
规模以上企业工业总产值（亿元）	2085	2031	2108	2362	2487
出口值（亿美元）	325	273	237	258	265
家具产量（万件）	13852	15357	16025	17113	18823

二、行业发展现状

2015年到现在，深圳家具行业是由设计向高质量、高品质发展的转型；未来的转型是从传统制造业向数字化智能产业的转型。将深圳市内现有的200多家家具及其上下游企业，根据业务模式、服务范围、产品类型进行划分，可将其分为六类：一是成品家具企业，约占总数的40%；二是建材、供应链企业，约占总数的22%；三是家居软装饰品，约占总数的18%；四是设计机构、平台，约占总数的14%；五是物业卖场，约占总数的3%；六是智能家居、家电企业，约占总数的3%。

深圳成品家具企业以套房、软体而闻名，是深圳家具行业从业公司、机构的支柱和重要组成部分。相较于其他板块，成品家具企业在运营模式、整体规模、市场相应程度都起到引领作用，众多家具企业在原本业务的基础上，发展定制业务，以推行“全案”“整装”的方式进入消费者视野。

深圳家具企业总部远离深圳市内CBD片区，主要设置在深圳市龙岗区、坪山区、南山区等地。甚至因为企业转型升级、控制成本等，选择将总部外迁，导致深圳家具产业整体规模呈下降趋势。深圳众多家具企业选择将（部分）制造工厂迁至惠州、佛山、清远、东莞等地，少部分家具企业选择将总部、工厂留在深圳，但惠州、佛山、清远、东莞等地作为深圳的周边城市，具备丰富的家具产业资源，是战略版图中的重要节点城市。

深圳家具行业的发展，离不开深圳市家具行业协会的引领、推动作用，经过将近40年的发展，拥有来自全国各地400余家会员企业，其中近140余家深圳本地企业，占比约35%，会员企业包括全屋定制、软体活动、建材装企、物业平台、其他（新方向如智能系统、全案整装、管理策划等）等上下游产业链企业、配套服务企业。

2023年，已有远超智慧、玛格家居等10余家家居企业首次或者二度递交招股书，冲刺深交所主板。本轮抢滩资本市场的家居企业涵盖各细分赛道，募投项目普遍聚焦智能化、定制化规划；在“大行业、小企业”背景下，头部家居企业正试图通过渠道资源整合提升市场份额。

深圳6家代表企业2019—2023年度总产值对比表

单位：亿元

年份	敏华控股（中国）有限公司	深圳市左右家私有限公司	深圳远超智慧生活股份有限公司	雅兰实业（深圳）有限公司	舒达家居用品（深圳）有限公司	红创家居（深圳）有限公司
2019	183	38.1	43.6	32.4	29.7	46.5
2020	191	35.7	46.3	35.5	33.8	37.2
2021	198	39.2	51.4	33.1	30.3	42.3
2022	203	42.9	55.5	38.4	34.5	48.5
2023	212	48.7	57.9	40.9	37.2	52.9

三、行业纪事

深圳时尚家居设计周暨深圳国际家具设计展由深圳市家具行业协会主办，涵盖了设计建材、设计家居、设计光饰、文创艺术、智能应用、工作场景等诸多领域，占地面积32万平方米，汇集800多个潮流品牌，200多名优秀建筑及室内设计师参展，举办创意论坛达200多场。2023年5月，第38届观展人数20万人，包括各类经销贸易商、设计师、工程地产采购商、家居艺术等终端用户、家居类制造商、相关行业媒体来现场商贸交流。

每年盛大的国际家具展，展会主题、展馆数量亦随家具细分市场的变化而做出改变。2023年，经过精细化筛选、专业化整合，在保留了各潮流展馆的同时，将展馆数量控制在10个。

深圳市家具行业协会标准研究中心起草地方标准1项：SZJG 52《家具成品及原辅材料中有害物质限量》；协助深圳市市场监督管理局构建深圳标准认证体系：与深圳市卓越绩效管理促进会联合发布12项深圳标准认证团体标准；制定企业标准领跑者评价标准：发布了5项“领跑者”评价要求标准。

截至2023年11月，赛德已经在深圳坪山、四川成都、浙江德清建立3个检测中心，其任务是“助力家具行业品质提升”。“五星”为优秀等级，符合中国绿色家具优品标准，五星企业榜单如下：

综合类（木系家具）：仁豪家居、全友家居、红苹果、童话森林、南洋迪克、南洋胡氏、林氏木业、联邦家私、和砚家居、光环家居、永艺家具；

软体类（沙发）：敏华控股、顾家家居、左右家私、格调家私、华意空间、LAZBOY；

软体类（软床床垫）：雅兰、丝涟、金可儿、喜临门、CBD、梦百合、索菲莉尔、赛诺、大自然、圆方园、路福寝具、宜奥科技；

儿童家具类：七彩人生、松堡王国、德华兔宝宝。

深圳家具研究开发院在许柏鸣院长的带领下，重塑理论体系。研发院派遣专业调研团队持续追踪广东家具三展（东莞、广州和深圳展）的参展商数据。不间断地探索与实践，每年发布一套《家具潮流趋势白皮书》。这本白皮书高度聚焦深圳展，分为套房和软体两个分册，使得相关领域的数据更具针对性，并为家具企业的产品研发、供应链采购等环节提供有据可循的数据。

四、发展方向

企业开始向“成品家具＋定制”的方向转型，在原本业务的基础上发展定制业务。一是以成品家具为基础开展定制，如以“模块化”的方式实现沙发等软体家具的定制、以“模块化＋根据层高定制”的方式实现衣柜等全屋柜体的定制。二是企业跟随行业大势开设定制生产线。三是外购相对成熟的定制工厂以补足自身品类空缺。

众多家具企业都积极在自身产品的基础上开展智能家居的研发设计，小到入户智能锁大到全屋智能控制系统，旨在满足消费者追求享受舒适的需求，用最前沿科学数据和传感技术，研发适应中国人的强支撑、自适应床垫，并结合传感监测做出周期性睡眠报告及健康预警等。

智能家居的终极模式是联动Aiot技术、智能控制与终端的全屋智能空间的全场景万物互联。同时必须强调的是，真正的智能核心一定是为健康服务。

（深圳市家具行业协会）

重庆市

一、行业概况

2023年以来，重庆市家具生产及销售企业，积极开展各项活动，采取措施，大力挖掘潜力，积极谋求转型升级，狠抓技术创新，内销增速延续。据协会对部分会员单位的抽查数据显示，2023年销售收入及利润均实现了同步增长。

二、重大活动

重庆教学家具初始生产的时间较早，且一开始便获得了较大的市场占有率，历史根基较深。教学家具备受全国各地同行企业的关注，且逐渐成为行业发展的风向标。重庆教学家具企业有必要、有实力站出来，进一步强化自身的品牌形象，重庆家具行业协会积极响应国家“三品战略”，在重庆市经济和信息化委员会指导下举办“教学家具看重庆”活动。希望通过活动的开展，努力提升重庆教学家具品牌影响力，让优秀的重庆教学家具企业更加不断完善自身，全力以赴做有使命感的企业，力争把重庆打造成“中国教学家具之都”。

三、重点企业

1. 汇聚教育装备集团

汇聚教育装备集团旗下聚宝教学设备有限公司创始于1998年，是一家专注于教育信息化装备、智慧教学设备、智慧教学仪器、智能教学家具研发、制造、销售、服务于一体的高新技术企业。

汇聚教育装备集团总建筑面积超27万平方米，集团下辖多家分公司，拥有重庆汇聚、重庆聚宝、重庆汇晶及安徽汇晶4个智能智造生产基地。集团现拥有员工500余人，研发人员占比超10%。经过不断创新发展，集团现有自主研发专利近100项，入选了2022年重庆市专精特新中小企业，2023年璧山旗舰生产基地被评选为“绿色工厂”。

集团璧山旗舰生产基地建筑面积6.9万平方米，年产量超50万套；集团旗下安徽汇晶教育装备集团占地面积186亩，2023年3月，汇晶第一期项目正式投产，目前二期工程正在筹备，待到全面建设完成后，年产值超5亿元，总产能提高近3倍。

2. 重庆市朗萨家私（集团）有限公司

重庆市朗萨家私（集团）有限公司创建于2000年，是一家集两厅活动家具、软体家具、定制整装家具等的研发、设计、制造与销售于一体的民营企业。现已有15万平方米的标准化厂房，1万平方米的家具展示厅，3万平方米的综合办公和生活区，集团员工近千人。集团拥有3个子公司、4个营销分公司、50多个自营专卖店，400多家代理商分布全国，部分产品已远销国外。

随着市场的变化，企业定位以“定制+两厅家具”为主，销售以“线上引流+实体店体验”为主，同时，导入与房地产行业、建材行业、装修行业、设计公司、物业管理等跨界合作。旗下拥有各种两厅系列及多风格全屋定制产品，充分体现了家具简洁、时尚、个性化的特点。朗萨集团先后获得“重庆市优秀民营企业”“渝北区重点工业企业”“全国家具标准化先进集体”“国家重点研发计划项目应用示范单位”等荣誉。

3. 重庆民意家具制造有限公司

重庆民意家具制造有限公司创始于2001年，是集设计研发、生产制造、终端销售于一体的专业校园系列家具企业。经过20余年发展，形成了一支素质高、专业强的管理及设计研发团队，在教学家具行业一直发挥着领头羊的作用，产品销售到全国20多个省市，产品质量、售后服务等各方面赢得了广大用户的信赖和广泛推荐。

经过企业研发中心不断地研发创新，公司已获得3项发明专利和著作权、38项实用新型专利、35项外观设计专利，在教学家具行业中处于领先地位。先后获得国家高新技术企业、重庆名牌产品、重庆市著名商标、重庆市“守合同重信用”企业、重庆市专精特新企业等荣誉。2023年销售总额2.5亿元，产值1.8亿元，其中公寓床占比80%左右，在国内有较高的品牌知名度和产品认可度。

4. 重庆展成家俱制造有限公司

重庆展成家俱制造有限公司是集设计、研发、生产、销售于一体的大型家具生产企业。2008年，投资上亿元在重庆铜梁工业园区建立生产基地，占地面积90多亩，生产厂房近5万平方米，现有职工243人，其中技术人员30人。公司具有木工生产线4条、家具组装生产线2条及相关配套设施、喷涂生产线2条、精加工专用机床15台、异型专用雕刻机床9台及相关配套设施。公司设计年产8000套家具、家具安装10000余套、家具配套设施金属部件10万余件。

公司创立了“名匠”“展成”两大品牌十多个风格各异的产品系列。产品主要有高端民用家具、星级酒店家具、名匠集团旗下品牌。先后获得“重庆市专精特新企业”“重庆市企业技术中心”“高新技术企业”“重庆市知识产权优势企业”等荣誉。

5. 重庆高田工贸有限公司

重庆高田工贸有限公司创始于1992年，是一家单品原创高端人体工学椅的企业，旗下GTCHAIR®品牌畅销全球82个国家和地区。2017年，自主研发并投产了全球首条数控装配及检测一体化人体工学椅生产线，拥有数十项国家发明、实用新型及外观设计专利，是国家高新技术企业，2023年完成产值近两亿元。2022年，荣获European-Good Design（欧洲好设计奖）银奖、2019—2024年红棉奖等。

高田人体工学椅智能智造基地，占地面积约40亩，建筑面积超4万平方米，将于2024年9月投入使用。

（重庆家具行业协会）

四川省

一、行业概况

2023年，无论是宏观经济还是家居行业，都发生了重要变化，当然，四川家具行业也经历了重大变革，主要体现在消费需求变革、产业重构变革、技术变革等方面。停留在中间层的企业已经没有生存机会，唯有拥抱变革。企业要么向上，通过功能创新实现消费升级；要么向下，通过提高性价比实现消费降级。总之，整个行业机遇与挑战并存。截至2023年底，据不完全统计，四川家具行业总体发展仍然平稳，但略呈下降趋势，家具行业实现总产值998.10亿元，同比增长-0.2%；全省家具出口3.10亿美元，同比增长-11.9%；企业个数约3312家，从业人数近70万人。

2019—2023年四川省家具行业发展情况汇总表

主要指标	2023年	2022年	2021年	2020年	2019年
企业数量（个）	3312	3412	3527	3515	3510
工业总产值（亿元）	998.10	1000.12	1021.17	1019.25	1016.27
出口值（亿美元）	3.10	3.52	3.57	3.51	3.34

2023年，四川家具行业和企业在技术创新、设计创新、绿色环保、政策扶持、国内外项目合作等方面均有所表现：八益床垫&CCTV-2“民族品牌”品牌战略合作正式启动，且创新研发可弯曲大豆蛋白纤维独立袋装内胆，整张床网更具支撑性、更贴合曲线；“明珠家具柔性智造智慧工厂生产示范场景”上榜首批四川省新经济应用新场景。

二、行业纪事

1. 家居展全面回归，深化内循环模式

2023年作为疫情结束的开局之年，四川的展会市场异常活跃，呈现出“你方唱罢我登场”的局面。不仅有老牌展会，更是增加并深化了内循环展会。八益家具城2月和6月分别举办了第8届春季订货会、第17届夏季订货会。2月，四川家具进出口商会举办了2023年成都国际生活展。5月，崇州家协举办崇州消费电子产业园第三届内循环活动暨原辅材料供需推介会。6月，香江中居联举办了2023年成都国际家具工业展览会。8月，展贸销协同，搭建全链配套新平台，川派家居迎来“三江家居”新名片，线上线下双核赋能，第一届三江家居博览会盛大开启。此外，四川家具品牌更是走向了国内外：米斐、八益床垫登录东莞名家具展；八益床垫亮相上海家具博览会；米斐携真皮系列“斐普”闪耀第52届中国家博会；人间印象、德邦博派、美立方、漫琴海、驿灵家居惊艳亮相龙家具展；朗生以“整店装新饰力”为主题惊艳亮相深圳时尚家居设计周，为泛家居同仁们提供全新的空间解决方案；3D无漆木门品牌亮相米兰国际家具展。

2. 再起“价格战”硝烟，全屋定制内卷加剧

当所有企业开始布局定制时，定制行业已经进入惨烈竞争时代，企业增长放缓，竞争加剧，价格战在所难免。面对激烈竞争，很多有实力的川派企业选择了正面刚。2023年，川派家具企业间价格战硝烟再起，总体看来，相较于沿海头部企业欧派的699元/平方米、索菲亚的688元/平方米，四川

2023四川家具春季订货会

家具更是陷入了“低价混战”的局面。长期价格战将加速行业资源向优势企业集中，加剧行业洗牌。部分川派中小型企业，比如圣雅帝，重新梳理了自己在大产业链中的价值定位，研发出许多满足个性化需求的产品，为自己在“卷”上天的套餐价格战中，赢得一线生机。

3. 创新寻求新增长点，掘金万亿整家市场

在众多渠道中，家装对于建材家具企业的贡献越来越大，整装渠道已成为众多四川家具企业新的发力点和业绩增长点。继全友之后，掌上明珠全面推进整家解决方案，进入3.0时代，随后制定个性化定制套餐，全新升级开启真整家4.0时代；双虎集团与红杉树装饰集团开展战略合作，全力抢占整装渠道；帝标家居深耕整屋大家居，服务至上运营主导；得一家居知趋势、行转变，建设标杆级智慧制造基地，开启全屋元年，潮向整屋大趋势，数字化赋能共新生；太子家居开启全屋定制新战略，引领家居消费新风潮，发布整家定制全新系列，加速行业变革；九天智能家居，开启整装时代，多战略思考，少战略计较；好风景家居成立家装项目部，开启2023全屋整家新时代。拥抱装企，入局整装，川派企业纷纷开始重视该渠道，掘金万亿整家市场。

4. 拥抱高质量发展，建立推行团体标准

2023年，四川家具响应政府号召，坚决执行经济高质量发展的国策，大力探索制造领域需要的、科学的、有价值的团体、行业标准，建立并推行了《家具星级品质评价规范》《家具有害物质限量及安全要求》以及定制家具的团体标准等。标准的建立和推行，对于升级家具产业、提升家具产业知名度、增强家具产业在全国的竞争力具有重要作用，有助于提高企业品牌影响力和竞争优势，赋能家具产业结构的转型升级和高质量发展。

5. 抱团拓海外市场，合作共赢谋发展

2023年，高温停电、环保检查、停工停产，四川家具可谓一路颠沛流离。为了打开销路，获取更广阔的市场空间，川派家具企业积极求变，寻求国际贸易合作：双虎集团与华凌国际布局格鲁吉亚等海外市场；欧盟SPEAC项目负责人来川调研，为四川家具企业赋能的同时，开辟出通往欧盟市场的渠道；棠德家具、汇禾正科技、依贝思达参加2023年越南胡志明家具及室内装饰展，大力推动了川派家具进入东盟地区及RCEP市场；响应国家“一带一路”倡议，新都家协组织川派企业参加

5月阿联酋迪拜家居及室内装饰展览会；四川省家具行业商会鼓励会员企业增强国际视野，拓展海外市场，引领川派家具在世界舞台绽放光彩，开辟了通往国际之路。各大川派企业，通过多方寻求合作，打开通往国际的路，为企业带来新生机，为市场注入新活力。

6. 胸怀责任和担当，显川派大爱精神

四川家具企业一切都可以改变，唯有爱心不变。川企不仅注重自身发展，还胸怀责任和担当，2023年，积极为灾区、困难群众等献出爱心。八益团委开展慰问孤寡老人志愿服务活动；全友向甘肃地震灾区捐款300万元用于灾后重建；掌上明珠家居践行公益，传递正能量，全新发布Homie关爱计划；人间印象10年间累计捐款1000万元，设立助学金救助困难群众和贫困儿童；千年舟集团紧急驰援甘肃地震灾区，捐献了一大批甘肃灾区急需物资；好风景家居向甘肃地震灾区捐赠百万家具，帮助灾区人民重建家园；全友、明珠、索菲亚、创新、帝龙、鑫海源等向崇州市崇庆中学实验学校捐赠了文件柜、办公桌椅、会议桌椅等价值40余万元的家具，帮助学校办公区域增加了储物空间，改善了教师们的办公环境；天骄家具、成都潼南商会向重庆市潼南区慈善会捐赠现金10万元，定向用于潼南区五桂镇抗洪救灾工作。企业通过展现爱心和关怀，可以赢得更多顾客的信任和支持，也可以为社会做出积极贡献，是双赢的大好事，极大程度地提升了四川家具的品牌知名度和美誉度。

三、行业重大活动

1. 赴各地观展、交流学习

2023年，四川省家具行业商会充分结合新形势、新需求，持续发挥行业引领和桥梁纽带作用，开展了参观交流、考察合作等各种形式的合作。如：商会携部分会员企业赴广东顺德参加第22届顺德国际木工机械展；组团会员企业赴广东参加2023东莞名家具展、龙江家具展、广州家具展；组织八益床垫、佳木思、森派阳光、都市百灵、时代新居、润京、鑫天跃、帅先、阳升等四川家具企业赴河北胜芳参加第27届胜芳家博会，并深入当地工厂观摩和洽谈合作；组织部分会员企业同往南康家博会参观学习；协同部分会员企业参加、观摩第52届CIFF中国国际家具博览会和第二十八届中国国际家具展览会，并受邀参加2023全国家具行业协会会长工作会议、2023中国家具协会质量标准专业委员会年会等活动；商会王学茂会长亲自带队奔赴江西南康，深入走访调研当地的家具工厂、产业园区、赣州陆港为代表的物流中心、销售卖场、展览中心等，并与赣州市委、南康区委领导、家具产业发展促进局、家具协会等交流座谈，就未来两地区如何优势互补、开展对话合作等达成了高度一致的共识。

2. 做好四川家具与政府、行业组织间的桥梁纽带

四川省家具行业商会在2023年充分发挥商协会作为社会组织的重要作用，开展一系列相应活动，为会员单位发展添动力。如：在中国家具协会徐祥楠理事长一行调研四川家具产业期间，报告了四川家具产业发展情况，听取了相关的指导建议，商会全程陪同走访了八益家居、诸葛家具等四川家具优秀企业代表；主办由四川省经济和信息化厅指导的“2023年四川省家具产业产销对接会”，全面总结当前四川家具产业的发展情况；王学茂会长和雅美斯特、博雅恒大、乐小吉、漫琴海、东方明珠、森术林、九众家私等企业代表一起，接受四川新闻网记者专访，延续并深化了产销对接会上的相关议题，并提出了更多有建设意义的具体方案和举措；商会在四川省经信厅带领下，与成都崇州经信局一起，赴广元市调研家具产业发展情况，并先后奔赴昭化家居产业园区和旺苍县家具产业园区，深入当地家具企业开展实地调研；商会联合四川省养老服务发展协会，主办了四川省经济和信息化厅、四川省民政厅指导的“四川省适老产品走进全省养老服务机构活动”，通过现场产品展示、座谈交流的方式，分析探讨了养老、适老型家具产业的发展现状和未来空间，为广大四川家具企业带来新的启迪和思考；商会与众多行业商协会、川派优质企业，共同成立成都泛家居产业联盟，为进一步促进川派家居高质量发展增添新动力。

四川省家具产业产销对接会

3. 开展各项学习提升类活动

为了提升四川家具企业的市场竞争力，助力企业健康发展，让企业能够与时俱进，四川省家具行业商会积极组织各会员企业参与各种学习培训。如：组织会员企业参加“春耕计划——整装家居时代下的新零售模式”导购培训活动、2023家具商场营业员业务技能竞赛；针对会员企业普遍关心的用工优化、风险管控等问题，举办了“企业用工风险管控专项培训会”；协办了2023年成都百万职工劳动和技能竞赛木质家具制作工比赛、2023四川技能大赛——四川省木工技能大赛；主办了“四川家居企业数字化转型顶层思维”私董会活动，吸引了全友、八益、伊恋、金虎、爱的等四川家居领军企业、知名品牌参与。

四、品牌发展及重点企业介绍

1. 成都八益家具集团

成都八益家具股份有限公司创立于1985年，

“春耕计划——整装家居时代下的新零售模式”导购培训活动

在董事长王学茂的带领下，始终遵循“服务社会、实业兴国”的企业宗旨，发扬“和谐诚信、求实大为”的企业精神，使企业得到快速发展，形成了如今的集团型规模经济实体。公司先后获得“四川家具制造工业企业最大规模和最佳效益首强”“四川省先进企业”“全国乡镇企业先进企业”“四川省最佳文明单位”“全国精神文明建设工作先进单位”“省级守合同重信用企业”等诸多荣誉。

2023年，成都八益家具股份有限公司开展慰问孤寡残障老人志愿者服务活动，参加成都团委2023年基层团建工作交流会，组织青年学习交流会、“传承红色文化 共建绿色家园”团建活动、“同行共进永相连，征程逐梦再出发”主题党建活动、“弘扬革命精神 传承民族文化”主题党日活动、“欢度九九重阳 再叙八益深情”重阳节座谈会、“团结一心，再战明年”团建活动，举行“提升职业技能 共筑安全防线”团建活动、“成都八益家具城营业员技能竞赛”活动。12月，举行纪念毛主席诞辰130周年活动。

2. 成都市双虎实业有限公司

双虎家居始建于1989年，历经35年发展，已成长为总资产近百亿、雇员超万人且生产基地超过2000亩，集家具设计、研发、制造、销售、服务于一体的现代化大型家居企业。在全国设有15家分公司，23个分仓，大中型专卖店2000余家，销售网络覆盖31个省、区、市，并出口至欧美、东南亚等地区。

凭借着优质的产品和完善的服务，双虎集团成功入选《人民日报》“国货发光”品牌，并成功入选CCTV-9“中国品牌档案”的家居品牌。“简单就是幸福”的品牌口号不仅是双虎家居倡导的生活智慧，也是双虎家居给消费者的体验承诺。同时，双虎家居大力推进全国千平大店模式。丰富产品套系，并推出“全屋定制，现场配齐”的终端服务，让顾客告别图纸定制、货不对板和漫长交期的消费痛点。

3. 四川居里亚智能家具有限公司

居里亚集团创立于2002年，总部位于四川成都，是一家专业从事定制家居设计、生产、销售、服务的综合性企业。集团占地面积10.6万多平方米，是西南地区较大的定制家居生产企业之一，也是川派定制名列前茅品牌。一直以来，居里亚以“轻时尚”的定位，为年轻的生活方式而打造，获得无数消费者的认可与信赖。现全国旗舰店布局达400+，品牌影响力持续提升。

2023年，居里亚启动大商平台、大商模式，开启灯火计划、抖音流量赋能、雏鹰计划+利剑行动，发布“魔方生态展厅”，为终端新商赋能，为设计师筑梦，制定“定制百变空间”的全新品牌战略。2023年销售业绩增长37%，招商加盟同期落店增长率52%。

五、省家具流通卖场发展情况

1. 八益家具城

2023年，八益家具城点亮行业新篇章，开启直播之年，通过短视频等新媒体，完美实现线上+线下双运营。春夏订货会如期举办，发挥西部家具窗口作用，为四川家具企业带来全国各地客源和流量，促进四川家具提高销量，提升品牌知名度。另外，还根据时间节点举办各种主题活动，比如“七夕逛八益，必须浪漫购”“万家团圆迎中秋，齐聚八益庆国庆”“跨年疯狂购，八益钜惠秀”等。

2. 太平园国际家居博览城

2023年，太平园家居召开春夏两季订货会，深度参与6月成都家具展，实现展贸同行；举办了首届全民家装节、家居狂欢节，形成集群效应，给四川家具企业带来活力和生机。

3. 富森美家居

2023年，富森美家居锚定目标，群策群力，“抓招商、做营销、稳运营、拓业务、促建设”，经营目标总体平稳实现：打通线上+线下流量通路，开启了富森美天府直播港，成立了新零售联盟，开通了富森美线上艺术展，天府项目也顺利建成，各个团队得到进一步锤炼和成长。

（四川省家具行业商会）

贵州省

一、行业概况

2023年，贵州省家具行业在面临全球经济形势复杂多变和国内经济结构调整的双重背景下，仍展现出平稳的发展势头。行业内，企业数量稳步增加，同比增长7.1%，市场活力和吸引力在不断提升。同时，家具产品的品质和设计水平也得到了显著提升，高端定制家具市场占比逐年上升，本地定制企业市场占有率大幅提升，消费者对家具产品的个性化、环保化和智能化需求日益增强。

此外，贵州省家具行业在技术创新方面也取得了显著成果。大自然科技股份有限公司等多家企业成功研发出具有自主知识产权的新型家具材料和制造技术，不仅提升了产品的附加值，也为企业赢得了市场先机。

二、行业纪事

1. 设计师职业技能等级评定工作

2023年，贵州省家具协会联合贵州省职业技能等级考评指导中心，积极推进家具设计师职业技能等级评定工作。本次评定工作以国家标准为依据，结合贵州省家具行业实际情况，对家具设计师的职业技能水平进行了全面、客观的评估。经过严格的考核和评审，共有16名家具设计师获得了高级职业技能等级证书，12名获得了中级证书。同时，评定工作还促进了职业技能大赛·贵州省家具设计大赛的开展，激发了广大设计师的创新热情和创造活力，为行业的可持续发展提供了有力的人才支撑。

贵州省家具设计师等级证书考试现场

2. 乡村振兴·民居希望工程

在响应国家乡村振兴战略的大背景下，贵州长田家具（集团）于2023年率先在全国家具行业中提出了“乡村振兴·民居希望工程”。该工程旨在通过提供高品质、环保、经济的家具产品，改善农村居民的居住条件和生活品质，推动乡村经济发展和社会进步。

长田家具集团充分利用自身在家具设计、制造和销售方面的优势，结合贵州地区的文化特色和民居需求，研发出了一系列具有地方特色的家具产品。这些产品不仅具有实用性，还融入了当地的文化元素和生态理念，受到了广大农村居民的热烈欢迎。

通过“乡村振兴·民居希望工程”，长田家具集团不仅为农村居民带来了实惠和便利，也为企业自身赢得了良好的社会声誉和经济效益。该工程的实施，不仅符合当前国家政策导向，也为贵州省家具行业的创新发展提供了新的思路和方向。

3. 人才安居工程订单倾斜本地企业

随着贵州省经济的持续发展和人才政策的不断完善，人才安居工程成为吸引和留住人才的重要举措。贵州省家具协会敏锐地捕捉到这一机遇，积极与政府部门沟通协调，一项涉及3万套人才安居工程的订单将向贵州家具生产企业倾斜，推动本地家具企业参与人才安居工程的建设，为本地家具产业带来前所未有的发展机遇。此次订单不仅将带动本地家具产业的快速发展，提升产品质量和技术水平，还将为本地劳动力提供更多就业机会，促进地方经济的繁荣。未来，贵州省家具协会将继续发挥桥梁纽带作用，加强政府、企业和社会各界之间的沟通与协作，为本地家具产业的可持续发展贡献力量。

4. 新产品开发助力市场占有率飙升

贵州家具行业的企业积极响应市场需求，加大研发投入，不断推陈出新。其中，大自然床垫以其环保、舒适、健康的特性，受到了广大消费者的青睐，该品牌床垫采用天然材料，结合人体工学设计，为消费者提供了优质的睡眠体验。同时，定制家具也成为行业的新亮点，爱丽诺板材惊艳亮相广州展会，面向全国招商，引起轰动效果。家和木门则以整芯实木门的专利产品、独家技术的特点，满足了消费者对家居美观和实用性的双重要求。

随着消费者对家居生活品质的不断追求和个性化需求的不断增长，贵州家具行业将继续加大研发投入和创新力度，推出更多高品质、个性化的家具产品，满足市场的多样化需求。相信在未来，贵州家具行业将继续保持强劲的发展势头，成为国内家具市场的重要力量。

（贵州省家具协会）

陕西省

一、行业概况

2023年是中国市场向“后疫情”时代转变的关键一年，也是家具行业重塑、企业开拓创新、转型升级的重要窗口期。2023年，陕西省家具企业在发展方略上，以科技赋能、绿色低碳、敏捷组织和整合资源这四大核心关键能力，奠定了家具行业长远发展的主基调。

在经历了地产热度消减等影响造成各行业停滞期后，2023年陕西省家居市场也实现了行业修复，在多重因素驱动下消费升级、旧房改造、新房装修，需求端逐步复苏带动家具行业供给升温，企业优势逐渐放大。

随着消费升级、消费人群年轻化、销售渠道变革等趋势不断涌现，家具行业由单品类时代向多品类融合时代发展：大数据、云计算等技术被普及应用至家具行业的生产制造、流通渠道、服务等环节，不断助推行业变革，从而使家具行业数字化应用继续向纵深发展，而“客户体验”和“经营效率”是核心关键。

2021—2023年陕西省家具行业发展情况汇总表

主要指标	2023 年	2022 年	2021 年
企业数量（个）	624	657	729
工业总产值（万元）	1773900	1971000	2187000
规模以上企业数量（个）	372	392	437
规模以上企业工业总产值（万元）	721280	784000	946000
出口值（万美元）	397	415	426

二、行业纪事

随着互联网等新一代信息技术的加速发展，协会在疫情过后经济复苏的关键点为企业再发力，特聘专业讲师走进企业，先后开展了四期“抖音线上营销公益培训”，积极为会员提供更多电商学术交流和思维碰撞平台。通过讲解分析电商的发展趋势、成功电商案例以及产品定位等知识点，解读店铺客户数据和客户人群特性，激发了参加培训人员互联网电商新思维和更强的内在动力，帮助企业加快孵化电商专业人才梯队，让直播电商成为家具产业经济增长新引擎。

青海省家具协会、陕西省青海商会一行拜访陕西省家具协会。“行业协会、商会”，两类不同的社团在一起交流，互相产生新碰撞、学习新知识、增长新见识。作为家具行业西北龙头省份，陕西省家具协会积极调动行业组织的资源配置能力，促进协同发展，带动区域经济，实现共赢发展。

随着消费需求的不断变化，家具行业的竞争已经进入白热化阶段，认证需求逐步扩大，已成为企业取得客户配套资格和拓展市场的保证。协会将依托方圆标志认证集团陕西有限公司“一站式”的技术服务平台，更好地服务陕西省家具行业，为省家协会员企业开展精准帮扶等创造性工作，促进协会会员企业稳健经营，助推陕西家具产业不断优化升级，实现家具行业的高质量发展。

陕西经济联合会调研家具行业

第二十二届西安国际家具博览会现场

2023年4月起，陕西经济联合会会同陕西省家具协会对家具行业进行了调查。协会立足实际、认真梳理，分析和研讨企业提出的相关问题，并形成了翔实的调研报告，积极推进陕西家具产业高质量提升工程，更好地为陕西家具品牌赋能。

2023年5月25—27日，为期3天的第二十二届西安国际家具博览会在西安国际会展中心圆满落幕。近5万平方米的面积里，展出相关品牌400多个，共计迎来参观观众60655人次。家具展大规格、高平台、全产业的精彩发酵效应仍在持续显现。家具展还吸引了四川省家具行业商会、赣州市南康区家具协会、明珠国际集团·中国原点新城、苏宁易购、西安市住宅装饰协会、京东物流等战略合作伙伴，共同探讨借新丝绸之路经济带加强交流与合作，带动国内的家具行业转型升级。

为培育、挖掘并支持优秀家具设计人才，协会特别注重利用各种平台效应。12月初，在四川宜宾举办的2023年全国行业职业技能竞赛第三届全国工业设计职业技能大赛，协会积极组织、鼓励家具设计人员、相关专业院校师生报名，并带队邀请专家一同前往宜宾。此次大赛不仅是荣誉的较量，更是参赛者发掘自身潜能、拓宽视野、激发创造力的机会，推动家具行业创新和发展。

2023年12月10—13日，会长靳喜凤带队赴江西南康参观考察，深入了解了南康家具产业发展趋势。此次考察还发掘了南康家具与陕西实木、软体等家具很多的合作契机。南康区家具协会与陕西省家具协会、西安家具展分别签订了战略合作协议，双方合作进入全新阶段。

2023年全国行业职业技能竞赛第三届全国工业设计职业技能大赛开幕式

南康区家具协会与陕西省家具协会签订战略合作协议

三、重点企业

1. 西安福乐家居有限公司

福乐企业创立于1965年，福乐家居始于1985年，是中国西北地区规模最大的集科研、生产、经营于一体的综合性企业之一，产品涵盖各种款式、规格的中高档床垫和各类家具。

3月，福乐智能亮相CIFF，吸引了众多行业人士及消费者的驻足参观；5月，福乐家居荣获2022年度S+超级大商奖；7月，公司获评“中国轻工业软体家具行业十强企业”；10月，中华全国手工业合作总社及全国联社系统莅临福乐集团参观指导，福乐家居被认定为陕西省2023年第一批“高新技术企业”。福乐提倡并践行工匠精神，每道工序精工细作，始终坚持将正能量的生活观念融入产品中，将“福”与“乐”带给每一个家庭。

2. 南洋迪克整装家居

南洋迪克整装家居成立于2001年，是一家集研发、生产和销售于一体的现代化家具制造企业，拥有200余亩的现代化生产基地和4条工业3.0高定整装智能制造线，目前有外观设计专利1968项、实用新型专利44项、发明专利10项、注册商标223个、著作版权29项，是高端实木家居领导品牌。2023年，获评陕西省第四批“绿色工厂”。

公司主动践行社会责任，积极投身公益事业。2023年8月11日，滦镇街道喂子坪村鸡窝子组突发山洪泥石流自然灾害，公司第一时间捐助30万元；在脱贫攻坚战中，公司从2019年开始，以金融扶贫的方式，助力长安区50余户贫困户脱贫。南洋迪克一直用实际行动诠释着人间大爱和责任担当。

3. 雨丰设计职业技能培训学校

西安雨丰设计职业技能培训学校成立于2014年，拥有多名经验丰富的教师，作为陕西省家具协会培训中心，坚持以市场和内部需求为导向，以“家居设计”实操与理论培训为基础，成功促进了校企合作，不仅夯实学校办学基础，还有效地促进了职业技能培训。

2月，与酷家乐（杭州群核信息技术有限公司）合作成立软件西安培训中心；5月，组织设计师专场招聘会，欧派、索菲亚、皮阿诺、德贝、全友家居、欧铂丽等多个企业到校宣讲，设置招聘洽谈区；利安诺、钻牌家居、居然之家、南阳迪克、大明宫等企业为学生提供企业游学机会，与行业精英交流，增长见识；7月，承办西安市2023年“技能出彩·技能报国”高技能人才职业技能竞赛（工种：家具设计师），取得“优秀组织单位”“优秀组织个人”称号；12月，组织学生参加第三届全国工业设计职业技能大赛。

（陕西省家具协会）

西安市

一、行业概况

2023年步入后疫情时期，西安家具行业面临新的挑战和机遇，家具卖场和生产企业创新经营理念。西安家具流通业发达，目前已有20余家大型卖场遍布全市不同区域，涌现出了本土发展起来的大明宫、明珠、原点新城、阿姆瑞特、三森、和记万佳等一批规模庞大的家居卖场，外埠进驻的红星美凯龙、居然之家、宜家、月星家居等知名品牌也纷纷在西安布局多个大型卖场，使西安日益成长为中国西北地区的家具集散地和商业中心。各大卖场正在打破传统，营销模式求新求变以适应多元化市场变化，提升了沉浸式消费场景体验；同时，开发线上商城和短视频获取流量、拉动销售，结合假日经济纷纷推出了多种福利活动，用数字化转型拥抱新的消费群体，为消费者提供了多样化置家服务。西安本土有实力的家具企业，越来越注重品牌的塑造，用原创设计占领市场，孕育了南洋迪克、金金博士、福乐、源木、香山红叶、东洋红光、欧克美邦、迪瑞王朝、鑫叶、得宝迪赞尼等一批本土知名家具品牌。家具产品尽可能满足多样化的生活方式和价值观，健康环保的实木家具取得了稳步发展，定制家具市场不断扩容，个性化服务已经成为行业的新趋势。2023年，随着市场环境好转，西安家具销售呈现增长态势，前景依然广阔。

二、家具流通卖场

（1）红星美凯龙是家居流通行业的领军企业，2023年，全面投入运营了西安红星美凯龙至尊家居Mall，该项目是红星美凯龙家居集团在全国布局的第8代商城高端旗舰直营店，是家居Mall和生活Mall相互引流的重要载体，将引领全新生活方式和社交体验。商城以国际进口、国内一线家居品牌为主，其他家居品牌为辅，体现了新业态、新空间、新体验三大标签，将智能化、主体化引入家庭生活氛围，为消费者带来了耳目一新的体验。

（2）原点新城是西安规模大、品类全的家居商城，不断拓展西部区域市场品牌，抓住西安国际化大都市建设和消费迭代升级的有利时机，着力实现创造性的转化和创新性的发展。2023年5月，成功举办了广州设计周（西安）美学中心&奢华居所（西安馆）揭幕仪式，将通过艺术设计与美学空间相结合，发掘艺术创想、美学策展、文创集市等主题活动去助力家居卖场的升级和转型，聚合多方力量，共同探索家居行业创新与发展，为西安家具行业高质量发展再添新动能。

三、品牌发展及重点企业情况

（1）红木雅居阁是西安红木家具重点品牌，在红木家具的文化、工艺、价值和服务等方面带动了西安古典家具行业的发展。在消费升级的风潮下，雅居阁以消费需求为核心，创建智能生活体验馆，将红木家具、智能设计、智能家居等集于一体，为消费者提供更好的用户体验与服务，迈向高端红木品牌，升级拓展了业务范围，布局全屋整装领域，成为多元化的新型家居生活服务品牌。

（2）陕西香山红叶家具有限公司是一家中高档民用实木家具制造企业，开发设计和生产的卧房、客厅、书房、餐厅四大系列百余种产品做工精细、庄重古朴、美观典雅，蕴含西式家具时尚之风，又融入我国传统文化内涵，集实用性、装饰性于一体，是实木家具产品中的典范之作，其品牌“香山红叶”已被列为“陕西省著名商标”“西安市著名商标”。

（3）西安欧克美邦家具制造有限公司，始建于20世纪90年代初，集研发、设计、制造、销售和服务于一体，秉承专业化生产实木家具，引进德国、意大利等现代化加工设备，精选俄罗斯百年以上的水曲柳和南非热带雨林的核桃木等名贵木材为原材料，通过现代专业的生产技术与传统的工艺相结合，塑造出奢华的现代实木家具，拥有“美邦—水曲柳”和“美森—核桃木”等系列家具产品，行销全国大中城市，赢得了广大客户的信赖与赞誉。

（西安市家具协会）

甘肃省

一、行业概况

2023年是全面贯彻党的二十大精神的开局之年，是三年新冠疫情防控转段后经济恢复发展的一年。面对困难与挑战，协会坚持办会宗旨理念，遵循规章制度，热心服务会员，引领行业创新与转型，发挥桥梁纽带作用。

2019—2023年甘肃省家具行业发展情况汇总表

主要指标	2023 年	2022 年	2021 年	2020 年	2019 年
规模以上企业数量（个）	3	3	3	3	5
规模以上企业工业总产值（万元）	10390	10099	11221	13519	15540
规模以上企业主营业务收入（万元）	11118	10795	11994	14110	15855
家具产量（万件）	1610	1500	1650	1720	1830

数据来源：甘肃省家具行业协会。

二、行业纪事

2023年2月18日，成功召开甘肃省家具行业协会第四届第一次会员代表大会暨换届庆典大会。大会选举兰州江华家具有限责任公司董事长任义仁为甘肃省家具行业协会第四届理事会会长，甘肃龙润德实业有限公司董事长王刚为甘肃省家具行业协会第四届理事会秘书长。

2023年7月初，任义仁会长、王刚秘书长参加省民政厅组织的党建专题培训班。7月下旬，兰州大学王维平教授给会员作党的二十大精神与高质量发展政策解读报告会。通过学习，保证了协会统一思想，增强企业社会责任感。

2023年12月18日，甘肃省临夏回族自治州积石山县发生6.2级地震后，协会领导高度重视，第一时间发布了向灾区捐款捐物的倡议书，会员企业积极响应，以各种形式向灾区传递爱心，兰州江华家具有限责任公司、甘肃龙润德实业有限公司带头捐赠，协会捐赠现金10万元，捐赠棉衣棉被、桌椅、应急折叠专用床、单人床、方便面、矿泉水、防寒大衣、电热水器等物资，合计价值50万元。会员企业用自己的爱心和实际行动为支援抗震救灾贡献力量，彰显了企业责任担当和协会的号召力、凝聚力。

甘肃省家具行业协会组织企业驰援积石山地震灾区

三、重点企业

1. 兰州东西家具有限公司

兰州东西家具有限公司成立于1988年，专注生产销售宾馆家具、酒店家具、办公家具、全屋定制家具。

东西家具以诚信经营、克己奉公的思想理念，以物美价廉、童叟无欺的服务承诺，坚持不忘初心，方得始终，服务好每一个客户，做好每一件家具，为西北家具市场提供物美价廉的好家具。

2023年公司销售额1000万元。36年来，东西家具先后被政府各部门评为“甘肃省著名商标”、荣获“消费扶贫贡献奖”、获得甘肃省家具行业协会颁发的“协会贡献奖”“诚信经营单位”“优秀会员”“优秀会长”“抗击疫情突出贡献单位”等荣誉。

2. 甘肃硕博海教育装备有限公司

甘肃硕博海教育装备有限公司成立于2019年，公司前身是兰炼一中校办工厂。经过30多年的发展与积累，公司业务涉及教育装备、装饰工程、服装、家具、现代智能化等多个领域。公司现有在职员工76人，其中高中级专业技术人员40人。

随着互联网+物联网技术的日益成熟，秉承“求实创新、风险担当”的企业精神，公司自筹资金，现已开发完成“硕博海未来学校”系统V1.0版本，已申领33项软件著作权证书，致力打造“未来校园”的教育科技创新。公司研发的系统已涵盖小学、初中、高中以及大中专院校，得到各级教育部门的高度认可，安装了该系统的学校，其教育资源使用率提高了85.4%，文件传达效率提高92.6%，办公效率提高95.3%。2023年，集团公司实现总产值1.16亿元，曾多次获得“捐资助学、助力扶贫教育”等荣誉。

3. 甘肃龙盛达工贸有限公司

甘肃龙盛达工贸有限公司成立于2011年，是一家集设计、研发、生产、销售于一体的大型综合型企业。公司位于兰州市城关区名城广场，生产基地位于兰州新区甘肃科迪智能家具产业园，占地面积15000平方米，展厅3000平方米。业务包括钢木办公家具、校用宿舍家具、医用康养家具、密集架等产品的定制加工销售。公司热心于公益事业，12月，向积石山灾区捐赠价值5万元的物资。

2023年公司销售额2000万元，获得“甘肃省科技型中小企业”、甘肃省家具行业协会2023年年度“优秀企业”和“爱心企业”等荣誉。

（甘肃省家具行业协会）

PART 7

产业集群
Industrial Cluster

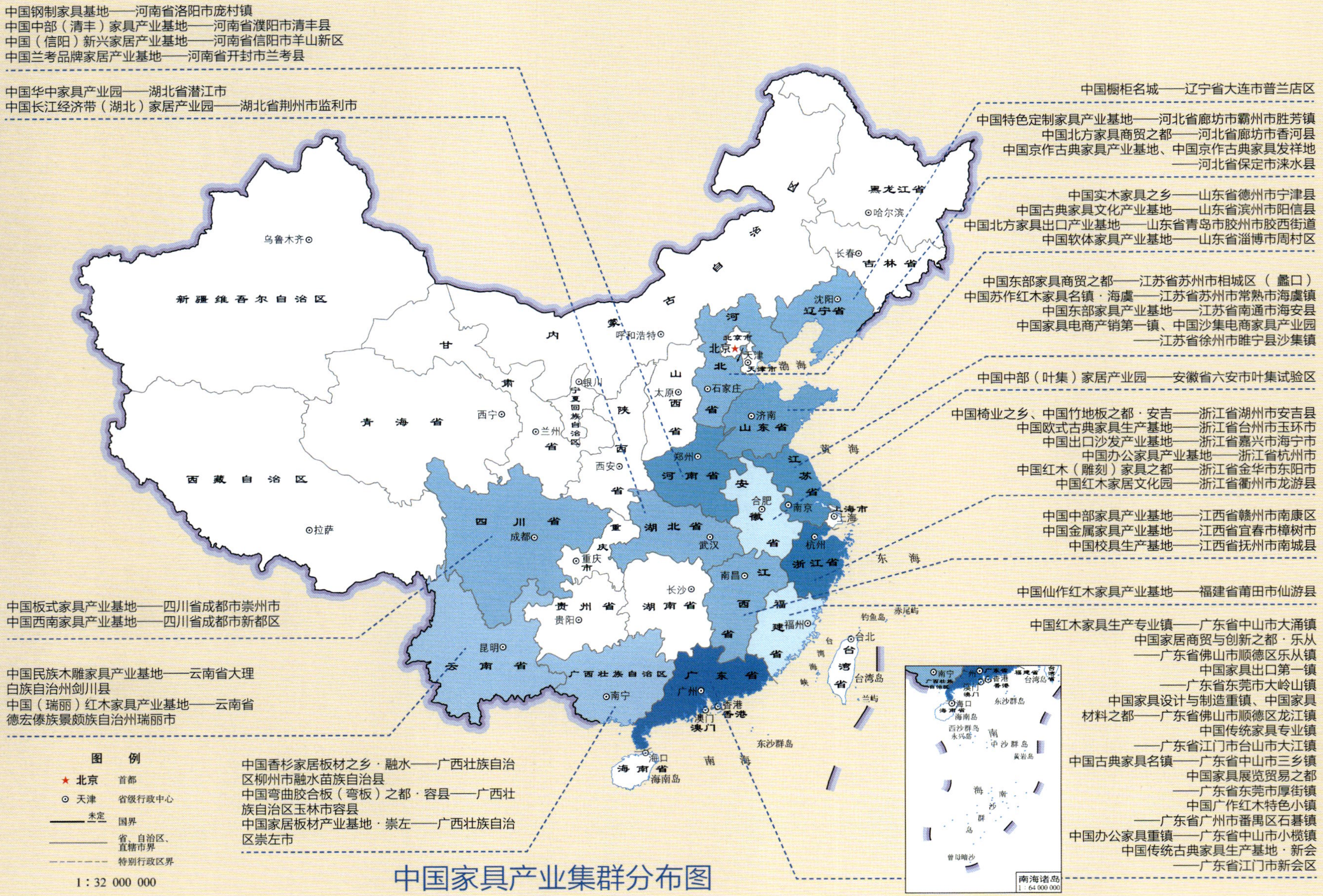

中国家具产业集群分布图

中国家具产业集群分布汇总表

序号	首次授牌时间	称号	所在地
1	2003年3月	中国红木家具生产专业镇	广东省中山市大涌镇
2	2003年8月	中国椅业之乡、中国竹地板之都·安吉	浙江省湖州市安吉县
3	2004年3月	中国家居商贸与创新之都·乐从	广东省佛山市顺德区乐从镇
4	2004年9月	中国家具出口第一镇	广东省东莞市大岭山镇
5	2004年10月	中国实木家具之乡	山东省德州市宁津县
6	2005年8月	中国家具设计与制造重镇、中国家具材料之都	广东省佛山市顺德区龙江镇
7	2005年9月	中国特色定制家具产业基地	河北省廊坊市霸州市胜芳镇
8	2007年3月	中国北方家具商贸之都	河北省廊坊市香河县
9	2007年5月	中国欧式古典家具生产基地	浙江省台州市玉环市
10	2008年1月	中国传统家具专业镇	广东省江门市台山市大江镇
11	2008年5月	中国古典家具名镇	广东省中山市三乡镇
12	2009年6月	中国东部家具商贸之都	江苏省苏州市相城区（蠡口）
13	2009年12月	中国民族木雕家具产业基地	云南省大理白族自治州剑川县
14	2010年4月	中国板式家具产业基地	四川省成都市崇州市
15	2011年4月	中国出口沙发产业基地	浙江省嘉兴市海宁市
16	2011年6月	中国中部家具产业基地	江西省赣州市南康区
17	2011年7月	中国古典家具文化产业基地	山东省滨州市阳信县
18	2011年7月	中国北方家具出口产业基地	山东省青岛市胶州市胶西街道
19	2011年7月	中国华中家具产业园	湖北省潜江市
20	2012年4月	中国办公家具产业基地	浙江省杭州市
21	2012年4月	中国金属家具产业基地	江西省宜春市樟树市
22	2012年11月	中国苏作红木家具名镇·海虞	江苏省苏州市常熟市海虞镇
23	2012年12月	中国西南家具产业基地	四川省成都市新都区
24	2013年4月	中国（瑞丽）红木家具产业基地	云南省德宏傣族景颇族自治州瑞丽市
25	2013年4月	中国仙作红木家具产业基地	福建省莆田市仙游县
26	2013年8月	中国红木（雕刻）家具之都	浙江省金华市东阳市
27	2013年8月	中国东部家具产业基地	江苏省南通市海安县
28	2014年9月	中国京作古典家具产业基地、中国京作古典家具发祥地	河北省保定市涞水县
29	2014年11月	中国钢制家具基地	河南省洛阳市庞村镇
30	2014年12月	中国红木家居文化园	浙江省衢州市龙游县
31	2015年4月	中国家具电商产销第一镇	江苏省徐州市睢宁县沙集镇
32	2015年5月	中国长江经济带（湖北）家居产业园	湖北省荆州市监利市
33	2015年5月	中国校具生产基地	江西省抚州市南城县
34	2015年5月	中国中部（清丰）家具产业基地	河南省濮阳市清丰县
35	2015年10月	中国软体家具产业基地	山东省淄博市周村区
36	2015年11月	中国（信阳）新兴家居产业基地	河南省信阳市羊山新区
37	2015年11月	中国中部（叶集）家居产业园	安徽省六安市叶集试验区
38	2015年11月	中国家具展览贸易之都	广东省东莞市厚街镇
39	2017年4月	中国广作红木特色小镇	广东省广州市番禺区石碁镇
40	2017年7月	中国兰考品牌家居产业基地	河南省开封市兰考县
41	2017年8月	中国办公家具重镇	广东省中山市小榄镇
42	2018年1月	中国沙集电商家具产业园	江苏省徐州市睢宁县沙集镇
43	2018年6月	中国橱柜名城	辽宁省大连市普兰店区
44	2020年5月	中国香杉家居板材之乡·融水	广西壮族自治区柳州市融水苗族自治县
45	2020年5月	中国弯曲胶合板（弯板）之都·容县	广西壮族自治区玉林市容县
46	2021年1月	中国传统古典家具生产基地·新会	广东省江门市新会区
47	2021年8月	中国家居板材产业基地·崇左	广西壮族自治区崇左市

中国红木家具生产专业镇
——广东 大涌

一、基本概况

大涌镇地处中山市西南部，全镇总面积40.6平方公里，距中心城区约8公里，是全国三大红木家具主产区之一，获得“中国红木家具生产专业镇”“中国红木雕刻艺术之乡”“中国红木产业之都”等多个国家级荣誉。

大涌红木具有深厚的产业发展基础，红木家具生产配套完善，技术领先，已形成较为完善的产业链。大涌红木目前拥有省级以上名牌名标10个，专利申请量及授权量1000多项，有红古轩、东成、伍氏大观园、鸿发、奇典居、太兴、地天泰、忆古轩等多个红木家具知名品牌。大涌的智能干燥、真空干燥等智能设备可有效控制目测的含水量，减少开裂、收缩等质量问题，技术处于国家领先水平。2010年起，大涌镇先后建成大涌红木家具工艺城、南文红木城、红博城等规模不一的红木家具专业市场，是国内最大的红木家具销售集散地之一。其中，大涌红博城是全球首座红木文商旅综合体，总投资48亿元，以红木文化为主题，配套产学研、商贸、培训、专业会展、工艺展示、文化体验、休闲娱乐等功能，是大涌推动产业转型升级、提升城镇形象的重要载体。

二、经济运营情况

2021—2023年大涌镇家具行业发展情况汇总表

主要指标	2023年	2022年	2021年
全（市、区、镇、乡）特色产业总产值（亿元）	23.56	22.35	21.17
特色产品销售额（亿元）	21.04	19.54	14.31
特色产品出口额（万美元）	312.24	280.18	300.10
生产企业数量（个）	845	831	865
固定资产投资（亿元）	20.77	19.27	17.30
其中：技术改造投资（亿元）	0.39	0.32	0.42
从业人员（万人）	3.17	3.15	3.18
年销售额2000万元以上企业数量（个）	7	7	15
专业市场数量（个）	3	3	3
省市以上知名品牌数量（个）	29	29	29

三、2023年发展大事件

2023年6月7日下午，中山市红木家具行业协会《中式硬木工艺家具使用和维护保养规范》等三项团体标准研讨会在大涌红博城顺利召开。大涌镇副镇长谭小龙、中山市市场监管局大涌分局局长张小平，以及团体标准起草单位代表等共30余人参加了本次研讨会。2023年6月16日，《中式硬木工艺家具使用和维护保养规范》《中式硬木工艺家具产品包装规范》2项团体标准正式发布实施。

四、2023年活动介绍

1. 2023中国（中山）红木家具专场暨大涌红木家具春季订货会

“粤贸全国 质造中山”中山货促消费系列活动——2023中国（中山）红木家具专场暨大涌红木家具春季订货会于2023年3月14—31日顺利举行。中山红木家具盛会走过了22年的风雨历程，从单一展示到多元业态，逐步打造成为功能齐备、内涵丰富、特色彰显的红木家具博览交流平台，更好地引领中式时尚、赋能美好生活，为“粤贸全国 质造中山”增添动力。

活动设1个主会场、10个分会场，参展企业达350家，举办线下促销活动80多场，共吸引前来参观的各地客商和游客超过12万人次，比上届增长50%。此外，在中山手机台、抖音、微信视频号等平台，开展各类线上推广活动200多场，观看人次超过30万。

2. 2023中山大涌红木优品直销节

“粤贸全国 质造中山”中山货促消费系列活动——2023中山大涌红木优品直销节暨红木文化推广月于9月23日在中山市大涌镇启动，以“乐购大涌 惠民消费”为主题，活动历时一个月。

与往届展会相比，2023直销节形式简化，但却“干货满满”，诚意不减，实惠增加。一是保持一贯传统，活动期间，由大涌政府公布本年度7家“2023年度红木家具领军企业”和20家“2023年度红木家具优品企业”名单，并为获奖企业颁发荣誉牌匾，以此肯定和鼓励企业继续做好红木家具行业的示范者，共同树立“大涌红木”诚信经营、放心消费的良好市场形象。二是联手中山的知名栏目“IN中山”拍摄活动推介视频，联手大涌发布视频号等权威公众号，邀请政府代表、协会代表、企业代表拍摄“直销节打call”宣传视频，持续保持活动热度。三是首次推出“买家具、送检测”服务，营业执照在大涌镇注册的红木家具企业均可参与活动，消费满5万元以上的单笔订单，可获赠木材检测服务，同时获赠红博城博物馆门票。四是由大涌政府“官微”发布直销节期间“家具企业销售龙虎榜”，对销售龙虎榜靠前的企业给予资金奖励，激励企业加大活动促销力度，争取更多订单。五是进一步推广“大涌红木企业电子导览地图”，向消费者派发《大涌红木家具导购手册》，线上、线下“双管齐下”宣传“大涌红木”品牌，大力推介大涌红木优品企业。

3. 中山市第三届职业技能大赛暨2023年“香山工匠杯”红木雕刻项目竞赛

2023年11月28日，中山市第三届职业技能大赛暨2023年“香山工匠杯”红木雕刻项目竞赛开幕。此次竞赛以“荷香”为主题，主要考核选手们对于人、景、物的雕刻技艺，共有25家中山市内家具企业及院校共62名选手进行了为期两天的技能实操比赛，最终由业内权威专家组成的裁判组经过公平公正的裁定，共评出一等奖2名，二等奖4名，三等奖6名，优胜奖18名。

五、存在问题

1.“大涌红木”区域品牌影响力逐年下降

随着浙江东阳、广西凭祥等红木家具产区的崛起，产业竞争压力加大。大涌红木家具产业宣传力度与扶持力度不及福建仙游、浙江东阳等国内著名红木家具批发市场，在区域品牌宣传方面欠缺优势。此外，多数企业家不重视宣传和品牌效应，缺乏创新研发精神，专利意识淡薄。

2. 传统产业转型升级难度大

大涌红木家具产业总体上仍然保持粗放的发展模式，对土地、资源、能源和廉价劳动力的依赖性强，企业经营效益差，利税贡献小，管理模式急需向现代化管理模式转变。由于传统产业在技术、工艺、产品市场都已成熟，转型升级将要投入大量资金，部分企业家安于现状，不愿做出改变。另外，家具企业生产销售场地以租赁为主，因不是企业自有厂房，存在投入资金进行技改后房东加租的顾虑，导致产业转型升级难度大。

3. 红木家具市场趋于饱和状态

大涌红木家具行业虽然拥有较为齐全的产业链条，但普遍以加工生产为主，自主研发、技术创新和自主品牌不多。在销售环节上，多为展厅销售，营销手段单一，在电商行业快速发展的潮流下，红木家具由于尺寸大、价格高等特点，难以搭上电商“快车道”。

4. 缺少龙头企业作示范引领

镇内企业以本地民营经济型的中小企业为主，企业数量大，但规模有限，缺乏大企业的支撑。此外，红木原材料缺乏进项票是业内普遍现象，企业家缺乏担当意识，企业管理不规范，增加了企业上规上限和做大做强的难度。

5. 行业环保压力持续加大

近年来，环保部门铁腕治污，家具行业受到限产、停产甚至淘汰的处理。虽然当前有新型涂料可以从源头上降低挥发性有机物（VOCs）的排放，但是技术革新意味着需要大量资本的投入，而大涌家具行业中小规模企业众多，企业技术实力以及资本实力较弱，因此对于中小型企业而言技术革新未必可行，污染治理的任务非常严峻。

六、相关对策建议

1. 针对“大涌红木”区域品牌影响力逐年下降问题

一方面，建议以市政府牵头培育地方特色产业，针对红木家具产业的薄弱环节和制约瓶颈，强化政府规划引导、政策扶持、监管服务、追踪品牌效果等作用。加强引进外部投资、技术、人才等方面来推动区域品牌的发展，营造产业发展的良好环境。另一方面，以市级层面对外推广红木家具产业，联合大涌、沙溪共同打造中山隆都红木品牌，通过联合营销、跨界合作、参加行业展览等方式，进一步提升中山红木家具品牌美誉度和社会影响力。

2. 针对传统产业转型升级难度大和家具生产行业环保压力持续加大问题

一方面，将大涌红木家具生产企业集中在葵朗片区，形成规模优势、互补性强的产业群。建立一套科学合理的环保评价体系，将企业的环保、节能水平与其经济效益和社会效益挂钩，通过激励机制来引导企业积极实施环保措施，提高红木家具行业的竞争力和创新能力。另一方面，监管好全镇155个油漆牌照的使用效益，从企业规模、生产、纳税等各个方面做好规范。加大对家具生产企业的监管和执法力度，加强对非法排放、环保设施不规范建设等行为的惩处力度，清理整治“散乱污”企业，维持良好市场秩序，支持合法合规经营的企业做大做强。

3. 针对红木家具市场趋于饱和状态问题

一是关注研究消费者的需求和市场变化，增加新的产品线，如全屋定制、新中式家具、红木精品等，以满足客户更多的需求；二是探索“线上营销+线下体验”模式，建立企业电商平台，通过第三方平台，如抖音、微信视频号等宣传推广企业品牌，从而扩大市场份额；三是借助跨界合作来扩展泛家居市场，提升品牌的知名度和影响力，比如与家居软装、家电等行业进行合作，搭建起泛家居生态系统，从而打造更为完善的家居消费生态圈。

4. 针对行业内缺少龙头企业作示范引领问题

一是加大对规模以上红木家具企业的扶持力度，在政策、法规等方面提供优惠条件和便利服务，支持企业加大投资力度，扩大生产规模和产值规模，营造良好的营商环境；二是加强家具制造行业的人才培养和引进工作，建立产学研合作机制，为企业提供高素质的人才支持，推动行业技术和管理水平的提高；三是通过提供专项资金、税收减免等方式支持企业产品研发和技术创新，同时通过提供咨询、培训、奖励等方式支持企业品牌建设，从而培育龙头企业和提升企业在市场中的竞争力。

七、2024年发展方向

一是宏观层面，大涌将加快出台实施红木家具产业的集聚环保发展规划及规划环评，划定行业集中生产区域，提高产业门槛，推动红木产业往“微笑曲线”两端延伸，建设一批数字化智能化示范工厂、示范车间，全力推广一批定制型红木家具企业，促进传统产业转向规范化、品牌化、智能化发展，加快红木家具产业转型。坚持擦亮“大涌红木”品牌，规划以红博城为中心集文商旅于一体的千亩“红木商圈”，发展壮大红木销售端，依托红木信用体系树立行业标杆，重点打造红木终端消费市场，建设华南地区红木家具销售重要集散地，巩固“红木小镇”地位。

二是微观层面，鼓励企业探索直播带货、跨境电商发展道路，结合线上线下多渠道营销，深化与房企的沟通合作，增加企业销售额；推广全屋定制、新中式家具等消费热点，大力促进行业消费升级；紧抓“深中一体化”契机；主动开展企业技改工作，推动红木家具行业数字化、智能化升级，提高生产效率；注重品牌建设和维护，提高产品质量，增强自身品牌知名度和品质信誉；积极推广绿色制造、循环经济等理念，注重环保标准和认证，生产出更加环保、健康的红木家具产品。

中国古典家具文化产业基地
——山东 阳信

一、地区基本概况

阳信县地处山东省北部，鲁北黄泛平原，处于山东半岛和京津两大经济地区的连接地带。县域东西长53.14公里，南北宽29.02公里，总面积798.47平方公里。阳信县是闻名的中国鸭梨之乡、全国民族团结进步模范集体、全国畜牧百强县、中国铝模板产业化基地、中国古典家具文化产业基地、中国最佳休闲文化旅游县、中国鲁绣之乡。

二、产业发展情况

古典家具产业萌发于20世纪60—70年代，兴起于20世纪80—90年代，发展之初多为分散家庭作坊式的“小打小闹”。为规范产业发展、提升产业规模，水落坡镇于2010年重点打造民俗文化产业园区，通过减免入驻企业占地补偿等方式，引导古典家具生产作坊、企业向园区集中，打造了集古典家具制造、展示、销售于一体的全新产业链，实现了古典家具产业集团式发展。截至目前，共有37个村，3万余人在从事这个行业，年交易额达60亿元。园区发展了鼎龙、意象、盘古、桃园、德鑫、克莱斯克、昊天七个古典家具古玩交易市场，入驻商户400余家。销售产品涉及仿古家具以及古旧石器、瓷器、玉器、木雕、家用器具等各类民俗物件，年代涵盖古代、近现代等各个时期，地域覆盖全国各地及亚洲、欧美等不同地区。阳信县已成为山东省最大的古旧家具收购、加工、存储、销售集散地。

尤其是近年来，镇党委、镇政府为延伸特色产业链条，坚持“古典家具产业+民俗文化产业+旅游业”三核驱动战略，先后建设了民俗文化产业园、刘古良莳光村、阳光田园小镇、民俗文化博物馆、金丝楠木博物馆、钟楼、鼓楼等特色景点以及全市唯一一家“山东手造滨州精品展示体验中心”，成功打造“民俗文化节”“古典家具博览会”2个节会品牌，构筑了“以产促旅、以旅兴产”文旅融合发展的格局。截至目前，累计举办13届黄河三角洲民俗文化节、11届古典家具博览会，接待中外游客1000余万人次。

三、公共平台建设

作为“中国古典家具之乡”以及“中国古典家具文化产业基地”的阳信县围绕做大做优做强特色产业，推进“镇园”融合发展，引导园区龙头企业搭建技术创新平台，在促进产业集群发展过程中实现技术外溢、资源共享，形成古家具修复、仿制、研发等多种特色工艺。

1. 增强承载能力

围绕产业园区基础设施短板、园区布局杂乱等堵点难点问题，水落坡镇党委、镇政府积极对接县城资、城投2家国有企业，大力实施古典家具小镇提升和刘古良莳光村2个基础设施项目，划分收藏、家具制造、旅游等功能区，变“杂货铺”为“精品店”。2023年4月，古典家具小镇和刘古良莳光村成功入选“省文旅重点项目”。

2. 创新管理机制

立足“镇园融合”管理需求，创新“政府主导园区委托第三方运营”发展新模式，先后成立园区管委会和民俗文化产业协会，搭建企业与政府良好互动的桥梁，制定出台《阳信县民俗文化产业协会章程》《阳信县民俗文化产业协会管理办法》等文件，设置党建服务、生活服务、商务服务、物业服务、基础设施5个中心，为园区480余家市场主体、50余个会员单位、37个特色专业村提供优质服务。成功打造集家具制造、展示、销售于一体的全新产业链，形成了以盘古民俗文化创意产业园为平台，鼎龙、意象、克莱斯克等仿古家具生产企业竞相发展的良好势头，近三年销售收入200余亿元，水落坡镇成功入选“山东省特色小镇”清单、省级特色专业镇试点。

3. 综合发展扶持

针对产业市场杂乱无序、数据不明等问题，将升规纳统与五经普深度融合，通过“以企带企”、梯次培育、“我为企业找订单”等方式，因地制宜破解纳统难题，确保所有符合条件的企业颗粒归仓“达规即纳统”。2023年，完成古典家具产业市场纳统24家、增长200%，协助企业拓展订单1000余万元，并于9月13日成功承办滨州市第十四届“中国统计开放日”暨市场主体培育现场会。

四、重点企业情况

1. 山东鼎龙民俗文化传播有限公司

山东鼎龙民俗文化传播有限公司成立于2007年7月，注册资金2000万元，占地面积316亩，是阳信县最大的集古典家具、古玩收集、鉴赏、展览于一体的集散地，具有国内先进的古典家具加工机械设备和省内最大的古典家具生产制作中心。公司家具研发中心先后被评为市级企业技术中心和市级工程实验室。

2. 山东克莱斯克家具有限公司

山东克莱斯克家具有限公司成立于2015年6月，注册资金1000万元，位于山东省滨州市阳信县水落坡镇民俗文化产业园，主要经营仿古家具生产、销售，工艺品、古玩的销售，备案范围内进出口业务。产品主要销往美国、英国、加拿大等欧美国家。所售家具货真价实，环保实用，实现了家具收藏价值、艺术价值和使用价值的有效结合。

3. 山东滨州意象工贸有限公司

山东滨州意象工贸有限公司成立于2009年11月，注册资本1000万元，主要从事仿古家具生产销售，古典文化产品研究开发，仿古建材、工艺品、古玩的销售。产品以明清家具为主，制作工艺精湛，深得国外客户的青睐。公司产品主要出口丹麦、荷兰、意大利、美国、英国、泰国、瑞典、澳大利亚等国家。

五、2023年发展大事记

1. 古典家具市场升规纳统

随着古典家具产业经营规模发展壮大，财务基础薄弱、管理不规范的弊端逐渐显露，为解决古典家具市场主体转型发展、跨越发展的瓶颈制约，水落坡镇在市、县两级主管部门的指导下，将“升规纳统”与“五经普”深度融合，建立了由“准四上”单位22家、重点培育企业50家组成的民俗文化产业数据库，通过“以企带企”和梯次培育等方式，完成了20家园区市场主体纳统工作。

2. 举办第十三届黄河三角洲民俗文化节

2023年4月2日，第十三届黄河三角洲民俗文化节在山东省阳信县水落坡镇拉开帷幕，以“弘扬民俗文化 讲好非遗故事”为主题，推出“黄河大集·春季大集”山东手造精品展、“中华宝藏城”水落坡古玩大集暨非遗“淘宝”节、山东综艺频道“唱响你的歌”海选、“我眼中的传统民俗文化”摄影展等系列活动。活动举办期间，共吸引全国各地游客1万余人，带动旅游收入1000余万元。

3. 举办第十一届古典家具博览会

2023年10月1—3日，中国·水落坡第十一届古典家具博览会暨2023山东手造·民俗典藏艺术文化节在鲁北民俗文化产业园开幕。仪式上，水落坡镇人民政府分别与山东省家具协会、山东省家具研究所检测中心签订合作协议，相关领导为阳信县民俗文化产业协会、山东省家具研究所检测中心阳信服务站揭牌、授牌。

4. 举办首届古典家具创新发展论坛

2023年10月1日，首届古典家具创新发展论坛在滨州市阳信县水落坡镇举办，本届论坛的主题为“古木新作·传承创新”，著名古家具收藏家、鉴赏家张德祥，中国家具协会传统家具委员会原秘书长姜恒夫等30余人参加了会议。

5. 举办滨州市第十四届“中国统计开放日”暨市场主体培育现场会

2023年9月13日，滨州市第十四届“中国统计开放日”暨市场主体培育现场会在阳信县举行，市直有关部门主要负责同志，阳信县政府主要负责同志，各县市区政府、市属开发区管委会分管负责同志，各乡镇（街道）党（工）委主要负责同志等150余人参加活动。副市长毕志伟出席并讲话。省五经普办副主任、省统计局普查中心主任袁晓勇到会指导，并就市场主体培育工作进行专题辅导。

六、面临的问题

1. 项目支撑能力差

水落坡民俗文化产业前期的快速发展得益于民俗文化产业园、鼎龙、盘古、意象等项目的建成投产，近几年缺少大项目、好项目的有力支撑，发展较为缓慢。

2. 产业规划设计差

经营上有“销”无“展”，老物件混杂摆放，无品质、品类分级，销售以单一陈列为主，缺乏多元化展销途径和个性化、艺术化展示空间；品质上有“古”无“文”，市场上陈列着大量有价值的老物件，营销方式较为粗放、不成体系，缺少对其背后年代记忆及文化价值的深入挖掘；发展上有“园”无“旅”，园区虽为国家AAA级旅游景区，但整体建筑景观混杂，只有少量低品质餐饮配套，缺少满足商务、旅游人群的相应服务设施，旅游产业发展的带动作用还不明显。

3. 产业专业人才缺

由于工作内容、工作条件、周边环境等多方面因素的影响，导致外贸、设计、技术以及电商四类年轻的专业性人才到乡镇就业意愿低，本地企业招不到人的现象尤为突出。

七、2024年规划

1. 优化产业布局

持续完善民俗文化和古典家具行业发展规划，优化产业布局，重点推进古典家具小镇基础设施提升和刘古良莳光村等特色项目建设，逐步调整优化“小、乱、散”的杂乱布局，划分不同的生产、销售功能区，实现园区布局最优化呈现。

2. 推动项目发展

全力推动重大项目建设，全过程护航古典家具小镇基础设施提升、刘古良莳光村、阳光田园小镇三个重点项目建设，深挖文化底蕴，加大研学、文创、旅游发展力度，打造集“民俗木作+影视道具+旅居休闲”于一体的特色文化产业链条。

3. 推动文旅融合

积极对接上级部门、专业行会组织，全力筹备举办民俗文化节、古典家具博览会两个特色节会平台，常态化开展农村社火表演，真正将社火办成一个品牌。

中国苏作红木家具名镇
——江苏 海虞

一、基本概况

（一）地区基本情况

海虞镇地处长江之滨，面积109.97平方公里。近年来被授予全国重点镇、国家卫生镇、全国环境优美镇、全国特色小镇、中国苏作红木家具名镇等荣誉称号。围绕“产业优、生态优、配套优、文化优、服务优”，始终坚持五大发展理念，通过培育“1+5”产业特色，实施“乡村振兴”等战略措施，不断提高人民幸福指数，全力打造精致、特色、大美的幸福家园。

（二）行业发展情况

海虞镇政府精耕“苏作红木”区域名片，培育特色产业集群，深挖文化底蕴内涵。目前全镇拥有红木家具生产企业及作坊154家，从业人员6000多人，孕育出了金蝙蝠、明艺、汇生等知名品牌，拥有一支设计精英队伍和一批擅于精雕细刻的能工巧匠，具有工艺美术名人和高级工艺师、工艺美术师等20多人组成的设计团队。产品远销海外，进入美国等十多个国家的总统府，并先后被中南海紫光阁、钓鱼台国宾馆等选用，被誉为“东方艺魂”“文化瑰宝”。

（三）公共平台建设情况

1. 海虞苏作红木家具商会

商会现有会员单位40家，从业人员2000多人，拥有先进的木材干燥设备及先进的木工机械设备1000多台（套），生产品种达1200多种，生产规模在国内红木家具行业中名列前茅。商会不定期组织企业参加雕刻、木工等职业技能竞赛，参展全国各地的精品博鉴会、品鉴会，组织企业考察各大产区并进行学习交流，开阔眼界，增加产品创新发展的信念，引导会员提高新产品研发能力和工艺水平，携手发展海虞苏作红木产业。

2. 中国红木家具文化研究院

中国红木家具文化研究院是根据中国家具协会、海虞镇人民政府在2012年11月20日签订的《共建中国苏作红木家具名镇协议书》中的有关内容，即“在海虞建立专门弘扬苏作红木家居文化的‘中国红木家具文化研究院’”的要求成立的。研究院成立之后，积极组织海虞红木企业参加培训，加强了国内外红木家具的信息交流，给生产企业提供了技术支持，为扩大对外交流建立了平台。经过多次参展国内外重大展会，扩大了“海虞苏作红木”这一特色产区的影响力，进一步推进了“海虞苏作红木家具”品牌建设与市场发展。

二、经济运营情况

2021年，海虞红木家具产量较上一年有小幅的增长；2022年，海虞镇红木行业稍有下滑趋势，但总体影响不大；2023年，海虞红木家具产量较上一年有所增长。

2021—2023年海虞镇家具行业发展情况汇总表（生产型）

主要指标	2023年	2022年	2021年
企业数量（个）	87	87	87
规模以上企业数量（个）	25	25	25
家具产量（万件）	32.9	32.1	32.6

三、产业发展及重点企业情况

海虞红木家具产业以小而精为主基调，以“工艺质量求生存，争创名优求发展”为发展理念，走精品发展之路，先后有一批明星企业脱颖而出。

1. 常熟市金蝙蝠工艺家具有限公司

常熟市金蝙蝠工艺家具有限公司创建于1966年，是江苏省工艺美术行业重点企业，是“中华老字号、江苏老字号、苏州老字号、常熟市老字号”企业。公司始终秉承精益求精的工匠精神，50多载一脉相承，专心于苏作技艺，从器型设计、工艺、制作流程到营销模式，始终求新求变，融入当代人的精神需求和生活需要，在传承与创新的道路上，创造着属于自己的广阔未来。

2. 江苏汇生红木家具有限公司

江苏汇生红木家具有限公司生产的红木家具在20世纪80年代就远销美国、日本、新加坡等国家和中国香港地区。与美国的林氏公司保持着年销售80万美元左右的合作关系。获首届中国传统家具明式圈椅制作木工技能大赛铜奖。

3. 常熟市明艺红木家具有限公司

常熟市明艺红木家具有限公司成立于1992年，有多项产品的设计获得了专利。产品于2015洛杉矶艺术博览会中国国家展展出，获首届中国精品红木坐具设计创新奖等多个奖项。

4. 苏州迎晨阁红木家具有限公司

苏州迎晨阁红木家具有限公司为唐寅故居遗址家具进行制作与修复，产品获第三届“金斧奖”中国传统家具设计制作大赛逸品奖等多个奖项。其“迎晨阁”品牌获得中国红木苏作流派领袖的称号。公司法人的家庭获誉“中华木作世家”称号。

四、2023年发展大事记

在红木家具行业普遍不景气的大背景下，企业发展模式循着市场走，更加注重设计、技术、管理、人才、品牌、文化等综合素质的整体提升。创新设计方面，不少企业做出了很大的努力与勇敢的尝试，有的专于做精品路线，吸引了不少专业人士及古典家具红木爱好者；有的在传统家具的基础上加入了现代的元素，生产的新中式家具给人耳目一新的感觉，受到广大年轻消费者的青睐；大部分企业改变传统理念，转为线上销售的新模式，打开了一片全新的市场。

为了把优秀传统文化的海虞红木发扬光大，海虞镇政府搭建“创意、创样”平台，全力打造红木产业园，从而进一步展示海虞红木产区苏作家具的优异水平和别具匠心的苏作红木文化。

为了更好地发展海虞红木文化，常熟市苏作红木家具文化研究院召开第三届理事会第二次会议。会议总结了2023年的工作，并制定新一年的工作计划。

五、2023年所举办的行业活动介绍

海虞苏作红木接待了河南信阳挂职领导一行来访考察调研。考察团一行参观了当代苏作红木家具展示馆和海虞苏作红木档案馆，并进行了座谈交流。海虞红木作为苏作红木家具的发祥地之一，继承了传统工艺和文化内涵，坚持“工艺质量求生存，争创名优求发展”走精品发展之路的经营理念，更以中国工匠精神支撑中国制造。

2023年6月，常熟市苏作红木家具文化研究院同无锡江南文人家具设计院举办“江南文人”家具高级研修班（江苏站2），珍赏、解读、传承是本次办班的中心目标。明式家具慎于榫、敏于形，是世界家具史上的一朵奇葩。而经典明式家具，通过岁月锤炼，铸成了结构严谨、线条流畅的家具典范，更是以其非凡的艺术风格影响着当下设计。同时，老师和学员们一起深入交流，分析红木产业发展动态及市场趋势，共同探讨明式家具的传承与创新，以此为激发新锐观点的良好契机。

中国仙作红木家具产业基地
——福建 仙游

一、基本概况

仙游地处福建东南沿海中部，界于福州大都市区和厦漳泉大都市区之间，县域总面积1835平方公里，境内分布“七山一水二分田”，辖17个乡镇、1个街道、6个管委会和325个村（居），常住人口90多万，旅外华侨20多万人，港澳台同胞6万多人，是福建省四个人口百万县之一。工艺美术产业是仙游县最具优势、最具特色的传统产业。早在1996年6月，习近平总书记在担任福建省委副书记期间，来仙游考察工艺家具时提出，“要努力发挥传统文化优势，发展木雕特色经济，拓展文化商品生产”。多年来，历届县委县政府始终牢记习近平总书记的嘱托，把仙作古典家具产业作为特色产业、富民产业大力扶持、培育壮大。仙作已成为最鲜明的仙游印象、仙游特色、仙游品牌，走出国门，迈向世界，特别是“仙作”臻品先后在北京APEC峰会、米兰世博会、厦门金砖会晤、第五届世界佛教论坛、第44届世界遗产大会上精彩亮相，并代表中国传统文化多次被选作国礼助力外交，受到了全世界的广泛关注。

二、产业发展情况

全县现有古典工艺家具、“六编六雕”、油画、古玩、香文化等工艺企业2200多家（规模以上企业132家）、个体工商户19200多家，从业人员近20万人。2023年工艺美术产业实现产值700亿元，同比增长16.3%。

三、公共平台建设情况

全县已形成行业平台［京东（仙游）数字经济产业园、抖音仙游直播基地］、园区平台（“一溪一街四走廊”“三园六个城”、8个淘宝镇、27个淘宝村）、服务平台（9个行业协会）的立体发展平台。京东（仙游）数字经济产业园获评国家电子商务示范基地（全省唯一）；抖音仙游直播基地是目前全国十大抖音产业带直播基地之一，2023年网络销售额58.91亿元，同比增长 21.1%，销售指数全国同类基地前五、木作基地排名第一。

四、重点企业情况

1. 三福艺术馆

三福艺术馆坐落于中国古典家具博览城的核心区，展馆占地面积57亩，建筑面积65000平方米，为古典殿阁建筑风格，是福建省第一批非物质文化遗产保护示范基地、首批福建省重点创意产业示范基地和第五批福建省文化产业示范基地。先后被授予国家AAAA级旅游景区、中国驰名商标、全国版权示范单位、中国轻工业工艺美术行业十强等荣誉称号。馆内精品荟萃，不仅涵括海南黄花梨、小叶紫檀、老挝大红酸枝等名贵红木艺术家具，还有众多艺术门类的工艺精品，如木雕、竹雕、玉雕、石雕、香道、陶瓷等，是一个集红木艺术家具和工艺精品展示、销售及古典文化交流品鉴于一体的综合性平台。

2. 中国·仙游红木共享交易中心

中国·仙游红木共享交易中心是由福建省仙作云中小企业服务有限公司牵头搭建的开放共享产业平台。在政府支持、银行加持、产业背书驱动下，红木企业从竞争走向抱团。项目投资额5亿元，规划总面积7万平方米，设有紫檀馆、花梨馆、酸枝馆、缅花馆等不同材质的馆厅，将建成中国最大的高端红木家具交易市场，全国首家集共享场所、共享客户、共享服务于一体的红木交易平台。2023年，中心共入驻厂商222家，总入库产品价值70645万元，销售额12420.81万元，其中有45家企业向仙游县农商银行配套融资5255万元。

3. 中国香博园

为促进仙游香文化产业发展，仙游县委县政府携手福建省香魁投资有限公司建设中国香博园项目，打造仙游香文化产业高地。项目总投资2亿元，建筑面积超10000平方米，建有产品检测鉴定服务中心、香魁旗舰店、香产业品牌旗舰店销售中心、香文化博物馆、沉香茶酒空间、香道空间、电商直播间、电商直播选品中心、线上产业服务培训中心等。2023年，香博园共入驻企业20家（境外企业1家、境内企业19家）。

五、存在困难与面临问题以及2024年发展规划

市场销售虽然有所提升，但总体还处于疫后恢复期，销售渠道需要进一步拓宽；很多企业库存仍然较多，资金周转紧张，对发展前景信心不足；仙作品牌曝光率与知名度还不足，宣传投入不够，宣传推广的力度需要进一步加大；缺乏规范化的产品评估鉴定、质量追溯、售后服务体系，行业监管力度需要进一步加强。

2024年发展规划：要继续围绕打造千亿产业集群目标，促进产品层次化、生产规范化、品质标准化、品牌价值化、销售多元化，全方位、全链条加速工艺美术产业转型升级。2024年，争取实现产业产值780亿元，同比增长11.5% 。

一是全力抓好项目招引。争取怀古创艺园年初投入运营，天然香小微企业园、度尾大济木制工艺品小微产业园第一季度动工建设，共享生产产业园、原材料交易中心签约落地，同时策划生成一批新项目。

二是支持企业做大做强。全力推进“个转企、小升规”，筛选培育一批品牌影响力大、行业带动力强的重点企业，发挥重点企业示范、带动作用，推动整个产业转型升级。2024年，争取新增规模以上企业3家以上。鼓励推动企业“机器换工”，实现数控化、智能化，提升企业总体竞争力。

三是推动产业精细分工。鼓励有条件企业围绕产业共性制造需求，建设开料中心、烘干中心、雕刻中心、喷涂中心等技术共享服务平台，降低中小企业产品制造成本，推动新技术、新材料运用。引导企业对高端产品到大众化产品，多产品体系到单一产品进行合理化、市场化、科学化行业细分，研发面向大众、适销对路、款式新颖的产品，满足大众消费群体需求，争取大众化和新中式家具产品全国市场占有率提升至30%。

四是提升产品质量水平。加大力度引进第三方评估鉴定机构，开展市场化评估鉴定、检验检测等服务。与中国林产工业协会合作，开发全国红木制品数字化登记及质量溯源工程，让消费者买得放心。继续开展“仙游县工艺美术行业放心消费单位”认定工作，建立行业“黑白名单”制度，将不规范企业逐渐淘汰。

五是加大营销推广力度。向联合国教科文组织申报全球创意城市网络“民间手工艺之都”。鼓励企业加强与全国各地莆田商会对接，合作建设仙作家具、油画、天然香等综合展示体验中心，对接推荐大师作品入驻国家博物馆、故宫博物院内展示并开展专场拍卖会，推广仙游文化创意产品。持续办好第十二届中国（仙游）红博会、仙作中国行、“海峡艺雕杯”职业技能竞赛等活动，组织企业积极参加上海进博会、广交会、深圳文博会等全国性展会。持续在京沪线、京广线、沪深线高铁列车上投放系列广告宣传，投放飞机桌板广告。

六、2023年发展大事记

（1）中央电视台二套“第一时间·城市天气预报”栏目投放仙作公益广告。

（2）中央电视台四套中文国际频道（CCTV-4）“走遍中国”栏目播出《小城大美·仙游》，走访宣传“仙作”家具，感受工艺之美。

（3）全国行业职业技能竞赛——第五届全国

家具职业技能竞赛总决赛上，仙游选手包揽“两银”，并获得“一铜三优秀”。

（4）“仙游县仙作红木家具产业集群”入选2023年度福建省中小企业特色产业集群。

（5）与中国林产工业协会开展央地共建合作，通过全国林草系统门户网站“关注森林网”平台，开展“全国林草故事奖评选”“林业草原两山成果巡展”等活动，并实时宣传“好红木 在仙游”。

（6）《天然香品感官鉴定标准》等7个团体标准制定发布。

（7）组织40家工艺企业参加了2023中国厦门国际佛事用品（春季）展、第三届中国（南京）工艺美术博览会、第十九届中国（深圳）国际文化产业博览交易会、第五届中国（大连）国际文化旅游产业交易博览会。

七、重点活动介绍

（1）仙作信用监管创新经验在第四届中国城市信用建设高峰论坛上交流。

（2）《新华·仙游仙作产业发展指数报告（2023年第一季度）》在德清举办的2023世界品牌莫干山大会上发布。

（3）仙游县人民政府与中国品牌促进会合作开展的“国家家具品牌中心”项目在浙江省德清县签订框架合作协议。

（4）先后举办“三福杯”工艺品雕刻工技能竞赛、“同频共振 携故迎新”百名网红（达人）进百企销千品工艺美术产业带货专场、第六届福建省“仙艺杯”手工木工职业技能竞赛。

（5）第十届（2023）福建文创奖·仙游文化创意设计大赛5月在仙游举办启动仪式，大赛以“福匠传神·仙工开物”为主题，从仙游城市IP形象设计、中式家具单品设计、福文化·仙工开物文创好礼3个主题类别入手，共征集作品1293件，打造独具仙游地域特色和文化内涵的“创新、好用、可转化”的文创产品，进一步推进行业创新发展。

（6）成功举办第一届全国红木年会暨全国红木制品数字化登记及质量溯源工程启动大会，大会以“创新治理，开创红木产业新时代”为主题，围绕当前红木产业发展面临的挑战与问题，探讨和谋划红木产业未来发展。

（7）以“跨界联盟 融合发展”为主题，成功举办2023年第十一届红博会，线上多平台协同，线下多产业融合，博览会期间达成交易额3亿多元。

中国红木（雕刻）家具之都
——浙江 东阳

一、基本概况

1. 地区基本情况

东阳地处浙江省中部，市域总面积1747平方公里，常住人口109.3万，辖有6个街道、11个镇和1个乡。东阳历史悠久，文化底蕴深厚，公元195年（东汉兴平二年）建县，1988年撤县建市，迄今已有1800多年的历史，是省级历史文化名城、国家卫生城市、国家森林城市、国家园林城市，素有“婺之望县”“歌山画水”“三乡一城”的美誉。

2. 产业发展情况

近年来，东阳木雕与红木家具不断融合发展，已成为东阳最具辨识度的特色产业和最具培育发展前景的优势产业之一。东阳现有木雕红木家具企业1300多家，规模以上企业51家，龙头骨干企业9家，木材交易市场4个（东阳市木材交易中心、南马木材交易市场、横店木材交易市场、华东木材市场），大型家具交易市场4个（东阳中国木雕城、东阳红木家具市场、花园红木家具城、东阳壹号红木家具城）以及南市街道、横店镇、南马镇、画水镇、经济开发区五大产区。截至2023年底，木雕红木家居全产业链总产值达770.33亿元，从业人员10万余人，已经形成了集木材交易、产品设计、加工制作和市场销售于一体的完整产业链。

3. 公共平台建设运营情况

经过多年发展，东阳现已形成集行业管理、技术研发、质量控制、数字化管理四位一体的“一局一院一中心一大脑”（东阳市木雕红木家居产业发展局、东阳市家具研究院、国家木雕及红木制品质量检验检测中心、木雕红木产业大脑）的发展格局。同时，全国木材交易集散地、木雕红木产业集聚区等功能性区块已初具规模。2023年，东阳市家具研究院牵头建成全国红木行业领先的木材稳定性研究实验室，目前已向战略合作单位与企业提供技术服务项目30多次，累计申请或授权国家专利14项，发表学术论文15篇，开展大学生实验室见习超10人次。

4. 产业集群面临的困难与问题

红木资源匮乏制约产业可持续发展。红木资源日趋稀缺、进口日趋艰难，依托海外资源的发展难以为继。虽然近十余年来，国内等地开始人工种植红木，但其生长极其缓慢，材质能否达到要求尚待检测，供需矛盾将长久存在。

专业人才不足。随着经济社会发展和市场环境变革，木雕红木家具行业不断转型发展，企业生产、设计、管理水平逐步提升，但是适合现代家具企业发展的专业技术人员与现代产业工人严重不足。同时，受东阳城市区域位置、工作环境、企业发展理念、待遇与发展前景等因素的综合影响，缺乏吸引高端人才的平台优势。

5. 2024年发展规划

2024年，东阳将通过实施产业提升、人才培养、技术攻关、品牌创建、文化创新、平台建设六大工程，做强企业培育，创新品牌建设，做靓活动赛事，建强人才队伍，提升技术支撑，抓好行业安全、环保治理，不断推动东阳木雕家居产业转型发展。

二、2023年发展大事记

（1）2023年，在东阳市市场监督管理局协调指导下，市红木家具行业协会开展“东阳红木家具”集体商标的使用推广工作，组织前往江西南康考察实木家具企业、市场及配套产业的智能智造企业；组织“东阳红木家具”集体商标、溯源码推广工作部署会；组织申请企业进行商标授权资格审查、产品抽检等审核工作，对已授权企业开展集体商标品牌形象使用指导。“东阳红木家具”集体商标入选全国首批“千企百城”商标品牌价值提升行动名单，目前，授权使用企业已达50家。

（2）3月17日起，东阳市全面开展红木行业安全生产专项整治行动，实现“三全面一确保”，即红木企业安全生产风险全面辨识和管控，企业安全生产主体责任、部门监管责任和属地管理责任全面压实，企业安全生产条件全面改善，确保达到“消防设施完好率100%、影响消防安全违章建筑拆除率100%、乡镇安全管理网格员和企业安全管理员配备率100%、企业涉‘三合一’场所整改率100%”。

（3）6月29日，由浙江中信红木家具有限公司牵头编制的中国林产工业协会团体标准《红木家具水性涂料涂饰技术要求》发布，进一步规范了红木家具表面涂料施工技术，推动东阳红木家具产业高质量发展。

（4）6月29日—7月2日，以“匠心·创新·共富”为主题的第十六届中国（东阳）木雕竹编工艺美术博览会暨第三届中国红木家具展览会在东阳中国木雕城举行。本届博览会设九大主题展区，涵盖工艺美术作品、红木家具精品、新中式家居新品近千件。展会同期举办了全国行业职业技能竞赛——第五届全国家具职业技能竞赛总决赛、中国（东阳）红木家居企业家座谈会、第三届中国（东阳）红木家具产业发展峰会、高校工艺美术人才培养座谈会、中国（东阳）工艺美术行业峰会、第四届中国（东阳）香文化峰会、中国（东阳）竹工艺产业发展峰会。

（5）9月23日，杭州第19届亚运会开幕，东阳红木家具亮相开幕式大莲花主场馆和亚运村。浙江上汐家居有限公司向亚运会主场馆“大莲花”和亚运村捐赠1280件家具；浙江中信红木家具有限公司为杭州亚运会金华亚运分村供应红木家具；东阳市明堂红木家俱有限公司参与杭州奥体中心接待室及西湖十景美术馆、西子宾馆漪园非遗表演区的红木家具陈设；东阳市旭东工艺品有限公司承建“大莲花”主席台桌椅和贵宾厅的整装及软装家具。

（6）11月4—8日，第四届亚太地区手工艺大师评定活动在东阳举行，来自亚太地区各国的评委对67名亚太地区候选人进行严格审核认定，共60名手工艺人被授予“亚太地区手工艺大师”称号，其中中国20人。中国工艺美术大师卢光华获评，成为东阳第四位获得该荣誉的手工艺人。

（7）11月22日，“匠心铸亚运”东阳市工艺美术大师创新创作大赛在中国工艺美术大师交流中心进行评审。本次大赛参赛者均为金华市级以上工艺美术大师，共征集到木雕、红木家具、竹编、根雕、核雕等参赛作品108件，经评选，42件作品获奖，其中金奖2件、银奖5件、铜奖15件、优秀奖20件。

中国（东阳）红木家居企业家座谈会

杭州亚运会大莲花5楼元首包厢

第四届亚太地区手工艺大师评定活动

（8）12月11—22日，“千年八婺 文脉华滋”东阳工艺美术作品展在金华市人民政府展出。本次展览遴选了东阳市多名中国工艺美术大师、新入选的12名第七届浙江省工艺美术大师、亚运会选用产品企业和东阳非遗项目的代表性作品，汇集了东阳木雕、竹编（东阳竹编）、红木家具、竹根雕、锡艺、米塑、砖雕、蓝印花布、麦秆剪贴等70余件工艺美术精品。

（9）加大投入并创新东阳红木宣传方式。2023年，“东阳红木”在高铁冠名、FM93浙江交通之声、抖音宣传的基础上，新增杭州萧山机场、杭州东站、义乌高铁站、金义东轻轨站、南午岭线等广告载体，全力扩大东阳红木家具品牌影响力。

“千年八婺 文脉华滋”东阳工艺美术作品展

三、重点企业情况

1. 浙江中信红木家具有限公司

李忠信红木创始于1997年，连续多年荣获“东阳市木雕红木家具龙头企业”，是业内独家入选高铁民族品牌推广计划的企业。多年来坚持匠心造器，手工技艺制作，严格生产标准，优化售后服务。李忠信红木在继承传统家具精髓的基础上，融合现代生活品位，不断开拓创新。目前，旗下拥有中式古典“李忠信红木”、新古典“前言”、新中式“居境”及中式整木定制三大品牌四大板块的业务，已建立起超300家专卖店为全国消费者提供中式家居的整体解决方案。

8月，参加“衍生——2023中国红木家具文化博览会”，荣获“2023中国红木家具行业突出贡献”奖项。9月，李忠信红木产品三度进驻人民大会堂、承接杭州亚运会金华亚运分村家具供应项目。11月，李忠信红木正式焕新、升级品牌标识，打造百年品牌。12月，李忠信红木荣获国家高新企业资格认证。

2. 东阳市明堂红木家俱有限公司

明堂红木以高品质为核心，推动“中式家具”+“中式整装”双驱动的大家居模式。扎实打造集空间设计、现场施工、全屋整装、红木家具、软装配饰等于一体的综合家居服务平台。

5月，明堂家居为中亚峰会主会场供应会议桌椅等多套中式家具产品。6月，明堂家居首席椅入围第一批“金华制造优品”榜单。7月，明堂家居为第三十一届世界大学生夏季运动会供应近百件红木家具。8月，明堂家居携旗下新品明堂·斗方、明堂·礼遇系列参加“衍生——2023中国红木家具文化博览会”，荣获“2023中国红木家具行业突出贡献”“2023中国红木家具设计奖”奖项。9月，明堂家居为杭州亚运会供应近百件红木家具。11月，明堂家居携明堂·斗方参加第一届世界林木业大会。

3. 浙江卓木王家具有限公司

卓木王深耕大家居行业40年，已经具备了从生产制造、设计研发到品牌营销、渠道布局等的综合能力。在品牌战略升级过程中，卓木王15万平方米的花园式园区“杜山庄”以及布局全国的体验馆，为消费者打造中式精致生活空间。

7月，卓木王在2023CCSA中国家居风尚大典暨第三届全球高定年会上荣获“高定G20品牌”奖项。9月，卓木王参加Design Dream Show当代家居潮流观念展，举行“让世界看见东方美·微醺会所品鉴会”，荣获“S-ATTITUDE AWARD潮流态度”奖项；在第一届消费品行业数字化转型暨工业互联网高质量发展大会上荣获“2023年度消费品行业数字化转型先进示范案例”“2023年度消费品行业数字化转型先进示范管理者案例”。12月，卓木王荣获2023年度喜马拉雅设计之巅奖“定制家居设计奖”“商业空间设计奖”；荣获HCA高定家居设计奖“2023年度产品设计奖”。

中国京作古典家具产业基地、中国京作古典家具发祥地——河北 涞水

一、基本概况

1. 地区基本情况

涞水古典红木家具已有300多年的历史，是中国家具协会评定的“中国京作古典家具发祥地”，同时又是中国家具协会与涞水县人民政府共建的“中国京作古典家具产业基地”。

2. 行业发展情况

目前，涞水京作红木家具制销企业300多家，熟练技师近千人，从业人员上万人。2023年产值达10亿元，销售收入达11亿元。与其他产区相比，涞水虽然规模还较小，但独有的区位优势、京作红木传统文化优势及享有的京津冀协同发展战略优势，使涞水红木产业发展潜力巨大，后发优势明显，正成为承接北京产业转移和外溢的首选地。

3. 公共平台建设情况

2023年是全面贯彻党的二十大精神的开局之年，也是三年新冠疫情防控转段后经济恢复发展的一年。为更好地弘扬传统文化，有效再现和保护京作古典家具的历史文化，充分挖掘京作古典家具的深刻内涵和文化价值，做大做强古典家具产业，带动城乡统筹发展、改善县城北部生态环境及城镇化进程，河北尚霖文化产业园投资有限公司牵头、协会配合，在县城北部建设“中国京作古典家具艺术小镇”（简称“小镇”）。

小镇以建设具有典范意义的特色小镇为目标，着力打造中国京作古典家具文化产业高地、环北京医疗养生度假目的地、国家AAAA级精品旅游区。建设京作古典家具产业园区、京作古典家具创意展示区、京作古典家具文化体验区、京作古典家具产业综合配套区、国际乡村营地公园、拒马河生态文化公园六大功能板块。

项目建成后，将成为中国北方最具特色的古典家具、艺术品、工艺品展示和销售市场，京郊传统文化创意基地，儿童科普教育基地，京郊新兴特色旅游目标地以及北方最具特色的古典家具文化旅游目的地。

目前，小镇被中国城镇化促进会列入全国首批103个特色小镇培育名单；被河北省人民政府评定入围“河北省首批特色小镇”30个创建类小镇名单。小镇概念性规划已编制完成。小镇项目征地工作稳步推行，配套工程紧密进行中。2020年7月，涞水红木家具艺术小镇被国家发改委推介为全国“20个特色小镇典型经验”，以吸纳、孵化大量就业创业人员为亮点。

二、经济运营情况

2020—2022年涞水县家具行业发展情况汇总表（生产型）

主要指标	2022年	2021年	2020年
企业数量（个）	300	400	400
规模以上企业数量（个）	8	8	8
工业总产值（万元）	92000	115000	120000
规模以上企业工业总产值（万元）	8500	10500	11000
内销额（万元）	90000	130000	135000
家具产量（万件）	1.3	1.8	2.0

三、品牌及重点企业

目前，涞水已先后推出珍木堂、森元宏、永蕊缘、万铭森、乾和祥、精佳、古艺坊等多个品牌。河北古艺坊家具制造股份有限公司成功挂牌石家庄股权交易所，是河北省高新技术企业。

1. 涞水县珍木堂红木家具有限公司

涞水县珍木堂红木家具有限公司是涞水县古典艺术家具协会会长单位。公司成立于2008年，占地面积20亩，总资产1.2亿元，注册资本3000万元，年生产能力3000件（套）古典红木家具。公司成立以来立足深厚的京作家具文化积淀，大力弘扬“京作”文化及传统工艺，努力创建具有涞水特色的古典红木家具系列。“珍木堂”品牌深受红木消费者喜爱。2014年3月，在保定市首届乡土艺术成果展中，参评作品黄花梨《根雕龙凤呈祥》荣获优秀精品奖。2014年12月，公司被保定市文广新局授予“保定市第二批文化产业示范基地”。2015年，被河北省科技厅命名为“河北省科技型中小企业”。

2. 涞水县万铭森家具制造有限公司

涞水县万铭森家具制造公司创立于2014年，注册资金500万元，年生产红木家具3000件，是一家专业从事古典红木家具研发、设计、生产、销售、服务的大型综合性企业，建筑面积1万余平方米，占地面积20亩，有职工54人，其中专业技术人员37人。公司主要生产大果紫檀及老挝红酸枝红木家具，包括客厅、餐厅、书房、卧房、休闲、中堂六大精品系列明式风格京作古典家具，品种达百余款。

3. 河北古艺坊家具制造股份有限公司

河北古艺坊家具制造股份有限公司创始于1996年，经股份制改革，于2014年2月在石家庄股交所成功挂牌，股权代码630002。2014年，被国家认定为高新技术企业，已经成为一家初具规模的集研发、制造、销售于一体的现代中式家具企业。

公司占地面积43亩，有中式家具专业技术人员270名，省内外拥有独立家具专卖机构27家，已在北京、石家庄、保定均设立市场拓展部，年生产销售现代中式家具25000件，公司注册资本1500万元，总资产5000多万元。

公司下辖三个自主品牌：“古艺坊”主营现代中式榆木家具，“和安泰”主营古典红木家具，“元永贞”主营高档民用家具。经过多年的长足发展，公司产品已经得到社会各界的高度认可，为传承民族文化、推动健康家具环境做出了自己应有的贡献。

4. 涞水县永蕊家具坊

涞水县永蕊家具坊是一家专业制作、修复各式明清硬木家具的手工企业。古典家具用料考究，工艺复杂。匠人们将木雕、字画、古玩、窗花等艺术点缀其中，融会贯通，使每一件家具都成了赏心悦目的艺术品，体现了高雅的生活艺术品位，传承了传统家具文化。

2010年7月2日，在首届中国中式家具精品展上，永蕊家具坊的参展作品《梅花画案》获评审专家一致好评。张德祥、杨家驹、王秀林、赵夫瀛等知名专家对该作品的评价是纯朴纯正，用料大器，做工严谨，雕工细致，在参展作品中独一无二。该作品在展会上被中国工艺美术学会授予工艺特色奖。

四、2023年大事记

（1）2023年2月28日，河北经济生活频道对涞水红木家具产业进行线上直播推介活动，大大提高了涞水红木家具产业的知名度。

（2）2023年3月17日，县总工会对红木家具、文玩核桃及各行业40名荣获首届“涞水工匠”的一线职工予以表彰，红木家具、文玩核桃产业7名工匠获此殊荣。

（3）2023年4月8日，组织红木家具企业参加涞水“京作”红木家具工艺品展，特色产业助力野三坡第十六届开山节，通过展览让更多游客了解京作红木文化，展示“京作家具”风采，加强了品牌传播力，提升了“涞水京作古典家具”的知名度与美誉度。

（4）2023年6月27—30日，由涞水县人大常委会副主任王金龙带队，丁建芝等6名选手参加在浙江东阳举办的全国行业职业技能竞赛——第五届家具职业技能竞赛总决赛，我县6名选手均获得“中国家具行业工匠之星”荣誉。

（5）2023年8月5日，涞水县古典艺术家具协会、涞水县文玩核桃协会发出倡议，向受到洪水灾害的重灾区捐赠了首批价值4万余元的方便面、饮用水、蔬菜、面、食用油等救灾物资。

（6）2023年10月12日，组织举办2023年保定市职工职业技能大赛暨涞水县第七届“工匠杯”家具雕刻技能竞赛，来自全县从事雕刻行业的企业和个人30名选手参赛，产生金奖一名、银奖二名、铜奖三名，竞赛金奖获得者王淑华被授予保定市五一劳动奖章。

（7）2023年11月4—6日，为推动文玩核桃产业发展，拓展销售渠道，集中展示文玩核桃产业的新业态，在天津举行了涞水文玩核桃全国巡展。首站天津站巡展共展出精品文玩核桃500余对（件），其中涞水麻核桃博物馆藏品88件（套），近百年老核桃30对及红色题材、乡村振兴题材和喜迎冬奥会题材等核雕作品90余件。

（8）2023年11月14日，为推动古典家具产业高质量发展，涞水县首个家具行业团体标准《涞水京作古典家具》通过专家审定并发布实施，这对提升涞水京作古典家具品质、扩大知名度和影响力将产生极大的推动力。

（9）2023年11月24日，保定市委宣传部为涞水县古典艺术家具协会常务副会长于永超挂牌——保定文化名家工作室、于永超核木雕艺术工作室。

（10）2023年，涵盖核桃产业、家具产业和雕刻产业三大板块的“涞水核·木·雕匠”劳务品牌被评为河北省省级劳务品牌。

五、面临问题

企业规模小，无法形成强企优企的引领、带动作用；创新、技术力量弱，制约产业优化升级；专业人才匮乏，产业发展动力和后劲不足；企业运作不规范，缺乏科学管理现代企业的观念和方法；品牌产品少，低价竞争阻碍了家具行业的发展。

六、发展规划

（1）依托古艺坊、万铭森、森元宏、珍木堂、永蕊缘、乾和祥、御作坊等重点企业，充分发挥示范带动作用，在传承“京作”工艺的基础上加以创新。突出涞水特色，做强涞水品牌。鼓励、引导企业进一步健全公司体制，上项目、扩规模、搞联合，突破原有思维定式，做到“人无我有、人有我精”。提升涞水企业品牌影响力和竞争力，提升集群效应。

（2）完善区域品牌体系建设，积极争创全国、河北省知名品牌创建示范区。发挥永蕊缘家具、森缘仿古家具、泓海木业等河北省名牌产品、优质产品带动作用，继续引导红木家具企业进一步提高品牌意识，积极组织企业参加国家级、省级家具品牌评选活动，进一步提高涞水红木家具的知名度。

（3）继续组织举办好每年一届的涞水红木文化节。办好《京作红木》刊物，完善电商平台的应用，充分利用网络及各种新闻媒体，形成大外宣的立体格局。增强区域辐射力，扩大品牌传播力，不断扩大“涞水京作古典家具”的知名度与美誉度。

（4）继续组织举办好每年一届的全国家具职业技能竞赛，选拔推出本土优秀技能人才；充分发挥红木家具各级各类工艺美术大师作用，支持推广“师带徒”模式，加大红木家具技工人才培训和培育。支持在涞水举办各级各类家具制作、家具雕刻技能大赛，通过大赛培育锻炼人才。积极组织涞水县红木家具技师参加全国各级家具制作及雕刻大赛，全面提升涞水县从业人员的技术水平和素质，提高涞水古典家具行业整体技术水平，提升产业档次。

（5）充分发挥“涞水核·木·雕匠”省级劳务品牌作用，继续开展核·木·雕技能培训，扩大招生宣传半径，增加从业人员技能，提高产业人员的整体素质。

（6）为传承京作家具制作技艺、弘扬传统文化，积极打造涞水京作古典家具博物馆，全面展现涞水京作家具发展历史，全力打造涞水京作古典家具对外宣传展示的窗口。逐步提升涞水京作红木家具在京、津、冀地区及全国市场份额。力争三年内，涞水古典艺术家具产业集群年产值达到20亿元。

（7）发挥麻核桃、京作家具和电商产业的集聚效应，打造产业直播共享基地，进一步提升产业链水平，推动产业结构优化升级，助推产业高质量发展，助力乡村振兴。

中国广作红木特色小镇——广东 石碁

一、基本概况

中国广作红木特色小镇——石碁是广州地区重要的广作红木家具制作技艺传承发展地之一，是《粤港澳大湾区发展规划纲要》中提及的黄金地带，是粤港澳大湾区内核之一。

广东省及广州市在学习贯彻落实党的二十大精神时强调，要坚持产业第一、制造业当家。《番禺区产业规划（2022—2035年）》定义了番禺“智造创新城”的战略新定位，中国广作红木特色小镇石碁是智造创新组团之一，处在广州活力创新轴和亚运大道产业发展带交会处，南部纳入智造创新园平台范围内、北部纳入广州国际科技创新城——广州大学城平台范围内。未来，中国广作红木特色小镇将紧跟步伐，密切配合推进“百千万工程”，助推企业形成新质生产力，赋能高质量发展增添强大动力。

二、品牌及重点企业情况

石碁红木小镇产品主要以内销为主，中小型企业比重大，龙头企业有永华红木、宝鹰红木、华兴红木等企业。

作为中国广作特色红木小镇集群，在品牌打造方面，石碁红木小镇拥有自有品牌商标“石碁红木”。

2023年，石碁红木产业集群的龙头企业大放异彩，广州市番禺永华家具有限公司作为全国十大红木家具品牌之一，2023年7月在中国轻工业百强企业高质量发展高峰论坛上获评“中国家具行业十强企业”称号；2023年6月，广州市番禺华兴红木家具有限公司董事长陈国贤荣获番禺区第五批区级非物质文化遗产代表性项目（广式硬木家具制作记忆）代表性传承人；2023年，广州市家宝红木家具有限公司成功通过广州老字号复评。

三、发展大事记

广州番禺石碁是多项非物质文化遗产的发源地，其中广式硬木家具制作技艺最为重要。2023年，为更好刷亮本地区红木金字招牌，“石碁红木”以拍摄非遗技艺视频、组织参观培训以及进校园等形式向观众展示石碁文化及非物质文化遗产的魅力，与湾区家具协会及企业共同策展，线上线下结合，展现中国广作红木特色小镇活力。作为红木名片之一，集红木家具制造、非遗文化展览教育基地于一体的永华产业园项目建设也在火热施工中，擦亮中国广作红木特色小镇名片。

四、发展规划

中国广作红木特色小镇产业发展规划布局将以“两带两区两圈”的形式开展，其中“两带”指“亚运大道经济带”和“南部新乡村示范带”；“两区”指在石碁的中东部建设智造创新园区，在北部以金山华创产业园区和桥山草岗工业园区为试点打造科技创新成果孵化转换园区；“两圈”指“红木一条街文商旅综合商圈”和“海傍—亚运城消费商圈”。赋能高质量发展，带动地区产业经济的提速提质，助力番禺区创建国家全域旅游示范区，发挥自身的区位优势，承接南沙、港澳产业经济带来的辐射效应，为推动番禺区融入粤港澳大湾区建设提供支持。

打造千亿产业大镇，依托深厚的产业基础，

集聚专精特新产业，发展以高端智能装备制造为主，电子及通信装备、汽车上下游零配件、新型储能、综合交通装备、软件与信息技术服务、灯光音响等为辅的产业体系，将石碁镇建设成为面向制造产业未来科技赋能智慧城市建设的前沿创新阵地。支持科技创新企业集群式发展，将红木家具产业延伸发展文化创意、智能家居、家居家具等产业链条，保护发展红木家具产业集群并形成产业生态集群。

开启“智慧创变，传统产业集群式升级”模式，助力红木产业、智能制造发展与升级。加强与各大专院校合作联系，鼓励校企加强合作，寻找培育家具制作、营销人才，在传承中创新，为红木产业注入新动能、新血液，开创无限新可能。

未来，中国广作红木特色小镇将逐渐打造成为融工业、商业、服务业、旅游业、文化产业于一体的宜居宜业宜游优质生活圈，整体升级成集生产、物流、商贸、体验、休闲、观光、服务、教育、电子商务于一体的新宝地，加快发展红木产业新业态、新经济，助推企业形成新质生产力，赋能“百千万工程”以高质量发展动能高效推进。

永华产业园

中国传统古典家具生产基地
——广东 新会

一、基本概况

1. 地区基本情况

新会，古称冈州，地处珠江三角洲的西南部，濒临南海，毗邻港澳，具有得天独厚的地理优势。自古以来，新会就是珠江西岸水陆联运、江海联运的重要门户。同时，作为大湾区重要节点城市，东联广佛都市圈，南接港澳经济区，西扼珠西交通枢纽，是大湾区与粤西地区联系的交通门户，其区位优势突出。

南粤新会物华天宝，山清水秀，一棵独木成林的“小鸟天堂”名扬天下。新会人杰地灵，人才辈出，文化底蕴深厚，是广东省历史文化名城，我国维新运动先驱梁启超先生的故乡。

2. 行业发展情况

新会传统古典家具行业历史悠久，从明清时期开始连绵数百年，从未间断，是我国传统古典家具的重要产区。新会制作的古典家具既传承了明清家具中传统的艺术精华和精巧的工艺手法，又糅合了华侨文化和西方文化，成为独树一帜的“广作”家具重要发源地，为我国古典家具艺术的传承与发展做出重要贡献。

改革开放以来，新会传统古典家具行业如沐春风，发展更加迅速，成为新会一个重要的传统产业，一张亮丽的文化名片。近年来，新会被授予“中国古典家具之都”“中国传统古典家具生产基地”等国家级荣誉称号。

3. 公共平台建设情况

目前，新会有古典家具生产企业2000多家，产值15多亿元，已形成了木材、设计、生产、铜件配套、销售的完整产业链，产品畅销全国各地及美国、澳大利亚等10多个国家和地区，并建起了新会古典家具城、恒汇红木家具城、锦东古典家具城、明新古典家具城、长隆古典家具城和亚洲红木城等一批专业市场，打造了古典家具产销十里长廊，是全国重要的古典家具产业集群地，创下了县级行政区域全国古典家具行业“4个之最”：古典家具生产经营厂企（门店）最多；古典家具的“五属八类”红木原材料品种最齐全；古典家具京、苏、广作并存发展的品种最多；古典家具销售地域最广。

4. 非物质文化遗产的保护和传承

2009年，广式硬木家具制作技艺（新会古典家具制作技艺）成为广东省级非物质文化遗产项目。截至2023年，新会红木行业有省级广式硬木家具制作技艺（新会古典家具制作技艺）项目，非物质文化遗产代表性项目保护单位1个，省级非物质文化遗产传承人1人，市级非物质文化遗产传承人2人，区级非物质文化遗产传承人3人和非物质文化遗产保护单位1个。

5. 重视传统技艺人才的挖掘和培育

立足新会红木行业发展实际，以培养一批传统技艺人才为抓手，加强红木行业人才挖掘和培育，新会区人力资源和社会保障局、区总工会联合新会技师学院开设了工艺美术专业，为行业培养工艺美术及家具设计与制作专业人才；新会区传统古典家具行业协会经常召开传统技艺的学术交流活动和举办学术沙龙，组织行业从业人员参加各级组织的技能大赛，同时，鼓励从业人员申报各级技术职称。截至2023年，新会红木行业共有87人获得初、中、高级工艺美术师职称，其中初级职称37人，中级职称39人，高级及以上职称11人。

二、产业发展及重点产业情况

2023年，在经济大环境不乐观的影响下，规模以下工业企业面临前所未有的严峻形势，面对成本不断上升、市场需求不足等各种不利条件，行业发展速度有所放缓并面临诸多困难。对此，新会红木有针对性地对品牌企业进行帮扶，全力以赴打造红木家具龙头骨干企业。支持雄业、利兴、华润、森木、居典、周木匠、源天福、臻珑阁、臻品居、建鸿等新会品牌企业走自营品牌、自主创新道路，把企业做大做强，给新会红木行业起示范引领作用。

三、2023年发展大事记

1. 壮大优势企业，擦亮行业品牌

2023年，为持续加快优化新会区红木区域产业发展，进一步完善产业布局，着力培育、壮大优势企业，大力推动红木家具行业转型升级，促进行业有序健康向好，新会区政府有关部门深入红木企业调研红木行业的发展现状，收集红木行业的意见建议，出台了《新会区红木家具行业提质发展实施方案》，从而有力促进和全面提升新会区红木产业高质量发展，推动红木家具行业转型升级。

2. 新会首届红木消费节暨消费者权益保护系列活动

本届消费节以“高质量·促消费 家具选红木，国潮狂欢购”为主题，通过“政府搭台、行业主导、企业唱戏”模式，为新会红木产业高质量发展赋能。本次活动于3月15日开幕，一直持续到3月31日，主会场设于新会古典家具城，分会场分别设于锦东红木博览城、明新古典家具城，采用“线上+线下”方式进行，从供需两端发力，直接拉动市场，刺激了消费。

新会首届红木消费节

3. 关心公益，充分展现红木人的社会责任担当

2023年，新会传统古典家具行业协会联合江西省大余县流动党员江门支部委员会、广东新会古典家具城有限公司党支部、江门锦东古典家具城实业发展有限公司、广作红木研究院及热心参与公益活动的会员企业代表与圭峰会城街道退役军人服务站一道开展“春节”和“八一”送温暖走访慰问活动，以实际行动致敬老兵，为他们送上红木人的关怀和问候。

四、发展规划

面对新时代新形势，新会古典家具行业将以红木行业高质量发展为抓手，积极引导行业全面开展技术改造、工艺创新活动，激活行业创新发展能力，带动产业提质升级。同时，加强人才培育，提升红木专业人才水平，充实和更新古典家具人才队伍，为新会古典家具提供人才支撑，助力新会红木家具行业的发展。

中国实木家具之乡
——山东 宁津

一、基本概况

宁津县位于山东省西北部鲁冀交界处，区划面积833平方公里。公元534年（东魏天平元年）置胡苏县，为宁津建县之始，至今已有近1500年的历史；唐朝中期称临津，公元1128年（金天会六年）改名宁津。2023年，全县实现地区生产总值296.2亿元，增长6.1%；规模以上企业工业增加值增长15.3%；固定资产投资增长5.6%；社会消费品零售总额增长10.5%；城乡居民人均可支配收入增长6%。宁津县历史上就是有名的“锢漏之乡”“小炉匠之乡”，现培育形成了以五金机械制造和家具制造为主的“一金一木”产业体系，其中“一木”产业就是家具产业。

二、产业发展概况

宁津的家具产业兴起于20世纪90年代，经政府积极扶持引导，逐渐走出一条产业化道路，现有市场主体超过3600家，规模以上企业42家，产业产值超过160亿元，产品形态以实木为特色优势，包括民用和商用家具八大类上千个品种，产品远销国内多个省市并出口到美国、韩国、德国等30多个国家和地区，先后获得“中国实木家具之乡”“中国桌椅之乡”“中国轻工业特色区域和产业集群创新升级示范区”等荣誉称号，逐渐呈现集群规模化、链条完整化、分工精细化、渠道多元化的特点。四个家具园区年生产能力达到了成品800万套、白茬900万套的规模。

三、公共平台建设情况

1. 成立行业协会

为引导宁津县家具产业规范化发展，经县委县政府批准，宁津县家具行业协会于2023年5月正式挂牌成立实体化运行，现有会员单位50家，配备专职工作人员9名，政府派任秘书长1名。协会成立后，制定了相关规章制度，助企业拓宽贸易、扩大产能，发布“宁津家具”区域公用品牌，成功举办宁津县第一届家具展会，扩大宁津家具影响力。

2. 山东省木质家具质量检验中心

位于宁津县大柳镇的山东省木质家具质量检验中心是目前全省唯一一家设在乡镇的省级家具检验中心，使用面积3000余平方米，有90多台（套）先进检测设备，检测人员16名，可为家具企业提供木质家具、钢制家具、儿童家具、厨房家具检测服务，范围辐射到天津、淄博、河北吴桥等周边地区，大大降低企业的成本费用。

四、面临的困难与问题

企业规模普遍比较小，缺乏大品牌企业：容易展开价格战，企业发展空间受限；产品以低端化为主，创新能力不足：大部分企业存在着产品同质化、中高端产品供给不足等问题，产品附加值低；缺乏产品对外展示平台，资源整合能力弱：木材年需求量在100万立方米以上，销售市场分散，资源整合能力弱，近年来木材涨幅大，企业利润空间进一步压缩。

五、2024年发展规划

（1）精心筹备2024年“第二届宁津县家具展览会”并积极进行展会推广，与省家协合作举办多场线下订货会，保障参展企业获得充足订单；在“双十一”期间策划并实施线上宁津家具采购节，诚邀优秀客户参与订货活动，同时邀请行业翘楚和网络大咖出席，以塑造并提升“宁津家具”品牌IP的知名度。

（2）激励企业积极“走出去”参加展会，拓市场、抢订单；与全国产业集群地和主要销售地协会、政府对接，实现“本地集采、外地集售”，降低本地企业销售成本；组织企业集体赴高等院校、产业研究院及产业发展先进地区进行参观学习，拓宽视野。

（3）全力推动产业“双招双引”和产业发展提质增效，深入推进家具行业“广义人才”的引进与培养，构建家具产业人才“需求库”和“人才库”。

（4）拟建设“家具小镇”。首期规划打造“宁津家具会客厅”，包含综合办公区、家具展示区、智能场景展示区、木工学堂及客商接待区五个部分。二期规划构建“综合电商基地”，塑造一个集电商直播、研发设计、电商培训、综合运营、展览展示等多功能于一体的电商中心，助力宁津电商迈向集群化、规模化发展。

（5）推动云仓建设，探索在张大庄镇建设“宁津家具物流快运园区”，加速推进物流行业转型升级；引入自动化分拣设备，压缩快递物流成本，推动宁津县快递企业高质量发展。

（6）推动台球桌产业迈向高端化，制定团标以提高县内台球桌质量，使产品更加标准且更有市场竞争力；优化台球桌示范企业的评价。

中国欧式古典家具生产基地——浙江 玉环

一、基本情况

1. 家具产业基本情况

家具是玉环工业的特色产业之一，经过30多年的发展，已形成品种繁多、配套齐全、产业链完整的产业集群发展模式，尤其是欧式家具，其档次和工艺水平处于全国领先地位。现有家具制造及配套企业125家，其中拥有自营出口权企业33家。先后荣获“中国新古典家具精品生产（采购）基地”“中国欧式古典家具生产基地”“国家级家具产品质量提升示范区”等称号。家具不仅是玉环的一个产业，更是玉环的一张名片。

2. 行业发展情况

2023年，玉环家具坚持以品质内销市场为主导，内外销双轮驱动，推动行业焕发生机。随着消费主群体年轻化，玉环在做专做精做新欧式、新古典家具的同时，设计开发有特色的“轻奢、新中式、轻欧、现代美式、现代极简”等不同档次、不同风格的时尚新品，运用新技术、新元素、新工艺，提升核心竞争力，产品结构从单一的民用家具向定制家具、酒店家具、办公家具延伸，产品差异化、风格多样化、结构多元化的玉环家具正在形成。引领企业加快转型升级，运用互联网+5G、创新营销模式，变革企业内部管理，融合“信息化、数字化、精细化”，降低运营成本，推动家具产业高质量发展。

3. 公共平台建设情况

构建互联网+5G平台。运用微信公众号、小程序、抖音、快手、B站、小红书等数字化平台，直观动态地向经销商、代理商、消费者展示产品，拉近与经销商、代理商、消费者的距离，构建“以客户为中心”的互联网化商业思维与营销新模式，将营销渠道从线下门店转为线上线下融合齐奏。

发挥家创综合体平台的辐射作用。在玉环时尚家居小镇创建玉环家具产业创新服务综合体，家创综合体以“打造时尚家居新地标”为目标，聚焦新动能培育和家具制造业修复，在整合提升家具科技创新服务平台的基础上，联合政府、企业、高校、科研院所、行业协会及专业机构，集聚科技、人才、金融、数据等资源要素，推动家具产业链、创新链、资金链、服务链“四链深度融合”，破解制约家具产业发展的瓶颈和难题。

二、经济运行情况

2023年，玉环家具受外部环境、内部转型、洗牌加剧等多种因素影响，内销形势严峻，出口、内销产值下滑，由于品牌知名度不高、综合成本高等原因，无法拉动销售递增，多家企业经不住抗衡而被洗牌出局。

2021—2023年玉环市家具行业发展情况汇总表

主要指标	2023 年	2022 年	2021 年
企业数量（个）	125	198	236
规模以上企业数量（个）	11	10	15
工业总产值（万元）	139000	211680	270870
主营业务收入（万元）	132500	196860	236700
出口值（万美元）	2270	9360	10015
内销额（万元）	123000	150830	207700
家具产量（万件）	38	40	58

三、重点企业情况

1. 浙江欧宜风家具有限公司

欧宜风坚持“客户中心、品牌驱动、内外并举、线上线下同销”经营理念，力求个性的设计、细腻的工艺，追求高标的品质，精心打造“欧宜风”品牌系列，设计开发的欧式、轻奢、极简、定制家具与时尚完美结合。通过绿色质造、店态革新、设计迭代等满足当代国人的家居消费需求，运用互联网营销、文化营销、设计营销、体验营销、服务营销、定制营销，向目标客户或潜在消费者讲好家具故事，打造线上线下融合的多元化营销模式。

2. 浙江新诺贝家居有限公司

新诺贝视质量为生命，视品牌为资产，将质量管理和品牌创建视为企业发展的根本和市场开拓的核心源，实施“卓越绩效模式”，不断提升产品附加值和市场竞争力。2023年，公司加大技改投入，做专做精做特做新，宫廷壹号轻奢品牌系列、TROTANOY東木全屋定制家具产品凭借国内一线品牌，以新店态、新产品、新设计，吸引新老客商，拓展国内一二线市场。2023年，公司获浙江省专精特新企业和浙江省高新技术企业研究开发中心荣誉称号。

3. 浙江晟洋家具有限公司

晟洋创立至今45年，目前已是集研发、制造、销售于一体的专注原木定制与活动家具的生产商和服务商。公司拥有专业的原木家居生产线，形成以原木定制、原木活动家具为主的产品布局。拥有国家专利技术100余件，荣获“浙江省科技型中小企业”称号、“台州市高新技术企业研究开发中心”认证，连续多年被浙江省家具行业协会评为的“省级优秀企业”。

4. 浙江大风范家具股份有限公司

大风范是国家高新技术企业，是欧式家具生产基地的标杆企业，专注高端沙发35年。公司扎扎实实做好大风范品牌，为顾客创造出真正的品牌价值，品牌定位升级为“出门坐奔驰，回家坐大风范”。2023年，公司以市场为导向，围绕品牌定位，聚焦高端沙发，做专做精欧式家具的同时，设计开发有特色的新工艺，提升核心竞争力，推进企业高质量发展。

5. 台州镁境家居有限公司

镁境家居34年来致力于打造符合当下高品质国人审美品位和生活方式的家居品牌。公司每年根据时尚潮流的变化推出新的产品，以满足高端客户对时尚家居潮流的需求，镁境家居品牌焕新升级，赫驰意式奢华家具、倾宸意式现代家具双品牌运用新技术、新工艺提升核心竞争力，专卖店覆盖全国一二线城市共计100多家，累计服务30万家庭，在风云变幻的家居市场光而不耀，稳步前行。

四、2024年发展规划

1. 坚持融合发展，探索产业发展新模式

一是发展一体化定制家居新业态。搭建玉环家具（居）企业研产销合作平台，发挥和释放本地家具、水暖卫浴、小家电产业基础优势和融合互通潜力，鼓励企业“跨界”联合，建立产品需求驱动的协同研发、协同生产和协同营销机制。二是拓展新型数字营销场景应用。实施百家家具（居）电商点亮行动，鼓励企业拓展小红书、微博、微信等新媒体传播渠道，深化与淘宝、抖音、快手等第三方直播平台合作，建设一批特色鲜明的家具（居）产品网络直播间，提升品牌认知度和影响力。三是打造标杆企业示范引领。组织开展家具（居）企业协作配套和服务型制造总结推广活动，择优认定一批成效显著、效益突出、行业影响力大的玉环市家具（居）协作配套标杆企业，创建一批省服务型制造示范企业，进一步放大典型企业的引领带动效应。

2. 强化创新驱动，增强产业发展新动能

一是提升企业新产品开发能力。鼓励企业打造高品质的“玉环派”特色家具（居）产品供给体系。实施“设计+”行动，加强家具（居）工业设计中心、工业设计服务机构建设，鼓励企业借力国

内外创新资源推进新产品开发，建立家具高新技术企业和研发机构培育库。二是建设家具（居）公共创新服务平台。扎实推进玉环家具产业创新服务综合体建设，完善提升科技金融、人才引进、成果转化、政策咨询、培训交流等服务功能。三是营造良好创新环境。谋划举办首届“玉环家居国际设计大赛”，吸引国内外知名设计机构、艺术院校、相关企业、独立设计师等踊跃参赛，促进一批优秀创新设计成果产业化。

3. 夯实产业根基，优化产业发展新生态

一是培育壮大龙头骨干企业。强化龙头引领，建立亿元家具企业培育库，不断加大政策扶持和工作支持力度，强化与行业知名企业对标对表，着力培育一批成长速度快、市场竞争力强、行业带动作用大的龙头企业，力争实现年产值五亿元企业零的突破。二是引进优质家具（居）产业项目。聚焦“大家居”一体化发展，重点梳理国内外高端定制家具、智能卫浴、高端洁具、厨卫电器、生活电器等领域龙头企业清单，积极争取整机生产基地、研发中心、运营总部等项目落户玉环。创新运用以商招商、委托招商、政企联合招商、展会招商等招商引资新模式，重点面向广东、福建等地，招引一批“浙商回归”“玉商回归”项目。三是建设提升时尚家居小镇。按照特色小镇2.0版建设要求，更加突出产业引领、项目带动，大力集聚一批行业龙头企业、创新人才、研发机构、科技金融等高端要素，完善全要素创业孵化生态体系，持续激发小镇活力动力，打造百亿级特色小镇，建成国内知名的家居产业集聚区和长三角家居旅购新地标。四是加强家具（居）人才引进培养。实施新生代企业家“四色成长计划”，制定针对性培养方案，着力造就一批年富力强、敢于拼搏、勇于创新的家具（居）企业“创二代”和“新锐玉商”。借助玉环“人才新政32条”“500精英计划”等人才计划，支持家具（居）企业引进高水平研发设计人才、高技能人才和高级职业经理人。

4. 升级生产方式，实现绿色智造新提升

一是推进工艺设备改造升级。建立政府出资、企业出题、高校院所揭榜的联合攻关模式，持续推进新工艺新技术开发应用。实施一批“机器换人”示范项目，支持企业联合专业木工设备厂商，研发应用数控全自动开料机、直排换刀加工中心、自动裁皮机、现代化淋漆线等高效加工设备，提升切割、裁板、贴边、组立、喷漆等工序环节的部件标准化、生产自动化水平。二是提升数字化管理水平。加大对企业信息化投入的补助力度，推广UG、SolidWorks、Proteusdeng等数字化设计工具，推动ERP、MES、SCM、CRM等信息系统集成应用，构建贯通车间、仓库、门店等全流程的数字化管理平台，提高企业生产经营管理水平和效率。三是大力推行绿色制造。推进家具企业粉尘和废气整治提升改造，推广低（无）挥发性有机化合物（VOCs）含量原辅材料、水性涂饰、静电粉末涂饰、光固化涂饰、车间除尘系统、无醛胶水等绿色材料、工艺和装备，鼓励采用环保材料，强化绿色产品供给。

5. 提升质量品牌，增强优质供给新能力

一是提升产品和服务质量。开展对标达标质量提升行动，支持家具（居）企业瞄准行业领先企业，开展产品质量比对、质量技术攻关、质量改进等，提升产品质量保障能力和售后服务水平。二是擦亮“玉环家居”招牌。以“亮产业形象，促产业升级”为主旨，加强“玉环家居”区域品牌培育，联合专业机构开展形象塑造、策划、管理和宣传推广等工作，擦亮“中国新典美一体化家居产业基地”新名片。三是深入实施标准化发展。充分发挥标准引领作用，推动企业对照国内国际先进标准高标生产。加强大规模定制家具标准、绿色家具制造标准、数字化转型标准等研究，支持骨干企业主导或参与制修订国际、国家、行业和“浙江制造”标准，增强行业话语权。

五、2023年发展大事记

1. 市政府出台红头文件

玉环市政府印发《玉环市家具（居）产业转型升级实施方案》。为加快家具产业转型升级，推动

“玉环家具”向“玉环家居”融合升级，不断提升供给体系对市场需求的适配性，推动家具（居）产业焕发新活力、实现新发展，制定家具（居）产业转型升级实施方案。

2. 举办安全生产培训

邀请台州市应急管理局党委委员、副局长陈炜华作“安全生产法”专题讲座，重点指出了安全管理中存在的缺陷和不足，着重帮助企业负责人和安全管理人员解读安全生产执法检查等重要内容，掌握安全生产相关的法律法规、政策重点和安全逃生的方法，助力企业提升安全管理水平、落实主体责任。

3. 举办座谈交流

邀请北京国富纵横赵龙博士，中国建材市场协会书记、秘书长丁立忠，围绕“一带一路贸易”主题，就家居企业拓展国际市场、海外政府工程等信息交流话题进行探讨，围绕高质量发展的新机遇等交流经验，增强家具行业的国际竞争力。

4. 组织企业参展

组织6家企业分别参加第49、50届国际名家具（东莞）展览会、第51届中国家博会（广州）、第52届中国家博会（上海）等国际家具展，参展企业携时尚新品，展示“玉环派时尚家具”的实力和魅力，进一步提升玉环家具的知名度。

5. 外联考察学习

政企交流、协会互访，与各兄弟家居类协会、平台方相互支持，共创发展建设新台阶。一是积极与省家协、宁波家居协会、温州家具商协会、温州定制家具商会、广州展览公司等家具行业协会、平台互动交流，探讨各自的发展理念、发展思路，增进兄弟协会间的友好感情。二是组织家具企业考察海宁国际家用纺织品博览会以及东莞、南康等地市场，通过“走出去，引进来”的方式，不断突破“研、产、供、销”行业发展困境，开启玉环家具产业发展新征程。

（玉环市家具行业协会）

中国板式家具产业基地
——四川 崇州

一、崇州市基本情况

崇州，四川省成都市代管县级市，全市幅员面积1089平方公里，常住人口74.57万，是距成都最近的郊区新城，是四川省首批命名的历史文化名城，是国家新型工业化产业示范基地（大数据特色）、国家智慧城市试点城市、国家全域旅游示范区创建单位、国家农业综合标准化示范市、国家家具质量提升示范区、全国乡村治理体系建设试点单位、中国板式家具产业基地。

2023年，崇州地区规模以上企业工业总产值675.9亿元，家具产业作为崇州主导产业之一，规模以上企业实现产值131.3亿元，增长3.1%，在规模工业总产值中占比为19.4%。

二、崇州家具产业简介

崇州现代家具制造成型于二十世纪七八十年代，是成都市家具产业高质量发展的主要承载地和先行示范区，2010年，获得“中国板式家具产业基地”称号。崇州全域共有企业1496家，从业人员约8万，全市主要产品为“定制家具”的企业861家，占比超55%。作为西部定制家具的核心制造区，崇州当前形成了“一个50亿级链主+两个10亿级准链主+千个上下游、左右岸配套企业”协同发展、良性互动的集群态势，产品覆盖了全屋定制、酒店、康养、办公、户外、沙发、餐桌椅、床垫等细分领域，拥有西部唯一的国家级家具产品质检中心，是西南地区生态配套条件最完善的区域。全市共有规模以上家具企业68家，其中64家集中在成都崇州经济开发区。2023年2月，崇州凭借“家具制造业”入围并由工信部公示，成为全国39个消费品工业“三品”战略示范城市之一，是目前国内家具聚集区中唯一入围的城市。

近三年，崇州市规模以上家具工业产值平均增速达12%，最高达22.4%。2023年，四川省家具规模以上营收300.2亿元，同比下降10.1%；利润总额18.3亿元，同比增长11.6%。崇州市家具规

成都崇州经济开发区鸟瞰图

2023年崇州家具产业主要指标

模以上2023年营收134.6亿元，同比增3.3%；利润总额5.2亿元，同比增长44.4%。在2023年大环境下行的情况下，崇州从四川三分之一仍然强势增长为四川省近一半。

三、产业生态建设成果

崇州已初步形成设计及原材料、家具制造、运营销售等较为完备的家具产业链条，涉及板材、饰面纸、封边条、海绵、玻璃、五金件、涂料、胶黏剂等关键原辅材料，80%可实现本地配套。

创新驱动方面，安居天下等4家企业入选工信部绿色工厂示范名单，掌上明珠成功入选2023年度国家级智能制造优秀场景，全市“上云用数赋智”家具企业230家，道明竹编、怀远藤编入选“国家级非物质文化遗产代表性项目”，创建“中国名牌产品”1家、“中国驰名商标”2家、“四川名牌产品”9家。指导企业创建国家级企业技术（设计）中心2个，省级企业技术（设计）中心2个，成都市企业技术中心和设计中心8个。

公共平台方面，建设有国家家具产品质量监督检验中心、四川汇宇行知家居技能人才培训中心、崇信大数据智能家具直播公共服务平台、四川聚师傅全国送装平台、索菲亚家居研究院西南分院、四川文轩宝湾供应链等涵盖共享设计、绿色转型、数字赋能、供应链管理和电商直播等功能性公共服务平台11个，促进产业加快转型升级步伐。

近年来，有效组织了上百场各类行业活动，主要包括承办第23届成都国际家具工业展览会，连续举办三届原辅材料供需推介会、成都百万职工木质家具制作工比赛、中国定制家居产业研讨会、川派家居行业高质量发展大会等各项“展节赛”，持续助力集群突破行业信息壁垒，以协作实现供给侧互联互通。

崇州经开区成功申报了“四川省院士（专家）产业园”，服务企业的各级院士（专家）工作站共计14个。目前，已与川内30所院校（含培训院校）建立校企合作关系，建立有成都蓝领人才直招中心，正在推进“跨企业培训中心”实训基地建设落地，全面发挥技能人才教育培训效能。

四、发展中存在的问题

一是集群经济指标和效益规模还没有进一步呈现。崇州进入GDP的规模以上工业产值亿元级家具企业贡献占比高达84.9%，大量中小企业没有纳入经济指标采集，集群营收没有数据支撑。

二是“流通”业态没有完全成型，缺乏综合型销售端。物流生态涵养不足，本地企业生产成本长期被束缚，盈利能力不足。

三是扩张模式相对单一，缺乏线上专供产品和线上销售体系，对于集群产品的商业变现能力和集群显示度的带动能力较弱。

五、2024年发展规划

紧紧围绕满足“人民群众对美好生活的向往”价值取向，用新发展理念统领家具产业高质量发展，坚持问题导向、发展导向、目标导向，充分发挥“有效市场”+“有为政府”功能，将崇州“定制”优势对应“民用家具”，将“品质”保障对应“工程家具”，以打造“川渝地区以美好家居生活为特色的现代化家居产业集群”为牵引，助推企业走进更高品质的市场，带动企业进入新一轮的产品迭代、品牌提升、品质升级，持续提升产业生态能级。

一是聚焦推动产业绿色发展，优化产业结构。加强区域协调，引导企业向优势区域集中，加快打造一批具备设计、生产、销售属性的公共服务平台，以转型培育为主、清理淘汰为辅强化企业

成都崇州经开区智能家具产业园区鸟瞰图

培育，推动产业结构优化，实现绿色化低碳化转型。

二是聚焦满足多元消费需求，创新品种供给。多元化的设计风格、智能化的科技应用、个性化的定制服务逐渐成为新兴消费者的核心需求，崇州将以需求为导向，以创新驱动、高质量供给引领和创造新需求，形成需求牵引供给、供给创造需求的更高水平动态平衡。

三是聚焦质量控制管理，提升产品品质。加快推动产业智能化升级，加强工艺流程优化，注重质量控制，以高品质产品更好地满足新兴消费群体需求，增强消费者对崇州家具信任度。

四是聚焦区域品牌建设，培育优质品牌。以区域公共品牌更好赋能崇州家具抱团发展，提高产业的整体竞争力和市场影响力，提升崇州家具产业整体形象，增强消费者对崇州家具认知。

五是聚焦多渠道同步发力，拓展家具市场。打造线下家具卖场尽可能展示产品优势，打造线上销售平台突破地域时间限制，主动走出去拓展海外市场找增量，为家具产品打开更为广泛的销售渠道。

六、2023年发展大事记

2月，崇州凭借“家具制造业”入围并由工信部公示，成为全国39个消费品工业“三品”战略示范城市之一，是目前国内家具聚集区中唯一入围的城市。

3月，成都地区首个“好家居·崇州造”家居团体标准在崇州诞生，《家具有害物质限量及安全要求》《家具星级品质评价规范》2项标准已在全国团体标准信息平台发布实施，以实际行动诠释崇州家具产业提档升级。

5月，崇州消费电子产业园第三届内循环活动暨原辅材料供需推介会活动举行，这是崇州第一次以展厅形式举办相关活动，宣传推广量达2万人，活动总体成交量5000万以上。同月，四川文轩宝湾供应链有限公司成都数字供应链家居共享仓在崇州正式开仓，为成都企业带来原料集采、数字化、智慧仓储以及智慧物流等多方面的赋能和支撑。

6月，第23届成都国际家具工业展览会盛大开展。崇州家具产业第一次以公共品牌馆+企业商用馆一起入驻成都国际家具展，搭建了5000平方米

2023年主要活动

的展示面积，全友、掌上明珠等16家企业参展。

6月，“蓉易见·崇企茶馆”政企交流会家居产业专场举行。市委副书记、市长饶程与家居企业代表面对面交流，共商崇州家居产业高质量发展。

8月，第一届三江家居博览会开幕，开启产业营销新模式。同月，商会组织会员单位参加2023年越南胡志明家具及室内装饰展，让东南亚国家了解川派家具的绿色化、智能化、定制化。

9月，“中秋联谊会/崇州家居行业发展共情会”举行，崇州家具行业商会130家会员单位的近200位企业负责人、高管、企业代表及友好商会、民间团体代表参加活动。

10月，承接完成2023年成都百万职工劳动和技能竞赛木质家具制作工比赛，成都地区80余名选手同台竞技，呈现成都木器匠人风采。

12月，第十一届CFT（中国）家居品牌节中国家居品牌高质量发展大会暨金匠奖颁奖仪式隆重举办，崇州集群在中国家居品牌节组团拿奖，园区荣获“年度最具活力家居产业园”称号，崇州集群及产业公共IP进一步扩大。同月，崇州市家具行业商会三周年庆暨2024年年会在崇州中胜大酒店隆重举行，200余家会员单位、特邀嘉宾、民间团体代表出席活动。

七、龙头企业简介

1. 全友家私有限公司

全友家私有限公司是集研、产、销于一体的大型现代化全屋家居生产企业，建立了质量、环境、职业健康安全管理三大体系和能源管理体系，多次荣获“绿色设计国际贡献奖”“全国产品和服务质量诚信示范企业”“全国质量检验稳定合格产品”，先后获得“绿色先锋企业”“绿色领跑企业”“杰出质造企业”“绿色供应链管理示范企业”“全国售后服务十佳单位”“工业产品绿色设计示范企业”等殊荣，六大类产品通过中国绿色产品认证。

2. 明珠家具股份有限公司

明珠家具股份有限公司创始于1989年，现已发展成为集研发、设计、营销、管理、生产、送装售后于一体的大型现代化板式家具服务型制造企业，是当今中国乃整个亚洲规模最大、设施最先进、智能化程度和生产效率最高的家具制造基地之一，拥有中国板式家具企业中唯一一家“国家认定企业技术中心”。

3. 索菲亚家居（成都）有限公司

索菲亚家居（成都）有限公司成立于2008年，是索菲亚家居股份有限公司（证券代码：002572）的控股子公司，作为索菲亚旗下布局西部的战略部署，占地面积约295亩，建设有工业4.0高端智能定制家居生产基地，其主要采用德国进口柔性生产线以及国内自主研发设计的高端智能家居生产线、立体仓库、立体板材仓等智能设备。

4. 成都喜临门家具有限公司

成都喜临门家具有限公司是全球著名的床具制造企业喜临门家具股份有限公司（股票代码：603008）西部生产基地，专注于设计、研发、生产和销售以床垫为核心产品的高品质软体家具，拥有西部最大的床垫生产规模，主要产品包括床垫、床、沙发、家具定制及睡眠配套产品。

5. 成都维尚家居科技有限公司

维尚家具成立于2006年，有两大核心品牌“维意定制”和“尚品宅配”。成都公司占地面积约270亩，总投资10亿元，建筑面积约26万平方米，主要建设辐射西南、西北地区的工业4.0智能定制家居西南生产基地。现项目正在建设中，预计竣工投产后年产值20亿元，解决就业人数2500人。

中国中部家具产业基地——江西 南康

一、基本概况

1. 地区基本情况

南康地处江西省西南部，居赣江上游，是赣州市三个市辖区之一。全区面积为1722平方公里，人口86万，是全国文明城市、中国甜柚之乡、中国木匠之乡、全国实木家具生产基地之一。南康拥有全国第八个对外开放口岸、全国第一个内陆国检监管试验区、国家家具产品质检中心等国字号平台，是中国（赣州）家具产业博览会主办地、全国电子商务示范基地。

2. 产业发展情况

南康家具产业起步于20世纪90年代初，历经30多年发展，形成了集加工制造、销售流通、专业配套、家具基地等于一体的产业集群，是南康的首位产业、扶贫产业和富民产业。南康家具产业已成为全国实木家具生产基地、国家新型工业化产业示范基地、全国第三批产业集群区域品牌示范区，多次被中国家具协会评为"全国优秀家具产业集群"，是全国16个创建国家级家具产品质量提升示范区之一。

3. 公共平台建设情况

建成运营的中国内陆第八个对外开放口岸赣州国际陆港，纳入了全球航运和国际贸易体系，开行中欧（亚）班列线路19条、铁海联运班列精品线路5条，覆盖中亚、南亚及欧洲等地区的20多个国家100多个城市，并与德国威廉港、杜伊斯堡等港口开展了战略合作。打造南康家居小镇，组建国家级工业设计中心，吸引150余家顶尖设计机构、600多名国内外知名设计师入驻。在原有港口、园区、展销等九大平台的基础上，着力打造家具产业数字化"中枢大脑"——家具产业智联网，并联通国际木材集散中心、创新设计中心、共享智能备料中心、共享喷涂中心、销售物流中心5个实体中心，构建现代家居"一网五中心"格局。

二、经济运营情况

2019年，南康家具产业集群实现营业收入1807亿元；2020年，继续保持高速增长态势，家具产业集群总产值2000亿元；2021—2023年，家具产业集群连续实现逆势上扬，产业集群总产值分别突破2300亿元、2500亿元、2700亿元。

南康现有8个园区、16个集聚区、1200万平方米标准厂房，家具制造企业7000多家、从业人员50万人，拥有19家专业市场，面积超300万平方米，营业面积和年交易额在全国位居前列；在国内50多个城市布局了77家"南康家具"品牌馆，开设专卖店400多家，自营店、加盟店8万多家；目前，拥有中国驰名商标5个，江西省著名商标88个，江西名牌41个。

三、2023年发展大事记

1. 扎实开展主题教育，党建引领产业链融合发展

主题教育开展以来，南康区紧紧围绕落实中央第八巡回指导组在南康调研时提出的指导意见，紧紧围绕产业链党建工作，发挥党组织的引领作用，在理论学习全面覆盖、扬优补短成果转化、凝聚合力推动发展等方面持续发力，确保产业正确发展方向。

2023年10月17日，省委副书记、市委书记吴忠琼深入南康区调研督导主题教育及产业发展、乡村振兴等工作，到南康家居小镇现代家具产业链综合党委，了解、指导现代家具产业链党的建设、家具协会运行及作用发挥工作，深入了解开展主题教育推动现代家具产业转型升级情况。

5月23日，省委常委、省委组织部部长吴浩在南康区调研产业链党建工作，参观了南康现代家具产业链综合党委。他指出，产业链党建是基层党建新的实践课题，要充分发挥党组织的政治引领作用，牢牢把握产业正确发展方向，有力促进“两个健康”。

南康区积极推进现代家具产业链党建工作，围绕组织堡垒建在链上、协同发展融在链上、服务赋能抓在链上，积极探索党建引领推动产业链高质量发展路径，推动主题教育走深走实，实现链上党员全覆盖、成果转化出实招、体系构建走前列，南康现代家居产业链集聚融合发展质效愈加显著。

2.“三会一节”爆火出圈，会展经济点燃市场活力

区委区政府创造性打造“三会一节”：3月18日，首届南康家具市场春季采购节成功举办，经销商观展人数超8万，交易额近50亿元；5月28日，中国（赣州）第十届家具产业博览会成功举办，展会7天吸引了来自50多个国家和地区的20多万名专业观众到会，订单交易额突破200亿元，创历史新高；10月20—22日，首届南康家具绿色供应链（配件/配套）展览会在家居小镇举办，专业观展人数超3.5万、成交额超10亿元；10月28日，2023南康家具秋季订货会暨优质家具代工厂爆品展览会开幕，取得了线上线下交易额突破130亿元、专业观展人数超12万人次的傲人成绩。

高频次、高质量、有创意的四场展会让南康家具迅速“火出了圈”，吸引了大量国内外参展商和观众来到南康，为国内外知名品牌家具企业进一步了解南康家具品牌、提升南康家具形象和品牌推广提供了更好的平台。同时，四大展会从家具产品、供应链等多维度呈现，更加全面地展示了南康家具产业链上下游企业自身优势和产品特色，展示了南康家具产业的活力和韧性。

3.“走出去”“抢订单”品牌影响力与日俱增

2023年，南康家具在世界的舞台上一次次绽放光彩。3月7—10日，区委区政府组织14家品牌企业组成南康家具品牌馆，集体亮相马来西亚国际家具展（EFE）；4月18—23日，扬帆出海意大利米兰国际家具展，首次在国际顶尖家具展上留下了南康家具的足迹；11月15日，16家南康家具企业登陆2023年日本亚洲家具展，向世界展现南康家具设计与制造的新高度，累计签约海外订单超30亿元；11月15日，南康家具首个海外办事处——南康区家具协会东京办事处在日本东京揭牌，对推动国际化发展战略的落地具有深远意义。

2023年，南康家具以“抢订单、抢市场”为抓手，紧握市场脉搏，组织了一大批品牌企业参加一系列国内主流展会活动。3月15—18日，超50家南康家具品牌企业接连亮相第49届国际名家具（东莞）展览会、第43届国际龙家具展览会、第51届中国（广州）国际家具博览会等国际大展，显示了南康家具的强大实力，开启了“南征北战”的年度序幕。随后，在上海、苏州、青岛、成都等地都能看见“南康家具军团”的身影。一年来，南康家具集体亮相国内主流展会22次，累计收获订单超40亿元，彰显出南康家具的蓬勃生机，显著提升了展会话语权和行业影响力。

4.“请进来”“拓渠道”举办行业盛会

栽下梧桐树，引得凤凰来。2023年，南康举办了一系列国家级乃至世界级行业盛会，汇聚行业资源，聚焦行业目光。举办“百亿家具电商进南康”活动，邀请佛山、沙集等地电商大咖近200人走进南康，为南康家具增添了一个长期稳定的百亿订单；联合中国家具协会成功举办了全国家具经销商大会，还成功举办2023中国家具业高质量发展大会、第11届CFT中国家居品牌节等系列活动，吸引了全国各地的家居行业大咖、大商走进南康，深入地了解南康家具的实力和魅力，为后续深入合作搭建了桥梁。

5. 考察交流拓思路，学习借鉴促提升

2023年，南康家具人的足迹遍布意大利、德国、马来西亚、泰国、日本等国家及国内各地，走进华为、京东等顶尖强企交流学习，洽谈合作。2月2日，省委副书记、市委书记吴忠琼率代表团考察顾家家居，区委书记何善锦随团前往，开启了新春首站考察。4月16—23日，区委副书记、区长李赣兴率队前往意大利参观2023米兰国际家具展，考察家具行业。3月6—11日，区委常委、副区长李成胜率队到马来西亚、泰国开展经贸合作考察交流。

同时，还有一大批党政考察团、外地企业来到南康考察交流，与南康家具建立联系。5月25—29日，马来西亚家具总会总会长邱曜仲率50余人的代表团到南康参加中国（赣州）第十届家具产业博览会，并在南康考察交流家具产业发展情况。中国家具协会理事长徐祥楠一行到南康参加中国（赣州）第十届家具产业博览会，并调研家具产业发展情况。12月7日，意大利国家众议院前议长、意大利对华友好协会主席伊琳娜·皮韦蒂率团考察南康，南康与阿尔塔穆拉市缔结意向友好城市，在家具产业贸易、设计、工艺、人才培养、品牌共建等方面达成了初步合作协议，南康家具加快国际化进程迈出一大步。

6. 行业活动不断，产业发展迸发新活力

2月28日，南康家具高质量发展大会暨南康区家具协会理事会换届大会成功举办。会上选举出了新一届理事会会长——江西团团圆家具有限公司董事长罗海龙，表彰了一批优秀企业。同时，大会开创性举办的湖畔晚宴，成为独具行业特色的标志性盛典。

南康家具力量公益分享会持续为行业赋能，2023年共举办7期，邀请了深圳家具研发院院长许柏鸣，A家家居董事长吴卫臣，水星家居总裁周硕，中国家具协会销售商委员会执行秘书长郭新文，汇智谷智业创始人李家网，泛家居业资深咨询师、培训师刘瑾等行业专家、优秀企业家来到南康与企业交流分享。自媒体大咖分享会知名博主空降南康，传授流量密码；南康家具莲花山论道活动集结行业头部精英，共话风云；南康家具行业活动不断，有声有色，频繁出圈，进一步推动产业发展活力持续迸发。

7.“百城千店”结硕果，南康家具品牌全球化步伐坚实

7月7日，南康家具“百馆千店万商”市场拓展行动出征仪式举行，区委书记何善锦亲自授旗并作动员讲话。该行动由区领导带队，组建29个市场拓展组，出征全国30个省（区、市），开展“百馆千店万商”市场拓展行动，“打过长江去，进军全中国，拼搏世界家具市场份额”，抢市场、抢订单，累计签约柳州、海口等南康家具品牌馆72家、开业8家。3月11日，南康家具携手星迈黎亚泰国曼谷商城签订了南康家具“百城千店”战略合作协议，标志着南康家具品牌馆首家海外馆成功落地。

12月31日，南康家具品牌馆新疆克州店隆重开业，开业期间，共吸引1.6万余人次参观，成交1612单、销售额459万元，线上抖音直播观看量达1500万人次。这是南康家具在布局全国、占领国际市场上迈出的重要一步，更是南康家具肩负起江西产业援疆的光荣使命后结下的硕果。

2023年，南康家具“百城千店”在全国各大城市乃至海外遍地开花，实现品牌的广泛覆盖和深度渗透，让南康家具成功地走进了千家万户，让更多的人了解和认识南康家具品牌，“让世界有家的地方就有南康家具”的美好愿景将逐步成为现实。

8. 为本土企业集中供地，扶优扶强项目跑出新速度

12月7日，南康区举行第四季度招商项目暨南康家具扶优扶强项目集中签约活动，8个本土家具企业制造项目正式签约。江西团团圆家具有限公司现场竞拍，成功拿下赣州国际陆港单元LG2-A06-03地块、LG2-A07-01地块、LG2-A05-01地块，南康首个花园式工业上楼项目即将启动。江西富龙皇冠实业有限公司拿下的官坑DBE2023028地块正式动工，明年8月将呈现8层

楼的工业上楼和4万多平方米的大型软体工厂。

该项目是南康“扶优扶强”战略项目、产业转型升级重点项目，每个项目投资1亿元以上，该批项目竣工投产后，将推动更多南康本土家具企业发展成为新的20亿、10亿企业，涌现出一批“新龙头”“新链主”。这是南康区时隔10年之后再次为本土家具企业进行集中供地，将有力促进南康家具品牌做大做强，带动更多本土企业实现集约化、规模化发展。

9. 自媒体新力量凝聚，品牌营销渠道强势开新局

随着互联网时代的迅猛发展，自媒体以不可抵挡之势成为品牌营销传播的利器。6月30日，国内家具行业首个自媒体委员会——南康家具协会自媒体委员会成立，将一股新生而强大的南康家具自媒体力量凝聚在一起，展现了行业新力量。“家具人小邝”“天籁沐香香香姐”“九喜木业想哥”“富龙皇冠何姐姐”等众多南康家具自媒体账号的走红，“南康家具七仙女”“南康家具天花板”“开GL8的老板娘”“装挂姐”“家具大嫂”等令人印象深刻的个人标签和人设的成功打造，极大地提升了南康家具品牌和企业自身的知名度、美誉度，也让更多南康家具企业看到了自媒体营销道路的广阔前景，南康家具自媒体营销的氛围愈加浓烈。

在第十届家博会预热、举办期间，百个南康家具自媒体账号抱团为南康家具发声，制造热点话题，南康家具和南康家博会一时间成为行业热议的焦点，开创了品牌营销新渠道。并在首届南康家具绿色供应链（配件/配套）展、秋季订货会暨爆品展、南康家具招用工“抢人大战”中持续发光发热，为南康家具宣传增添强劲力量。

10. 产业荣誉光耀，实力再获肯定

2023年，南康区现代家具产业集群获评“2023年度江西省中小企业特色产业集群”。在2022年国家新型工业化产业示范基地发展质量评价结果中，南康家具被评为四星级示范基地，连续三年保持四星级。10月，工信部官网发布的2023年度全国一百个中小企业特色产业集群名单中，南康区现代家具产业集群入选，再添国字号荣誉。10月16日，南康区被授予“中国家居高质量发展示范区”称号。

这些荣誉充分肯定了南康家具行业在国内的领先地位和影响力，彰显了南康家具行业的实力，也为南康家具行业的未来发展注入新的动力和信心。

中国办公家具产业基地
——浙江 杭州

一、行业发展基本情况

2023年是贯彻党的二十大精神的开局之年，是实施“十四五”规划承前启后的关键一年，是为全面建设社会主义现代化国家奠定基础的重要一年，家具行业将迎来发展新机遇。要继续保持发展定力，坚定发展信心，坚持稳字当头、稳中求进，充分利用我国经济韧性强、潜力大、活力足的优势，发挥作为民生产业促经济、稳就业、增福祉的重要作用。

二、经济运营情况

2023年1—12月，浙江省规模以上家具企业实现工业总产值1058.30亿元，同比下降2.6%；实现工业销售产值1028.29亿元，同比下降4.2%；实现出口交货值446.07亿元，同比下降14.1%；完成新产品产值514.36亿元，同比增长10.7%。

2023年1—12月，杭州市规模以上家具企业110家，实现工业总产值130.49亿元，同比下降5.6%；实现工业销售产值129.00亿元，同比下降4.5%；实现出口交货值52.44亿元，同比下降14.9%；完成新产品产值51.31亿元，同比下降1.0%。

2021—2023年杭州（地区）家具行业发展情况汇总表（生产型）

主要指标	2023 年	2022 年	2021 年
规模以上企业数量（个）	110	115	106
工业总产值（亿元）	130.49	138.21	148.55
工业销售产值（亿元）	129.00	135.03	145.54
国内销售产值（亿元）	76.56	73.41	76.47
出口交货值（亿元）	52.44	61.63	69.07
新产品产值（亿元）	51.31	51.84	54.96

数据来源：浙江省经信厅、杭州市经信局。

三、产业发展及重点企业情况

杭派家具等骨干企业在外部风险挑战大、内部发展困难多的重重局势中脱颖而出；恒丰、金鹭、科尔卡诺、冠臣等企业不断突破自我，以创新谋发展，取得了令人骄傲的成绩。

杭州恒丰家具有限公司秉承创新发展理念，大力投入研发加速产品迭代。2015年起，恒丰FLY、FATA系列产品相继荣获“德国红点设计大奖”。2020年，FIOW、FATA、FLX系列产品同时荣获“美国芝加哥优良设计奖”。2021年，恒丰研发中心被认定为“省级高新技术企业研究开发中心”。2023年，作为杭州亚运会家具供应商，为奥体中心体育馆、综合训练馆提供家具支持，充分贯彻本届亚运会的办会理念，尽己所能助力亚运会成功举办，向世界展示“中国智造”。

浙江金鹭家具有限公司一直以来凭借精益求精的态度、严谨细致的作风、团结协作的精神，高质量、高标准，承接过G20峰会主会场办公家具等项目。金鹭家具根据亚运会需求量身定制，家具整体设计奉行杭州亚运会“绿色、智能、节俭、文明”的办会理念，公司全情投入，为亚运提供28000余套家具，时刻保持着温情相伴、全力护航的状态，顺利完成赛事保障任务，为举办亚运会贡献一份力量。

乐捷家居股份有限公司定位为“时尚家具”品牌，在国内拥有280多家加盟店，在中东、东南亚等多个地区设有自主品牌体验展厅。2023年，乐捷股份通过了浙江省内外贸一体化高质量发展项目验收。公司拥有专利技术500多项，产品多次获得中国好设计奖、中国设计红星奖，亚太尖峰设计奖、红棉中国设计奖等。目前已建成4.0智慧工厂，2022年乐捷家居股份有限公司创建并通过了浙江省工业互联网平台项目验收，进入了浙江省智能工厂培育库。未来3年内，公司产值规模将达到10亿元。

浙江昊天伟业智能家居股份有限公司作为一家专注于图书馆家具创新与设计的公司，2023年，已成功承接了浙江省图书馆的书架家具项目，为图书馆的设施提升做出了贡献。昊天伟业还为深圳市图书馆、西安空军工程大学图书馆、舟山图书馆等提供了优质的家具供应服务。昊天伟业凭借其卓越的设计能力、丰富的实践经验和精湛的制造工艺，为“建书香中国”贡献出微薄的力量。

浙江冠臣家具制造有限公司一直坚持自主创新的战略，建有包括中国、意大利、德国组成的国际化设计团队，6万平方米生产基地，400多项产品专利，产品获得红棉奖·产品设计至尊奖和当代好设计奖。2022年，被认定为省级高新技术产业。未来，冠臣将坚持保持精益求精的态度，为用户带来办公家具的系统化卓越体验，让办公空间更有温度。

杭州骏跃科技有限公司LINE移动式电力轨道荣获2023年德国iF设计奖。通过工艺、材质、配色、设计等多个维度，传递骏跃科技LINE系列，力现电力轨道插座美学上的独具匠心。公司家居电器设计中心荣获“2023浙江省工业设计中心”。

四、加强信息融合，推动企业亮相

展会是企业向外界展示综合实力的平台，商会平台组织企业参加2023年广州展、2023年深圳设计周、2023年6月“设计上海”；2023年9月，参加CIFF上海虹桥第52届中国（上海）国际家具博览会；2023年9月，参加第二十八届中国国际家具展览会暨2023年上海时尚家居展、2023年上海摩登时尚设计周、2023年中国家具设计师作品展示会等。

2023年9月11—15日，组织集群内企业参加集合展览“2023年中国家具产业集群成就展”，发布《杭州家具》7月特刊。杭州恒丰家具有限公司、浙江金鹭家具有限公司、科尔卡诺集团有限公司、浙江冠臣家具制造有限公司、浙江昊天伟业智能家居股份有限公司、杭州昕华实业有限公司、浙江麦辰家具股份有限公司、杭州东捷智能科技有限公司、杭州骏跃科技有限公司、杭州磐宇贸易有限公司参与展览，展览效果突出，为企业带来新的发展增长点，为企业下一步发展作铺垫。

五、行业形势展望

在过去两年里，中国办公家具产业基地的企业大力推进绿色制造，取得显著成果。世楷企业实现了运营的碳中和，并计划到2030年达到负碳排放；宜家则通过使用可回收材料和燃料电池汽车，推动了产品和物流的绿色转型。整个行业在设计、制造、包装、运输及废物回收等各环节提升了资源利用效率，减少环境影响，展现了可持续发展的决心。

面对碳达峰和碳中和的目标，将加速数字化转型，推动资源和能源的循环利用，提升生产效率；推广绿色产品认证，支持低碳技术研发；并引导消费者选择绿色产品，促进产业低碳化。这些努力将为建设生态文明和绿色中国注入动力。

（杭州市家具商会）

中国办公家具重镇——广东 小榄

一、基本概况

小榄镇办公家具制造业综合实力较强，拥有广东华盛家具集团、迪欧家具集团、广东中泰龙家具集团三家十亿元以上家具企业，东港家具、思进家具、富邦家具、澳美家具、一利家具、高卓家具，以及欧派克、向荣、诺贝等滑轮导轨、脚轮和五金塑料配套企业，为小榄及周边地区的家具产业提供配套支撑。根据中山市办公家具行业协会统计，2023年小榄镇36家规模以上办公家具制造企业实现产值52.7亿元，全年办公家具及配套产业产值规模达100多亿元。小榄镇办公家具产业区是国内办公家具行业最早形成的家具产业区之一，经过40多年的发展，已在国内外奠定了影响力较大的产业基础。目前，中山全市已有各类家具企业超千家，办公家具企业300多家，企业的数量、生产总值都处在全国领先水平。2017年10月，中山市小榄镇正式获得了“中国办公家具重镇”的称号，产业影响力明显提升。同时，借力中山“十大舰队”战略，提出打造“中山美居产业联盟”“中国商用家具之都”。

二、行业发展举措

（一）加强战略建设，夯实发展基础

自2017年推动“中国办公家具重镇”落地小榄以来，中山市办公家具行业协会始终围绕“团结全市办公家具行业力量，借力全国乃至全球资源，助力中山市‘中国办公家具重镇’建设，扩大区域知名度和行业影响力，让会员企业得以更好更快地发展”的战略开展工作。

（二）行业品牌活动促发展

1. 积极推动办公家具文化节

为更好协助小榄镇共建“中国办公家具重镇”，继续举办2023年广东·中山第四届办公家具文化节暨企业品牌总部展，引导办公家具文化潮流，展示中山办公家具精神风貌。

2. 积极响应三品战略，打造重点品牌推荐活动

在助力品牌建设方面，积极组织企业以更好的形象参加广州国际办公环境展、上海（浦东、虹桥）家具展等主要家具展览会。多家中山办公家具企业大获好评，多家企业荣获“红棉奖·产品设计奖”，华盛家具集团“卡斯曼系列 KASIMA Series”更是摘得“红棉奖·产品设计至尊奖”，有效推动中山办公家具的区域品牌。

与此同时，吸引全国客商聚焦中山，形成“广州看展，中山看厂”的模式。2017年起，中山市办公家具行业协会连续多年特设“重点品牌推荐”系列活动，有效助力了“中国办公家具重镇”品牌建设，行业指导意义重大、影响深远。

（三）标准先行，规范技术

为进一步规范木制涂饰办公家具通用技术要求，让木制涂饰办公家具生产厂家、经销商、使用者有标可依，2023年1月，组织召开《木制涂饰办公家具通用技术条件》（T/ZSOF 0001—2023）团体标准审查会。2月，该标准在全国团体标准信息平台上正式发布。

三、发展现状及重点企业情况

2023年，华盛、中泰龙、迪欧、澳美、思进、富邦等主要办公家具企业发展平稳，行业产出及税收贡献小幅度增长。办公家具产业规模效应不断巩固，产业影响力持续提升。目前，32家企业获得广东高新企业称号。

1. 广东华盛家具集团有限公司

广东华盛家具集团有限公司创立于2004年3月，拥有八大生产基地，总占地面积约30万平方米，配备专业化的产品研发中心、国际化的产品检测中心。

华盛旗下拥有“华盛”“沃盛”“华旦”“高卓”“颂典”“盛章”六大标杆办公家具品牌以及酒店别墅家具、医疗养老家具等十大营销中心，通过六大品牌十大营销中心的协同发展，致力于为中高档办公空间、商务空间、商用空间提供一站式整体解决方案。一直以来以稳定的质量和强大的综合配套实力，在业界和市场赢得上佳口碑，服务范围已涵盖政府机关、企事业单位、金融证券、能源系统、通信系统、教育系统等各大领域。

华盛一直秉承着“志存高远、脚踏实地、追求卓越”的经营思想，公司正由“打造综合配套实力最强的办公家具企业”逐步向“全球优秀商用家具制造商、供应商、服务商”迈进，立志成为全球商用家具领导者。

2. 广东中泰龙家具集团有限公司

广东中泰龙集团1983年成立于伟人故里中山，拥有五大品牌，形成双园区生产格局：中泰龙威利智慧家居科技产业园、国景家具示范产业园，建成集行政办公、教育、研发、生产、营销、管理等于一体化的综合经济体。中泰龙总部经济建设秉承经济全球化“最经济原则”，紧扣科学发展观，将可持续发展战略纳入中泰龙长远发展规划，并坚定不移地朝着现代化、智能化的目标一步步前进，以振兴中国办公家具行业的使命为己任，秉承“企业强盛、员工幸福、担起社会责任”的伟大梦想打造民族品牌。

3. 迪欧家具集团有限公司

迪欧家具集团共设立四大基地，拥有11万平方米的办公和家具体验馆，为客户提供高品质的家具选购体验。作为行业独具规模的企业，迪欧家具集团厂房总面积60万平方米，规划建设超过1000亩现代化生产基地，推动行业迈向科技智造时代。

近年来，集团围绕“单聚品、全渠道、多品牌”的营销战略，产品布局以办公家具为核心，覆盖酒店家具、医养家具、教育家具、展示家具五大商用家具板块，营销网络覆盖全国31个省（自治区、直辖市），拥有2000多家终端营销服务网点，凭借出色的品质和服务，连续五年不断刷新自身销量纪录。未来，迪欧家具集团将持续创新，不断以变革推动中国商用家具行业发展，让商务生活因迪欧而更精彩。

4. 中山市东港家具制造有限公司

东港家具集团1985年成立至今，以规模化、职业化、品牌化的竞争优势跻身于家具行业前列，是国家机关家具定点采购供应商。公司拥有15万平方米的花园式生产基地、12000平方米的现代化写字楼及产品展示厅，现有在职员工600多人。旗下拥有乔班办公家具、巴洛卡酒店家具、格美医养家具、东和新中式实木家具四大品牌矩阵，集研发、设计、生产、销售、服务于一体，为客户提供专业一站式办公空间、酒店空间、医院医疗空间、商务空间解决方案。

5. 中山市澳美家具制造有限公司

中山市澳美家具制造有限公司成立于2005年9月，产业基地总面积6万平方米，高素质的管理、科技人才和产业员工500余名，从意大利、德国等引进多条智能化生产线，并采用德国4.0工业体系完成了从“制造”到“智造”的全面升级，已被评为“广东省高新技术企业”。

澳美家具拥有完善的家具工程项目投标资质，致力于为国内各大国有企事业单位，民营企业，IT、通信、金融等现代化科技企业提供优质的产品和服务，同时出口到欧美多个国家。未来，将始终坚持以高于国家标准的产品和服务回报用户，并推动企业的高质量发展。

6. 思进家具集团有限公司

思进家具集团有限公司成立于2009年，是一家集设计、研发、生产、销售、服务于一体的综合型商用家具、酒店家具、医养家具生产者与制造者，现拥有五大分厂、8000平方米的五星级产品展示厅，全国有100余家品牌专卖店、近千名优秀员工，是综合配套能力最强的商用家具厂家之一。

公司获得“国家高新技术企业”“广东省名牌产品”等殊荣，连续多年被评为纳税信用A级纳税人。经过多年的积累和发展，先后与中石油集团、工商银行等世界500强企业签订战略合作协议，并入围广东省、江西省、湖北省、四川省等省直机关定点协议供货单位。思进融入“以人为本”的信念，在实践中成立了“思进学校”，源源不断地输送胸怀高尚、执着信仰的人才，缔造了一支步伐稳健、技术过硬的专业团队。

7. 中山市富邦家具有限公司

中山市富邦家具有限公司是一家以渠道商与工程招投标为主的全品类配套家居智造商，目前拥有总面积逾10万平方米的现代化厂房、1.5万平方米的整体家居体验展馆。2024年，14万平方米的广西惠昊智造产业园投产，公司正以“求实、诚信、互利”的宗旨，真诚创造最舒适典雅、卓尔不凡的现代化办公环境。

8. 广东富美达办公家具集团有限公司

广东富美达办公家具集团创立于2004年10月，是一家集研发、生产、销售、服务于一体的专业办公家具生产企业。主要生产实木油漆类、板式屏风类系列产品。秉承对办公家具行业的极致热忱，坚守初心，专注办公空间整体配套，持续提升交付质量，努力为客户创造长期价值，致力打造最具质价比的办公家具品牌。旗下“富美达”品牌，在办公家具行业领域得到了政府采购、国企科教、能源医疗等行业单位的认可，成为高品质办公家具的优质供应商和服务商。

四、政策支撑

中山市工业和信息化局《关于推动中山市特色产业集群产业链协同创新实施方案》的出台，围绕中山板式家具等特色产业集群，省市合力，对实施智能化转型升级的企业进行政策组合支持。近年来，小榄镇多次划拨专项资金制定办公家具产业的中长期发展规划方案，明确坚持以“政府为主导，市场为导向，企业为主体”的全方位协同发展

中山市办公家具行业协会十五周年年会

战略，进一步整合行业资源优势，做强产业链条。助力中山市办公家具行业发展“十四五”规划讨论稿出台，2023年1月6日召开的中山市委经济会议提出，培育壮大一批重点优势产业集群，打造包括美居产业（涵盖板式家具，包括华盛家具等重点企业）在内的“4+6”产业集群舰队。进一步加强产业规划、协同发展，为商贸、展示一体化“中国商用家具之都”奠定发展方向。

中国家居商贸与创新之都
——广东 乐从

一、地区基本情况

乐从，地处粤港澳大湾区中心地带，是佛山“一环创新圈”、佛山三龙湾科技城的重要板块，拥有中德工业服务区、中欧城镇化合作示范区两大国家级对外合作平台。乐从距离广州市30公里，距离香港、澳门仅100公里。S121省道、佛山一环贯穿全境，东平水道和顺德水道夹镇而流，地理位置优越、水陆交通便利。

乐从镇是全国有名的商贸强镇，连续多年入选“全国百强镇”，有着悠久的商贸历史。改革开放40余载，在乐从人民的努力经营以及政府的扶持引导下，打造出著名的家具、钢铁、塑料三大专业市场，被誉为“中国家居商贸与创新之都”“中国钢铁专业市场示范区”“中国塑料商贸之都”。乐从商贸经济发达，多家制造业、服务业企业早已成为国内专业领域翘楚。

二、产业发展情况

乐从家具城是国内最早的家具专业市场。自20世纪80年代，乐从家具城一直致力在家具商贸流通板块中深耕细作，现拥有180多座现代化家具商城，总经营面积达400多万平方米，市场拥有家具生产、销售、安装、运输等从业人员近5万人，容纳了海内外5000多家家具经销商和1300多家家具生产企业，汇聚了国内外高、中档的家具品种4万多种，吸引了300多个国际顶尖家具品牌将进驻乐从作为打开中国市场的第一站，产品畅销世界多个国家和地区，家具销售量居全国家具市场之冠，是全国乃至全世界最大的家具集散采购中心。

中国家居商贸与创新之都——广东　乐从

乐从家具城

三、重点企业发展情况

1.“广东省家居设计研发中心”落户罗浮宫家具创意设计园

2023年3月18日，广东省家具协会与罗浮宫家具创意设计园签署战略合作签约协议，“广东省家居设计研发中心”正式落户罗浮宫家具创意设计园。

2. 罗浮宫家居荣获“香港Q唛绿色环保认证”

佛山罗浮宫家居成为内地首家通过“香港Q唛绿色环保认证”的商业平台。

绿唛认证作为国际公认的品质标识，代表着产品在生产过程中的高标准、严要求。能够获得绿唛认证的产品，不仅在质量上达到国际一流水平，更是在环保、安全、性能等方面具有卓越表现。罗浮宫荣获绿唛认证，无疑是对其一贯坚持的高品质、严品控的最好肯定。

3. wassai 旗舰店盛大开业

2023年3月15日，坐落于顺联家居汇北区的wassai旗舰店盛大开业，这标志着顺联家居汇·北区与博领家居联合开发创新的家居品牌正式面世。wassai家居作为顺联与博领家居联合开发创新的家居品牌，是在秉承着自主、自在、自由、自我等品牌设计理念与生活想象体验的品牌思想下，对家居运营模式及美好生活空间进行的一次跨越式的创新与探索。

四、2023年发展大事记

1. 乐从家具城诚信联盟正式成立

2023年7月3日，佛山市顺德区乐从家具城诚信联盟正式成立，标志着乐从家具产业数十载创建放心消费、诚信市场的征程已踏上崭新的台阶。未来，联盟将围绕提升乐从家具市场服务水平，推动乐从家具市场良性运行，稳定发展，营建健康有序、可持续发展的产业经济环境的目标继续深耕细作。

2. 参加第二十八届中国国际家具展览会

2023年9月11—15日，第二十八届中国国际家具展暨2023摩登上海时尚家居展在上海浦东盛大开幕。乐从家具产业集群先拔头筹，把握家具展“双雄”汇聚之机，在中国家具协会的大力支持下，以“乐从家具产业集群成就展”为主题作整体产业展示，取得了圆满的参展成效。展会现场吸引了超过10000名家具品牌精英、采购商、参展商等前来乐从家具产业展位考察咨询，还有不少采购商预约来乐从进行实地考察，希望拓展更多合作空间。

乐从家具沉淀40年，从马路市场到十里家具长廊，从简易家具到全球家居，乐从家具城持续凝聚改革之力，以“创新”为产业底色，逐梦前行，打造“全球家居天堂”，将一张椅子的生命力延续得更长久、更有时代质感。

乐从家具城诚信联盟成立

乐从家具产业集群成就展（1）

乐从家具产业集群成就展（2）

中国北方家具商贸之都——河北 香河

一、基本概况

香河是规模仅次于广东顺德的全国第二、北方最大的家具销售集散地，拥有29个独立家具城，全县家居销售展厅面积超300万平方米，包含6300余个商户和家具厂家办事处，家居电商企业和自媒体带货个人620余人。高峰年份客流量约150万人，直接从业人员1.6万人。

香河家具制造产品种类丰富，其中木质家具、软体家具以及金属家具优势突出。高峰期拥有本地生产企业1700余家，家具材料供应商830余个，涌现出一批国内外知名家具生产企业，如喜临门、爱依瑞斯、雅伊华、富都华创、银丰科艺、蓝鸟家具、斯可馨家具等。

二、大事记

1. 举办第九届香河家居采购节

在中国家具协会的指导下和香河县委县政府的大力支持下，引进国内专业的家具业展览公司，依托“五一黄金周”消费旺季，于4月28日—5月2日组织举办了为期5天的第九届香河家居采购节，进一步擦亮“中国北方家具商贸之都”金字招牌，提振市场信心，激发产业活力。

本届采购节按照“商旅会融合，推动地方发展”的总体思路，聚焦香河特色产业，充分发挥采购节的宣传推介作用，通过32座家具卖场联动、5000家门店联合促销、5万余款家具新品集体亮相，吸引了来自全国26个省市1万余名经销商以及13万余名消费者参加本次采购节，累计成交金额达7亿元（其中大部分为销售定金），远远高于平时节假日，有效提振香河市场信心、扩大商旅消费、增强市场活力，赢得了良好的社会效益和社会各界的广泛赞誉。

2. 打造“数字之城”

为了创新香河家具发展新模式，实现“线上线下”同步推进，家具城发展中心鼓励倡导各展厅和家居销售商开展短视频宣传和线上推广销售，充分利用直播、家具城官网、微信平台等手段，扩大受众群体，降低宣传成本，提升香河家具城的市场影响力，拓宽销售渠道。已经有590余家企业开展了线上营销宣传业务。

家具城发展中心还利用香河家具城的品牌优势和产业底蕴，积极对接市场，确定了运营主体，成功在天猫、京东、淘宝、拼多多、抖音、快手、微拍堂、玩物得志八大平台搭建了香河家具城旗舰店或体验店，成功申请了抖音官方家居产品产业链服务商。完成了26个展厅的展示架构设计，采集家具企业450多家，产品1670套，单体产品数量达9020余件。链接推出香河家具城各个展厅所有商家产品，实现家具类产品在各个电商平台成为最大旗舰店和体验店。同时，与京东集团多次对接，探讨平台加产业的合作模式。多渠道寻找电商合作伙伴，利用新电商模式与线下体验销售相结合，打造家具城为“数字之城”。

3. 售后服务

推行《家具城售后服务公约》，细化投诉类型分类及责任划分，明确相应处罚措施，提升售后服务水平，降低投诉率。截至2023年底，共接听各类咨询、投诉电话1030个，接收处理政府热线投诉130件。“这就办”平台开始运行后，家具城发展中心已经处理完成群众反映的122件问题，为解决消费者在购物过程中遇到的实际问题、提升市场整体服务水平、树立香河家具城的良好市场形象起到了积极促进作用。

4. 强化安全规范

安全生产工作是家具城建设发展的基础，坚持“安全第一、预防为主、综合治理”的方针，与展厅签订《安全生产目标管理责任书》，明确安全生产主体责任，制定下发《香河家具城安全生产管理公约》，推动家具城安全生产工作规范化、制度化，加强监督检查，消除安全隐患。通过与家具城派出所、县消防大队共同开展应急疏散演练、消防安全知识培训等活动，强化从业人员安全意识，提高应急突发事件处置能力。

5. 发挥家具协会职能

与中国家具协会和全国各地家具协会、商会、品牌联盟及全国各家具产业集群建立合作关系，力促融合发展，根据各展厅实际情况和意愿，打破同质化竞争，打造特色家具馆。与广东中山古镇灯饰产业集群、广州番禺酒店用品集团、北京大红门窗帘布艺城、北京十里河建材城密切联系，争取引进新的业态，实现由“家具”向“家居”转型，增强香河家具城核心竞争力。此外，家具产业发展规划工作专班，还将依据目前香河家具产业发展现状，深入研究制定香河家具产业发展规划，科学引领，实现香河家具城可持续高质量发展。

中国东部家具商贸之都——江苏 蠡口

一、基本概况

江苏蠡口国际家具城坐落于苏州市相城区元和街道，横跨原蠡口、陆慕两镇，总投资36亿元，营业面积100多万平方米，是华东地区最大的家具专业市场。目前，市场拥有41座规模家具商场和600多家沿街店铺，聚集了来自全国约3300家商客，家具品牌5000余个，相关从业人员3万余人。年客流量达300万人次，年销售额约150亿元。无论是市场辐射区域还是行业影响力等方面，在全国同行中均名列前茅。

二、大事记

1. 蠡口智慧家居社区项目封顶

在蠡口国际家具城核心位置启动蠡口智慧家居社区项目建设（蠡口家具城B栋），着力打造城市家居智慧生活中心。用地面积约3万平方米，计划投资12亿元，总建筑面积约17万平方米，是以家具产业为核心，集博览会展、产品发布、商业、办公、酒店、宴会、餐饮等功能于一体的高端商业综合体。项目已于2023年底完成主体封顶，预计2024年12月竣工，2025年对外营业。

2. 成立蠡口家具城产业专班

目前，市场形成了“政府指导、行业自律、部门监督”三位一体的管理模式；实现了销售合同统一格式、导购人员统一挂牌、苏州市内统一安排免费配送的“三统一”服务标准；制定了纠纷调处“20分钟到场处理”等维权制度。已在相城区司法局指导下成立了“家具行业人民调解委员会”，在相城区政法委指导下成立了“家具城产业专班社会矛盾纠纷调处化解工作站”。其中，蠡口家具行业人民调解委员会获评苏州市首批标准化商会人民调解委员会。

3. 举办“一会一展一节”各类大型活动

3月，举办了蠡口家具市场春季订货会，将家具新品与最大优惠政策给予商家，掀起一轮订货风暴。7月28—31日，举办了第15届苏州家具展，展会期间线上线下全发力，观众邀约放大招。通过抖音、小红书、线上广告投放等共计曝光2400万人次，客流更是达5万人次，接待来自浙江、安徽、山东等地的客商。据不完全统计，整个展会期间市场成交额达6亿元。9月28日—10月29日期间举办了采购节活动。通过“一会一展一节”的方式，助推家具市场持续繁荣发展，充分释放了市场的消费活力，达到了以展造市、以市促销、扩大内需、拉动消费的目的。

三、公共平台建设和运营情况

（1）江苏省家居家装产品质量监督检验中心占地面积6500平方米，拥有气相色谱仪、气质联用仪、原子吸收光谱仪等专用设备近600台（套）。近年承担了国家联动抽查、省监督抽查、工商委托抽查、CQC环保检测、环境认证（简称“十环”）产品认证检测、政府采购验货检测和标准制修订、产品质量分析会等一系列工作。

（2）设立“中国长三角现代家居文化产业研究院”，开展家居、家具文化艺术研究和产业规划及相关产品设计研发工作，支撑服务东部地区家居、家具产业发展的新中枢，成为“文创园区”即将启程前行的破冰之舟。

四、产业集群面临的困难与问题以及2024年发展规划

1. 困难和问题

（1）发展趋势与发展模式无法匹配。随着互联网产业的发展和新零售时代的到来，传统专业市场的发展“瓶颈”开始显现。淘宝、京东、抖音等线上销售平台的迅速崛起，“精装房”“家装家居一体化”的大规模推广，都对线下家具市场带来前所未有的冲击。再加上近年来房地产景气度不高等影响，居民的消费顾虑增多、消费倾向更趋保守谨慎。

（2）市场设施与购物环境档次较低。商场历经30年的风雨，目前大部分卖场以及沿街店面的形象已经落后，部分基础设施老旧、区域景观形象差，整体形象已经与相城日新月异、活力满满的发展节奏脱节。同时，商场内部的购物环境，包括灯光氛围营造、现代化设施设备配备等，也与如今消费者购物消费所需的体验感、享受感相去甚远。

2. 发展规划

依据元和街道总体城市设计相关指引，相城大道作为城市经济发展轴将有力支撑片区未来发展。构建以“商贸+总部+展览+设计”为核心的国际家居主题商贸文化旅游示范区，催动家居卖场向多品类、小型化、专业化、创意化方向发展。将以“景区式”设计理念，打造蠡口家具文化现代艺术街区。建筑形象提升策略：改造融入周边环境，强化建筑特征的同时不跳脱于现有环境氛围，将“蠡口家具”要素融入橱窗设计、店招设计等要素中；结合相城区“十四五”规划中提出的“利用‘互联网+’等数字化手段让相城传统家居等传统产业焕发新活力”发展要求，将蠡口家居创新创意中心作为相城高新区“一带一轴五中心（115）”规划的重要组成部分，打造永不落幕的“全国家具新品展示中心”城市名片。

五、2023年发展大事记

2023年11月，在相城区现代家居产业发展大会上正式发布《关于推动相城区家居产业数字化转型、集群式发展的行动方案》。

（1）会议发布关于相城区蠡口家具文化艺术街区规划、北桥街道现代家具智造区规划。

（2）会议举行了深圳家具研究开发院战略合作项目签约仪式、家居制造企业数字化改造项目签约仪式、品牌家居企业入驻蠡口智慧家居社区签约仪式，17个项目集中签约。

（3）“青苔家居设计联盟”成立，助力相城区家居产业实现创新发展；“元和塘”杯家居设计大赛正式启动，旨在吸引更多优秀作品和人才，进一步引领家具家居产品设计走向高端；携手腾讯微视、快手科技、小红书等国内领先的社交媒体平台，共同构建“蠡口家具”多媒体宣传矩阵，进一步打响蠡口家具品牌。

中国家具展览贸易之都
——广东 厚街

一、地区基本概况

厚街镇位于穗莞深经济黄金通道中段，是粤港澳大湾区和广深港澳科技走廊的核心区段、滨海湾片区的重点节点，区域中心位置突出，先后获得“珠三角工业重点卫星镇”“全国乡镇企业百强镇”“全国出口创汇十强镇”“广东省家具专业镇”“广东省火炬计划家具设计和制造特色产业基地”“中国会展名镇”“中国钻石餐饮名镇”“中国家具展览贸易之都”“中国产业会展示范区”“广东省城乡融合发展省级试点”“中国最佳会展目的地名镇”等多项荣誉称号。全镇总面积125.7平方公里，下辖24个社区，常住人口约54.84万，其中户籍人口14.78万。近年来，厚街镇牢牢把握“三区”叠加机遇，立足“产业重镇、会展新城”的发展定位，加大项目建设力度，加快推进产业转型升级，经济发展实现稳中有进。2023年，厚街镇实现地区生产总值480.39亿元，规模以上企业工业增加值187.66亿元，固定资产投资总额95.07亿元，社会消费品零售总额259.56亿元，税收总额98.42亿元，获得6项东莞市“单打冠军”。

二、产业发展情况

厚街镇家具产业萌芽于20世纪80年代初，经过40多年的培育发展，目前拥有家具制造及批发零售企业约1000家，其中家具及相关制造企业500多家，建有各类家具原材料及家具材料配套市场10个、大型家具营销中心4个，自有家具品牌2000多个，成功孕育出慕思、兆生、戎马、楷模等一批高端知名品牌企业。每年举办两届“国际名家具（东莞）展览会”（简称“名家具展”），构建原材料供应、家具制造、家具配套、展览贸易、国际采购、全屋定制“六位一体”的产业链，是珠三角地区家具成品、机械、材料、配件等家具产业集散地和辐射源。2023年，厚街镇规模以上家具制造企业共57家，全年实现产值67.96亿元、增加值19.65亿元。

近三年来，厚街镇紧抓东莞市建设“家具产业集群核心区”、争创“世界级家具产业集群”的战略部署，从“出政策、搭平台、建项目、促转型、优环境”等多方面发力，推动家具产业集群经济效益及社会效益实现稳步提升。三年内，厚街镇家具产业集群年主营收入达1亿元以上的企业数量从2020年的8家增至2023年的13家，其中2023年主营收入达1亿元以上的规模以上家具制造企业8家、主营收入达1亿元以上的限额以上家具商贸企业5家；家具企业开拓海外市场步伐提速，有出口业务的规模以上家具制造企业数量从2020年的21家增至2023年的26家，全年出口交货值从2020年的8.62亿元增至2023年的9.99亿元；家具龙头企业“慕思健康睡眠股份有限公司”于2022年6月23日在深交所挂牌交易，成功登陆中国A股市场，实现东莞家具行业上市企业“零突破”；新增1家国家级绿色工厂（慕思公司）、7家省级专精特新中小企业、1家市级单项冠军示范企业（慕思公司），家具制造行业骨干企业阵容持续扩容；建成东莞家具产业首个具备服务全链路的直播电商平台——东莞名家居直播运营中心，举办东莞家具电商直播节等系列活动，助力构建东莞家具产业电商生态圈。

三、公共平台建设和运营情况

1. 东莞国际名家具设计研发院

东莞国际名家具设计研发院在2007年获东莞市人民政府批准立项组建，于2008年9月完成筹建正式开始运营，为从事非营利性社会服务活动的社会组织，辐射服务全行业的公共技术平台。研发院设有行政办公室、财务办公室、资产管理与投资中心、科学技术服务中心、设计服务中心、信息产业部、知识产权服务部等部门，具体承担“东莞市厚街镇知识产权服务中心家具类工作站”运作，与研发院知识产权服务部合署办公，先后获得“全国中小企业网络服务平台家具集群服务窗口”“省级家具专业镇公共服务平台”“省级家具专业镇技术创新平台”“省级家具行业木工数控设备技术服务平台”“省级博士后创新实践基地”“市中小企业服务机构示范单位”“市家具行业专利预警分析平台”等荣誉和服务职能。

2. 东莞（家具）知识产权快速维权援助中心

东莞（家具）知识产权快速维权援助中心是经国家知识产权局认定的家具类知识产权快速维权中心，于2014年5月22日上线运营，由厚街镇人民政府负责管理，是一个集专利申请、维权援助、调解执法、司法审判等多种功能于一体的一站式综合服务平台，为东莞市广大家具企业提供更快速、高效、便捷的知识产权维权援助服务。2023年，中心协助受理专利侵权纠纷调解案件共250件，其中展会案件14件，一般专利纠纷调解案件1宗，电商案件110件，协助处理专利侵权纠纷案件125件；全年受理专利预审服务802项，专利预审合格并提交国家知识产权局352项，已获得专利授权340项。

3. 东莞名家居直播运营中心

东莞名家居直播运营中心是东莞家具产业首个具备服务全链路的直播电商平台，由东莞名家具俱乐部牵头成立，位于厚街镇家具大道，定位于打造抖音官方东莞家居产业带服务商和小红书官方产业带服务商，于2023年11月正式投用。运营中心总面积1550平方米，规划直播间20个，通过视频直播、达人广告种草、多平台官方合作等形式，为家居企业提供展示产品、推广品牌、分享信息、技术支持、培训指导、直播策划等多方面服务，助推家居企业开展直播营销活动，提升品牌影响力和销售业绩。

四、产业集群面临的困难与问题以及2024年发展规划

近年来，受产业转移、房地产市场低迷等多重不利因素的叠加影响，家具制造企业普遍面临需求不足、订单下降的困境，以致全镇家具制造业规模以上企业工业总产值、增加值等指标同比增速有所回落。2024年，厚街镇将贯彻落实市政府推进新型工业化及高质量建设国际科创制造强市的战略部署，高质量办好一年两届东莞“名家具展”、2024世界家具产业集群大会等行业活动，助推东莞市加快打造智能家居展示和消费场景，并加快推进现代智能家居产业园建设，引领带动行业从“家具制造”向“家居智造”升级发展。

五、2023年发展大事记

1. 举办“世界级家具产业集群”启动仪式

2023年3月15日，第49届国际名家具（东莞）展览会开幕之际举办“中国家具协会 东莞市人民政府合作共建‘世界级家具产业集群’启动仪式”，促使全国首个“世界级家具产业集群”项目正式落户东莞。随后，市政府与中家协签订合作框架协议，明确双方围绕打造“工业制造”之都、“集群示范”之都、“展览贸易”之都、“智慧管理”之都、“设计创新”之都、“跨境电商”之都“六都”建设的目标，加强资源整合，促进产能合作，提升产业水平。

2. 举办2023世界家具联合会年会暨世界家具产业集群大会

2023年8月17日，由中国家具协会、东莞市人民政府联合主办的“2023世界家具联合会年会

商贸基地

中国家具协会　东莞市人民政府合作共建“世界级家具产业集群”启动仪式

暨世界家具产业集群大会”在厚街镇隆重举办。本次大会是我国首个世界级家具产业集群落户东莞后举办的首场国际行业盛事。大会期间举办主旨演讲、产业推介、专题讲座、经验分享、合作大会、高峰论坛、实地参观等多场活动，邀请51个国家近100名外宾出席活动。来自各国驻华使领馆、各国投资贸易促进机构等组织的代表，世界家具联合会、亚洲家具联合会等专业机构的专家，以及全球优秀的家具集群代表和行业精英汇聚一堂，共同谋划建设“世界级家具产业集群”的有效路径。本次大会构筑良好的国际商贸合作桥梁，提升东莞家具的全球影响力。一批外宾实地参观考察厚街和大岭山品牌家具企业，为接下来的产业合作尤其是扩大出口贸易创造机遇；世联会、亚联会成员及多个国家驻华使领馆、投资促进机构意向将东莞设为本国家具企业投资的首选城市，挖掘更多商机。

2023世界家具联合会年会暨世界家具产业集群大会

3. 举办2023东莞家具电商直播节活动

2023年11月29日，2023年东莞家具电商直播节启动仪式在厚街镇名家居世博园举行。本次电商直播节活动由东莞市工业和信息化局、东莞市商务局指导，厚街镇人民政府、抖音电商主办，为期20天，旨在抓住“双十二”大促节点前后，以直播电商为新引擎，采取产业带陪伴式成长服务、话题营销投流、自播+达播直播矩阵、商达撮合会、商家排位赛等一系列形式，推动家具品牌企业推广品牌、拓展市场，助力构建东莞家具产业电商生态圈。

六、重点企业情况

1. 慕思健康睡眠股份有限公司

慕思健康睡眠股份有限公司成立于2004年，是国内最大的寝具用品生产商之一，在国内设有东莞厚街华南基地和浙江嘉兴华东基地两大生产基地，总占地面积约640亩，员工总人数超5200人，在全国500多个城市共设有专卖店5300余家，并在澳大利亚、美国、意大利、德国等14个国家和地区设有专卖店。慕思公司是中国软床行业规范化、标准化发展的推动者，历年来累计参与国际、国家、行业、团体标准制修订40多项，现拥有有效期内专利数量超1000项。2023年，慕思公司继续拓展全球健康睡眠战略合作伙伴，9月与中国国家游泳队签订合作协议，全年实现工业产值26.09亿元、增加值7.89亿元，年内获得“2023中国上市公司品牌价值榜”“第二十四届中国专利优秀奖”“2023年度中国品牌创新案例奖”“2023广东企业500强”等多个奖项。

2. 东莞市兆生家具实业有限公司

东莞市兆生家具实业有限公司成立于1996年，是集各式中高档办公、民用家具设计、制造、销售、安装于一体化服务的现代规模型民营科技企业，旗下拥有“兆生家具”“纽坊”“帷幄”“木笺”“生活哲学”五大品牌，产品覆盖办公系统、医养系统、教育系统、金融系统等。公司拥有技术研发中心和研发团队，引进德国、意大利、瑞士等国家先进生产设备，配置紫外光固化喷涂自动流水生产线，并成功研发环保中纤板喷粉工艺，成为家具行业关注环境的领跑者。2023年，公司实现工业产值5.07亿元、增加值1.34亿元，获得“2023中国家具行业竞争力企业百强”等多个奖项。

3. 东莞戎马家具有限公司

东莞戎马家具有限公司成立于2006年，隶属于香港洽兴投资实业有限公司旗下家具品牌，专业从事中高端沙发类软体家具自主研发、生产和销售，是国家高新技术企业以及省级专精特新企业。公司拥有15万平方米的制造基地以及来自意大利、德国、法国一级专业的设计师及研发团队，每年生产80万件以上的沙发、沙发床、扶手椅，产品销售遍及全球80多个国家和地区，旗下科智乐和槺柏两大自有品牌与全球上百家家居商店和代理经销商建立长久而良好的合作关系，并已经建立欧派、华为等知名客户的直供合作模式。2023年，公司实现工业产值3.82亿元、增加值1.16亿元，年内获认定为东莞市第十七批上市后备企业。

中国椅业之乡、中国竹地板之都——浙江 安吉

一、基本概况

1. 地区基本情况

安吉县位于浙江省西北部，地处长三角地理中心，是上海黄浦江的源头，县域面积1886平方公里，境内“七山一水两分田”，下辖8镇3乡4街道，共215个村（社区），常住人口58.6万。安吉素有“中国第一竹乡、中国白茶之乡、中国椅业之乡”等美誉，是习近平总书记“绿水青山就是金山银山”理念诞生地、中国美丽乡村发源地、绿色发展先行地，是全国首个生态县、联合国人居奖唯一获得县、中国金牌旅游城市唯一获得县。2023年，全县实现地区生产总值615.1亿元，一般公共预算收入65.1亿元，城乡居民人均可支配收入分别为71704元和45469元。

2. 行业发展情况

2023年，安吉共有259家规模以上椅业企业，占全县椅业企业数量的42.9%；规模以上企业工业总产值269.7亿元，占全县椅业企业总产值的26.6%，同比增长11%；规模以上企业利税25.9亿元，占全县椅业企业利税的27.2%，同比增长9%。2023年，全县出口家具类企业共有715家，占全县出口企业数量的54.7%；全县家具企业累计出口204亿元，占全县出口总额的54.5%，同比增长5.7%。

二、产业发展经济运行情况

安吉是闻名中外的“中国椅业之乡”，是全国最大的办公椅生产基地，先后被国家部委评为“全国产业集群区域品牌建设椅业产业试点地区”“全国高端功能坐具特色产业基地”“国家级新型工业化产业示范基地”等。安吉椅业起步于20世纪80年代初，经过40余年的发展，产品从无到有，由原来的单一型发展到系列化生产，成为产业链配套完善、分工明确的现代产业集群。椅业已成为安吉县第一大支柱产业，安吉无论从椅业生产规模、市场占有率还是品牌影响力，在全省、全国乃至全球，都具有领先地位。

1. 总量规模不断扩大

2023年，全县绿色家居产业共拥有企业2000余家，规模以上企业310家，占全县规模以上企业的51.32%。其中，椅业规模以上企业259家，占全县规模以上企业的 42.9%，椅业规模以上企业中成品企业与配件企业的比例约为4：1。

2023年，椅业规模以上企业工业总产值、增加值分别为69.7亿元、60.2亿元，亿元以上产值企业达62家。全县共有家具类出口实绩企业715家，累计出口204亿元，占全县出口总额的54.5%。

2. 创新能力不断增强

安吉椅业创新能力不断增强，连续10年举办“安吉椅业杯”中国座椅设计大奖赛。安吉椅业致力于引领世界座椅潮流，让未来式的新型健康座椅为世界所享用。产品现已形成办公椅、沙发、功能椅、休闲椅、餐椅、系统家具和各类配件七大系列数千个品种的系列化发展，椅业精品不断亮相G20杭州峰会、上合组织青岛峰会、金砖五国厦门峰会等国际盛会，多款产品多次获得德国iF设计奖、红点奖、红星奖等知名奖项。现有国家级工业设计中心2家、省级工业设计中心17家。

3. 绿色体系不断完善

安吉县坚持绿色发展理念，紧抓碳达峰机遇，积极推动传统产业绿色化改造，构建绿色产品、绿色工厂、绿色园区、绿色供应链“四位一体”的绿色制造体系。截至2023年，安吉县实现规模以上企业星级绿色工厂全覆盖，现有国家级绿色工厂7家，工业产品绿色设计示范企业3家，国家级绿色供应链管理示范企业5家，省级绿色低碳工厂7家，绿色家居产业园被评为国家级绿色园区。在广州召开的2023年工业绿色发展大会上，安吉县荣获联合国工业发展组织颁发的“生态设计理念在工业领域应用”项目试点单位奖牌，全国仅3个，为浙江省唯一入选单位。

4. 智能化水平不断提升

目前，全县椅业拥有省级、市级企业技术中心分别为8家、26家，拥有省级、市级智能工厂/数字化车间分别为3家、4家。下一步，安吉将以智能、绿色、健康、安全为导向，谋划智能家居（椅业）行业产业大脑建设，2025年，将完成绿色家居规模以上企业数字化改造全覆盖。

三、重点企业情况

1. 恒林家居股份有限公司

恒林家居股份有限公司成立于1998年，位于浙江省湖州市安吉县，2017年于A股主板上市，是一家集研发、生产、销售办公椅、沙发、按摩椅等健康坐具及民用家具于一体的国家高新技术企业，注册资金1.391亿元，总占地面积约1000亩，是目前国内领先的健康坐具开发企业，以及国内最大的办公椅制造商和出口商之一。

公司始终坚持人才+技术驱动资源战略，目前有员工9313人（其中安吉县内4354人），引进硕博人才28人。公司全面推行精益制造与“机器换人”，着力提升自动化水平，提高了生产效率、节约了生产成本，同时采用FMEA、SOP、CTQ、FPY等手段，保证产品品质的卓越绩效，因而成为安吉县“机器换人”示范单位、浙江省精细化管理示范企业。

公司始终坚持将技术创新作为企业发展的核心驱动力，建立了智能健康坐具省级企业研究院、浙江省博士后工作站，与浙江大学、西安交通大学等国内外多所重点大学及知名机构建立坐具研发实验室和创意中心。

公司在经营上的不懈努力亦赢得了行业内的高度肯定，产品先后获得“红点奖”“德国iF设计奖”“中国家具设计奖”等国内外多项荣誉。产品出口全球80多个国家和地区。

2. 永艺家具股份有限公司

永艺家具股份有限公司成立于2001年，是目前国内最大的坐健康系统提供商、国家高新技术企业之一。2015年，公司在上海证券交易所主板挂牌上市。

永艺近年来专注人体工学行业，拥有国家级工业设计中心、行业首家省重点企业研究院，截至目前，已累计获得1267项国家专利、108项腰相关专利。公司坚持“融合科技与艺术，让工作与生活更健康”的企业使命，为专业久坐人士提供科技护腰、持久舒适的坐感体验。

3. 中源家具股份有限公司

受益于改革开放和安吉县的生态优势，2001年，中源家居成立，主要从事竹制品的研发销售。2008年，中源家居开启战略转型之路，专业从事功能性沙发的设计、生产和销售，市场遍及亚非拉、欧美，为全球数百万家庭提供优质的产品和服务。2018年2月8日，公司在A股主板挂牌上市。

公司拥有国家高新技术企业、省级企业研究院、省博士后工作站，CNAS实验室认证，省级企业工业设计中心，省高新技术企业研发中心等平台，先后获得“国家绿色工厂”“国家知识产权示范企业”“国家绿色供应管理企业”等荣誉称号。公司始终坚持“专业沙发制造商”定位不动摇，在做精主业的基础上，向板式家具和寝具、智能家居等业务板块辐射，向内销市场拓展。推进新零售战略，加强自有品牌和渠道建设，实施数字化转型战路，加快智能制造步伐，总占地面积727亩、对标德国工业4.0的未来工厂于2020年启动建设，致力于打造全球家居智能制造“样板工厂”。

4. 乐捷家居股份有限公司

乐捷家居股份有限公司成立于2018年，位于安吉县经济开发区卡诺项目园区内，占地面积约20万平方米。公司是一家致力于现代家具设计、制造、销售和新型饰面板生产的中外合资企业，是恒安国际家族基金连捷集团的成员企业。旗下现有三大业务板块和四大品牌，分别是系统办公家具品牌科尔卡诺、民用全屋定制品牌安图家、新型饰面板品牌福人家居和瑞格森工。

自公司创立以来，科尔卡诺就定位为“时尚家具”品牌，重视创新研发设计，形成立足国内、面向全球的发展格局。公司不仅集合了众多的本土优秀设计师，还拥有一支欧洲顶级设计联盟，在意大利有设计工作室。以敏感、开放的潮流触角，及时发现市场的最新动态，设计出款款极具时代性的产品，引领中国办公家具的新时尚。

公司拥有专利技术500多项，产品多次获得中国好设计奖、中国设计红星奖、尖峰设计亚太奖、红棉中国设计奖等。截至目前，国内加盟专卖店已有300多家，海外自主品牌体验店已有20多家，并有多国意向加盟商正在联商合作。公司目前已建成4.0智慧工厂，在逐步实现智能制造后，市场规模将成倍增长，未来3年内，公司产值规模将达到10亿元，公司上市步伐将进一步加快。

四、2023年发展大事记

3月，科尔卡诺公司以“秉初心 砺新程 耀未来”为主题举办了第四期诺米会，在安吉智慧工厂、5A级写字楼与沉浸式展厅中，零距离感受产品的质感和工艺，同时围绕品牌发展、产品布局、营销思路等课题进行了交流与分享。

康禹家具瞄准高端化发展目标，以智能化升级、绿色化转型为抓手提升企业软实力，取得座椅面料自动化缝纫装置、座椅椅脚静压检测装置等4项实用新型专利，以及靠背和坐垫2项外观设计专利。

安吉强洪家具转型发展加速，企业搬迁至2万平方米的新厂区，完成了年产200万张高档餐椅生产线项目的立项赋码。据了解，该技改项目完成后，新建厂房面积约43000平方米，新增全自动木脚成型机、全自动流水线工作线、自动裁床等设备253台（套），形成年产200万张高档餐椅的生产能力，预计新增销售收入2亿元。

护童品牌综合实力全面爆发：入选“2022年度绿色工厂”名单；产品推出全新CS25餐学椅，产品从学习场景延伸到用餐场景；与分众传媒达成战略合作，传播触达人数超8000万。

安吉大名家具有限公司完成新厂搬迁工作，新建厂房16万平方米，新增数控裁床6台，智能机器人木板钻孔、铆钉等设备6套，智能化空中吊挂缝套仓储、机器人智能运输设备4台，全自动缝线机12台，新增年产500万把木质办公椅、餐椅的生产能力；公司另建了200套员工公寓，总投资达5.5亿元。

龙威家具公司由传统营销模式向工贸结合产销模式转变，强化自动化设备的研发使用，加大技术研发力度升级产品，上半年该公司订单持续增加。为满足订单生产，该公司生产线增加至50余条，月产量10万套，较去年同期增加300%，营业额增加150%。该公司2023年将在海外多地建立基地，目前已经完成5个海外基地筹建工作。

五、2023年活动汇总

1.《浙江椅业》杂志重启

5月，《浙江椅业》杂志复刊并出版了第七期。杂志将坚持“全球视野、观点引领、服务产业、关注企业”的办刊宗旨，解读政策环境，挖掘经营亮点，筛选优秀案例，发声前瞻观点，为会员企业更好更快的发展提供舆论场，为浙江椅业乃至全国椅业行业提供风向标。

2. 举办首届中国（安吉）椅业配件博览会

11月15日，首届中国（安吉）椅业配件博览会在安吉会展中心胜利开幕。面积约10000平方米，展商240余家，展位共计400余个。现场成交额达3000多万元，意向交易额近亿元，90%以上参展商现场获得订单，来自全国各地的采购商、供应商累计1.6万人次，成效远超预期。

3. 举办第五届“安吉椅业杯”国际座椅设计大奖赛

3月，由安吉县人民政府主办、浙江省椅业协会承办的第五届“安吉椅业杯”国际座椅设计大奖赛终评盛典活动顺利落幕。自2022年9月启动以来，共征集到3000余件海内外作品。经初评，共选出主赛场・院校组和专业组各16件作品，其中各6件作品进入决赛答辩；最终，选出分赛场“大康杯”和“德慕杯”各10件作品，其中各5件作品进入决赛答辩。该赛事成功实现了优秀人才和设计作品的双双落地转化，为企业引进了优秀人才，也促进了椅业企业和优秀设计团队合作开发新产品，推动了安吉椅业产业升级发展。

中国家具出口第一镇——广东 大岭山

一、基本情况

（一）地区基本情况

大岭山镇位于东莞市中南部，东临松山湖，南接深圳光明新区，北连东莞市区，交通发达便捷，是东莞中南部重要的交通枢纽。大岭山镇是著名的革命老区、荔枝之乡、莞香原产地、家具名镇，辖区面积约95.5平方公里，下辖21个村、2个社区，常住人口约51.85万，其中户籍人口约6.84万。先后获得“国家级生态乡镇”“全国环境优美镇”“中国绿色名镇”“国家卫生镇”等多项荣誉。

（二）产业发展情况

全镇共有家具企业及配套企业1100多家。其中，规模以上家具企业55家，家具从业人员10万人。2023年，全镇家具企业实现规模以上总产值32.69亿元，同比下降13.5%。

（三）公共平台建设情况

1. 创新推出工业旅游

2023年3月10日，大岭山镇创新推出“潮流东莞 时尚家居”首条大岭山家具产业工业旅游路线，并于3月11日邀请由专业媒体记者和自媒体达人近30人组成的“体验团”，将大岭山镇本地产城人文融合的最新亮点串珠成链，让更多人走进品牌家具企业、参观红色地标、走读非遗保护园、品味特色美食，切身感受和了解“中国家具出口第一镇”的产业特色和城市人文。2023年，甘肃省武威市、黑龙江省牡丹江市、山西省临汾市襄汾县、广东省肇庆市等多地政府部门和省绿色供应链协会、中山市红木家具行业协会、市律师协会、市新阶联等行业协会到大岭山镇调研木材市场和家具产业，体验大岭山家具产业工业旅游。

2. 创办首届电商大赛

为进一步将电商赋能家具行业，激活家具行业新活力，大岭山镇举办了首届电商比赛——2023“爱上大岭山好物”短视频创作、电商直播大赛。自2023年10月9日大赛正式开启以来，除了家具企业，许多其他行业企业也参加了比赛。2023年12月12日，“爱上大岭山好物”短视频创作、电商直播大赛颁奖仪式暨电商人才交流分享会圆满举行，元宗家具、A家家居获得了二等奖，运时通、福临门获得了三等奖，A家家居获得最佳剪辑奖，福临门获得最佳人气奖。此次大赛调动了企业“拥抱互联网”的积极性，获得了参与企业的一致好评。

3. 党群融合发展

近年来，大岭山家具协会积极配合镇委镇政府推动党建引领产业链工作。2023年12月22日，正式启用“岭上红链”——大岭山镇家具产业链党建创新实践基地，在广东福临门世家智能家居有限公司打造的350平方米“岭上红链”党建阵地，内设宣传展厅、鲁班学院、红链议事厅等功能区，为家具产业链党组织开展党建宣传、技能人才培养、链上企业党组织联席会议、党建联建共建等活动提供阵地支持。在第三届广东基层党建创新案例遴选中，大岭山镇党委党建创新案例《家具产业“链”上党建 汇聚发展新动能》，从全省近700个党建创新申报案例中脱颖而出，入选全省党建创新15个最佳案例之一。

4. 创建人才示范品牌

2023年，在大岭山镇党建工作办和经济发展局指导下，大岭山家具协会以"'当代鲁班·大岭山星级家具工匠'人才体系"为品牌，积极推进"百舸计划"人才工作示范点创建工作。一是创建"两个育才平台"，以家具企业为阵地，建设了1家"工匠大师创新工作室"、5家"职工服务站（点）"，为家具行业员工提供一个学习掌握新技术、提高劳动生产效率、总结先进操作方法、解决"急难愁盼"问题的"加油站"。二是提升行业技能水平，大岭山家具协会联合市跨境电子商务协会、市品牌促进会、市名家具俱乐部等多家行业协会、机构，举办了短视频和电商、商标品牌技能培训等多场活动，提升家具企业员工技能水平。

二、产业集群存在困难与面临问题以及2024年发展规划

近年来，随着运营成本增加、外贸销售受限等不利因素叠加，大岭山家具企业或转移产能、或结束营业，对整个产业的健康有序发展造成一定影响。一是安全和环保存在较大隐患、小企业管理不规范，成为产业发展的"定时炸弹"；二是前期规划布局不科学，影响家具企业长远发展；三是产学研合作对接不多，生产线的机械化自动化程度和家具产品科技含量不高；四是经营成本全面上涨、对客户的议价能力不强，整体利润被进一步压缩；五是"和而不同"的消费需求、缺乏强有力的第三方服务平台，导致家具企业难以成规模地合作。

结合大岭山家具产业发展情况，可以从以下几个方面着手推动企业发展：一是因类施策，明确不同类别家具企业发展方向；二是规范管理，守住安全生产和环保生产的底线；三是搭建平台，通过抱团取暖降低企业运营成本；四是扶持龙头，大力培育有特色的上市后备企业；五是科技引领，积极对接高校院所的技术和人才；六是出台政策，安排专项资金引导企业规范发展。

三、2023年所举办的行业活动介绍

以"家具名镇 焕新前行"为主题，举办了以下系列活动："新闻发布会"。2022年11月3日上午，举办了"东莞市家具产业集群核心区（大岭山）建设新闻发布会"。"家居促消费"。2022年11月3日下午，开展2022大岭山"双十一"家居产业促消费活动启动仪式，以消费促发展、惠民生，联合A家家居、元宗等大岭山多家知名品牌家具企业，以实实在在的优惠活动，持续刺激消费潜力，释放和促进经济复苏。"盛典引聚焦"。2023年3月10日上午，举办了"大岭山家具产业高质量发展品牌盛典"。通过搭建行业交流平台，拓宽商家销售渠道，邀请来自国家、省、市、镇各级政府，行业协会，家具企业，商家，消费者代表参会，聚焦大岭山家具发展的顶层设计和成果，展望大岭山家具行业发展新局。"以媒促宣传"。自2022年来，《南方日报》等知名媒体报道了上百篇有关大岭山家具的文章，助力擦亮"中国家具出口第一镇"大岭山家具品牌。"与大咖携手"。2023年8月17日，与厚街镇联合承办了"世界家具联合会年会暨世界家具产业集群大会"，大会以"团结促合作，携手创未来"为主题，邀请了全球优秀的家具集群代表和行业精英，共同分享经验及探讨趋势，同时汇聚了世界家具联合会、亚洲家具联合会等专业机构的专家，以及各国驻华使领馆、投资贸易促进机构等组织代表，共同擘画世界级家具产业集群愿景，为打造第一个全球样板献计献策。大岭山镇将以全国首个世界级家具产业集群在东莞启航为契机，调整和完善家具产业布局，全力推动家具产业朝着集群化、绿色化、品牌化、数字化、智能化发展，打造具有全国影响力和竞争力的家具产业集群。

四、重点企业情况

1. 东莞达艺家私有限公司

东莞达艺家私有限公司1973年创始于香港，是以高端定制木艺家具为主要产品，以五星级及以上酒店、办公室、专卖店及高端住宅为主要客户群的国际化集团公司。注册资金1.86亿港币，固定

资产投资6亿多港币，员工近1200人，在广东省东莞市大岭山镇建有20万平方米的电脑化工厂。产品以美国、中国为主要市场，同时供应欧洲、亚洲和北美等地区的其他国家。

2. 运时通（中国）家具有限公司

运时通（中国）家具有限公司1973年成立于中国台湾，1996年在中国东莞市大岭山镇成立运时通中国总厂，是专门生产五星级酒店、别墅家具的厂商，主要产品有沙发、床垫以及其他床上用品，销往欧美、日本等地。

从2008年以前的8：2，到今天的3：7，运时通产品外销与内销比例的变化，既反映了企业破题国际国内“双循环”的成果，也体现了公司经营策略：就是既要做到全球化，又要做到本土化。而以大陆市场为主轴，深耕内销市场，是运时通20年前就制定的策略。

运时通整合多方资源，引进国外高新科技，拓展2000米长的产能流水线与“机器智慧”相结合的作业模式，巧妙运用“ABCD5互联网新思维”，即AI人工智能、Block Chain区块链、Cloud云端、Big Data大数据、5G网络，注入科技新活力，转型智慧家居。不仅为运时通带来新颖独特的产品，也大大提升了品牌知名度。

3. 东莞市纳绮家具有限公司

Frandiss成立于1992年，致力于满足高端人群整体家居需求，提供精英生活整体解决方案，是一家融合产品设计、生产制造、销售服务于一体的高端家居品牌。公司主营两大品牌：一是Frandiss（富兰帝斯）整体家居，产品涵盖欧美古典、法式、后现代、时尚轻套以及现代简约等多种风格。其中Frandiss·May魅系列全屋收纳系统为居家生活提供人性化、科学化的功能布局定制收纳至美境界。二是Frandiss整体木作私人定制，包含护墙板、门窗、家具橱柜、衣帽间和卫浴等装饰一体化的整装全屋定制等服务。

4. 东莞市洋臣家具有限公司

A家家居隶属于东莞市洋臣家具集团，是一家集家具家居产品的设计研发、生产制造、线上和线下销售、送货安装等服务于一体的大型跨国家居集团，拥有11个国内生产制造基地，总占地面积约1200亩，2个国外生产制造基地占地面积600亩，13大生产基地生产面积超过百万平方米，员工13000多人。

为了让人们能够轻松拥有一个最为契合生活习惯、最为彰显自身个性的家，A家家居推出了“A家家居全屋定制”。

A家家居首创的“成品+定制”模式，让定制依托于A家家居丰富、多样、优质的成品系列，让成品与定制之间产生紧密关联，二者风格可达到完美统一。有了成品的参与，定制的多样化将得到极大拓展，满足绝大多数客户的定制要求。

5. 广东森源蒙玛实业有限公司

森源家具是全球五星级酒店家具、精装豪宅定制家具业的领军企业。公司33万平方米现代化制造基地，拥有专业员工2500余人，国家专利技术300余项，1万平方米超规模家具展厅及工艺研发中心，位居行业前列。森源家具产品行销网络遍及五大洲30多个国家及地区，已为全球2200余家高星级酒店提供产品及服务。森源家具一直致力于家具工艺技术及品质的提升，拥有业内规模最大的技术研发团队，专业技术研发人员400余人，森源家具致力打造“消费者的唯一选择，从业者的最佳平台”。

6. 东莞市元宗家具有限公司

东莞市元宗家具有限公司成立于1992年，是一家专业产销各式中高档沙发及实木整体家居的现代规模型企业。公司拥有现代化厂房60000平方米，员工400多人。旗下拥有“爵士山庄”都市田园乌金大系列、“爵士风尚”北欧现代系列、“Yzcasa”意式轻奢系列。元宗家具有限公司先后获得了中国驰名商标、广东省著名商标、广东省名牌产品、广东省守合同重信用企业等称号。元宗人秉承“敬业、忠诚、创新、服务”的企业精神，致力于为广大用户奉献最优质的产品和最完美的服务。

7. 广东福临门世家智能家居有限公司

广东福临门世家智能家居有限公司创立于2005年5月，是集研发、设计、生产、销售、服务于一体的节能门窗专营企业，也是高新技术企业。福临门品牌专卖店分布于国内外300多个城市，产品荣获广东省名牌产品称号，还获得PICC中国人民财产保险承保，是全球智能恒温门窗倡导品牌、恒温健康门窗的发明者及恒温门窗国家标准的提出者，现拥有6万余平方米的生产基地以及国际领先的智能化生产线，还拥有门窗商学院。生产全面实行信息化管理，采用定点分析及全程控制，让产品品质得以保证。品牌涵盖全屋铝合金产品，产品款式多样、颜色丰富，全屋门窗整体配套，一站式选购契合市场需求。所有产品均符合国家标准，并且采用激光标识防伪，让顾客买得放心、用得舒心。

中国出口沙发产业基地——浙江 海宁

一、基本概况

1. 地区基本情况

海宁市位于中国长江三角洲南翼、浙江省东北部，东距上海100公里，西接杭州，南濒钱塘江，与绍兴上虞区、杭州萧山区隔江相望。海运方面，上海港、宁波港环保周围；航空方面，距上海浦东机场车程1.5小时、杭州萧山机场车程40分钟；杭州至海宁的城际铁路也已建成通车，地理位置十分优越，交通便捷。

2. 行业发展情况

海宁沙发产业起步较晚，但发展迅速。在一批龙头企业的引领下，经过近20年的努力，海宁沙发生产企业和产量不断增加，产品结构也由单一的皮沙发发展得更加多样化、系列化。目前，海宁是全国出口沙发最多的县级市，主要销往北美、大洋洲、欧洲等地，出口的沙发量占整个浙江省沙发出口量的二分之一，被浙江省家具行业协会列为全省家具八大特色区域之一。

二、经济运营情况

2023年，根据市统计局对行业内37家规模以上企业的统计资料汇总，2023年海宁市家具行业累计实现规模以上企业工业增加值7.75亿元，同比下降17.8%；利税1.59亿元，同比下降9.8%；利润0.83亿元，同比增长27.8%。

根据海关统计数据显示，2023年海宁市家具及制品累计出口42.79亿元，同比下降12.1%。

2021—2023年海宁市家具行业发展情况汇总表

主要指标	2023年	2022年	2021年
规模以上企业数量（个）	37	45	45
工业总产值（亿元）	—	—	65.35
工业增加值（亿元）	7.75	9.43	12.57
主营业务收入（亿元）	48.42	48.98	64.11
出口值（亿元）	42.79	48.66	59.96

三、重点企业情况

1. 卡森国际控股有限公司

卡森国际控股有限公司（HK0496）是一家在海内外拥有多家控股、参股子公司的大型综合类跨国企业集团。业务涉及家具制造业、旅游综合体开发运营、旅游度假服务及地产开发、国际产业园区开发运营等。家具制造是卡森集团的传统优势产业，集团从事软体家具制造已有20多年的历史，产品主要以出口欧美发达国家为主。

2018年，卡森集团在柬埔寨首都金边到西港160公里处创立了柬埔寨浙江国际经济特区。特区位于柬埔寨4号公路175公里处，项目占地面积500公顷，离柬埔寨唯一的深水港西哈努克港50公里，离西哈努克机场36公里，离金边市国际河港180公里，地理位置便利，将有利于特区企业货物运输。

柬埔寨浙江国际经济特区分三期开发，首期开发为130公顷，目前已建成投入运营。二期工程已完成购置土地15000亩，2023年4月已正式开工建设。二期工程将设立更加完善的商业、学校、医院、生活区和工厂区，引入一批中国国内（境内）五金、化工、沙发、家具、橡胶等行业企业，规划为柬埔寨解决50000人就业，建设成为一个不受欧美国家相关贸易制约的中国企业出口世界产品经济开发区。

2. 浙江川洋家私有限公司

浙江川洋家私有限公司创建于1986年，位于名闻天下的观潮胜地、中国皮革之都、中国沙发出口基地——浙江海宁盐官工业园。经过30多年的发展，现已成为集设计、生产、销售和服务于一体的大型现代化综合性家居企业，是中国沙发出口重点企业之一。现有员工600多人，占地面积7万多平方米，建筑面积7万多平方米。川洋家居已经在全世界建立了广泛的销售网络，产品不但在国内极为畅销，而且远销美国、加拿大、英国、爱尔兰、澳大利亚、南非等几十个国家和地区。2023年，共计开发内销沙发50款、内销软床40款、床垫15款，大受经销商和市场的欢迎。2023年，国内销售额近7000万元，同比上升20%。

四、面临问题

由于国际形势一直不乐观，从去年下半年开始，美国市场的消费能力大幅度下降，整个欧美市场的需求量明显下降，通货膨胀加重，美元加息造成流动性减缓，家具类等耐用品复购周期延长，再加上汇率的不稳定等因素，2023年整个家具企业的经营压力被放大，很多企业不知道整个市场什么时候好转。

订单转移的情况比往年更明显。因为国际形势的不稳定、中美贸易摩擦的长期存在，对于有条件的企业来说，将产能逐步转移到越南或柬埔寨等其他东南亚国家，通过“第三方渠道”进入美国，符合对美出口原产地要求，不失为规避贸易战风险的一项重要举措。除了转战东南亚外，也有一些企业陆续投资墨西哥等地，同样也造成了订单的流失。据了解，接下来两年订单转移的比例还会持续增加。家具企业的出口订单量将会大幅减少，产业规模也将不断缩小。

此外，今年出口风险比往年也增加不少。从去年开始的倒闭风波在美国家具业持续发生，今年也有不少家具企业或者零售商纷纷申请破产或倒闭。低迷的经济环境、物价的上升、公司运营状况不佳等，都是企业或经销商申请破产或倒闭的原因。因此，为了防止钱货两空，不少企业增加了出口信用保险。

针对这些问题，家具企业采取了多种措施积极应对：内外销并举，实行“两条腿走路”；积极参加国内外展会；加强企业管理，提高自主创新能力；增强品牌意识，做好客户服务；积极探索与发展新零售，如网络直播带货、电商带货、跨境电商等。

五、2023年所举办活动介绍

（1）6月1日，组织部分企业前往广西调研考察，与广西社会科学院的调研人员共同探讨中越跨境贸易的现状及情况；同时，也前往凭祥边境经济合作区和综合保税区参观考察，了解中越货物进出口贸易情况。

（2）7月1日，邀请越南明兴工业园区的相关领导来海宁市参观考察，了解目前中越进出口贸易情况以及相关政策等。

（3）7月28日，与宁波市家居产业协会联合举办了一场“2023大家居跨境电商企业家峰会”，现场有30余家企业参与。通过这次峰会，帮助企业搭建起了一个“核心大卖家、核心厂家、核心平台之间的高端分享平台”，为各企业提供了最新的平台和品类分析研究成果，加快培育了海宁跨境电商的优质供应链集群。

（4）8月7日，参加了中国家具协会沙发专业委员会主席团的工作会议。会上，听取了中国家具协会沙发专业委员会主任张冰冰的工作报告和主席团各企业的情况，共同探讨了沙发行业目前的困境以及今后的发展方向。

（海宁市家具行业协会）

中国东部家具产业基地
——江苏 海安

一、地区基本概况

海安，地处江苏东部、上海北翼，东临黄海、南望长江，通江通海通上海，是江苏省级综合交通枢纽城市、长三角经济区重要节点城市。海安处于“一带一路”、长三角一体化、长江经济带等重大战略叠加区，沪苏通铁路、盐通高铁建成通车后，全面迈入“高铁时代”，每天经停海安的高铁动车达148列，可直通北京、上海、南京、杭州、重庆、深圳等城市。2023年，实现地区生产总值1457亿元，一般公共预算收入同口径71.01亿元，完成固定资产投资513亿元。在2023年度全国投资潜力百强县市排行榜中列第7位；在2023年度全国绿色发展百强县市排行榜中列第20位；创新驱动成效明显，在2023年度中国创新百强县（市）中列第14位；2023年，入围江苏省首批制造业高质量发展示范区建设地区和民营经济高质量发展示范市培育对象，在全国工业百强县（市）中列第16位。

二、产业发展情况

海安市委市政府高度重视家具产业发展，将家具产业列入海安重点产业进行培育。经过十年的发展，产业链已初具规模。

在生产方面，已建成开发区、滨海新区、曲塘三大生产基地，1127家家具制造企业在海安及周边集聚，产业链员工近6万人。

在商贸市场方面，总面积近100万平方米的六大市场主体齐头并进。2023年5月，五号馆赛林格家居批发广场开业，升级版产源地批发市场的辐射效应正在逐步显现。

在配套方面，总建筑面积30万平方米的东部家具原辅材料市场和木工机械设备市场已建成营业。该市场是目前国内第二，华东最大的集家具材料交易、会展、电商于一体的大型综合性家具配套市场。

在研发方面，2021年，海安家具质量合作社正式成立；2023年，国家级海安（家具）知识产权快速维权中心成功获批。

在会展方面，由中国家具协会和海安市人民政府主办的中国东部家具博览会已成功举办六届，充分达到了“搭建平台、服务企业、繁荣市场、展示成果、扩大影响”的预期效果。

东部全球家具采购中心鸟瞰图

东部滨海家具产业园鸟瞰图

国家级海安（家具）知识产权快速维权中心揭牌

近三年，房地产低迷等不利因素对家具行业还是不小的挑战，但是海安家具稳中有进，展示出极强的发展韧性，经过风雨洗礼产业特色更加明显。高端实木一直是海安家具的特色，近年来涌现了朴素木作、北境、木质感、缘木居等一批专做北美黑胡桃木的区域品牌。同时，因为华东消费市场优势，高端定制已经成为海安家具又一特色，三只喜鹊、锦致全屋、铂品高定、品森家具等企业引领高定品类强势崛起，“美好生活 海安定制”的产业品牌正在逐步打响。

三、公共平台建设运营情况

海安现代家具产业围绕着“研发有机构、生产有基地、销售有市场、物流有平台、服务有配套”的家具全产业链目标，加快平台构建，助力产业高质量发展。六大批发市场平台齐头并进，材料市场、板材市场、木工机械市场等配套平台日趋完善，物流平台发往全国各地的专线在不断增加。近年来，为助力海安家具线上线下融合发展，先后打造了海安家具直播基地和东部家具创客空间；为助力海安家具内销外贸双轮驱动，专门打造了外贸家具产业园；为加强党建引领，赋能产业发展，建成了海安现代家具产业链党群服务中心。

四、产业集群面临的困难与问题以及2024年发展规划

海安地处国家发展战略的长三角经济带，海安家具产业在这里已经拥有了10000多亩土地、700多万平方米的厂房，但是随着高质量发展的要求，土地资源越来越紧张，不可能有更多的空间给到传统制造业，这成了产业发展的瓶颈。海安家具响应省委省政府号召，向“高”攀升，向“新”奋进，向“空中”发展，实现“产业焕新、空间再造 ”。分批拆除近10万平方米的钢结构厂房，在原有的200亩土地上规划建设超68万平方米的软体家居数字共享产业园，每栋厂房均为10层建筑，容积率达到4.68，这在华东地区还是首创。项目建成后，预计能招商容纳400家优质软体企业，年新增销售11亿元，新增税收6000万元，提供就业职位8000～10000个，将有效壮大产业链、带活大市

场，助力海安打造成“华东软体家居之都”。

无须扬鞭自奋蹄，2024年是海安家具产业奋进发展的关键一年。要围绕海安现代家具产业三年行动计划，突出重点，突破难点，形成亮点。首先，高标准举办“两会一节”，助力市场培育。为逐步打响海安产源地家具品牌，助力家具产源地批发市场的打造，根据市委市政府统一部署，从2024年开始每年要扎实举办家具行业的“两会一节”，即春秋两季博览会和原材料采购节。3月26—28日举办第七届中国海安家具博览会暨首届中国产源地家具订货大会，规划海安家具甄选区、华东家具定制区、产源地家具爆品区等七大主题展区，同期举办中国高定家居链优峰会等系列活动。其次，要加快中国东部软体家居数字共享产业园建设，有效壮大产业链、带活大市场。最后，要继续大招商，招大商，招引高定、办公、酒店工程、展示道具等影响力大、贡献度大的企业入驻园区，成立高定专委会和“海安家具新力量”青企会，为行业发展赋能。

五、2023年发展大事记

1. 举办2023年中国海安家具产源地采购节

2023年11月11日，由中国家具协会和海安市人民政府联合主办的2023年中国海安家具产源地采购节暨中国家具经销商发展峰会隆重开幕。活动中还成立了中国产源地家具联盟。通过此次采购节活动，进一步放大海安的区位、交通、产业、平台等优势，提升海安家具产业在全国的知名度和影响力。

2. 国家级海安（家具）知识产权快速维权中心获批

2023年12月，国家知识产权局批复同意海安建设国家级海安（家具）知识产权快速维权中心。当前，海安家具产业体量庞大，家具企业专利快审、确权、维权刚需大幅提高，成立国家级海安（家具）知识产权快速维权中心非常必要、恰逢其时。快维中心的成立，将为海安家具产业开展维权

海安市现代家具产业集群高质量发展推进大会

援助服务建立起绿色通道，有助于更好地保护家具产业的原创设计，有效降低企业知识产权申请及保护的成本。

3. 海安现代家具全产业链发展促进中心成立

2023年5月，为加快现代家具产业高质量发展，设立海安现代家具全产业链发展促进中心。海安市委市政府高度重视海安现代家具产业发展，先后成立家具产业高质量发展领导组，市委书记亲自挂帅；建立链长制培育体系，由市领导长期挂钩，并由专门的部门进行产业培育。为进一步整合资源，更好地合力推动家具产业健康可持续发展，市委市政府重新增加编制，设立海安市家具全产业链发展促进中心。

4. 入选“江苏省现代服务业高质量发展集聚示范区”

2023年3月，江苏省现代服务业高质量发展“331”工程综合评价确认名单发布，东部家具入选省高质量发展集聚示范区。5月29日，2023长三角现代服务业（南浔）峰会暨城市会客厅启动仪式在浙江湖州隆重举行。东部全球家具采购中心荣获“长三角现代服务业突出贡献奖”。

中国长江经济带（湖北）家居产业园——湖北 监利

2013年落户在长江中游的湖北省监利市“香港家居产业园”，由香港家私协会与湖北福茂香港国际家居产业园有限公司合作兴办，2015年荣获中国家具协会授予的“中国长江经济带（湖北）家居产业园”称号。产业园区运营模式为“园区平台+运营服务+产业投资”闭合循环。以园区为载体、以平台为抓手、以资源为核心，大力发展家居行业。截至目前，已有130多家家居企业入驻，其中家具企业80多家，配套企业50多家。园区完成招商土地面积10000多亩，创造带动就业岗位2万多人，年产值30亿元。

一、区位优势和交通优势

区位优势特殊：监利正处于“胡焕庸线”东部区域的大十字交叉点上，全国五大城市群的中心，是大宗消费品生产基地与市场空间布局最佳落位选择。

林木资源丰富：监利是湖北省速生丰产林基地，速生丰产林目前已超过110万亩，为家具板材提供了丰富的原料，有福江木业、福人木业两家“中国驰名商标”人造板材企业。

交通优势突出：境内长江岸线总长150公里，是未来发展难得的天赋资源；荆岳长江大桥通过监利连通湘鄂两省，江北高速、许广高速、武监高速横穿全境。以基地为中心，往南70公里抵湖南岳阳东高铁站、岳阳机场；往北60公里接沪蓉高速和潜江高铁站；往西70公里抵荆州机场；往东90公里到武汉。已经分段开工建设的衢州至丽江铁路（监利作为此铁路跨江连接点，正筹备建设第二座长江大桥），是我国横贯东西通向印度洋口岸的陆上大动脉，它将使我国内陆通向非洲和欧洲的海上运距缩减85%，将极大地降低家具企业从非洲引进原木材料和向欧洲出口产品的运输成本。

二、发展契合多个国家发展战略

政策优势特别明显：监利处于长江经济带发展战略、长江中游城市群发展战略、洞庭湖生态经济圈发展战略三个国家级发展战略的交会点，是武汉城市圈、长株潭城市群辐射区交叉汇集点，在中部难得再现第二个类似地区。这些国家级战略实施到位后，监利会突显出其他地方难得一见的经济优势。

三、合作共建香港家居产业园

香港家私协会在中部建香港国际家居产业基地，足足考察了4年，走访了6省50多个县（市、区），全面考察项目预选区域的经济地理、交通区位、发展后劲、政策背景、战略纵深、地方政府支持能力等诸多项目成败关键因素，最终于2013年底选择在湖北监利落户。

监利市委市政府对“香港家居产业基地”项目建设高度重视，提供了少有的政策环境和基础设施配套支持。其中，投资环境保障作为政府亲商、护商、扶商的硬措施，确保企业放心投资、顺利入园、正常生产。

（1）到经济开发区投资的各类企业均享受市政府行政服务中心提供的“一站式”服务，由经济开发区管委会负责全程代办，行政服务中心的各部门在相关材料齐备的情况下，在规定工作日内办完相关部门的审批手续。

（2）依法保护投资客商的人身和财产权利，实行企业生产安宁日制度，公安机关实行挂牌保护，确保无干扰生产。经济开发区管委会每季度召开一次企业家座谈会、每周走访一次企业，听取企业意见，认真解决问题，并及时反馈。

（3）对固定资产投资额3000万元以上或年缴税500万元以上的投资者，由市招商局向市政府申报“荣誉市民”称号。

四、以市场主体负责招商，按市场规则配置资源

香港国际家居产业基地是香港家协+平台公司的创新模式，平台公司既是园区开发商，也是产业服务商和产业投资商。以低碳家居生产基地、创业孵化基地、家居研发基地、物流配送基地四大基地建设为重点，产品展销中心、商业服务中心、原辅料供应中心、人力资源中心四大中心服务于基地内外企业，立足于全产业链构建，发展方向始终是以附加值关联的供应链纵向与横向的发展，纵向力求垂直一体化，横向力争协作与有序互补，整个基地集群体内合作与竞争共存。另外，建成职业技术教育中心，占地面积327亩，建设面积11万平方米，在校学生5000多人。

五、立足国内经济大循环，可持续高质量发展

国际环境复杂多变，立足国内市场需求，生产、生活、生态同步发展。产业布局以高品质、高颜值、高性价比的家居产品，满足人民对美好生活的向往。监利家居的发展得益于“招龙头、育链条、搭平台、保要素、强集群”的全产业链发展思路，实现家具“个性化定制、规模化生产、智能化服务”的整体目标。通过大力招商引资，发展家居产业，提高经济效益和社会效益，为监利城乡建设、社会进步、城镇化、工业化的建设提供强大的推动力量，造福170万监利人民。

园区有路勤为径，产业无涯苦作舟。

中国中部（清丰）家具产业基地
——河南 清丰

一、地区基本概况

清丰县位于河南省东北部，地处冀鲁豫三省交界处，面积828平方公里，辖8镇9乡2个办事处，有503个行政村，总人口75万，是全国文明城市提名城市、国家园林城、国家卫生城。清丰区位独特、交通便捷，位于濮阳市区北5公里，距郑州、石家庄、济南均200公里左右，距济郑高铁濮阳车站10分钟车程。境内及周边有四纵（京珠、大广、德商、阳新）三横（长济、范辉、南林）7条高速分布，融通南北、畅联东西，是中原经济区对接京津冀“首都经济圈”的桥头堡。

二、产业发展情况

清丰县素有“木工之乡”的美誉，绿色家居产业是全县第一主导产业，产品主要以实木套房为主，同时拥有板式、软体、整木、藤制等材质产品，功能品类以民用套房为主，同时涵盖办公、酒店、康养、校具、户外等商用特色家居，产品远销200多个大中城市。截至2023年底，拥有家具制造企业295家，年产家具280万套（件），年产值310亿元，从业人员达3.6万余人。

近年来，按照“构建产业链、形成产业集群、打造产业生态”的思路，打通、补齐产业链关键环和短板，引进木材、五金、涂料等上游企业，培育博览中心、家居卖场、建材市场等下游企业，新规划实木家具园、智能家居园、家纺产业园三个“园中园”，现已成为河南百亿产业集群30强，全国集聚度最高、品质最优、发展潜力最大的家居集群，被中国家具协会命名为“中国中部（清丰）家具产业基地”、中国家具行业示范产业集群。

三、公共平台建设运营情况

2023年9月20日，河南省委书记楼阳生莅临清丰家居研究院，指出“要发挥领头羊作用，推进家居产业高质量发展”。清丰县充分发挥以家居研究院为主体的家居产业公共服务平台作用，着力引进新技术、新装备、新材料，为家居企业提供新产品设计研发、职业技能培训、行业标准制定、绿色涂装、新材料应用推广、数字化精益化生产管理、智能制造等服务，助力企业发展和产业蝶变升级。

四、产业集群面临的困难与问题以及2024年发展规划

1. 面临的困难与问题

一是数字化、智能化大型家居企业数量较少，企业仍以中小型为主，产业规模小，抗风险不足，且企业管理者理念、思路、工作方法还没有完全适应数字化、智能化发展要求，转型成本过大。二是缺乏具有行业经验的复合型创新人才和有前瞻视野的产业领军人才，受制于区域经济发展状况，相关产业人才待遇无法做到相匹配，且有家具技术工人才流失现象。

2. 2024年发展规划

（1）尽快促成重点项目落地。招大引强，抓实意向，紧盯不放，加快鲁丽木业、盈盛科技等重点项目对接，补全产业链，扩大产业规模，优化产业结构，完善产业配套。

（2）进一步打造产业公共服务平台。进一步发挥清丰家居研究院作用，拓宽服务内容，依托

清丰家居研究院，深化同高等院校及专业研发机构合作，搞好技术联合公关，增强创新和研发服务能力。

（3）助力产业转型升级。着力引进新技术、新材料、新装备、新工艺“四新”应用，服务企业向高端化、智能化、绿色化、服务化转型升级。筛选对接水性涂料生产企业，鼓励更多企业完成水性涂料全替代油性涂料。服务企业进行数字化改造升级，积极研发生产智能家居产品，丰富产品品类，优化产品结构。

（4）谋划筹备第七届中国·清丰绿色家居博览会工作。扩大家居产品销售，进一步提升清丰家居产业集群知名度和影响力，助推清丰打造绿色家居全国集散地。

（5）助力企业进驻专业卖场。组织家居企业单位抱团扩大市场，打造“清丰家居”区域品牌，对接知名专业家居卖场，加速清丰家居企业在红星美凯龙、居然之家等全国性家居商场入驻。

五、2023年发展大事记

1. 河南省家具产品质量监督检验中心（清丰）顺利通过六年一度资质认定

1月9—11日，河南省派资质评审组赴清丰县对河南省家具产品质量监督检验中心（清丰）进行为期3天的检验检测机构资质认定（换证）现场评审工作。专家组一致认为河南省家具产品质量监督检验中心（清丰）组织机构设置科学合理、部门职责明确、管理体系运作规范、现场试验数据准确，符合资质认定评审准则的相关要求，具备独立检测的能力，检验中心顺利通过六年一度资质认定（换证）现场评审。

2. 第六届中国·清丰绿色家居博览会隆重开幕

6月15日，第六届中国·清丰绿色家居博览会在清丰县会展中心隆重开幕。中国家具协会理事长徐祥楠以及省、市、县相关领导应邀出席。4天展期内，296家参展企业带来最新产品，涵盖实木家具、智能家居、家居装饰、辅材等多个领域，新研发产品占比达98%，1.2万余名经销商参会，规格规模均创历史新高。

3. 2023年中国家具协会常务理事会议在清丰成功召开

6月15日，勠力同心、勇毅前行——2023年中国家具协会常务理事会议在清丰成功召开。中国家具协会每年组织召开副理事长会、常务理事会、理事大会，旨在为行业搭建开放多元的对话平台，为企业增进互利共赢的合作友谊。本次会议邀请5位中国家具协会副理事长，以社会责任、文化自信、缔造国牌、科技赋能、服务引领为视角，分享成功经验，畅叙发展远景。

4. 第六届中国·清丰绿色家居博览会“数智共享 创新驱动 ”——家居产业高质量发展论坛成功举办

6月16日，第六届中国·清丰绿色家居博览会“数智共享 创新驱动”——家居产业高质量发展论坛在清丰县会展中心举行。论坛围绕清丰县绿色家居产业高质量发展，共话创新、共商合作、共谋未来。本次论坛邀请了国内行业领军人物以及优秀企业代表，围绕现代家居产业链、产业未来的发展、清丰现代家居产业、如何实现协同共赢等方面进行了互动交流。

5. 2023中国·清丰绿色家居秋季订货会开幕

9月15日，2023中国·清丰绿色家居秋季订货会举行开幕仪式。本次“清丰绿色家居秋季订货会”，依托清丰国际家居、大明宫·清丰店及4个临时展馆，参展家居品牌200余家，总展出面积20万平方米，签约经销商1300余组，直接带动市场销售额1500多万元。订货会与展会将构建出清丰家居“一展一会”新格局，进一步提升清丰家居行业影响力，助力清丰家居品牌行稳致远。

6. 举办“设计河南·濮阳第三期工业设计大讲堂”

10月20日，“设计河南·濮阳第三期工业设计大讲堂”家居设计专场在清丰家居研究院举行。来自香港、深圳、广州等地的设计师分别就经典设计案例和前沿设计理念，工业设计思想，以设计赋能助推“清丰制造”向“清丰智造”转型等主题进行演讲和分享。

7. 打造产学研用实训基地

依托清丰家居研究院产业公共服务平台，与复旦大学、郑州大学等高校就智能家居、新材料、新技术等课题进行联合开发及学术交流。11月，家居研究院与郑州大学、郑州科技学院、河南轻工职业学院签约互聘，形成紧密合作单位。

8. 荣获“中国绿色整家供应链示范园区”

11月10日，由中国木材保护工业协会主办的“第三届中国绿色板材大会暨绿色整家供应链创新发展论坛”在武汉召开。会上为清丰绿色家居产业园颁发了“中国绿色整家供应链示范园区”荣誉奖项。

9. 河南省现代家居产业高质量发展会议在清丰县召开

11月14日，河南省现代家居产业高质量发展会议在清丰县召开。会议分析当前形势，明确工作任务，齐心协力谋划推动全省现代家居产业高质量发展。

10. 清丰县鲁丽木业产业园项目正式签约

12月17日，国内企业500强、国内制造业500强鲁丽木业股份有限公司与清丰县人民政府举行河南省清丰县鲁丽木业产业园投资协议签约仪式。该项目建成投产后将进一步优化清丰县及周边地区家居企业原辅材料供给，有效降低家居生产企业原材料成本。

11. 清丰荣获2023“金星奖”

12月21日，第十二届河南省开发区论坛在郑州隆重召开。论坛上发布了第十二届河南省开发区建设“金星奖”获奖名单，清丰县先进制造业开发区——家居制造产业链获“河南省最具竞争力产业链20强”荣誉奖项。

六、重点企业情况

1. 全友家私清丰有限公司

全友家私清丰有限公司是全友家居于2012年在华中地区设立的生产基地，占地面积298亩，共有员工1173人，是一家集研、产、销、服于一体的全国板式家具龙头企业，年产量30万件（套），是除大本营成都以外，产能最大、智能化程度最高的生产基地。2023年以来，得益于全线应用CDS定制订单交付系统、SAP进销存管理系统和MES生产调度系统，全友实现从产品研发、原料采购、生产制造、销售物流到售后服务全价值链信息化集成管理，日均产量从500套提升到700套。目前，计划启动第三期建设，投资1.5亿元建设1.8万平方米的软体家具生产厂房。

2. 河南金天丽科教设备有限公司

河南金天丽科教设备有限公司于2017年入驻，占地面积4.6万平方米，是一家集设计、研发、生产于一体的专业生产学校家具的企业，拥有实用新型专利20项。公司入选中国教育装备、中国家具协会会员、河南家具协会理事等单位，被认定为“国家高新技术企业”“专精特新中小企业”“科技型中小企业”。2023年6月，根据公司发展规划及业务安排，新成立河南金泰丽办公家具有限公司，深耕精品办公家具，打造教育装备领域新品牌。

3. 清丰广立家具有限公司

清丰广立家具有限公司占地面积10万平方米，专注于办公家具、酒店家具、校用家具、医疗家具及商用定制家具的创新研发，是一家集研发、设计、生产、销售、服务于一体的现代化家具企业。目前，清丰公司有高级技工30名，生产类员工200余人。2021年，荣获中国家具协会“中国家具产业集群品牌企业”。2023年，公司二期面积10737平方米的实木套房、办公系列展厅基本框架建筑完成，旗下的诺椿阁31060平方米厂房正式完工投产，研发臻品系列新品已获得专利并畅销全国。

4. 清丰谊木印橡家具有限公司

清丰谊木印橡家具有限公司1998年创立于天津，2004年正式在天津注册，2016年入驻清丰家居产业园，占地面积3万平方米，员工300余人，年产值约6000万元，是一家集研发、设计、生产、销售、服务于一体的大型实木家具企业。现有赫玺、吾同、吾极三大系列产品，全国120多家经销商。2023年，公司推出“整案高定”新模式，由单一的成品制造转变为整案个性化家居生活创造者。公司“整装艺术生活馆”正式启幕，2000平方米生活馆内融合了成品及整装高定在商业空间、会所空间及家居生活样板间等不同应用场景，集合了实木、软体、板式、功能沙发等不同风格产品，突破原有产品限制，实现满足一站式整家购物需求。

中国（信阳）新兴家居产业基地
——河南 信阳

一、园区概况

信阳羊山新区绿色家居产业园区位于羊山新区以北，距离市行政中心区10公里，总规划面积15.16平方公里，总概算投资358亿元，全部建成投产后可实现年创产值近1000亿元，实现税收约51亿元，提供就业岗位约15万个。

2023年，羊山新区规模以上企业工业生产总值37.26亿元，规模以上企业工业增加值8.29亿元，规模以上企业56家，创新型中小企业在库43家，专精特新企业8家，高新技术企业24家，国家科技型中小企业入库46家，智能工厂（车间）2家，省级质量标杆1家，省级人工智能产品1家，省级智能制造优秀场景1家，国家级智能制造优秀场景1家，2024年省级制造业高质量发展专项资金优秀智能应用场景项目2家。

目前，万华无醛生态产业园、永豪轩、现代筑美、亚丹生态、欧缇丽等龙头企业生产经营稳定向好，星原智能、青云计算机产业基地、华朗智慧照明产业园、小米5G智能智造基地等一批产业链配套项目推进顺利，产业链趋于完善，为羊山新区绿色家居产业园的发展提供了新的动能。

2021—2023年河南省信阳市羊山国际家居小镇家具行业发展情况汇总表

主要指标	2023年	2022年	2021年
企业数量（个）	150	122	105
工业总产值（万元）	390000	380042	280071
营业收入（万元）	540000	360000	350005
规模以上企业数量（个）	56	19	19
规模以上企业工业总产值（万元）	372600	350000	224600

二、2023年行业事记

构建创新主体梯次培育体系。羊山新区积极落实科技型企业梯次培育工作，建立科技型企业梯次培育库，科技工信政策宣传培育和第三方专业咨询同时进行，培引并重。

为企业搭建“赛马场”，推动创新创业加速跑。为企业搭建创新创业“赛马场”，不断激发企业科技创新创业活力，积极组织第七届信阳市创新创业大赛，组织辖区企业积极参与。

“政产学研用”一体化平台，加速成果转化。搭建科技创新平台，支持企业牵头与高校科研院所共同建设，构建龙头企业牵头、高校院所支撑、各创新主体相互协同的创新联合体，促进新技术、新产品、新成果转移转化。目前，新区已建成河南省万华大家居产业院士工作站1个、中原学者工作站2个、省级工程技术研究中心19个。目前，万华禾香牵头成立的河南省绿色大家居产业研究院已获省厅批准，正在申报河南省绿色家居智能制造创新联合体。

三、重点企业发展情况

1. 万华禾香集团有限公司

万华禾香集团有限公司坐落于河南省信阳经济技术开发区纬北一路南侧、经北八路东侧，注册资本28亿元，项目占地面积800亩，总投资20亿元。公司在信阳已投资建设具备年产60万立方米无醛生态板生产线、年产1000万平方米无醛贴面板生产线、年产10万套万华生态新家装精加工中心和无醛家装建材辅料生产线，并将集团总部和研究院设立于信阳，为集团各子公司的人造板产品制造、质量优化以及降本增效提供管理服务和技术支撑。

公司主营产品为万华禾香板，“禾香”为公司自创品牌。该产品是以稻草、麦草、芦苇、果木枝丫等农作物剩余物为主要原料，施加不含甲醛的聚氨酯生态黏合剂制成的绿色人造板材。现有员工2000多人，总部员工247人，其中专业技术人员56人，占全员总数的10.52%。研发队伍中有高级职称6人、博士1人、中级职称5人，另有科研团队专业涉及复合材料、土木工程、机械加工、电气自动化等领域，形成了一支知识化、稳定、高素质的技术研发队伍。

公司先后获得河南省万华大家居产业院士工作站、中南林业科技大学林业工程博士后科研流动站万华禾香工作站、河南省秸秆资源化利用工程技术研究中心、信阳市秸秆人造板工程技术研究中心、信阳市企业技术中心、河南省绿色大家居产业研究院、河南省绿色家居智能制造创新中心（培育单位）等荣誉。公司不断加强创新体系建设，积累了丰富的研发与产业化经验，并依托无醛人造板制造核心技术平台形成了以万华生态集团为中心，原材料、家装、家居、家电四大产业链板块协同发展的格局，推动家居产业小镇形成千亿级绿色家居产业集群。

2. 信阳永豪轩家具有限公司

信阳永豪轩家具有限公司于2014年落户信阳国际家居产业小镇，2017年建成并正式投产，目前职工总数768人，是一家集软体沙发研发、设计、生产、销售于一体的大型制造出口企业。公司主要产品是房车座椅、软体沙发、床等，拥有“Y-FEEL”等4个注册商标，年产能20亿元。公司占地面积232亩，现已建成标准生产厂房17栋，配套用房2栋，总建筑面积16万平方米。公司拥有先进的生产设备、专业的技能人才、优秀的技术研发团队，以优质的工艺、精益求精的质量、舒适的产品体验服务全球用户。为满足生产需要，公司自建五金、包装、海绵、弹簧包等配套辅料车间，形成近乎完整的产业链条，自给率达到80%以上。据海关数据，公司已连续多年保持全省家具类出口综合第一。公司致力于开发新兴国际市场，进军欧洲、南美洲、非洲等国际市场，产品销往50多个国家和地区。

2023年，公司实现营业收入3.42亿元，实现产值3.75亿元，上缴税金868.87万元；建成标准化厂房4栋及12层研发中心1栋，共计50000平方米，新增就业岗位1000个。

3. 河南省现代筑美家居有限公司

河南省现代筑美家居有限公司于2018年成立于河南省信阳市，注册资本50000万元，主要生产活动及固装家具、门、地板、定制橱柜、卫浴镜/柜、定制衣柜、淋浴房等家具各品类产品，是集研发、设计、生产和销售于一体的综合型家居工程配套服务公司，依托集团资源已形成“工程+零售”的双引擎发展模式，是目前全球最大的工程装饰材料生产基地之一。2021年，建成占地面积400平方米的现代化实验室，并联合筑美集团积极组织开展各类原创性创新、自主开发、引进技术消化吸收、产学研合作等项目累计近100项，与集团共享3项发明专利、270项实用新型专利、4项外观设计专利、10项软件著作权，独立拥有32项实用新型专利。2020年，被认定为“国家高新技术企业”；2023年1月，通过河南省省级工程中心项目；2023年4月，通过河南省智能工厂项目；2023年11月，通过2024年省级制造业高质量发展专项资金优秀智能应用场景项目。

中国兰考品牌家居产业基地
——河南 兰考

一、基本概况

1. 地区基本概况

兰考发展现代家居不是无中生有，而是为了一种家居文化的传承。兰考古为“户牖”，“户”就是门，“牖”就是窗，兰考是中国门窗肇始之地，已有2800多年的历史。1955年，兰考县成立了第一家全民所有制企业“兰考木器厂”。20世纪80年代的兰考“家家打家具，户户有木匠”，用早年种的泡桐树续写焦书记的后半篇文章，让精神变物质，让一棵树成为一个产业。2017年12月，被中国家具协会授予“中国兰考品牌家居生产基地”。

近年来，兰考县委县政府按照习近平总书记“三起来”的指示精神，立足兰考实际，致力打造千亿级现代家居产业集群。通过一任接着一任干、一张蓝图绘到底，从一块板到全套家具，将兰考家居发展成为配套完善的产业集群。兰考品牌家居特色产业集群荣获“2023年河南省先进制造业集群”称号，被工信部授予“2023年消费品工业‘三品’战略示范城市”。

2. 产业发展概况

2016年5月，在省委省政府的见证下，与索菲亚、喜临门、江山欧派、大自然、曲美、皮阿诺6家上市企业签约，开启了兰考现代家居跨越式发展的新纪元。随后鼎丰木业、TATA木门、郁林木业、立邦油漆、艺格木门、万华禾香陆续入驻兰考，建成省级智能车间5家，形成了兰东家居配套产业园、名门木秀产业园等6个配套园区。36个专业村，2100多家定制家居及配套企业，民族乐器生产企业187家，形成县、乡、村协同发展的格局。“龙头企业在城区，配套企业在乡镇，初加工企业在乡村”，以龙头带中小，以骨干带配套，“链上链下”融通互通，资源共享，构建了“互联网+家具+家装+供应链”的现代家居产业体系。

2023年，现代家居集群产值突破400亿元，现代家居产业链完整度达到62%，带动了10万人就业，家居产业链税收4亿多元，税收贡献率11.98%，占制造业的28%，基本构建了“大家居+全链条”产业生态体系。

二、2023年发展大事记

5月12日，首届中国·兰考定制暨软体家居博览会在兰考经开区品牌家居产业园举行。此次家居博览会以“兰考家居定制幸福”为主题，吸引了一大批国内家居界代表参加。期间共收集招商信息23条；接待来自省、市、县领导及全国各地嘉宾1万余人次；当场签订单4290个，预收定金3350万元；签约重点项目49个，共计141.877亿元；有效客户信息7100多条，为企业后续带来经济效益12.1亿元，真正做到了让一时的流量成为长久的“留量”，让短时热度实现了长效转化。兰考县将以此次活动为契机，探索建立完善“国企主导、市场运营、政府支持”的园区运营模式，建设集“创意设计+数字展示+教育培训+产品销售+招商引资”于一体的商业化产业中心，推动形成具有重要影响力的品牌家居和定制家居集散地。

9月27日，兰考县现代家居产业上下游对接暨签约大会举行。参会代表们到索菲亚、曲美、喜临门、闼闼同创、轩艺木门、万华禾香、三环华兰等企业观摩，了解兰考县现代家居产业发展和企业生产经营情况。在下午召开的座谈会上，通报了上季度签约企业完成情况，安排部署了“中国·兰考万家灯火全民采购节”筹备工作，部分企业进行了现场签约。通过会议，兰考县家居企业拓宽了发展视野，加强沟通交流，做好产业链上下游对接，推动企业实现裂变倍增。

12月18日，2023中国（兰考）家居数字化创新生态大会暨流量赋能全链路数字化营销研讨会在河南兰考举行。会议以“流量赋能 赢在2024”为主题，分为主旨演讲和论坛研讨两个环节。兰考县企业代表纷纷表示，洞悉行业发展趋势，提早加速数字化转型和布局，是实现营销增长提效的关键。未来，将大力拥抱数字化营销升级，为兰考县现代家居产业实现高质量发展贡献力量。

12月26日，由兰考县人民政府、万华生态集团、司空定制家居科技有限公司联合主办的万华生态（郑开兰）绿色生活家居体验馆开馆仪式在兰考举办。该馆计划总投资约10亿元，设立司空新家装数字直播基地、家居设计师创业孵化中心和新家装装配式培训基地。其中，通过搭建网红直播带货基地，打造家居界的奥特莱斯网红打卡小镇，吸引客流、发展线上销售、逐步引入行业内的头部企业，继而赋能本地产业链展开数字营销，推动产业数字升级。与会嘉宾共商绿色发展大计，共绘“兰”图新篇章，为兰考的城市更新发展再添新势能。

三、发展规划

1. 用链式思维谈发展

为使企业更好地控制产品质量和成本，做强做大实体经济，在强链补链延链上展现新作为，推动产业能级向高端跃升，让链上企业“链起来”。以链式思维抓产业，突出特色、做长长板。以索菲亚、喜临门、江山欧派、大自然、曲美、皮阿诺6家上市企业为引领，TATA木门、艺格木业、郁林木业等企业为龙头，鼎丰木业、万华禾香、立邦漆等上下游企业为配套，CTC国检集团为保障，协同联动，共同塑造“兰考家居·定制幸福”产业特色。以链式思维抓产业，紧抓机遇、补齐短板。紧抓郑开兰同城化机遇，优化开发区功能定位和规划布局，大力开展产业链招商，以商招商，精准招商。围绕“原木—板材—油漆—布料—五金—软体—包装—终端市场”这样一个链条，本着“缺啥招啥”的原则进行产业链招商。不断壮大产业发展规模，做好曲美二期、恒林家居、千贺家居、鸿扬家居等一批重大项目。以链式思维抓产业，区域协同、唱响合唱。按照“龙头企业在城区，配套企业在乡镇”的发展思路，县乡村协同发展，把经开区作为科技创新、产业发展的主战场，“美美与共，天下大同”；在乡镇，培育打造兰北、兰东、闫楼、红庙、堌阳、考城6个家居配套产业园，做大、做强、做精主导产业，形成完善的现代家居产业体系。深入实施“产业链链长”和“产业联盟盟长”的双长制，让政府与市场有机结合，充分激发市场活力，使家居产业纵向成链、横向成群。

2. 以智能家居抢先机

目前，家居家装行业消费群体年轻化趋势明显，“85后”消费者占家居总消费结构的63.7%，已成为家居消费主力军。从装修风格上，现代简约、北欧风格、新中式风格分别占38.4%、23.2%、21.7%。在消费理念上，环保、材质及外观设计因素分别占比53.17%、52.62%、49.86%，可见，环保健康的消费理念已逐渐深入人心，成为潮流。从家居体验方面讲，年轻消费者更加倾向智能家居，在家通过语音就能轻松操作。比如打开智能灯光调试热水澡的温度，冰箱按照存储模式的不同准备好食材。对于年轻人来说，这是一种时尚的生活方式，以后会有很多人效仿。

随着我国“双碳”政策的推动，社会整体环保意识不断提高，未来的智能家居产品将更加注重环保和节能。例如，更多采用建筑光伏、风能、地热等可再生能源，以及提供更多节能型智能家居产品等，以减少对环境的影响。

3. 用互联网思维赢未来

数字化赋能是推动高质量发展、实现新路超越的重要途径。在市场交易的演变历程中，经历了“生产为主”和“渠道为主”的时代，现在已进入“流量为主”的时代，谁掌握了流量，谁就能获得利润。

数字经济时代的到来，直播模式的兴起为家居行业的发展提供了新的思路。探索新媒体营销，依托中原家博园（一河两岸）现有资源，打造3.8万平方米的中原家居甄选直播基地，引导培育中原家博园20个虚拟直播间和30个场景式直播间+各乡镇50个直播间，借助新媒体的流量实现营销增长，确保现代家居线上销售额突破20亿元。古川木门在新媒体销售方面取得很大成功，每天直播号开播1小时，成交额就在20万元以上。其专业团队运营，线上引流、门店体验、线下交易值得推广借鉴。重构“前店后厂”商业模式，借助“中原家博园”视频号进行互联网引流，打造兰考从厂门到家门的直播基地。每季度举行一次现代家居产业上下游对接大会，组织企业参加高端展览会，引导支持企业了解行业领域的前沿技术和产业发展趋势，进一步提高品牌知名度和影响力，拓宽销售渠道，推动现代家居产业提质增效。建设运营国际陆港，整合集聚资源，健全功能配套，实现兰考家居“木材买全球，家居卖全球”。推动京东物流港设立家居物流园区，降低企业成本，促进家居产业国内贸易循环。培育新型家居人。依托河南现代家居产业学院，建设现代家居技能实训基地，每年定向培养500名以上家居产业技能人才，研究开发家居设计、生产工艺等方面的技术创新，最终打造成一个高水平的产教融型人才培养平台，助力现代家居产业取得新成果。

（兰考县现代家居产业发展服务中心）

中国家具设计与制造重镇、中国家具材料之都——广东 龙江

一、地区基本概况

龙江镇位于顺德西部，是国家重点镇、广东省中心镇，是粤港澳大湾区的核心腹地，也是珠三角地方性中心和佛山城市组团之一，地属珠江水系冲积平原，因江水曲折迂回、势若游龙而得名。辖区总面积73.8平方公里，常住人口约30万，位于顺德区西部，北与乐从镇接壤，东与南海区九江镇交界，东南分别与勒流街道、杏坛镇毗邻，属粤港澳大湾区核心区域。G325国道、S121省道、珠二环高速、佛开高速、顺番路、乐龙路经过辖区，交通路网发达。龙江经济产业基础雄厚，是著名的产业重镇，位居全国高质量发展500强镇第24位、2023年全国千强镇第129位。

二、产业发展情况

1. 家具行业主要经济指标

2023年，龙江镇规模以上企业工业产值802.2亿元，总量排名顺德区第五，增速11.86%，增速排名顺德区第一。据不完全统计，龙江镇目前有家具制造企业2800多家、专业材料市场10个，整个家具企业上下游产值超1200亿元，是全国最大的家具原材料集散中心。2023年，龙江家具规模以上企业达256家，产值增幅超6.9%。

2. 家具行业发展现状

龙江是中国现代家具产业集群制造的发源地，中国第一张民营企业生产的沙发就出自龙江。经过20多年深耕，龙江家具产业规模大、产业链全、竞争力强、发展后劲足，享有“中国家具设计与制造重镇”“中国家具材料之都”“中国塑料建材产业之都”“中国家具电子商务之都”“佛山家居名镇”“轻工业先进产业集群”“广东省技术创新专业镇”之誉。现有工商企业约5.2万户，荣获中国驰名商标2个，国家级专利优秀奖2个，国家知识产权示范企业1家，国家知识产权优势企业3家，广东省政府质量奖1家，广东省知识产权示范企业5家，广东省重点商标保护名录8个，省级专利奖1个，佛山市细分行业龙头企业12家，家具集体商标1个（顺德家具）。龙江家具产业的整体实力得到了业界的充分认同，行内人更冠以龙江“宇宙最强家具小镇”的称号。

家具产业是龙江的“根本”，龙江镇政府对家具的坚守始终如一。给政策，出台家具产业振兴十条、扶强十条、重振家具产业雄风“D BEST”计划，以前所未有的力度助推家具产业高质量发展；给空间，优先满足优质家具企业做大做强的用地需求，近三年拿出超千亩土地（1150亩）供给30个现代家具产业项目，投资总额118亿元，满产后将产生百亿产值，约5亿元税收；给平台，推动展会矩阵加速成型，龙江家具“两展”发展多年，从最初的单一展馆发展为融合全镇展贸、辐射周边区域的展览系统，逐渐形成了五大展馆齐开、百大展厅联动、方圆10平方公里范围内整个家具产业集群区同展的格局。未来，龙江镇将加快亚洲国际天幕展贸中心、华美达展贸中心、名汇国际会展中心等项目建设，改造提升龙江家具展贸长廊，加快形成龙江家具展会矩阵，全面展示龙江镇优质的家具产品及家具原辅材料，为国内外的客商们带来一场视觉盛宴。

三、2024年发展规划

2024年，要继续多管齐下、多措并举稳住经济大局，要坚定不移推动传统产业转型升级和增资扩产，激发内生动力，促进持续增长。重点继续做大做强家具产业。鼓励本地龙头企业（精一、库斯）做优做强，引进镇外高端家具企业，形成龙头产业集聚。鼓励企业并购、股改、上市，建立服务顾问团，不定期组织开展专题培训班，持续激发拟上市企业的热情。鼓励企业加强研发设计，发挥家具创新设计委员会和设计师联盟作用，开展设计交流与推广活动，携手龙江职校培育大量家具设计人才，推动龙江家具加快摆脱“低端”的标签。鼓励企业加快数字化、智能化转型步伐，对现有生产设施装备、生产工艺条件等进行技术改造，以标准领跑促产业升级，提升产品质量。鼓励企业加强品牌与运营的策划和宣传，走创造品牌、输出品牌之路，建立企业标签，提升消费认可。鼓励企业“走出去”，积极参加国内外知名专业展会，继续做好一年两届的龙家展。优先保障发展后劲足、有上市计划、专精特新等本土企业的用地需求，推动有限土地资源向优质企业集聚，促进产业与效益最大化。

四、2023年发展大事记

2023年2月9日，召开中国家具协会与龙江镇政府家具产业高质量发展座谈会。

2023年3月16日，第43届国际龙家具展览会和第33届亚洲国际家具材料博览会盛大启幕。

2023年8月9日，召开顺德家具数智升级研讨会。

2023年8月19日，第44届国际龙家具展览会和第34届亚洲国际家具材料博览会盛大开幕。

五、重点企业情况

1. 精一家具有限公司

精一家具有限公司成立于2008年2月，是一家集研发、生产、销售于一体的大型现代办公家具企业。下辖龙江生产基地和西樵生产基地，总占地面积约22万平方米。

经过十多年的发展，公司已经发展到1200余人。公司产品从单一发展到商用、公共、民用等领域，产品系列超过千种。月生产能力达到20万把，逐渐成为中国办公椅行业的典范。

公司组建了检测中心和工程研发中心，和国内外著名设计公司保持长期合作关系。每年投入的研发费用超过2000万元，各类设计研发人员已经超过50人，每年推出的新产品超过40款。公司坚持推崇原创设计研发，是龙江家具行业内申请专利数量最多的公司。获得了“广东省守合同重信用企业”和“广东省新技术企业”等一系列荣誉。近年来，公司开始走向国际化，成立了海外销售机构。产品目前已经覆盖了83个国家和地区，主要集中在东南亚、南美、欧洲、中东阿联酋、北美等地区。已经成为佛山办公椅企业走向国际化的一支劲旅。

2. 广东爱米高家具有限公司

广东爱米高家具有限公司创立于2006年，专业生产中高档沙发和软床。2009年，购买了Caliaitalia广东佛山的生产基地，该基地由卡利亚意大利管理团队于2005年建立。通过不断学习和发展，公司继承了意大利Caliaitalia优异的沙发设计和制造工艺，精心挑选原材料保证质量，达到行业领先水平。公司现生产总面积达3.9万平方米，员工475人，设计开发人员30人，月生产能力沙发3500套、软床3000套。产品远销欧洲、美洲、非洲、亚洲等地区的60多个国家，国内销售覆盖华东、华南、华北的30多个城市，是中国非常具有竞争力的沙发生产企业，赢得了良好声誉以及全球客户的好评。公司主要品牌有Evergo、Neve、Verdissma等。

广东爱米高家具有限公司被评为国家高新技术企业、广东省专精特新企业、国家安全生产标准化三级企业、广东省家具优秀出口企业、广东省名牌产品、守合同重信用企业，赢得了良好声誉以及全球客户的好评。

3. 佛山市虹桥家具有限公司

佛山市虹桥家具有限公司创建于1999年，是一家集家具研发设计、生产、销售服务及办公环境设计于一体的大型民营企业，产品主要包括办公家具，学校家具，医用家具，机场家具，实验室家具，酒店公寓家具，户外家具，智能系统家具，边检智能系统家具，康复器材，健身器材，Ⅰ、Ⅱ、Ⅲ类医疗器械，生产技术水平在家具行业中处于国内领先水平，产品畅销30多个国家和地区。

公司坐落于顺德龙江，注册资本为15038.38万元，占地面积达30万平方米，拥有广东省省级企业技术中心、广东省重点办公家具制造企业、广东省高新技术企业、广东省专精特新中小企业等荣誉。公司一直坚持“做客户放心的产品，创中国知名的品牌”的质量方针，近年来不断致力于产品质量管理体系的改进和完善。虹桥家具公司近三年销售累计超过10亿元，在办公家具制造领域占有重要的地位。

4. 佛山市顺德区库斯家具实业有限公司

佛山市顺德区库斯家具实业有限公司成立于2012年，是集沙发、软床、床垫、五金家具的设计、研发、制造、销售于一体的大型企业。公司拥有20万平方米的办公、研发、生产基地，10000平方米的325国道库斯总部大厦产品展示中心。短短几年时间，高速发展成为软体家具行业最具发展潜力的软体品牌之一。

公司以6S标准化管理应用的不断升级为生产目标，由传统生产模式转入精益生产的智慧为决心。精益化流水线半自动生产模式，最先进的生产制造保障能力，2020年，实现25万平方米的现代化、国际标准化、花园式新时代工业园；自成一套的高效保质系统，实现了产能产量品质的保证。

库斯家具实业有限公司目前在国内拥有近2000家专卖店，同时远销东南亚及欧美国家。

5. 佛山市志豪家具有限公司

志豪成立于1988年，经过30多年的努力，打造出业界高端沙发领导品牌，一跃成为中国家具行业高端家具制造的领军企业，是广东省现代产业500强企业。

志豪旗下品牌有米洛世家、米洛库玛、米洛经典、米洛锋尚四大系列，主要产品有民用漆木/板式家具、软体沙发、软床等。佛山制造基地的生产设备、工艺技术、质量管控等具备国际领先水平，拥有国内最先进、最完整的软体沙发、板式家具产业链，能满足多品种、高品质的商业供货服务需求。国内网络已覆盖一、二、三级城市高端市场300多家专卖店，同时畅销亚非、欧美的60多个国家和地区，并在美国、韩国、西班牙、澳大利亚、波兰等国家开设有自主品牌店，构成了米洛家居国内国际市场兼济、业务往来多纬交会的强大品牌、市场运营支撑。

志豪坚守“以人为本、诚信经营、创造价值”的核心理念和“勤奋务实、团结协作、持续超越”的企业精神，30多年来，培育和锻造出了独具特色的企业文化，构建了制度现代化、流程规范化、管理科学化的运营平台，为志豪的健康、快速发展奠定了坚实基础。

中国特色定制家具产业基地
——河北 胜芳

一、基本概况

1. 地区基本情况

胜芳，地处北京、天津、雄安新区黄金三角中心，北距北京120公里，东距天津35公里，西距雄安130公里，交通便捷。胜芳镇域面积97.01平方公里，2014年以来，胜芳镇先后被确定为“全国重点镇”“国家级经济发达镇行政管理体制改革联系点”“省级新型城镇化试点镇”“中国十大最具魅力特色古镇”。

2023年，整体家具行业迎来复苏，作为“中国金属玻璃家具产业基地”，胜芳家具无论是在产能方面，还是销售规模方面，都迎来进一步提升。胜芳现有家具企业数量基本回升到疫情前水平，2023年家具产出12350万套，产值约861亿元，同比增长约2.1亿元。除了国内市场，胜芳家具还出口欧美、日韩、东南亚和非洲等130余个国家和地区，2023年总出口额约34.5亿美元，保持了稳中有升的海外销售市场。

2. 产业发展情况

胜芳家具产业起源于20世纪80年代末，经过30余年的发展，形成了钢铁、家具、玻璃、板材等九大重点行业和完整的特色定制家具产业链条，并先后获得中国金属玻璃家具产业基地、中国产业集群50强、中国乡镇综合实力500强、全国全民创业示范镇（十强）、“中国特色定制家具产业基地·胜芳”等国家级荣誉称号。

目前，胜芳拥有各类工商企业5000余家，其中特色定制家具企业4000余家，上游原辅材料企业近千家，产品远销欧美、日韩、东南亚和非洲等130余个国家和地区，已经成为集展示贸易、商务会展、家具研发、材料供应、生产制造于一体的国内大型家具产业集群。

2021—2023年胜芳镇家具行业发展情况汇总表（生产型）

主要指标	2023年	2022年	2021年
企业数量（个）	4465	4228	4522
规模以上企业数量（个）	2200	2192	2205
工业总产值（万元）	8612000	8591000	8642000
出口值（万美元）	345000	344000	346000
家具产量（万件）	12350	11930	12850

2021—2023年胜芳镇家具行业发展情况汇总表（流通型）

主要指标	2023年	2022年	2021年
商场销售总面积（万平方米）	55	55	55
商场数量（个）	6	6	6
入驻品牌数量（个）	3006	3012	3097
销售额（万元）	5936500	5896500	5956700
家具销量（万件）	11010	10532	11267

2021—2023年胜芳镇家具行业发展情况汇总表（产业园）

主要指标	2023年	2022年	2021年
园区规划面积（万平方米）	3000	3000	3000
已投产面积（万平方米）	2100	2100	2100
入驻企业数量（个）	1556	1546	1575

续表

主要指标	2023 年	2022 年	2021 年
家具生产企业数量（个）	1375	1365	1389
配套产业企业数量（个）	138	135	140
工业总产值（万元）	4019000	4010000	4021000
出口值（万美元）	134110	133110	134420
内销额（万元）	2753000	2751000	2754500
家具产量（万件）	3135	3085	3183

3. 公共平台建设和运营情况

作为一个集群化、品牌化、特色化的家具产业基地，不断推动产业升级，持续优化家具产业链上下游企业，创新引领家具企业快速发展，培育出一批企业信誉高、产品创新力强、行业领先的优秀家具品牌。同时，区域电商产业基地即将落成，未来将成为数字经济发展新引擎，全面构建现代化家具产业体系。

2023年，胜芳国际家具博览中心一站式B2B数字家具采购平台——外鸥商城正式上线，专注家具批发采购的电商平台，是胜芳家具电商产业基地的重要组成部分。依托中国特色定制家具产业基地优势，聚合大量厂家资源、品牌资源，逐步整合家具产业链上下游企业，形成完整的家具产业生态，赋能产业集群量级，推动胜芳家具产业数字化发展。

二、产业集群发展情况

胜芳国际家具博览中心，占地面积650亩，总建筑面积约63万平方米，由28万平方米家具成品馆、20万平方米家具材料城、15万平方米家具企业总部基地组成。目前，已入驻1600余家企业，汇聚两厅家具、休闲家具、户外家具、校用家具、办公家具、酒店家具、套房家具、小件家具八大品类8万多种样式单品，以及五金配件、皮革、布艺、机械、家具半成品等千余种原辅材料。同时，提供小规模定制化服务，满足国内外不同区域市场的一站式采购需求，是集展示贸易、商务会展、家具研发、材料供应、生产制造于一体的全球家具采购总部基地。

中国胜芳国际家具博览会，迄今为止已成功

胜芳国际家具博览中心

举办28届，积累了百万量级的客商资源。一年双展，成品展和材料展并重，发挥市场风向标、经济助推器、城市展示窗的重要功能，已经成为展销融合、新品发布、外贸洽谈、高端论坛、行业沟通等融为一体的综合型国际展贸盛会。

作为胜芳支柱产业的家具行业，在胜芳家具行业协会的引领下，不断转型升级，从设计研发端进行发力，进一步提升产品创新水平。同时，更加注重品牌价值，通过制定胜芳家具标准，完善家具品牌管理体系，共同维护胜芳家具品牌形象。在数字技术应用方面，打造一站式B2B数字家具采购平台，为胜芳家具扩大市场渠道，打造品牌形象，开辟了新的增长赛道。

在家具产业发展带动下，上下游行业与服务配套产业协调发展，国内与国际市场双循环并重，改变单纯资源型企业发展模式，向能力型、市场型企业转变，持续提升产业核心竞争力。

三、2023年发展大事记

（1）2023年2—3月，举办“2023甄选不凡”家具设计大赛，以设计驱动市场营销、创新赋能产业发展，协力推进胜芳产业集群转型升级。

（2）2023年3月1—4日，霸州市政府、胜芳家具行业协会，携霸州73家家具企业参加MIFF马来西亚国际家具展。同期，胜芳家具行业协会与马来西亚麻坡家具同业商会达成战略合作，共同推动亚洲家具市场繁荣稳定发展。

（3）2023年3月17日，胜芳家具行业协会带领家具企业考察广州家具展，主动拓展市场，共迎新发展。

（4）2023年3月29日，胜芳家具行业协会党支部委员会成立，重点推进党群建设工作，促进家具企业更好发展。

（5）2023年4月8日，第27届中国胜芳国际家具博览会暨第14届胜芳国际家具原辅材料展盛大开幕，充分展示霸州家具产业繁荣景象，进一步提升胜芳家具品牌影响力。

（6）2023年4月8日，“凝心聚力 产业跃升”胜芳家具电商峰会开幕，一站式B2B数字家具采购平台——外鸥商城正式上线，标志着胜芳家具进入数字化营销时代。

（7）2023年9月16日，第28届中国胜芳国际家具博览会暨第15届胜芳国际家具原辅材料展盛大开幕，推动胜芳家具产业集群蓬勃发展。

（8）2023年9月16日，胜芳家具行业协会与

第27届中国胜芳国际家具博览会

马来西亚家具总会举办战略签约仪式，共同推动两地家具产业繁荣发展。

（9）2023年10月12日，胜芳家具行业协会与罗马尼亚中国企业联合会签署战略合作，共同推动中罗两国跨境电商合作，拓展胜芳家具海外市场空间。

四、重点企业情况

1. 廊坊柏思诺家具有限公司

廊坊柏思诺家具有限公司成立于1989年，员工600多人，是一家集研发、生产、销售于一体的大型现代化企业，主要业务包括民用家具、办公家具、人才公寓家具等，公司产品远销美国、加拿大、日本、澳大利亚等20多个国家和地区，是霸州市重点家具出口企业，经过30多年的创新发展，现已成为占地面积40万平方米的家具龙头企业。公司经营实行以人为本的科学管理，并且通过了BSCI、FCC，被河北省工信厅授予“河北省工业设计中心”。

2. 霸州市友邦家具有限公司

霸州市友邦家具有限公司成立于2007年，注册资金2000万元。公司生产厂区占地面积120亩，生产及管理人员共265人，主要从事钢木家具生产、销售。公司拥有高亮光家具、不锈钢家具、钢管家具、沙发家具、定制家具等多条生产线，目前产品有餐椅系列、餐桌茶几系列、电视柜系列、定制系列、沙发系列五大系列，各种花色、样式、规格的产品800余种，广泛适用于餐厅、家庭、宾馆等。

3. 星光家具有限公司

星光家具有限公司成立于1988年，占地面积2万平方米，现有员工230人，年销售规模约3亿元。公司致力于两厅家具的设计、生产和销售，现已发展成为休闲沙发、餐桌餐椅和茶几电视柜的头部企业，拥有铁艺、软体和板式三条先进生产线，专利150余项。产品国际市场覆盖52个国家和地区，国内集采窗口市场覆盖率100%，一二级市场覆盖率14.5%。

中国金属家具产业基地——江西 樟树

一、地区基本情况

樟树市位于江西省中部，距省会南昌76公里，总面积1291平方公里，户籍人口60万，辖10镇4乡5街道办事处及1个园艺场。2023年，全市上下攻坚克难，加压奋进，经济运行持续回升向好，高质量发展扎实推进。获评全国投资潜力百强县市、中国县域产业集群竞争力百强县市、全国消费品工业“三品”战略示范城市、全国首批县域商业“领跑县”、全国康养百强县、全省开放型经济综合先进单位等荣誉称号。

二、产业发展情况

樟树市金属家具产业从20世纪70年代开始，经过50多年的发展，实现了产品从无到有、规模从小到大的蜕变。全市现有企业207家，其中规模以上企业102家，产品涵盖12大系列800多个品种；8家企业被评为中国档案学会定点生产企业，10家企业被评为中国家具协会先进企业，3家企业为中央国家机关制定采购定点供应商；拥有中国名牌产品1个，中国驰名商标5个，江西省著名商标18个；拥有全国质量标杆企业2家，省级两化融合示范企业22家，省级智能制造标杆企业3家，省级“5G+工业互联网”应用示范企业2家；拥有国家级绿色工厂5家，制造业单项冠军企业3家（国家级1家，省级2家），国家级、省级专精特新“小巨人”企业67家（国家级7家，省级60家），省级企业技术中心8家，“樟树金属家具”入选2023最受欢迎的江西十大地域消费品牌。该产业先后获得“中国金属家具产业基地”“国家外贸转型升级基地（金属家具）”“国家级中小企业特色产业集群”等国家级荣誉称号。

三、公共平台建设和运营情况

引进佛山市顺德家具研究开发院有限公司建设的第三方检验检测服务平台，于2024年3月2日通过国家CMA资质评审。

四、产业集群面临的困难与问题以及2024年发展规划

产业集群面临的困难与问题主要表现在创新能力不足，产业链各环节的分工合作、产业配套和互补性不够。

2024年产业发展规划总体思路：“科技创新强企业、补链强链壮产业，产品转型增需求、对外贸易拓市场”。重点抓好以下三个方面工作：一是夯实园区承载力。全力抓好金属家具产业创业园建设，加大园区基础设施投入力度，培育和引进优质项目，开展补链强链，做大做强上下游配套企业，推动金属家具产业集群高质量发展。二是增强企业竞争力。支持企业围绕金属家具功能创新、外观造型、结构优化、新材料和新工艺应用等重点环节提升优化，增加产品附加值和市场竞争力。鼓励企业参与国标、行标的制修订，提高市场话语权。三是提升营商软实力。扎实做好营商环境综合服务平台推广应用，精准化推送惠企政策，高效化办理企业诉求。充分发挥国家外贸转型升级基地作用，鼓励和引导龙头企业对接国际标准，设立外贸公司，拓宽海外市场。

五、2023年发展大事记

（1）1月11日，国家工业和信息化部确定樟树市金属家具产业集群为2022年度中小企业特色产业集群。

（2）6月，江西省家具协会授予樟树市金属家具行业协会“优秀协会”称号。

（3）8月2日，江西省工业和信息化厅认定江西华鑫环宇科技集团有限公司、江西德泰科技有限公司、江西奥德川自动化科技有限公司、江西远洋保险设备实业集团有限公司4家企业为江西省管理创新示范企业。

（4）9月28日，国家工业和信息化部授予江西锐盾智能科技有限公司和江西远洋保险设备实业集团有限公司2家企业专精特新“小巨人”企业称号。

（5）11月5日，江西省工业和信息化厅授予江西华瑞粉末涂料科技有限公司、江西鑫德环保科技有限公司、江西欣盛泰实业有限公司、江西天禄科技集团有限公司、江西阳光安全设备集团有限公司、江西卓美金属制品有限公司、江西顾特乐精藏科技有限公司、江西锐盾智能科技有限公司8家企业为江西省专精特新中小企业。

（6）11月16日，江西省工业强省建设工作领导小组办公室遴选江西远大保险设备实业集团有限公司为第三批江西省制造业领航培训企业推荐名单。

（7）11月21日，江西省工业和信息化厅授予江西金虎保险设备集团有限公司和江西远大保险设备实业集团有限公司2家企业为“江西省制造业单项冠军企业”称号。

（8）11月23日，江西省工业和信息化厅确定江西睿创科技有限公司为江西省中小企业公共服务示范平台。

（9）12月28日，江西省工业和信息化厅授予江西美达教育设备集团有限公司和江西迅特环保科技有限公司2家企业“江西省专业化小巨人企业”称号。

六、重点企业情况

1. 江西金虎保险设备集团有限公司

江西金虎保险设备集团有限公司创建于1981年，下辖2家全资子公司和4家控股子公司，主要研发、生产、销售智能档案装具、图书设备、安防军警设备、银行设备、钢木家具、博物馆设备、仓储设备等七大系列300余个品种。“金虎”商标为中国驰名商标，“金虎”牌保险柜/箱为中国名牌产品。2022年，中国品牌评价其品牌价值为21.35亿元。2023年，实现主营业务收入81779万元。该公司先后获得“国家数字化转型先进示范企业”“国家知识产权示范企业”“中国轻工业科技百强企业”“江西省百强民营企业”等荣誉。

2. 江西远大保险设备实业集团有限公司

江西远大保险设备实业集团有限公司创建于1997年，主要研发、生产、销售档案装具、图书设备、办公家具、安防设备、教育设备、医用设备、仓储设备、保险柜八大系列200多个品种。“百汇”商标为中国驰名商标，“百汇”牌保险柜被评为“中国保险设备十大质量品牌”，“百汇”牌密集架、书架被评为“江西省名牌产品”，2023年实现主营业务收入22800万元。该公司先后获得“全国制造业单项冠军示范企业”“全国质量标杆企业”“全国服务型制造示范企业”“江西省2022年度领军企业”等荣誉。

3. 江西卓尔金属设备集团有限公司

江西卓尔金属设备集团有限公司创建于2005年，集团下辖3个分公司，主要研发、生产、销售档案装具、图书设备、仓储设备、医疗设备、保险设备、办公家具等八大系列200多个品种。“飞狐”商标为中国驰名商标，公司研发的“基于5G技术的智能工业生态系统项目”荣获“2022年度中国轻工业数字化转型创新成果二等奖”。2023年实现主营业务收入17127万元，同比增长52%。该公司先后获得“全国金属家具创新型企业”“江西省知识产权优势企业”“江西省智能制造标杆企业”“江西省管理创新示范企业”等荣誉。

4. 江西远洋保险设备实业集团有限公司

江西远洋保险设备实业集团有限公司创建于1986年，主要研发、生产、销售档案装具、图书设备、仓储设备、教学设备、信息化设备等十大系列产品。“远洋”商标为中国驰名商标，智能联控型枪柜——主（从）柜获江西省优秀新产品二等奖，资料文件柜、双层床获江西名牌产品，智能枪弹柜入选江西省赣出精品奖，2023年实现主营业务收入13504万元。该公司先后获得“国家专精特新‘小巨人’企业”“国家知识产权示范企业”“全国守合同重信用企业”“江西省管理创新示范企业”等荣誉。

5. 江西阳光安全设备集团有限公司

江西阳光安全设备集团有限公司创建于1982年，主要研发、生产、销售密集架书架、安防设备、金库门保险柜、军用枪支柜、办公教仪设备五大系列500余个品种。“阳光行动”商标为中国驰名商标，该公司为手动密集架、钢质书柜、资料柜、积层式书架国家标准主要起草单位，2002年以来一直被国家档案局列为档案密集架定点生产企业，中央直属机关、国家机关档案办公设备定点供应商，2023年实现主营业务收入15414万元。该公司先后获得“国家专精特新‘小巨人’企业”“全国质量标杆企业”“江西省管理创新示范企业”等荣誉。

中国软体家具产业基地——山东 周村

一、基本情况

（一）地区基本情况

周村，素有“天下第一村”之称，是著名的鲁商发源地。区域总面积约为265平方公里，人口约40万，辖4个镇、5个街道、215个行政村（居），是一座历史悠久又充满活力的现代化工商业城市。淄博市周村区家具产业的发展起源于20世纪80年代，改革开放后，周村家具实现了从无到有、从小到多、从弱到强的转变。21世纪以来，周村家具产业经历一个高速发展壮大期。这个最初由少数返乡农民自发做起来的草根产业，经过30多年的发展，形成了集加工制造、销售流通、专业配套、商贸物流、家具基地于一体的产业集群，是淄博市最重要的支柱产业、民生产业和富民产业，在山东省乃至全国都有一定的影响力，家具市场和原辅材料市场规模居全国第五、山东第一。

（二）产业发展现状

1. 集群效应显著，规模不断壮大

自周村区被国家市场监督管理总局授予“全国软体家具产业知名品牌创建示范区”、被中国家具协会授予“中国软体家具产业基地”等称号以来，家具产业基地建设加快、产业集群效应显著。如今已经形成具有4000余家家具生产企业，占地面积1000多亩，营业面积达120万平方米的十多家规模家具市场、商场，数千家家具原辅材料及配件供应商，从业人员达5万余人，年交易额近150亿元的家具产业集群。

2. 产业融合度提高，辐射带动力增强

2023年周村区生产总值为300.2亿元，按不变价格计算，同比增长2.7%。家具产业的发展，还直接带动了以周村为中心辐射到周边县（市、区）的广告宣传、餐饮娱乐、休闲旅游、房地产开发、汽车销售等行业的发展。据不完全统计，除家具生产企业外，专门与家具企业配套的相关行业企业达3000多家，配套产业年产值超100亿元。

3. 品牌化运作加强，知名度迅速扩散

近年来，周村家具产业迎来快速发展的高潮，在市场建设上，由最初的家具批发市场发展到现在的八大家居商场、三大家具市场，使周村区家具产业的集约化、现代化水平迈上新的台阶。以周村家具市场为龙头，以周村、邹平的4000余家原材料加工、沙发家具制造业户为主体，产、供、销一条龙的完整产业链条，成为周村区重要的就业渠道、富民产业和支柱产业。

（三）公共平台建设情况

“中国（周村）家居采购节暨原辅材料展”是周村家具行业每年一次的重要展会，主要面向全国二、三、四线城市家居商场经销商和家具工厂企业。从2015年8月首届家居采购节2千多人来周采购到2024年3月第九届采购节来周人流量近6万人次，周村家具展会以裂变的方式被更多业内人士所知晓。2024年3月23—26日，“佰乐舒”中国（周村）第九届家居采购节落下帷幕。本届展会室内展览面积达120万平方米，室外展览面积10000平方米。热情欢迎全国各地经销商、采购商前来参观采购。据统计，本届展会参观采购人数超过5万人次，再次刷新周村家居采购节新高度。

二、经济运营状况

2021—2023年周村区家具行业发展情况汇总表（生产型）

主要指标	2023年	2022年	2021年
企业数量（个）	3920	3900	4000
规模以上企业数量（个）	10	10	9
工业总产值（万元）	152000	150000	153000
营业收入（万元）	191000	190000	192000

2021—2023年周村区家具行业发展情况汇总表（流通型）

主要指标	2023年	2022年	2021年
商场销售总面积（万平方米）	125	123	120
商场数量（个）	20	19	18
入驻品牌数量（个）	2180	2150	2000
销售额（万元）	370	380	400

三、产业发展及重点企业情况

1. 山东凤阳集团

山东凤阳集团有山东、河北雄安两大生产基地，业务范围包含床垫、沙发、软床及配套家居产品等，是一家集研发、生产、销售、服务于一体的大型家居企业，总占地面积近500亩，建筑面积达30多万平方米。1973年，生产出第一张弹簧床垫，凤阳家居自此开启品牌发展之路，致力于打造更专业的舒适健康睡眠文化，是中国最具影响力的家居企业之一，是周村区家具产业领军企业。

山东凤阳集团现为中国家具协会副理事长单位、中国家具协会软垫家具专业委员会主席单位、中国家具协会沙发专业委员会主席单位。凤阳家居曾先后被评为“中国轻工业百强企业第37名”、中国软体家具行业十强企业、“好品山东”全省家具品类唯一入选企业。

公司积极参与行业、团体标准的制修订工作，坚持产品研发不断升级，原材料采用全球供应链体系，确保产品品质，不断刷新创造行业品质高标准。2019年，凤阳家居成为第一批新旧动能转换龙头企业，经过三年升级改造，公司有了新颜值，车间有了新设备，品牌有了新形象，智能化与数字化高度融合，达到国际先进水平，逐步将公司打造成了智能绿色新质生产力，实现了公司持续化、高质量发展。

2. 山东蓝天家具有限公司

山东蓝天家具有限公司创建于1986年，经过30余年发展，成为集沙发、软床、床垫设计研发、生产销售及售后服务于一体的大型家居企业。公司现有浪漫巴黎、奥卡诺、雅致、简爱软床、蓝梦床垫五大系列产品。

公司拥有20万平方米现代化智能生产基地，年产床垫20万张、沙发10万套、软床10万套。公司全面推进企业信息化、自动化战略，实现了从产品研发设计、采购、生产制造、物流、销售到售后服务的信息化集成管理。2023年，蓝天软体家居体验馆项目3号馆主体竣工，新项目建筑面积1.3万余平方米，规划设计建成立体式现代化床垫生产流水线，进一步扩大床垫产能。

2023年，公司精益生产管理取得新突破，建成的沙发、软床生产流水线实现生产效率和工艺标准的新高度，全流程ERP管理系统进一步升级运行。生产中心的精益化生产改革，大大提升了生产效率，提升产品市场占有率，实现销售目标新突破。目前，公司拥有2000余家专卖店，为消费者提供高品质的选购环境与贴心服务。

3. 山东福王家具有限公司

山东福王家具有限公司组建于1988年，现有员工800余人，其中专业技术人员560人，高级管理人员30人，引进德国进口的先进生产设备，现代化工业厂房面积6万平方米，拥有1.1万平方米的福王家居广场和1.5万平方米的福王红木博物馆。经过30多年的发展，山东福王家具有限公司已发展成为省内家具行业综合实力名列前茅的中型企业。“福王”商标连续三届被评为“山东省著名商标”，先后获得“中国驰名商标”、山东省守合同重信用企业等荣誉。

公司主要生产沙发、床垫、红木家具以及红木工艺礼品，过硬的产品质量和精美的设计，使福王产品受到了广大消费者的认可和喜爱。公司注重品牌发展战略，从产品到服务以及规范化的运作，使“福王”品牌更加深入人心。公司聘请了故宫博物院古典文物修复专家、传承工艺大师王秀林先生为技术顾问。目前，红木博物馆是山东省内红木家具品位高、品种多、功能全的综合性场馆，从而使福王公司的发展迈上一个新的台阶。

4. 山东恒富家居科技有限公司

山东恒富家居科技有限公司始建于1999年，是一家研发、生产床垫及床垫主要辅料的全产业链企业。历经25年的发展，始终秉承“实在做人、勤恳干事”的企业文化理念，是国内顾家家居、喜临门及海外舒达、丝涟、金可儿等国际品牌的战略合作伙伴。企业主要有弹簧钢丝、弹簧床网、海绵、成品床垫以及软床、沙发及实木套房等系列产品，产品畅销国内及出口至全球60多个国家和地区。公司获得国家高新技术企业、山东省瞪羚企业、山东省专精特新中小企业等荣誉称号。

2023年，新投资2.8亿元建设100万张床垫、6万吨弹簧床网及床垫智能研发中心技改项目。项目一期投资1.02亿元床垫生产车间竣工验收，全自动床垫、布袋簧生产线投入使用；综合楼D区展厅和研发中心主体竣工验收，一层展厅已投入使用，部分研发设备已订购。

“佰乐舒”为恒富家居旗下的床垫品牌，本着集床垫辅料、钢丝、海绵全产业链于一体，独立布袋簧技术以及智能睡眠系统研发的优势，来提升和改善睡眠质量。佰乐舒产品以高端“金钻”系列、“大众V8”系列为主体，全方位、多元化满足不同的消费群体。同时，佰乐舒还研发生产高档真皮沙发、功能性沙发、实木套房等系列，真正实现让世界都做个好梦的品牌初心。

5. 淄博力彦家居科技有限公司

淄博力彦家居科技有限公司，前身为淄博庆联弹簧床垫厂，创建于1995年，是一家专业生产及销售独立袋装弹簧、床垫、床垫辅料、床垫面料及床垫设备的独资企业。公司占地面积15000平方米，建筑面积25000平方米，拥有世界领先技术的设备流水线，始终坚持创新驱动战略，床垫和床垫材料的关键技术成果和科研实力不断攀升，能够为客户带来更大的科技附加值。

公司所生产布袋弹簧已获得多项国家专利，独立袋装弹簧规格齐全，床垫款式多种多样，绗缝面料花型丰富新潮。产品覆盖国内及欧美、澳大利亚、日韩等国家和地区，是国内外知名企业良好的合作伙伴。

6. 山东森堡家居科技有限公司

山东森堡家居科技有限公司成立于2001年，占地面积近40亩，是一家专业生产沙发、软床、床垫的大型现代家具企业。

森堡家居专业致力于人体健康睡眠研究，从事整套健康睡眠系统的研发、生产及营销。公司实施“绿色健康、环保舒适”的产品方针，目前的主要产品包括沙发、床垫、软床。公司坚持以质量求生存、以信誉谋发展、以市场需求为导向，将“诚实勤劳、责任心、敬天爱人”的价值观贯彻在实际运营当中。森堡人坚持不懈地专注于产品研发，用过硬的产品赢得广大消费者的支持和认可。

多年来，森堡家居深得百姓口碑，优质的产品、专业的服务，通过创新技术、树立品牌形象以及加强品质保障，赢得了社会各界的认可。

四、面临的问题及2024年发展规划

1. 打造周村家居产业园，确保市场永续发展

目前，以周村软体、邹平实木为代表的4000余家加工、沙发家具制造业户，拥有庞大的产业集群和较为完善的产业链。受环保等国家政策的影响，中小型企业在日益缩减，比如小件产业三四年前在周村和邹平聚集了近300多家的企业，一度达到四川成都的小件水平，但受环保政策影响目前仅剩余50家左右，再比如附近淄川服装城市场，没有一个长远的产业规划和市场转型升级，现在已经

没落。综合以上因素，建议打造家居产业园，引导企业入园，培养自己的品牌企业，才能让周村家居产业和市场长盛不衰。

2. 对周村家具物流资源进行整合规范

周村物流企业有百十余家，基本分散在各个区域，比较分散，乱要价、跑路和损坏家具现象时有发生，制约了家具产业的发展，因此积极引导物流资源的整合规范，打造配套设施完善的物流园区势在必行。物流园区的建立对于企业来说是一件好事情，有助于企业降低物流成本，提高产品的竞争力，也便于规范物流企业，避免乱要价现象的发生，并引导他们向智能化物流迈进，学习临沂物流，打造家具物流综合体。

3. 坚持并鼓励周村家具会展业的发展

积极鼓励会展业的发展，周村家居采购节和软体家居设计展的举办除家具产业产生的直接效益外，也促进了相关服务业的发展。在市场周边，交通、住宿、餐饮、旅游、印刷、广告、演艺等行业也从中直接受益，展会经济带来的间接效益难以估量。

4. 举办各类型的家具设计和技能大赛

一个产业的发展如果只依靠模仿和复制，将很大程度地限制产业的发展和提升。通过近两年举办大学生软体家居设计大赛，增加了校企合作的机会，为企业输送了设计人才，促使企业由之前的模仿和复制向原创产品转变，推动产业发展和创新，建议多鼓励举办各类型的家具设计和技能大赛，以赛促培，以赛促学，推动家居设计人才的打造，为周村区家具产业健康可持续性发展提供强有力的技能人才保障。

5. 提升品牌影响力，持续推动企业加强对产品的检验检测

为提升周村家具产业的综合竞争力，促进家具产业的可持续发展，从质量方面保驾护航。2022年，周村区家具产业联合会与淄博市质量研究院合作开展开设“周村检验检测服务站”项目，助力周村家具产业健康发展，提升周村家具品牌质量。

推广家具检验检测，对产品质量的把控提升新的高度，使得产品性能越来越精益求精。通过对质量优秀的展厅及商户进行公开宣传、推广、表彰，树立优秀家具展厅、优秀家具品牌榜。全面提升家具行业质量供给水平，推动全区家具产业实现健康的高质量发展，不断优化周村区的家具产业结构，构建当地特色家具产业生态链，提升家具产业链、供应链的稳定性和竞争力，更好地提升行业规模实力和周村品牌的影响力。

PART 8

行业展会

Industrial Exhibition

2023年国内外家具及原辅材料设备展会一览表

举办时间	展会名称	地点	展会介绍
1月29日—2月2日 7月30日—8月3日	2023美国拉斯维加斯家具及家居装饰展览会	美国拉斯维加斯会展中心	该展会是由美国家具市场所筹办的专业国际展览会，它为参展商提供了优质展览场所及最佳的服务。展览面积达21000平方米，参展观众数量达到5万人，参展商数量及参展品牌达到1500家
2月28日—3月3日	2023东京国际家具展览会	东京国际展览中心	该展会一年一届，是国际性家具展会。展览面积达25000平方米，参展观众数量达45000人，参展商数量及参展品牌达700家
3月1—4日	马来西亚吉隆坡家具展览会	吉隆坡太子世界贸易中心	该展会聚集了逾500家来自马来西亚及海外的参展商，这些参展商将他们最新的家具精品包括当下流行的家具设计于展会集中亮相。来自中国、印度、印度尼西亚、日本、韩国、新加坡、泰国和越南的参展商都会利用此次展会展示及推出他们最新的产品
3月9—12日	印度尼西亚国际家具展	雅加达国际博览会展中心	该展会是一个亚洲家具展会的新面孔，是印度尼西亚最专业的国际家具展，每年3月于雅加达国际博览会展馆举行
3月14—31日	2023中国（中山）红木家具博览会	中国（中山）红木文化博览城	本届博览会采用“线上+线下”方式，通过论坛、品牌推介、主播探店等活动，营造大型红木盛会氛围，搭建传统文化交流平台，全力打响“买精品红木 到中山大涌”品牌效应
3月15—19日 8月18—21日	第49、50届国际名家具（东莞）展览会	广东现代国际展览中心	该展会设有七大展馆，展览面积超65万平方米，1000+家具品牌闪耀登场，围绕家居美学、整家定制、设计选材、户外潮玩四大展览核心板块，展品范围涵盖成品家具、全屋定制、材料配套、软装配饰等完整的大家居产业链
3月16—19日	第43届国际龙家具展览会和第33届亚洲国际家具材料博览会	顺德龙江	本届展会以“全球家具 顺德时代”为主题，鼓励原创设计，建立新媒体矩阵，展出材料新品，推出“D BEST”计划，进一步提升“顺德家具 龙江智造”的品牌影响力
3月18—21日	第51届中国（广州）国际家具博览会	广州琶洲广交会展馆	本次展览规模达70万平方米，参展品牌约4000家，是全国乃至全球年度规模最大的大家居博览会，不仅联通国内、国际两大市场的大家居连锁展会平台，更与行业的新发展格局紧密相连
3月22—24日	2023年中国建博会（上海）	上海虹桥国家会展中心	此次展会以“国际高端定制平台”为定位，意在“搭建世界级展会平台，服务家居行业高质量发展”。三大主题展区展出规模近7万平方米，共有300多家品牌参展，超6万名专业观众到会参观采购
3月27—30日	第12届中国广州定制家居展览会暨第12届中国广州定制整装展览会	广州保利世贸博览馆	展会汇聚专业的定制家居领域生产企业、行业观众和机构组织，整体展览规模超20万平方米，吸引了全国近1500家参展企业、40多万人次专业观众到场，成为全国乃至全球规模较大、专业程度较高的展览会
3月28—31日	第51届中国家博会（广州）办公商用及设备配料展	广州琶洲广交会展馆	本届展会迎来扩馆升级，启用全新建成投入使用的广交会展馆D区，广交会展馆A、B、C、D四馆齐开，整体展览规模迎来历史新高，较2019年的历史高位增幅超7%
4月8—10日	第27届中国·胜芳特色定制家具国际博览会	胜芳国际家具博览中心	本届博览会展区面积达47万平方米，汇聚了全国各地1600余家参展商，展品涵盖八大品类8万余种单品及1000余种原辅材料，采购商遍布全球120余个国家和地区

续表

举办时间	展会名称	地点	展会介绍
4月13—15日 8月19—21日	第17、18届中国·沈阳家博会	沈阳国际展览中心	本届展会规模15万平方米，设立九大主题展馆，千余家企业参展，万余款家居产品闪亮登场，吸引了来自全国各地的15万余名专业观众和消费者参会，达成意向成交额21亿元
4月18—23日	第61届米兰国际家居博览会	米兰国际展览中心	本届展会共有超过2000家参展品牌，共有来自181个不同国家的30万名观众，与2022年相比增加了15%。尤其重要的是，外国专业买家和业内专业人士占比65%。其中，中国重新成为继意大利之后参与人数最多的海外国家，其次是德国、法国和美国，西班牙和巴西以并列紧随其后
4月22—26日 10月12—15日	美国高点家具展览会	美国高点会展中心	美国高点镇是专门以家具展览为主要商业活动的城镇，长期以来吸引来自世界各地的买家和参展商。美国高点家具展是目前世界最大的家具展，展会量超过85000人次，参展商达2000家，展品涉及家具家居行业350种
4月26—28日	日本东京国际办公家具展	东京国际展览中心	该展会的主要展品范围涵盖办公家具、设备、办公环境设计及服务等，无论是展会规模，还是展会理念以及创新展品，均在业界处于领先地位
4月28日—5月2日	第九届香河家居采购节	香河国际家具城	第九届香河家居采购节规模较以往有所扩大，32座家具卖场联动，5000家门店联合促销，50000余款家具新品集体亮相，吸引了来自全国26个省市的10000余名经销商参与活动
5月12—14日	首届中国·兰考定制暨软体家居博览会	兰考县品牌家居产业园	本届展会期间共签约重点项目48个，涵盖领域包括现代家居、绿色食品、智能制造、民族乐器、生物医药、现代物流等，其中家居产业签约项目占比过半
5月18—21日	第20届青岛国际家具展暨全屋整装定制展、国际木工机械及原辅材料展	山东青岛世界博览城国际展览中心	本届展会面积16万平方米，1200多家企业参展，涵盖实木、软体、定制、实木半成品、木工机械、原辅材料等传统优势题材，联动上下游资源，链接国内大市场，以行业高度责任感铸造高品质贸易平台，全力带动行业复苏与消费提振
5月23—25日	中东迪拜家具和室内装饰展览会	阿联酋世界贸易中心	该展会是中东地区堪称首位的家具及室内设计展览会，面积达3万平方米，参展观众数量达10687人，参展商数量及参展品牌达500家
5月25—27日	第22届西安国际家具博览会暨西安全屋定制家居展览会	西安国际会展中心	该展会是中西部地区规模最大、规格最高的家具展之一。通过组合式创新方式，帮助中西部地区的家具产业升级，推出全国最新的产品，改善家具产业的流通渠道
5月25—28日	深圳家居设计周暨39届深圳国际家具展	深圳国际会展中心	本届展览以“新设计·在深圳”为主题，总展览面积达20万平方米，呈现从建筑、室内空间、家具、软装智能、灯光、生活消费到运动户外的九大主题内容
5月28日—6月3日	中国（赣州）第十届家具产业博览会	赣州市南康区家居小镇	本届家博会以“打造具有全球影响力的家居制造之都”为主题，突出展示南康家具30年波澜壮阔的产业发展历程，以及新时代南康家具高质量发展的最新成果，全面展现南康实施招大引强、扶优扶强、靠大联强“三强”战略及推动家具产业数字化转型工作成效
5月31日—6月2日	2023中国（宁波）出口跨境电商博览会	浙江省宁波国际会展中心	本届博览会以“华东产业带”为基础，整合跨境电商最热门品类的核心工厂，构建跨境电商最优质的服务生态，超2000家外贸工厂参展，展览面积7万平方米

续表

举办时间	展会名称	地点	展会介绍
6月4—7日	2023年德国科隆家具展览会	德国科隆国际展览中心	本届展会总面积246500平方米，1250家参展企业来自中国、日本、韩国、新加坡、意大利、澳大利亚、土耳其、西班牙、俄罗斯等，参展人数达15万人。向人们展示了全球市场的行业水平和潮流趋势
6月12—14日	2023年美国芝加哥室内设计及办公家具展	芝加哥商品市场	该展会是北美最大的办公及公共设施设计类展览会，已经举办将近50年，有来自世界各地多达700多家参展商、40000多名观众
6月15—18日	第23届成都国际家具工业展览会	成都世纪城新国际会展中心	本届展会以“建圈强链、赋能产业、促进消费”为主题，以提振产业经济、提升行业信心、促进大众消费为目标，吸引超过600家国内一线家居品牌企业，观众30万人
6月15—18日	第15届苏州家具展	苏州国际博览中心	本届展会规模达10万平方米，参展企业超600家，全面展示了全屋定制、精品套房、办公家具、原辅材料等全家具产业的创新产品和技术，共计到场138923人次观众买家，突显了华东家具市场的强大活力
6月15—18日	第六届中国·清丰绿色家居博览会	清丰县会展中心	国内700余家知名家居企业云集清丰，现场观展人数达16万人次，线上观展人数达23万人次，现场签约4926单，参展量、观展量、订单量、项目签约量均创历史新高
6月30日—7月2日	第十六届中国（东阳）木雕竹编工艺美术博览会暨第三届中国红木家具展览会	东阳中国木雕城	该博览会以“匠心·创新·共富”为主题，合并第三届中国红木家具展览会，承办了第五届全国家具职业技能竞赛总决赛，谋划了高校工艺美术人才培养座谈会、红木家具产业发展峰会、香文化峰会等6场峰会。展会总面积38万平方米
7月8—11日	第25届中国（广州）国际建筑装饰博览会	广州琶洲广交会四期新馆	本届展会设置“定制、系统、智能、设计、材艺”五大主题展区和一个卫浴博览会的全新布局，参展企业近2000家，展览面积40万平方米
8月24—27日	2023韩国首尔家具及木工机械展览会	韩国国际会展中心	该展会每年举办一届，规模达21546平方米，3个展馆，1200多个展位，吸引观众人群5万余人
9月7—11日	法国巴黎家具时尚家居装饰展（秋季）	巴黎北维勒班展览中心	该展览是欧洲最大的室内设计展会之一，展示设计与生活的新趋势，对于设计领域具有重大的影响，每年分为春秋两季。展会涵盖领域广泛，大到家具，小到餐具，横跨时尚领域以及日常用品
9月10—14日	第二十八届中国国际家具展览会	上海新国际博览中心	本届展会规模达32万平方米，2635家全球优质参展企业（含摩登展313家），向世界展示了中国家具业和家具人坚守的韧性、勃发的生机和创新的活力
9月19—22日	西班牙瓦伦西亚家具展览会	瓦伦西亚会展中心	该展会是西班牙最大规模、最专业的家具展览会，在国际展会中享有盛誉，对家具领域的发展有很大的影响。参展商、专业观众和展出面积都逐年增加，且只为专业观众开放
9月22—24日	2023年宁津家具展览会	宁津居然之家	本届展览汇集品牌家具展区、成品家具展区、半成品家具展区、机械展区、原辅材料展区以及美食街、文创非遗等品类，吸引了300余家生产企业参展，其中80%为宁津本地企业
9月22—26日	德国巴特萨尔茨乌夫伦家具展览会	萨尔茨乌夫伦展览中心	该展会特点是欧洲本地生产厂商与以欧洲为主的国际专业采购商、代理商云集一处，直接看样订货，产展销一条龙服务，仅对专业人员开放，成交概率远远大于通常的国际家具展会

续表

举办时间	展会名称	地点	展会介绍
10月28—30日	2023南康家具秋季订货会暨优质家具代工厂爆品展览会	赣州市南康区家居小镇	本次订货会邀约天下客商，促进家居消费，致力于提供推动家具产业高质量发展的“南康方案”，这个“南康方案”简要概括为“五个更加”：让南康家具、家电、家装更加深度融合；更加潮流时尚、舒适实用；更加生态环保、绿色健康；更加数字智能、优质高效；更加赢得人心、畅销全球
11月8—12日	土耳其伊斯坦布尔家具展	安塔利亚会展中心	该展会是土耳其家具行业的重要盛事之一，每年吸引来自全球的家具制造商、设计师、零售商以及家居装饰相关专业人士
11月10—12日	2023中国武汉定制家居展暨中部大家居产业链博览会	武汉国际博览中心	该展会以服务华中地区家居行业发展为愿景，以华中地区家居产业集群为依托，以优越的区位优势和市场优势为根基，聚焦家居全产业链，开启湖北地区专业家居展会新的篇章
11月11—13日	2023年中国海安家具产源地采购节暨中国家具经销商发展峰会	中国东部家具产业基地	本次采购节总体以“搭建平台、服务企业、展示成功、繁荣市场、促进消费”为目的，重点展示海安本土家具、海安泛家居以及优质工业消费品，届时将有全国各地家具采购商来海参展、订货，预计活动参展企业超300家
11月17—19日	2023印度国际家具展	孟买国际会展中心	本届展会面积达15000平方米，预计到场专业采购商超2万人次，参展企业超400家。参展国家和地区包括：印度、中国、泰国、土耳其、孟加拉国、意大利、马来西亚等
12月16—20日	第十一届中国（仙游）红木家具精品博览会	仙游县中国古典工艺博览城	此博览会以“跨界联盟 融合发展”为主题，通过仙作与陶瓷、白茶、香、油画等产业之间的跨界、跨区域联合办展，拓展多元渠道，促进异业联盟，推动实现“仙作产业+”融合发展，打造“好红木 在仙游”的产业品牌IP
12月20—24日	越南胡志明家具及室内装饰展览会	胡志明市VISKY展馆	本届展会总面积36000平方米，519家参展企业来自中国、韩国、日本、意大利、德国、俄罗斯等，参展人数达18000人

第二十八届中国国际家具展览会

9月11—15日，第二十八届中国国际家具展览会（简称“上海家具展”）及2023摩登上海时尚家居展（简称“摩登上海”）在上海浦东新国际博览中心、上海世博展览馆两地圆满召开。

今年参观人次159374人，其中，国内观众133779人次，海外观众25595人次。国内观众相对集中于华东地区，尤以长江三角洲地区观众为主，且沿海地区观众尤为密集；海外观众超历史最高纪录，同比2019年增长13.2%，来自143个国家和地区，迎来新形势下国际化征程的高光时刻。

本届展会以“In Now正当时”为主题，通过“居住正当时、设计正当时、创变正当时、智联正当时”四个延展主题，聚焦新格局、新人群、新业态、新技术，不仅向全球行业人士展示了中国家具行业的3年成绩单与最新全面貌，也向海外观众释放出中国家具业对全球趋势的洞察。

在博览中心，国内顶级家居品牌入驻品牌设计馆，依旧人气很旺。法国、比利时、新加坡、马来西亚、日本、土耳其六大海外国家展团的146家海外展商，悉数亮相国际品牌馆；来自全球700多家优质供应链企业在FMC China 2023展示他们与制造和设计企业共创成果，并为企业面向未来的创新提供供应链保障；中国国际设计师作品展示

交易会（DOD）用十多年时间为中国原创设计积累下坚实基础，见证众多本土品牌的飞跃成长，2023年以“未来的自己”为主题，继续深耕原创设计平台，让更多的品牌遇见未来的自己；办公厨房Workplace Cafeteria特展让富有烟火气的“厨房”与注重效率与产出的“办公”和谐相融；室内与室外的边界也不断被打破，将办公场所的外延无限拉大；设计要“以人为本”，就要从人的深层次渴求出发，兼顾个性和共性需求，让打工族们在新时代的“桃花源”中寻找到工作的意义和人生的幸福感。

在世博馆，作为摩登上海入馆打卡第一站，集合原创好物代表，一览DOD产品，种草体验一体化，打开DOD逛展预告；第四届 RE.d 当代家具设计年展以重塑为主题，通过探索常规材料的新应用、群居生活的新场景、艺术人文的新融合，让平凡生活重塑非凡光景；设计问诊室特邀多位业界优秀设计师现场坐诊，为观众提供一对一专属设计咨询服务，解答各类空间设计问题；本次静若繁花——艺术与生活主题展是一场多元化艺术与时尚家具的融合之展，通过户外艺术长廊的形式，呈现一种对当下的美好生活态度和对艺术美学的魅力感知，在

现场带来一场独特的艺术体验和视觉盛宴；来自能量星球的小怪物MOE化身为巨型玩偶空降摩登时尚设计周，采用大面积明亮色的设计形成强烈的记忆点，迷宫展台创造出更具互动性的展览空间，使人在看展的同时仿佛穿梭于丛林田野。琳琅满目的展品通过巧妙搭配，转角之处尽是惊喜，为观众带来沉浸式的感官体验与震撼。

跨境电商论坛区、Furniture Elites中国行、中国家居精英商学院论坛区、美学秀场——软装快闪秀论坛区等共召开42场专业论坛，超过200位嘉宾参与，绿色低碳、商业创新、设计原创力、艺术生活、品牌创新、渠道拓展、跨境出海、家居外贸创新、供应链、材料应用、家居行业人才等热门话题轮番上演；六大奖项赛事，各有归属。

2023年展会，我们看见行业复苏的气象，坚定信心；看见向上生长的力量，羡而结网；看见创新求变的力量，锚定发展；看见格物致知的力量，洞悉未来。2024再相聚！

第55届中国(广州)国际家具博览会
THE 55th CHINA INTERNATIONAL FURNITURE FAIR (GUANGZHOU)
广州·琶洲
民用家具展
2025.03.18-21
办公商用展&设备配料展
2025.03.28-31
广州·琶洲
2025.03.18-21
2025.03.28-31
天津
2025.05.16-19
上海·虹桥
2024.09.11-14

第51届中国（广州）国际家具博览会

2023年3月，由中国家具协会、中国对外贸易中心集团有限公司、红星美凯龙家居集团股份有限公司、广东省家具协会、香港家私装饰厂商总会有限公司共同主办的第51届中国（广州）国际家具博览会成功举办。

本届家博会齐聚民用家具、饰品家纺、户外家居、办公环境及商用空间、设备配料五大题材国内外顶尖大牌4000家，展览面积70万平方米，呈现品牌集中度高、行业参与度高、趋势敏锐度高的“三高”特点。展会8天盛况如潮，吸引了来自166个国家和地区的380763名专业观众到会，较疫情前的2019年增长27.88%，创历史新高。作为商务部消费促进月的重点活动之一，本届家博会充分发挥展会平台功能积极推动行业高质量发展，着力促进国内国际双循环，更好服务人民对“品质家居、美好生活”的需要。

本届家博会的“会”与“展”深度融合，举办了125场会议论坛，进一步放大展会的溢出效应。“全球家居发展论坛”IP首次重磅推出便引起行业热烈反响，又专题打造了“设交声量场”“经英论道场”“跨境英雄汇”“产业首秀场”“中国商业空间设计新潮，大会”“材料源，创汇”六大主题系

kapok Design Awards China
红棉中国设计奖

9.2

列论坛引领行业高质量发展新思潮。“1+N”峰会论坛布局初现规模，聚焦高质量发展专题，在潮流设计、办公商用、智能制造、首发首秀、社会福祉等细分领域展开产、学、研的深入研讨，为大家居行业搭建有效的高端对话平台。

本届家博会围绕趋势发布、设计展示、技术研讨等方向重磅打造CMF趋势LAB、D2M设计样、萤火虫博物馆儿童空间展、2023中国智能睡眠展、中国睡眠产业峰会暨睡眠生态展、2023（春季）中国软装大会、环球花园生活节、OK生活展、欢迎“光”临灯光主题展、办公环境主题馆10个主题特展。

CMF趋势LAB 2023特展聚首超过50家机构品牌和设计师的500多件创新作品，引领大家居企业和行业以材料先行，促进高质量发展。第三届“D2M Lab 设计样”中的“100件原版设计板块”以“100件中国坐具设计”为主题，围绕设计集市、100件中国坐具、设计论坛这三个板块同时进行。萤火虫博物馆以“童年的狂想”为主题，联动建筑、教育、室内设计、环艺设计、商业空间设计等多个领域，集结关注儿童成长、关注儿童环境的伙伴，共同改变儿童成长环境。2023中国智能睡眠展，品牌群星璀璨，内容精彩纷呈，从睡眠产品走向睡眠场景，再到睡眠生活，以“向上”的力量，走出一条属于每位智能睡眠人的坦阔前路。中国睡眠产业峰会以“大睡眠·大生态·大发展”为主题，吸引了来自国内的知名专家学者、企业代表和产业界人士、主流媒体300余人，聚焦睡眠健康，共商睡眠产业发展，助力国人高质量睡眠。2023（春季）中国软装大会以“设计·再造”为主题，为软装设计行业发声，打造设计想象力LAB，打开关于家的更多想象。第六届环球花园生活节以丹麦为主宾国，以“回归自然 乐享户外”为主题，通过融入丹麦的乐高积木、色彩王国、安徒生童话、童话木屋等多个元素，结合精美的户外家具、仿真绿植，打造多个宁静的户外空间，让到场观众在忙碌中慢下脚步，回归自然。OK生活展集结24个生活美学品牌，一众原创生活品牌持续输出、广纳经验值、互补优势、共同赋能。在这个春日，为美好生活图鉴增添闪光的瞬间。欢迎“光”临灯光主题展与一众优秀的灯饰设计品牌联袂登场，融合各自独到的见解，将灯的点线面表达带到展会现场，以灯为信，以光之名，感受生活的美好。办公环境主题馆以“办公美术馆”为主题，打造绿意花园、时光回溯、矩阵天地、色彩缤纷、思域五个独立馆，将色彩、艺术融入空间与家具搭配中，让观展者享受一场无与伦比的视觉盛宴。

本届家博会获得了全行业的倾情参与，设计师、经销商、贸易商、采购商、跨境电商、地产开发商、医养采购团、高校采购团等万商齐聚。参展商们纷纷表示客流量超过预期，赞誉“关注度高”“专业度高”“成交率高”。

2023中国·沈阳家博会春秋双展

一、沈阳家博会简介

沈阳家博会于2012年开始在沈阳国际展览中心举行，2018年开启春秋双展。展会以沈阳为中心，辐射东北、华北及东北亚国际市场，涵盖各类家具、定制家居、居室门品、集成吊顶、陶瓷卫浴、地板、灯饰、家居饰品、装饰装修材料、木工机械及原辅材料等家居全产业链产品。作为中国北方最具规模和影响力的行业盛会，沈阳家博会始终坚持实体赋能，不断提质升级，为行业搭建高效交流合作平台，形成多元化布局、产业融合发展的良好态势。

二、2023春秋双展概述

2023年沈阳家博会春秋双展总规模达25万平方米，参展企业1500多家，参会业界人士达30万之多，各类活动精彩纷呈，对助力家居产业复苏和振兴、消费提振，推动行业高质量发展产生重大引领作用。

2023年4月13—15日，第17届沈阳家博会隆重举行。展会规模10万平方米，来自全国各地近千家企业参展，逾15万人次业界人士及消费者与会。展商对展会满意度超过95%，70%签满上半年产品生产订单，70%实现了拓展东北市场的目标。

2023年8月19—21日，第18届沈阳家博会成功举办。该展会是工信部2023全国“三品行”和商务部2023家居消费季辽宁站的重要活动，也是“我爱我家——辽宁房产·家居联动促销百日活动”重要活动之一。规模为15万平方米，九大主题展馆，1000家企业参展，2000余款国内外家居品牌亮相，三天时间内共计有来自全国各地的15万余专业人士和消费者参会。展会为行业创造更多新商机，为行业、产业和企业、消费者提供高价值服务，有力促进辽沈地区乃至北方家居消费全面释放。

三、观众分析

展会观展人群以东北三省和内蒙古、河北地区为主，其中辽宁占46.1%，吉林占19.8%，黑龙江占13.2%，内蒙古占7.8%，河北占3.3%，其他省占9.8%。

专业观众占比70%，按观众从事行业区分，专业观众占比前三的分别是经销商、生产企业、装修公司，占比分别为40.29%、21.05%、18.44%。专业观众参观展会的主要目的分别是：采购、获取最新行业和产品信息、寻求业务代理或合作伙伴，占比分别为31.36%、18.98%、17.57%。

四、展会亮点

1. 多方支持，开拓进取，再创辉煌

作为中国家具协会主办的三大展会之一、家居全产业链盛会，辽宁省金质品牌展会、辽宁省消费品牌展，沈阳家博会得到了国家协会、省市政府、行业同仁的极大关注和鼎力支持。

2. 全产业链，绿色家居，购销两旺

沈阳家博会春秋双展重点打造绿色家居全产业链，积极响应行业变化，顺应行业发展趋势，提质增效、提档升级、提速进位，内涵丰富，亮点纷呈，引起全行业广泛关注和深度参与。展会覆盖上下游全产业链，锚定成品家具、实木家具、套房家具、定制门品、全屋定制、橱衣柜定制、各类板材、陶瓷卫浴、全卫定制、AI智能、原创设计等三十多大类细分领域，总参展产品数万余种，展出新品率80%以上。展会为全行业从业者提供家居发展“海淘式”“一站式”“全案式”解决方案，展现整装、整家、高定精品、最新花色、品质设计、智能制造等家居新潮流新动向。

不少生产企业表示，“通过参展已经完成年度销售任务”；经销商、代理商表示，“参展为下半年备足货品”；消费者更是心满意足，买到可心家居产品，享受到优惠价格和优质服务。

3. 展会活动，精彩纷呈，站位高远

2023年沈阳家博会春秋双展活动精彩纷呈，内涵丰富，站位高远，吸引众多参展商和消费者参与，带来良好的观展体验感和参与感，搭建北方家居行业的政产学研用多方高效交流合作平台，反响强烈，极大地促进展会商业价值的实现。

以“选板材，挑花色，到沈阳家博会”为初衷的“花期”万种花色艺术展和论坛，木文化传承主题展，家具文化演变与历史研究论坛，木文化传承与发展主题讲解，“设计优物展”，家居空间色彩美学与艺术品搭配论坛，空间设计与家具选择论坛等精彩活动，大为提升展会价值，对2023年北方家居设计、创新、时尚和潮流起到巨大引领作用。“产业振兴，续写辉煌”主题论坛和东北家具集散中心招商会的成功举行，对辽宁以及北方地区家具产业及产业链变革发展，发挥重要推动作用。“百万路费我买单”、官方抖音现场直播逛展会、流量密码实操课等活动，为专业买家提供贴心优质服务和运营创新赋能。

在沈阳家博会云展家居好物节期间，举办了沈阳家博会金牌供应商展示会、“源”来是你——供需云联动、家居焕新云采购、“智享未来”轻智能家居直播会、“巧选家具”云展体验百分百、主播帮你选家具、“木言木语”家具文化PK赛等多场直播活动，实现线下活动与线上展示完美结合，对培育宣传辽宁家居品牌、打造高端家居供应链产生积极和重大影响。

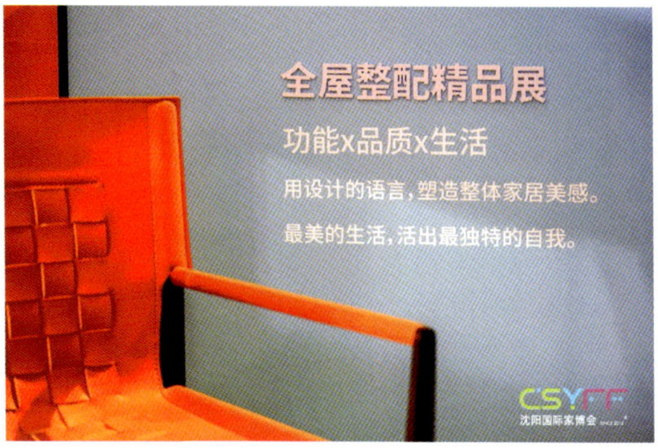

4．数字赋能，线上看展，效果突显

展会形成以沈阳家博会展会云展厅、展会直播为主导，展商直播，家居红人直播，经销商、代理商、消费者等短视频分享为补充的“一点多线”网络看展新格局，促进展会线上线下融合以及商业价值转化，大为提升展会价值和影响力。双展期间，云展厅、展会直播平台总计线上观展达22.44万人次。无论是不便与会的线上专业人士、消费者，还是线下展商、经销商们，均给予了很高的评价。

家博会云展家居好物节活动期间，小程序入驻千家企业，精选300家品牌，注册用户数量达1.79万人，访问量25.42万人次，互动量4.4万人次，主动发出采购需求5278人次，为推动家居产业数字化转型升级起到促进作用。许多企业表示，要抢抓数字红利，加大对数字化生产和运营的投入。

五、联系方式

组委会：辽宁省家具协会

地址：沈阳市沈河区青年大街35号国贸大厦1109室

邮编：110014

电话：024-22733380

邮箱：Lnsjx@163.com

PART 9

才队伍建设，2017年至今成功举办四届全国家具职业技能竞赛，崇尚技能的行业氛围日益浓厚，精益求精的工匠精神深入人心。他鼓励参赛选手努力拼搏、奋勇争先，展现技艺水平，赛出优异成绩。希望家具行业以习近平新时代人才强国战略为指引，牢记使命、砥砺前行，为实现中华民族伟大复兴贡献力量。

东阳市人民政府副市长龚杭娟致欢迎辞。她表示，近年来东阳市委市政府通过政府引领、政策支持、名师传帮、校企合作等方式，培育了众多工艺美术大师，“世界木雕之都”名片不断擦亮。东阳坚持国际化、绿色化、数字化发展方向，以新红木理念推动传统文化传承更加辉煌，绿色低碳理念更加深入，产业链条更加完整，产业结构更加优化，产业效益显著提升。东阳将努力把大赛办成有深度、有质量、有特色的赛事，打造全国红木家具产业双向保护、双重建设、分类销售、价值升级的典范。

竞赛组委会副主任、中国家具协会副理事长兼秘书长屠祺主持开幕式。

竞赛裁判组组长、中国工艺美术大师陆光正代表全体裁判庄严宣誓。

选手吴庆经代表参赛选手庄严宣誓。

本次总决赛共有来自全国五大赛区的50名选手参与，竞赛分2天进行，总时长16小时，内容为使用木雕工工具和木料，按照雕刻图稿，现场在平面浅浮雕打细坯，图稿为展现共产党员陈望道回到浙江义乌翻译《共产党宣言》的场景。获得总决

竞赛组委会主任、中国轻工业联合会党委副书记、中国家具协会理事长　徐祥楠

东阳市人民政府副市长　龚杭娟

竞赛组委会副主任、中国家具协会副理事长兼秘书长屠祺

竞赛裁判组组长、中国工艺美术大师　陆光正

参赛选手代表　吴庆经

领导嘉宾参观历届家具职业技能竞赛回顾和获奖作品展

赛前3名的选手，报请人力资源和社会保障部授予“全国技术能手”荣誉称号；获得第4～15名的选手，由中国轻工业联合会授予“全国轻工行业技术能手”荣誉称号；获得第16～30名的选手，由中国家具协会授予“中国家具行业技术能手”荣誉称号；获得第31～50名的选手，由中国家具协会授予“中国家具行业工匠之星”荣誉称号。

为保障比赛公平公正进行，6月27日下午召开了裁判员工作会议。竞赛组委会主任、中国轻工业联合会党委副书记、中国家具协会理事长徐祥楠，竞赛组委会副主任、中国家具协会副理事长兼秘书长屠祺等领导嘉宾和裁判组、监审组成员出席会议。会议宣读并通过总决赛聘任裁判员的决定，颁发裁判员证书，签署裁判员保密守则，强调总决赛裁判员的工作纪律，确定评审工作的相关细节。

选手技术说明会上，裁判员强调了竞赛要求并答疑。选手随机抽取竞赛工位号，领取竞赛图

竞赛现场（1）

竞赛现场（2）

裁判员工作会议（1）

裁判员工作会议（2）

选手技术说明会

理论考试现场

纸和木料，参加理论考试，竞赛监审组代表全程监督。

全国家具职业技能竞赛举办至今，得到行业内外广泛响应支持，累计近千家企业的3000余名选手参赛，15名选手获得“全国技术能手”荣誉称号，55名选手获得“全国轻工技术能手”荣誉称号，130名选手获得“中国家具行业技术能手”荣誉称号。技能竞赛充分展现了家具匠人风采和优秀传统技能，已成为遴选专业人才、弘扬传统文化的重要载体。未来，中国家具协会将以技能大赛为平台，继续做好人才培养工作，向世界展示中国技能，为提升家具大国文化自信，实现家具强国目标贡献积极力量。

6月30日，全国行业职业技能竞赛——第五届全国家具职业技能竞赛总决赛颁奖典礼在东阳成功举办，同期召开了第三届中国红木家具展览会、第十六届中国（东阳）木雕竹编工艺美术博览会开幕式。

竞赛组委会主任、中国轻工业联合会党委副书记、中国家具协会理事长徐祥楠，金华市副市长李斌峰，中国家具协会副理事长张冰冰，竞赛组委会副主任、中国家具协会副理事长兼秘书长屠祺，中共东阳市委书记楼琅坚，中共东阳市委副书记、市长黄胜可，东阳市副市长龚杭娟等领导嘉宾，各赛区负责人，裁判员、选手、媒体代表等出席活动。

徐祥楠理事长在致辞中指出，红木家具是中华传统文化的优秀载体，诠释着华夏民族兼容并蓄、开拓进取的文化自信，承载着博采众长、百花齐放的中国精神。东阳是2013年中国家具协会和东阳市人民政府共建的“中国红木（雕刻）家具之都”。依托雄厚的产业积淀、健全的人才队伍，东阳已成功举办三届全国家具技能竞赛总决赛，展示了专业高效的东阳力量，为竞赛美誉度和影响力的不断提升做出了贡献。第五届全国家具职业技能竞赛总决赛的成功举办，为创新传统技艺提供了广阔舞台，展示了各赛区高效联动、跨界融合的发展潜力，必将有力推动新时代人才强国战略，助推中国早日成为世界家具产业创新强国。

金华市副市长李斌峰宣布展会开幕。

屠祺副理事长兼秘书长主持颁奖典礼并宣读《关于授予第五届全国家具职业技能竞赛总决赛优秀选手、先进单位荣誉称号的决定》。

东阳市委书记楼琅坚致辞，他介绍了东阳红木家具产业发展情况和本届展会亮点，希望展会成为深化交流合作的平台，加强与业界同行的沟通，弘扬木雕文化，促进产业进步，共同推动家具和工艺

竞赛组委会主任、中国轻工业联合会党委副书记、中国家具协会理事长　徐祥楠

金华市副市长　李斌峰

中国家具协会副理事长兼秘书长　屠祺

东阳市委书记　楼琅坚

中共东阳市委副书记、市长　黄胜可

美术事业蓬勃发展。

中共东阳市委副书记、市长黄胜可主持展会开幕式。

中国家具协会理事长徐祥楠向东阳市人民政府授予“特殊贡献”荣誉称号，东阳市副市长龚杭娟上台接受荣誉。

中国家具协会理事长徐祥楠向中国工艺美术大师陆光正授予“特殊贡献”荣誉称号。

中国家具协会理事长徐祥楠为获得“工匠之星·金奖”的选手颁奖。

中国家具协会副理事长兼秘书长屠祺为获得“工匠之星·银奖”的选手颁奖。

中国家具协会副理事长张冰冰，东阳市委常委、常务副市长郭锦明为获得“工匠之星·铜奖”

授予东阳市人民政府“特殊贡献”荣誉称号

授予中国工艺美术大师陆光正“特殊贡献”荣誉称号

工匠之星 · 金奖

的选手颁奖。

中国家具协会副理事长兼秘书长屠祺，东阳市副市长龚杭娟为佛山市南海区红木行业协会、涞水县古典艺术家具协会、仙游县工艺美术中心授予“优秀组织”荣誉称号。

中国家具协会副理事长张冰冰，东阳市委常委、常务副市长郭锦明颁发“优秀个人”荣誉证书。

总决赛技术点评会上，裁判员对竞赛作品的工艺水平、完成程度等方面进行了点评。裁判员表示，大赛考验了选手在木工雕刻方面的技艺水平，希望选手刻苦钻研、拼搏进取，在今后的比赛和工作中，取得更大的成绩。

2017年至今，全国家具职业技能竞赛已成功举办五届，为行业培养了众多优秀技能人才。中国家具协会将充分发挥竞赛的平台优势和引领作用，不断完善职业技能竞赛体系和人才培养机制，为优秀中华传统文化的继承与发展奠定坚实的人才基础。

工匠之星 · 银奖

工匠之星 · 铜奖

优秀组织

优秀个人

竞赛技术点评现场（1）

竞赛技术点评现场（2）

第五届全国家具职业技能竞赛总决赛获奖名单

工匠之星·金奖（第 1 名，共 1 名）		
吴庆经	男	佛山市华博居家具有限公司
工匠之星·银奖（第 2 ~ 3 名，共 2 名）		
方兆文	男	仙游县榜头镇承余堂工艺品雕刻厂
王俊彬	男	泉州台商投资区俊彬木雕加工厂
工匠之星·铜奖（第 4 ~ 15 名，共 12 名）		
黄宗炉	男	佛山市南海区平洲林岳宏兴红木家具厂
段忠龙	男	东阳市东阳木雕特艺有限公司
许彬凯	男	仙游县榜头镇许彬凯木雕工艺工作室
吴文彬	男	东阳市凤凰于飞木雕工艺品有限公司
滕君英	女	浙江广厦建设职业技术大学
钱如祥	男	常熟市钱如祥技能大师工作室
薛爱民	男	江苏紫翔龙红木家具有限公司
刘事金	男	佛山市南海区平洲中南木雕工艺厂
任明华	男	东阳市蒋武进木雕工作室
郑金星	男	佛山市明雅轩家具厂
周承武	男	佛山市南海区平洲中南木雕工艺厂
李斌龙	男	东阳市姚忠虎木雕创作有限公司
工匠之星·优秀奖（第 16 ~ 30 名，共 15 名）		
陈德祥	男	佛山市南海区平洲中南木雕工艺厂
林伟宏	男	佛山市南海区平洲中南木雕工艺厂
郭向峰	男	东阳市东鼎木雕工艺品有限公司
蒋达成	男	东阳市吴宁蒋达成雕刻工作室
蒋武进	男	东阳市蒋武进木雕工作室
冼坚毅	男	佛山市南海区平洲中南木雕工艺厂
玉温泉	男	佛山市南海区平洲中南木雕工艺厂
陈宗发	男	仙游县赖店镇宗发艺雕工作室
陈开泉	男	仙游县陈开泉艺术品工作室
曹陈忠	男	建瓯市曹陈忠雕刻工作室
吴海兵	男	江苏省如东困龙斋红木工艺品厂
纪水清	男	佛山市南海区明雅轩家具厂
周益溪	男	佛山市华博居家具有限公司
蒋华平	男	东阳市白云黄志勤木雕工作室
赵雪梅	女	阳谷县状元红文化家具有限公司

续表

工匠之星奖（第 31 ～ 49 名）共 19 名		
陈维能	男	仙游县榜头镇罗典品斯古典家具厂
张永卫	男	浙江省东阳市东吴木雕工艺品有限公司
万淑凤	女	涞水钰福堂家具有限公司
黎进卫	男	佛山市南海区木味坊工艺品店
金雨峰	男	金雨峰木雕工作室
彭光辉	男	福建省建瓯市徐墩黄城根艺厂
姜国圣	男	如皋市国圣雕刻工作室
刘志迅	男	建瓯市廷忠工艺品有限公司
蔡文建	男	仙游县榜头镇榜眼工艺品厂
杨光辉	男	佛山市华博居家具有限公司
丁建芝	女	河北古艺坊家具制造股份有限公司
玉温礼	男	佛山市南海区平洲中南木雕工艺厂
杨晓强	男	河北子午钊韵雕刻工艺品有限公司
王志达	男	阳谷县状元红文化家具有限公司
刘桂平	女	河北古艺坊家具制造股份有限公司
吴奇荣	男	浙江新东阳木雕有限公司
张海军	男	河北子午钊韵雕刻工艺品有限公司
王飞龙	男	东阳市吴宁王艺居木雕工作室
刘晓彬	男	涞水县甘孺斋雕塑工艺品厂

第五届全国家具职业技能竞赛获奖作品

工匠之星·金奖 吴庆经

吴庆经，男，汉族，1986年1月6日出生于江西上饶。2002—2004年师从上饶市木雕大师何洪志师傅学习木工手艺，曾在2005—2008年赴福建省晋江市侨光木雕厂进修手艺，于2009—2011年到广东中山和广东佛山南海两地进修和从事红木家具雕刻工作，2011年在佛山市华博居家具有限公司担任生产部主任一职至今。在工作期间不断追求雕刻技艺，融合传统广式红木家具制作技艺的手法，在传承中创新。2023年，以广东南海分赛区第一名的成绩参加全国行业职业技能竞赛——第五届全国家具职业技能竞赛总决赛，并以总决赛总分第一名，获“工匠之星·金奖”“全国技术能手”等殊荣。

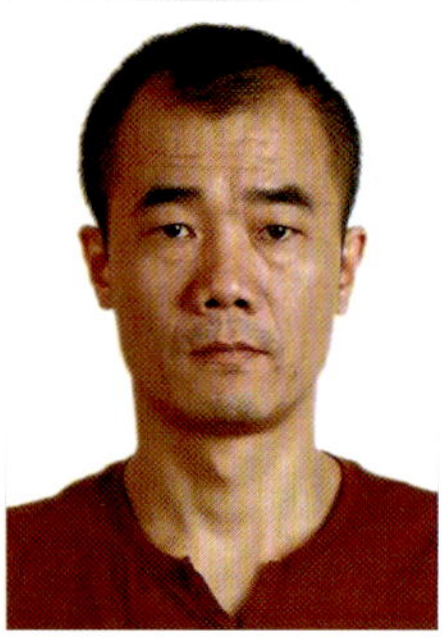

工匠之星·银奖 方兆文

方兆文，福建省仙游县榜头镇象山村人，1978年出生，福建省技术能手，福建省工艺美术名人，莆田市工艺美术大师，师承中国木雕工艺美术大师林庆全，从事莆田木雕近30年，作品曾被中国工艺美术馆、福建省工艺美术珍品馆收藏，多次在省级、国家级现场比赛中斩获大奖。2012年，创办承余堂工艺品雕刻厂，擅长木雕、竹根雕创作。

工匠之星·银奖 王俊彬

王俊彬，福建省惠安县涂寨镇上村村人，1975年出生，福建省技术能手，泉州市工艺美术大师，国家一级高级技师，从事木雕工作近30年。2021年，仙艺杯比赛获得第一名；2022年8月，被福建省人力资源和社会保障厅授予“福建省技术能手”；2022年9月，被福建省总工会授予“福建省金牌工匠”。

第五届全国家具职业技能竞赛事件梳理

1. 木雕工浙江东阳赛区选拔赛开赛

2021年9月27日，全国行业职业技能竞赛——第五届全国家具职业技能竞赛浙江东阳分赛区选拔赛在东阳木雕小镇实训基地开赛。选拔赛由东阳市人民政府主办，东阳市委人才办、东阳市人力资源和社会保障局、东阳市木雕红木家居产业发展局、东阳市总工会、东阳经济开发区管理委员会、市家具研究院承办。

2. 木雕工广东南海赛区选拔赛开赛

2021年10月20日，全国行业职业技能竞赛——第五届全国家具职业技能竞赛广东南海分赛区选拔赛在佛山市南海区桂城街道海宜达红木家具综合城开赛。选拔赛由佛山市南海区桂城街道办事处、广东省家具协会主办，佛山市南海区桂城街道经济发展办公室、佛山市南海区红木行业协会承办。

3. 木雕工京津冀鲁涞水赛区选拔赛开赛

2021年10月21日，全国行业职业技能竞赛——第五届全国家具职业技能竞赛河北涞水分赛区选拔赛在涞水京作古典家具艺术小镇开赛。选拔赛由河北省家具协会、河北省职业技能鉴定指导中心、涞水县人民政府主办，河北省家具协会古典家具专业委员会、涞水县文玩核桃协会、涞水县电子商务协会承办。

4. 木雕工福建仙游赛区选拔赛开赛

2021年12月3日，全国行业职业技能竞赛——第五届全国家具职业技能竞赛福建仙游分赛区选拔赛在仙游县中国古典工艺博览城开赛。选拔赛由莆田市人民政府、福建省人力资源和社会保障厅、福建省总工会主办，仙游县人民政府、莆田市人力资源和社会保障局、莆田市总工会、莆田市二轻工业联社、福建省古典工艺家具协会、福建省红木工艺品协会承办。

5. 全国行业职业技能竞赛——第五届全国家具职业技能竞赛颁奖典礼成功举办

2023年6月28日，全国行业职业技能竞赛——第五届全国家具职业技能竞赛总决赛在浙江东阳开赛。本次竞赛由中国轻工业联合会、中国家具协会、中国就业培训技术指导中心、中国财贸轻纺烟草工会全国委员会主办，东阳市人民政府承办。来自全国5个赛区的50名选手进入总决赛。

6月30日，全国行业职业技能竞赛——第五届全国家具职业技能竞赛总决赛颁奖典礼在东阳成功举办，同期召开了第三届中国红木家具展览会、第十六届中国（东阳）木雕竹编工艺美术博览会开幕式。

中国家具协会推荐选手参加第二届全国技能大赛

2023年9月16日，中华人民共和国第二届职业技能大赛（简称“第二届全国技能大赛”）在天津盛大开幕。中共中央政治局常委、国务院总理李强对做好技能人才工作作出重要批示。批示指出：技能人才是实施人才强国战略、就业优先战略和创新驱动发展战略的宝贵资源。举办职业技能大赛，为广大技能人才搭建展示技能、切磋技艺的平台，有利于促进形成技能就业、技能成才、技能报国的时代新风。各地各部门要坚持以习近平新时代中国特色社会主义思想为指导，全面贯彻党的二十大精神和习近平总书记重要指示要求，按照党中央部署，扎实做好技能人才工作，加快发展技工教育，健全终身职业技能培训制度，完善中国特色职业技能竞赛体系，拓展发展通道，提升待遇水平，在全社会大力弘扬劳模精神、劳动精神、工匠精神，努力造就一支规模宏大、结构合理、素质优良的技能劳动者队伍，为推动高质量发展、全面建设社会主义现代化国家贡献力量。国务委员陈贻琴出席开幕式宣布开幕，人力资源和社会保障部部长王晓萍致开幕辞，天津市市长张工致欢迎辞，来自全国各省（区、市）、新疆生产建设兵团和住建、交通、轻工、机械四个行业的36个代表团亮相开幕式。

大赛由人力资源和社会保障部主办，天津市人民政府承办。以“技能成才、技能强国”为主题，共设置109个竞赛项目，4045名选手参赛，是我

中国轻工业联合会代表队成员合影

中华人民共和国第二届职业技能大赛颁奖

国规格最高、项目最多、规模最大、水平最高、影响最广的综合性国家职业技能赛事。与第一届相比，本届大赛增加了20个新职业和数字技术技能类赛项，对于增强新职业从业人员的社会认同感、促进就业创业具有重要意义。

中国轻工业联合会组建中国轻工行业代表团参赛。受中国轻工业联合会会长张崇和委托，中国轻工业联合会副会长刘江毅率团抵津，参加木工、精细木工、家具制作、烘焙、糖艺/西点制作五个世赛项目的选拔赛。

由中国家具协会选拔推荐的3名选手和3名裁判员：木工项目选手黑龙江林业职业技术学院赵叙含和裁判员王纵横，精细木工项目选手广州市轻工技师学院欧祖安和裁判员俞庆文，家具制作项目选手江西环境工程职业学院卢和金和裁判员李德鑫分别参加3个项目的世赛选拔赛。

9月19日，中华人民共和国第二届职业技能大赛在天津闭幕。经过4天的激烈比拼，选手们奋力拼搏，勇创佳绩，共有109个项目的393名选手荣获金、银、铜牌。

中国轻工业联合会代表队收获1金2铜2优胜的优异成绩，并荣获优秀组织奖。赵叙含荣获木工项目金牌，欧祖安、卢和金分别荣获精细木工、家具制作项目优胜奖。中国轻工业联合会代表队的徐钰淇荣获糖艺/西点制作项目铜牌，侯金辰荣获烘焙项目铜牌。赵叙含、徐钰淇、侯金辰三名选手获得“全国技术能手”荣誉称号并入围世赛国家集训队，作为全国顶尖技能种子选手进行深入培训、考核选拔，有机会冲击在法国举办的第47届世界技能大赛。

国富纵横
大家居教育平台
National Home Designer Learning Platform
中国家具行业
职业能力评价工作全面开展
权威认证 技能提升 皇冠荣誉 实力资质
家具设计师（2-5级）
室内装饰设计师（1-3级）
全屋整装设计师（1-4级）
陈列展示设计师（1-4级）
营销师（1-5级）
互联网营销师（3-5级）
手工木工（1-5级）
木雕工（1-5级）
家具工艺师（1-3级）
认证单位：中国轻工业联合会
中国家具协会
主办单位：中国家具协会职业技能培训中心
北京国富纵横文化科技咨询股份有限公司
中国大家居教育平台家居人的互联网大学
530000+注册学员
正在中国大家居教育平台学习
企业家学堂
大商攻略
金牌店长
冠军分享
家居设计师
新媒体运营
……
中国轻工业联合会
China National Light Industry Council
大家居人必备的技能平台
职业能力评价报考条件咨询及报名联系方式
中国家具协会职业技能培训中心
联系人：张老师 联系电话（同微信）：15811396209

Sunon 圣奥
圣奥星系列
高端商务沙发
STAR SERIES: BORN FOR DREAMERS
造梦者仰望星空之座
新 品 上 市
4008-600-666